U0805469

重庆市级中等职业教育改革发展示范学校建设项目成果

供中职药剂及相关专业使用

# 药 剂 学

主　审　何木全
主　编　刘　峰
副主编　蒋金来
编　者　（按姓氏汉语拼音排序）
高雪梅　桂玲玲　蒋金来
刘　峰　刘小莉　周　琳

科学出版社
北　京

## 内 容 简 介

本教材共分为十二章，以绪论开篇，引入药剂学定义、任务、分支学科等基本概念，结合了《中华人民共和国药典》(2015年版)和2015版《药品生产质量管理规范》内容；之后分别详细介绍了散剂、颗粒剂、胶囊剂、片剂、表面活性剂、浸出制剂（酒剂、酯剂、酊剂等）、液体制剂、半固体制剂、注射剂、滴眼剂、固体分散体、包合物、微球与微囊、缓（控）释制剂、经皮吸收制剂、靶向制剂、生物技术药物制剂的处方设计基本原理、制备工艺及常用制剂生产设备，适当地增加与实际工业生产密切相关的制剂技术、工艺设计、质量控制等内容，并针对新剂型和新制剂的设计与研究等方面进行了介绍，强调药品包装的重要性与相关的行业标准，内容由浅入深；最后简述药物制剂的稳定性，并介绍生物药剂学的概念。

本教材体系安排合理，简化基础理论，侧重知识应用，紧密结合行业标准，突出专业特色，可作为中职药剂及相关专业的教材，也可供从事药物制剂研发的科技人员和药物制剂生产的专业技术人员参考使用。

**图书在版编目（CIP）数据**

药剂学 / 刘峰主编. —北京：科学出版社，2020.6
重庆市级中等职业教育改革发展示范学校建设项目成果
ISBN 978-7-03-059399-3
Ⅰ. 药… Ⅱ. 刘… Ⅲ. 药剂学–中等职业教育–教材 Ⅳ. R94
中国版本图书馆CIP数据核字（2018）第252564号

责任编辑：邱　波　魏亚萌　丁彦斌 / 责任校对：王萌萌
责任印制：李　彤 / 封面设计：蓝正设计

科学出版社 出版
北京东黄城根北街16号
邮政编码：100717
http://www.sciencep.com
北京盛通商印快线网络科技有限公司 印刷
科学出版社发行　各地新华书店经销
*
2020年6月第　一　版　开本：787×1092　1/16
2020年6月第一次印刷　印张：15 3/4
字数：370 000
**定价：54.80元**
（如有印装质量问题，我社负责调换）

# 前　言

药剂学主要讲述药物配制理论、生产技术及质量控制等方面的内容，主要针对药物剂型开展研究，在设计一种药物剂型时，除了要满足医疗、预防的需求外，还须对药物的性质、制剂的稳定性、生物利用度、质量控制及生产、储存、运输、服用方法等方面加以考虑，以使药物达到安全、有效和稳定的状态。而药剂学被教育部列为药学类专业学生的必修课程。

近年来，随着我国药品监督管理形势的日益严峻，以及 2015 版《药品生产质量管理规范》（GMP）的修订，我国对于药物制剂研发、生产、使用等流通环节有了新的要求，故在新形势下如何加强药物制剂的安全、有效和稳定是亟需解决的问题。在教育教学中需要提高药学类专业学生对该领域知识和技能的掌握（熟悉）水平。

为适应中等职业教育药学类专业的改革、发展和教材建设需要，根据全国卫生职业教育教学指导委员会组织编写和颁布的新一轮《全国中等卫生职业教育教学计划和教学大纲》，我校特组织编写药学专业基础课和专业课的系列教材。

本教材依据《全国中等卫生职业教育教学计划和教学大纲》、新版 GMP 要求，内容与对口高职升学考试、《国家执业药师资格考试大纲》、《卫生专业技术资格考试大纲》相衔接。本教材强调对口高职升学考纲及案例教学，每章内容围绕升学考纲展开，精选与内容相关的典型案例，以激发学生的学习兴趣，实现师生互动。本教材编写符合中职学生的认知特点，各章设有知识链接、案例分析、配套练习等，体现了教材的实用性。

本教材由重庆市医药学校刘峰担任主编，蒋金来担任副主编。编写分工：刘峰负责第 1～4 章、第 6 章的编写，桂玲玲负责第 5 章的编写，周琳负责第 7 章的编写，蒋金来负责第 8～9 章的编写，刘小莉负责第 10～11 章的编写，高雪梅负责第 12 章的编写。

在编写过程中，编者们参考了药剂学方面的相关文献，在此向原作者及出版社表示衷心感谢。同时，本教材的编写得到了各位编者所在单位的大力支持，在此一并表示感谢。

由于编写时间仓促，加之编者水平有限，教材中可能存在疏漏与不妥之处，恳请各位专家、读者批评指正，以便修订时完善。

编　者

2019 年 12 月

# 前言

# 目　录

# 第1章 绪　论

学习目标

1. 掌握药剂学的定义及常见术语，熟悉药剂学的两部分内容，熟悉药物制剂和剂型。

2. 掌握药剂学的任务和分支，了解药剂学的发展。

3. 掌握《中华人民共和国药典》的内容、发展，熟悉常见药用标准；熟悉各国药典，了解其他国家药品质量标准。

4. 掌握处方定义，掌握处方管理制度，掌握处方药和非处方药定义和区别，了解处方的类型。

5. 掌握药品生产质量管理规范定义，熟悉药品生产质量管理规范实施。

**案例 1-1**

小明的爷爷去医院就诊，医生诊断他患有“支气管哮喘”，开具处方药沙丁胺醇气雾剂。由于处方上的药品价格较高，小明想到了医院旁边一家私人药房的药品比较便宜，于是便找到私人药房购买了××制药厂生产的沙丁胺醇气雾剂给他爷爷使用。谁知爷爷在使用后心率加快，遂再次就医。小明后来看到中央电视台法治节目曝光××制药厂生产的“批号为 20170510”的沙丁胺醇气雾剂因在生产过程中被污染而出现大量药物不良事件。

**问题：** 1. 处方药沙丁胺醇可以在私人药房购买吗？如果可以，需要凭借什么作为购买的依据呢？

2. 沙丁胺醇气雾剂是剂型还是制剂？此事件定性是假药还是劣药呢？假药和劣药分别有哪些情形？生产批号是什么？

3. 小明应如何维权呢？如何避免此类事件的发生？

## 第1节　概　　述

### 一、药剂学的概念

药剂学系研究药物制剂的基本理论、处方设计、制备工艺、质量控制和合理使用等内容的综合性应用技术性学科。其内容包括制剂学和调剂学两部分。制剂学主要研究的是将形形色色的化学药及中药材按照相应药品标准制成现代剂型的技术和理论。调剂学主要研究根据相关法规，按照医师处方和临床需求，合理调配药物，并指导患者正确使用药物的技术和理论。

**课堂互动**

同学们生活中见过哪些药物制剂？

### 二、常 用 术 语

1. 药品　系用于预防、诊断、治疗人的疾病，有目的地调节人的生理功能并规定有适应证、用法和用量的物质。其主要包括中药材、中药饮片、中成药、化学原料药、化学药制剂、抗生素、生物制品药物、放射药品、血液制品药物和诊断药品等。

2. 剂型与制剂

（1）剂型系药物用于诊断、治疗与预防疾病的应用形式。根据临床需求，常见的剂型有片剂、散剂、胶囊剂、颗粒剂、丸剂、溶液剂、注射剂、乳剂、混悬剂、软膏剂、栓剂、气雾剂、膜剂等。

（2）制剂系根据国家药品标准，将药物制成一定规格并符合标准的药剂成品。制剂是将药物制成具体品种，如阿司匹林片剂、沙丁胺醇气雾剂、六味地黄丸剂等。

3. 辅料　系生产药品和调配处方时所用的赋形剂和附加剂，如片剂的填充剂、颗粒剂的润湿剂、注射剂的溶剂等。

4. 新药　系未曾在中国境内上市销售的药品。

5. 特殊药品　系国家实行特殊管理的药品，主要包括麻醉药品、精神药品、医疗毒性药品、放射性药品等。这些药品从生产、销售、使用都有严格的管理规定。

6. 假药　根据《中华人民共和国药品管理法》规定，有下列情形之一的为假药：

（1）药品所含成分与国家药品标准规定的成分不符的；

（2）以非药品冒充药品或者以他种药品冒充此种药品的。

有下列情形之一的，按假药论处：

（1）国务院药品监督管理部门规定禁止使用的；

（2）依照本法必须批准而未经批准生产、进口，或者依照本法必须检验而未经检验即销售的；

（3）变质的；

（4）被污染的；

（5）使用依照本法必须取得批准文号而未取得批准文号的原料药生产的；

（6）所标明的适应证或者功能超出规定范围的。

7. 劣药　根据《中华人民共和国药品管理法》规定，药品成分的含量不符合国家药品标准的为劣药。有下列情形之一的，按劣药论处：

（1）未注明有效期或者更改有效期的；

（2）不注明或者更改生产批号的；

（3）超过有效期的；

（4）直接接触药品的包装材料和容器未经批准的；

（5）擅自添加着色剂、防腐剂、香料、矫味剂及辅料的；

（6）其他不符合药品标准规定的。

8. 药品有效期　系一定条件下，能够保持药物有效质量的期限。如果超过有效期视为过期药品。

**链接**　“齐二药”事件

2006 年 4 月，中山大学附属第三医院连续发生 15 起因使用齐齐哈尔第二制药有限公司（简称齐二药厂）生产的“亮菌甲素注射液”导致患者肾衰竭的重大事件（当时已有 13 名患者死亡、2 名患者病情加重），此事引起了国务院、国家食品药品监督管理局和广东省委、省政府领导的高度关注和重视。在接到不良反应报告后，有关部门迅速展开调查，经山东省药品检验所紧急检验查明，齐二药厂生产的涉事批号的“亮菌甲素注射液”含有有害物质二甘醇，后经过调查发现该事件是由于齐二药厂采购员王某将注射剂原辅料中的“丙二醇”替代为价格便宜的“二甘醇”，从而导致惨剧发生。

齐二药厂被吊销生产执照，并处以相应罚款，企业负责人、生产质量负责人、采购员、化验员等五人被追究重大刑事责任。

## 三、剂型的作用和分类

药物由于自身原因部分表现欠缺，需要加工制成不同的剂型，如散剂、颗粒剂、片剂、胶囊剂、注射剂、溶液剂、乳剂、混悬剂、软膏剂、气雾剂、丸剂、膜剂等。

### （一）剂型的作用

剂型主要充当药物发挥作用的传递体。一般来说，一种药物可以制成不同的剂型，但其药理作用相同，而随着剂型不同，药物的疗效会发生变化。因此在药物治疗中，选择合适的剂型与制剂和选择药物同样重要。剂型的主要作用表现在：

1. 剂型可改变药物的作用性质　有些药物剂型不同，疗效和作用发挥是不同的。例如，硫酸镁口服主要是导泻，而使用注射液主要是镇静和治疗子痫等；依沙丫啶采用注射剂可以进行中期引产，外用可以发挥局部杀菌作用。

2. 剂型可改变药物的作用速度　制备成不同的剂型，可以有效改变药物作用的速度。例如，阿奇霉素缓释片，可以延长作用时间；阿奇霉素注射剂，可以迅速入血作用于机体。剂型的作用速度一般为：静脉注射剂＞肌内注射剂＞皮下注射剂＞溶液剂口服液＞乳剂口服液＞混悬剂口服液＞散剂＞颗粒剂＞胶囊剂＞片剂＞丸剂＞膜剂。

3. 剂型可降低药物的毒副作用　例如，两性霉素常规制剂，对肝脏有较强损害，而制成两性霉素脂质体注射剂后，有效降低了肝脏毒性。很多药物通过制剂的改变来降低传统药物制剂的毒副作用，更利于药物临床发挥作用。

4. 剂型可增加药物的影响作用　含微粒结构的静脉注射剂，如脂质体、微囊微球进入血液循环后被单核–吞噬细胞系统中的巨噬细胞吞噬，从而使药物在靶向器官如肝脏、肾脏、脾脏富集，形成高浓度，而其他器官的药物浓度则较低。例如，紫杉醇脂质体注射剂。

5. 剂型可影响药效发挥　有些药物可被胃肠液破坏，因此不能制成口服剂型。例如，胰岛素多肽类药物在胃肠道中会受到酶破坏而被分解，故而需制成注射剂。吲哚美辛胃肠道刺激性大，小儿不宜口服，故而儿童制剂选用吲哚美辛栓剂。

由此可见，同一药物由于剂型不同，药物的作用性质、作用速度、毒副作用、药效等都可能不相同，从而影响药物整体治疗效果，故而从20世纪80年代开始，国内外对于新剂型研发如火如荼。设计药物剂型时，也要综合考虑临床需求、药物性质、处方制剂稳定性、生物利用度、药物吸收代谢、药物质量控制等方面，从而达到用药安全、有效、合理的目的。

### （二）常见药物剂型分类

一般药物可按照其给药途径、分散系统、制备方法和形态来对剂型进行分类（表1-1）。

**表1-1　常见药物剂型分类**

| 属性 | 分类 | 具体类型 |
|---|---|---|
| 按照给药途径分类 | 经胃肠道途径 | 散剂、片剂、胶囊剂、颗粒剂、溶液剂、乳剂、混悬剂等 |
| | 经非胃肠道 | 注射剂、气雾剂、搽剂、舌下片剂、栓剂等 |
| 经非胃肠道按照分散系统分类 | 均相液体 | 溶液型、酯剂、高分子溶液剂、胶浆剂、芳香水剂、糖浆剂 |
| | 非均相液体 | 乳剂、混悬剂、溶胶剂 |

续表

| 属性 | 分类 | 具体类型 |
|---|---|---|
| 按照分散系统分类 | 气体 | 气雾剂、喷雾剂 |
| | 固体 | 滴丸、固体分散片 |
| 按照制备方法分类 | 无菌制剂 | 注射剂、滴眼剂 |
| | 浸出制剂 | 汤剂、流浸膏剂、酊剂等 |
| 按照形态分类 | 气体 | 气雾剂、喷雾剂等 |
| | 液体 | 溶液剂、注射剂、合剂、洗剂、搽剂等 |
| | 固体 | 片剂、丸剂、散剂、胶囊剂、颗粒剂 |
| | 半固体 | 软膏剂、乳膏剂、糊剂 |

1. 按照给药途径分类，一般分为经胃肠道给药剂型和经非胃肠道途径给药。经过非胃肠道给药的目的主要是避免肝脏的首关消除，提高生物利用度。经非胃肠道给药剂型：①注射剂给药剂型，主要通过静脉注射、肌内注射、皮下注射、皮内注射和腔道注射等形式给药；②黏膜给药剂型，主要有气雾剂、喷雾剂、粉雾剂、溶液剂、洗剂、搽剂、软膏剂、糊剂、贴剂、滴眼剂、滴鼻剂、眼膏剂、含漱剂、舌下片剂、粘贴片等，主要是通过皮肤黏膜、呼吸道黏膜、口腔黏膜给药；③腔道给药剂型，主要有栓剂、泡腾片、滴剂等，主要是通过直肠、阴道、尿道、鼻道、耳道等人体腔道给药。

2. 按照分散系统分类，药物主要是指一种或多种物质在另外一种介质中分散形成的相对较为稳定的系统。前者被称为分散相，后者包容分散相的物质称为分散介质。

3. 按照制备方法分类，主要是按照制备要求的同一性进行划分。

4. 按照形态分类，是根据物质的形态进行划分。

## 第 2 节　药物制剂的发展与任务

### 一、药物制剂的发展

古代的药物主要是将传统的动物、植物、矿物作为药材经过适当加工制得。早在商朝时，我国就有汤剂的中药制剂。我国最早的医学典籍《黄帝内经》比较全面地总结了前人的医药学经验，其中还记载了汤、丸、散、膏、药酒等剂型。东汉张仲景所著的《伤寒杂病论》和《金匮要略》中收载有栓剂、洗剂、软膏剂、浸膏、蜡丸、浓缩丸、条剂、尿道栓等多种剂型，并将成药、防疫药剂及兽医药剂列为专章论述。晋代葛洪的《肘后备急方》记载有干浸膏和锭剂。唐朝，官方编订的《新修本草》是我国第一部药典，也是世界上最早的一部药典。明朝李时珍编著的《本草纲目》总结了 16 世纪以前我国的用药经验，收载了近 40 种药物制剂，共计药物 1892 种。

国外药剂学发展最早的是埃及与古巴比伦王国（今伊拉克地区），《伊伯氏纸草本》是约公元前 1552 年的著作，记载有散剂、硬膏剂、丸剂、软膏剂等许多剂型，并有药物的处方和制法等。被西方各国认为是药剂学鼻祖的格林（Galen，公元 131—201 年），是罗马籍希腊人（与我国汉代张仲景同时期），在他的著作中记述了散剂、丸剂、浸膏剂、溶液剂、酒剂等多种剂型，人们称之为“格林制剂”，至今还在一些国家应用。在格林制剂等基础之上发展起来的现代药剂学已有 150 余年的历史：1843 年 Brockedon 制备了模印片，1847 年 Murdock 发明了硬胶囊剂，1876 年 Remington 等发明了压片机，使压制片剂得到迅速发展。1886 年 Limousin 发明了安瓿,使注射剂得到了迅速发展。1847 年德国药师莫尔总结过往和时下的制剂经验及成果，出版了第一本药剂学教科书《药剂工艺学》，标志药剂学已经成为一门独立的学科。

现代药物制剂的发展过程归纳为四个发展阶段（表 1-2）。在生产方式上由落后的手工生产发展到机械化、联动化、自动化控制；在新技术、新工艺上也开发了固体分散技术、包合技术、乳化技术、脂质体、微囊微丸等技术。

**表 1-2 现代药物制剂发展的四个阶段**

| 阶段 | 主要剂型 | 特点 |
|---|---|---|
| 第一代药物制剂 | 包括片剂、注射剂、胶囊剂、气雾剂等 | 药物体外生物等效性质量控制 |
| 第二代药物制剂 | 口服缓释和长效制剂 | 可以不频繁给药，可较长时间稳定血药浓度，不足是须考虑稳定性和生物等效性问题 |
| 第三代药物制剂 | 控释制剂，包括经皮给药系统（TDDs）、脉冲式给药系统等 | 加强调定给药的问题 |
| 第四代药物制剂 | 靶向制剂 | 基于药物富集于靶器官、靶组织、靶细胞，准确定位，降低毒副作用 |

## 二、药剂学的任务

药剂学的基本任务是研究如何制成和选择合适的药物制剂，从而提高药物制剂的质量，以提升药物临床实用性。其具体的任务包括：

1. 药物制剂的基本理论研究　研究基本制剂，如靶向制剂概念。

2. 新剂型的研究与开发　如新型的靶向脂质体及固体分散体系，都能有效提高药物制剂的稳定性和靶向性，并且提高药物制剂的内部质量。

3. 新技术的研究与开发　在传统的制备生产工艺及质量检查中寻求新的技术进行改进，提高药物制剂生产和质量检查的质量。例如，包衣技术，可以有效改善药物稳定性、外观和质量。

4. 新辅料研究与开发　如片剂中的微晶纤维素，包衣材料的开发，都能有效延长给药时间，起到缓控释作用，使传统制剂向现代制剂过渡。

5. 中药新剂型研究与开发　传统的中药和中成药制剂经过现代制剂工艺开发，从而提高药物疗效，如参麦注射液、丹参滴丸等，都是传统中药的进一步开发。

6. 生物技术药物制剂的研发　如单克隆抗体药物制剂的研发，在抗肿瘤药中有巨大前景。

7. 制剂新机械和新设备的研发　新机械和新设备的改进有利于药物制剂机械化和生产规模化，大幅度提高药物制剂生产速率和规模。例如，片剂制备，原来的单冲压片机每小时只能生产 1000 粒片剂，而现在多冲压片机每小时能生产 10 万粒片剂，可见新设备和新器械在药物制剂上的重要性。

## 三、药剂学的分支

随着对药剂学进一步研究，逐渐形成新型的分支型学科，如工业药剂学、物理药剂学、药用高分子材料、生物药剂学、药物代谢动力学、临床药剂学等。

1. 工业药剂学　研究制剂剂型及生产的基本理论、工艺技术、生产设备和质量管理的学科。

2. 物理药剂学　采用物理和化学原理与手段研究药物制备工艺等。例如，研究液体制剂的流体力学、散剂及片剂原料中的粉体力学等。

3. 药物高分子材料学　介绍药物制剂和处方常用的合成和天然高分子材料结构、制备、理化特征及功能运用。

4. 生物药剂学　研究药物吸收、分布、代谢和排泄过程及其机制等的学科。

5. 临床药剂学　以患者为对象，研究合理、有效、安全用药等与临床治疗学紧密联系的新学科。

# 第3节　药 品 标 准

药品标准系国家为保证药品质量，对药品的质量指标、检验方法和生产工艺等所做的技术规定，是药品研发、生产、供应、使用和检验监督等各环节部门共同遵守的法律依据。自2001年《中华人民共和国药品管理法》修订后，现在药品标准仅有国家标准，不再设定省、自治区、直辖市药品标准等地方标准。国家药品标准主要由国家药品监督管理局批准颁布，并对它有解释、修订、废止的权利。

我国的国家药品标准包括《中华人民共和国药典》、国家市场监督管理局颁布的药品标准（简称“局颁药品标准”）及其他的国家药品质量标准。其他的国家药品质量标准还包括药品注册标准及国家卫生健康委员会制定的药品标准。此外，部分企业和行业内部可根据自身需求制定标准，作为质量控制标准。

药典和其他药品标准之间的关系在于：一部药典及补充版之间存在数年间隙。随着医疗卫生的不断进步，一个国家的药典不可能收载所有已经生产、上市的药品。对于一些不符合药典收录要求的药品，如质量和疗效有待进一步提高、新批准上市药品，需要用其他药品质量标准进行补充。

## 一、《中华人民共和国药典》

《中华人民共和国药典》，简称《中国药典》（英文名 Chinese Pharmacopoeia，缩写 Ch.P），是由中国药典委员会编撰。《中国药典》历经1953年版、1963年版、1977年版、1985年版、1990年版、1995年版、2000年版、2005年版、2010年版、2015年版10个版本。

《中国药典》（图1-1）自1985年版开始每5年修订一次，并且有关品种的红外光吸收图谱收入《药品红外光谱集》另行出版，该版药典附录内不再刊印。现行《中国药典》是2015年版，分为四部，共收载5608种药品：一部收载中药材和饮片、植物油脂和提取物、成方制剂和单味制剂，收载2598种药品；二部收载化学药、抗生素、生化药品和放射性药品，收载2603种药品；三部收载生物制品137种；四部收载317个通则（包括：制剂通则、检测方法与指导原则）、270种药用辅料。

图1-1　2015年版中华人民共和国药典

《中国药典》内容由凡例、正文、附录（通则）和索引组成。

1. “凡例”　是使用药典的总说明，包括药典中各种单位和术语的含义及其在使用时的有关规定。例如，质量单位“克”，术语“恒重”等。

2. “正文”　是药典的主要内容，根据品种和剂型不同，主要包括：①中药，品名、来源、处方、制法、性状、鉴别、检查、浸出物、含量测定、炮制、性味和归经、功能与主治、用法与用量、注意、规格、贮藏、制剂等；②西药，品名、结构式、分子式与分子量、来源或化学名称、含量或效价规定、制法、性状、鉴别、检查、含量测定、类别、规格、贮藏、制剂等；③生物制品，品名、组成和用途、基本要求、制造、检定、保存运输及有效期使用说明。

3. “附录” 收载了制剂通则、检测方法、指导原则及试剂配制等，如重金属检查法、水分测定法、澄清度检查法、最低装量检查法、异常毒性检查法、热原检查法、降压物质检查法、无菌检查法、微生物限度检查法等内容。

4. “索引” 主要是方便使用者查阅。使用者可按照拼音和英文字母顺序等方式进行查阅。

### 二、其他的国家标准

国家药品监督管理局颁布的药品标准及国家卫生健康委员会颁布的药品标准（简称 “部颁药品标准”）都丰富了我国的国家药品质量标准，并补充了《中国药典》之外的药品质量监管体系。

**课堂互动**

请思考其他国家的药品质量标准和《中国药典》之间是什么关系？

### 三、国 外 药 典

据统计，有近 40 个国家和组织编制了国家和区域性药典。世界卫生组织（World Health Organization，WHO）编制的《国际药典》有利于提高世界各国药品质量，也有利于推动国际医药贸易。

1. 美国药典 美国自 1820 年出版了第一版的《美国药典》（United States Pharmacopeia，USP），后于 1883 年出版了《国家处方集》（National Formulary，NF）。美国医药工作者通常参考 USP-NF，现为 USP41-NF36。

2. 英国药典 《英国药典》（British Pharmacopeia，BP）为英国药品委员会出版的英国重要制药标准依据，现行为 BP2015。

3. 日本药局方 《日本药局方》（Pharmacopeia of Japan，JP）为日本厚生省出版的日本国家药典，分为两部，现行为 JP15。

4. 欧洲药典 《欧洲药典》（The European Pharmacopeia，Ph. Eur.）是由欧洲药品质量管理局负责出版发行的欧洲药品质量标准。1977 年出版了第一版，现行为 9.2 版。

5. 国际药典 《国际药典》（The Pharmacopeia International，Ph. Int.）是由 WHO 制定，旨在统一世界各国药品质量标准和质量控制的系统，但其无法律约束力，仅作参考标准。

## 第 4 节 处方药与非处方药

### 一、处 方 概 述

根据《处方管理办法》第二条规定：处方是指由注册的执业医师和执业助理医师（两者以下简称医师）在诊疗活动中为患者开具的、由取得药学专业技术职务任职资格的药学专业技术人员（以下简称药师）审核、调配、核对，并作为患者用药凭证的医疗文书。广义而言，调配和制备任意一种药剂的书面文书均称为处方。

处方包括医疗机构病区用药医嘱单。处方是医生对患者用药的书面文件，是药剂人员调配药品的依据，具有法律、技术、经济意义。处方开具应具有安全性、有效性和经济性。

常见的处方类型有医师处方、协定处方和制剂处方。中药调剂或制剂时，亦有民间单方、验方或秘方等。

1. 医师处方　系注册执业医师为同一特定患者治疗、预防或其他需要而制订的用药方案（药方），是药师调配与发给患者药剂的依据。医师处方的具体内容随患者疾病而异，具有对患者直接用药和个体化用药的特征；其书写和调配是否正确直接影响患者用药是否安全有效。医师开具处方和药师调剂处方应当遵循安全、有效、经济的原则。

2. 协定处方　一般系根据某一地区和某一医院经常性用药需要，由该单位药事管理委员会协商制订的处方。它适用于最常用的药品及通常惯用的剂量，有利于按照固定规格及用量预先大量配制和分装贮藏及使用的药品。

3. 制剂处方　系按照国家药品标准和相关生产标准收载的制备和检验药品工艺处方。主要供药品生产企业和医疗机构制剂室生产制剂时使用。制剂处方一般包含药剂名称、处方成分、制备方法、性状、鉴别、检查、含量测定、用法用量、规格、贮藏、有效期等。

**链 接**　单剂量调配

**单剂量调配即药师根据患者所需服用固体药物按照一次剂量进行调配和包装，并在包装上注明药品名称、剂量、剂型、适应证、用量和注意事项等内容。其可以保障患者用药安全，规范药物治疗，且具有经济性。**

## 二、处 方 调 剂

处方调剂应当由药学专业技术人员调配、审核后完成，药师应当严谨规范地按照“四查十对”（后文详述）完成处方调配，监测患者用药的安全性、合理性和有效性。

### （一）处方内容和样式

处方内容包括有前记、正文和后记。

1. 前记　一般包括医疗机构名称、费用类别、患者姓名、性别、年龄、门诊/住院病历号、科别/病区、临床诊断、开具时间等内容。医疗机构可根据需求按照相关规定添加项目。

2. 正文　是处方中用药方案部分，也是患者用药和处方调剂的依据。一般以 Rp 或 R（即拉丁文 Recipe 缩写，表示“请取药”）标示，内容包括药品名称、剂型、规格、数量和用法用量。

3. 后记　一般包括药品经费核算、开具处方医师签章、调配药学人员签章、审核发药药学人员签章。签章目的是为了明确责任人员。

处方按照类型分为普通处方、急诊处方、儿科处方、麻醉药品处方、第一类精神药品处方和第二类精神药品处方。《处方管理办法》规定各类处方样式（表 1-3）。普通处方样式见图 1-2。

**表 1-3　各类处方样式**

| 类型 | 颜色 | 特殊标示 |
|---|---|---|
| 普通处方 | 白色 | 无 |
| 急诊处方 | 淡黄色 | 右上角标注“急诊” |
| 儿科处方 | 淡绿色 | 右上角标注“儿科” |

续表

| 类型 | 颜色 | 特殊标示 |
| --- | --- | --- |
| 麻醉药品处方 | 淡红色 | 右上角标注“麻”，前记需要填写患者身份证号或代取药人员身份证号 |
| 第一类精神药品处方 | 淡红色 | 右上角标注“精一”，前记需要填写患者身份证号或代取药人员身份证号 |
| 第二类精神药品处方 | 白色 | 右上角标注“精二”，前记需要填写患者身份证号或代取药人员身份证号 |

×××医院处方笺

No.

姓名__________性别__________年龄__________费别__________

门诊/住院病历号_______________科别____________开具时间________

临床诊断________________________________________

Rp：

注射用青霉素钠 120 万 U×6 支

Sig：120 万 U b.i.d. iv.gtt

0.9%氯化钠注射液 250ml×6 支

Sig：250ml b.i.d. iv.gtt

| 西药费用 | 中成药费用 | 合计 |
| --- | --- | --- |
| | | |

医师____________审核/调配____________核查/发放____________

图 1-2 普通处方样式

### （二）处方调剂过程和注意事项

药学专业技术人员按照规程调剂处方，其过程程序一般为审方—调配—核查—发药—用药指导。

1. 审核处方过程应做到“四查十对”，即：①查处方，对科别、姓名、年龄；②查药品，对药名、剂型、规格、数量；③查配伍禁忌，对药品性状、用法用量；④查用药合理性，对临床诊断，并且还要审核处方的合法性、规范性和适宜性，以及处方的费别。

2. 调配时，如“急诊”处方的药品应优先调配。

3. 发放药品应由另一药学专业技术人员再次核查后签章，并对患者进行用药指导，如患者用药需关注的不良反应、服用时间等。

### （三）处方调配管理

《中华人民共和国药品管理法》《中华人民共和国药品管理法实施条例》及《处方管理办法》都对处方调配进行了规定。其中《处方管理办法》自 2007 年 5 月 1 日起实施，主要内容包括总则、处方的管理一般规定、处方权的获得、处方的开具、处方的调剂、监督管理、法律责任、附录 8 章。《处方管理办法》的实施确保了处方开具、调剂、使用及存销的规范化管理，可提高患者用药的合理性、安全性和规范性。处方调配管理主要从以下几个方面规定：

1. 处方权与调剂权

（1）注册的执业医师在执业地点取得相应的处方权。经注册的执业助理医师在医疗机构开具的处方，应当经所在执业地点执业医师签名或加盖专用签章后方有效。经注册的执业助理医师在乡、民族乡、镇、村的医疗机构独立从事一般的执业活动，可以在注册的执业地点取得相应的处方权。医师应当在注册的医疗机构签名留样或者专用签章备案后，方可开具处方。

此外，医疗机构应当按照有关规定，对本机构执业医师和药师进行麻醉药品和精神药品使用知识和规范化管理的培训。执业医师经考核合格后取得麻醉药品和第一类精神药品的处方权。2012 年的《抗菌药物临床应用管理办法》对非限制使用级、限制使用级与特殊使用级抗菌药物处方权有相应规定。具有初级专业技术职务任职资格的医师，在乡、民族乡、镇、村的医疗机构独立从事一般执业活动的执业助理医师及乡村医生，可授予非限制使用级抗菌药物处方权。

（2）取得药学专业技术职务任职资格的人员方可从事处方调剂工作，具有药师以上专业技术职称人员负责处方审核、评估、核发及用药指导工作。药师经考核合格后取得麻醉药品和第一类精神药品调剂资格。

2. 处方的书写要求

（1）每张处方限于一名患者的用药，一般当日有效，最长不超过 3 日。

（2）字迹清楚，不得涂改；如需修改，应当在修改处签名并注明修改日期。

（3）处方一律用规范的中文或英文名称书写。

（4）患者年龄应当填写实足年龄，新生儿、婴幼儿写日、月龄，必要时要注明体重。

（5）西药和中成药可以分别开具处方，也可以开具一张处方，中药饮片应当单独开具处方。

（6）无论西药、中成药处方，每一种药品应当另起一行，每张处方不得超过 5 种药品。

（7）中药饮片处方的书写，一般应当按照“君、臣、佐、使”的顺序排列；调剂、煎煮的特殊要求（如布包、先煎、后下）要注明在药品右上方，并加括号；对饮片的产地、炮制有特殊要求的，应当在药品名称之前写明。

（8）药品用法用量应当按照药品说明书规定的常规用法用量使用，特殊情况需要超剂量使用时，应当注明原因并再次签名。医师开具处方用法用量常用拉丁文缩写见表 1-4。

**表 1-4 处方常用拉丁文术语中文对照表**

| 拉丁文缩写 | 中文含义 | 拉丁文缩写 | 中文含义 |
|---|---|---|---|
| Sig | 用法用量 | a.c. | 餐前 |
| q.d. | 每日 1 次 | p.c. | 餐后 |
| b.i.d. | 每日 2 次 | h.s. | 睡前 |
| t.i.d. | 每日 3 次 | gtt | 滴 |
| q.i.d. | 每日 4 次 | p.r.n. | 必要时 |
| q.n. | 每晚一次 | s.o.s | 需要时 |
| q8h. | 每 8 小时一次 | i.d. | 皮内注射 |
| a.m. | 上午 | s.c. | 皮下注射 |
| p.m. | 下午 | i.m. | 肌内注射 |
| q.s. | 适量 | i.v. | 静脉注射 |
| St./stat. | 立即 | iv.gtt | 静脉滴注 |
| ad. | 加 | p.o. | 口服 |
| add. | 加至 | o.u. | 双眼 |
| ss. | 一半 | o.d. | 右眼 |
| Co. | 复方 | o.s. | 左眼 |

（9）除特殊情况外，应当注明临床诊断。

（10）医师开具处方后在空白处画一斜线以示处方完毕。

（11）处方医师的签名式样和专用签章应当与院内药学部门留样备查的式样相一致，不得任意改动，否则应当重新登记留样备案。

（12）医师开具处方应当使用经药品监督管理部门批准并公布的药品通用名称、新活性化合物的专利药品名称和复方制剂药品名称。医师可以使用由国家卫生健康委员会公布的药品习惯名称开具处方。例如，对乙酰氨基酚（通用名）是一种解热镇痛药，不同药厂生产该制剂商品名有散列痛、泰诺林、百服咛、必理通等。因此医师必须使用通用名。

（13）药品剂量与数量用阿拉伯数字书写。剂量应当使用法定剂量单位：重量以克（g）、毫克（mg）、微克（μg）、纳克（ng）为单位；容量以升（L）、毫升（ml）为单位；有些以国际单位（IU）、单位（U）为单位；中药饮片称量以克（g）为单位。片剂、丸剂、胶囊剂、颗粒剂分别以片、丸、粒、袋为单位；溶液剂以支、瓶为单位；软膏及乳膏剂以支、盒为单位；注射剂以支、瓶为单位，应当注明含量；中药饮片以剂为单位。

（14）普通处方一般不得超过 7 日用量，急诊处方一般不得超过 3 日用量；对于某些慢性病、老年病或特殊情况，处方用量时间可适当延长，但医师应当注明理由。麻醉药品、精神药品、医疗用毒性药品、放射性药品的处方用量应当严格按照国家有关规定执行。此外长期开具麻醉药品处方，应有病历记录。特殊药品用量限定如下（表 1-5）。

**表 1-5 门（急）诊/住院患者开具精神、麻醉药品限量表**

| 类别 | 门（急）诊患者 | 门（急）诊癌痛患者 | 住院患者 |
|---|---|---|---|
| 麻醉药品或第一类精神药品注射剂 | 1 次用量 | 3 日用量 | 逐日开具，每张处方为 1 日常用量 |
| 麻醉药品或第一类精神药品其他剂型 | 3 日用量 | 7 日用量 | |
| 麻醉药品或第一类精神药品缓控释制剂 | 7 日用量 | 15 日用量 | |
| 第二类精神药品 | 每张处方不超过 7 日常用量；对于慢性病或某些特殊情况的患者，处方用量可以适当延长，但医师应当注明理由 | | |

为门（急）诊患者开具的麻醉药品注射剂，每张处方为一次常用量；缓控释制剂，每张处方不得超过 7 日常用量；其他剂型，每张处方不得超过 3 日常用量。为门（急）诊患者开具第一类精神药品注射剂，每张处方为一次常用量；缓控释制剂，每张处方不得超过 7 日常用量；其他剂型，每张处方不得超过 3 日常用量。哌醋甲酯用于治疗儿童多动症时，每张处方不得超过 15 日常用量。为门（急）诊患者开具第二类精神药品，一般每张处方不得超过 7 日常用量；对于慢性病或某些特殊情况的患者，处方用量可以适当延长，但医师应当注明理由。

为门（急）诊癌症疼痛患者和中、重度慢性疼痛患者开具的麻醉药品、第一类精神药品注射剂，每张处方不得超过 3 日常用量；缓控释制剂，每张处方不得超过 15 日常用量；其他剂型，每张处方不得超过 7 日常用量。

为住院患者开具的麻醉药品和第一类精神药品处方应当逐日开具，每张处方为 1 日常用量。

对于需要特别加强管制的麻醉药品，盐酸二氢埃托啡处方为一次常用量，仅限于二级以上医院内使用；盐酸哌替啶处方为一次常用量，仅限于医疗机构内使用。

3. 处方保管 普通处方、急诊处方和儿科处方保存期限为 1 年，医疗毒性药品和第二类精神药品处方保存期限为 2 年，第一类精神药品和麻醉药品处方保存期限为 3 年。

**链接** 电子处方的管理

随着信息化浪潮的推进，部分国内医院已经开始使用电子处方。但是在2007年版的《处方管理办法》中第二十八条规定：医师利用计算机开具、传递普通处方时，应当同时打印出纸质处方，其格式与手写处方一致；打印的纸质处方经签名或者加盖签章后有效。药师核发药品时，应当核对打印的纸质处方，无误后发给药品，并将打印的纸质处方与计算机传递处方同时收存备查。而在实际工作中存在很多问题：①打印处方笺，还是打印用药凭据问题；②医师和药师签章问题；③处方颜色问题，如急诊和儿科及特殊药品的打印处方颜色不规范。

2014年5月，国家食品药品监督管理总局（CFDA）公布了《互联网食品药品经营监督管理办法（征求意见稿）》，其中第八条指出，互联网药品经营者应当按照药品分类管理规定的要求，凭处方销售处方药；处方的标准、格式、有效期等，应当符合《处方管理办法》的有关规定。此条规定被业内看作未来处方药可以在网上销售的依据。

### 三、处方药和非处方药概述

《处方药与非处方药分类管理办法（试行）》（2000年1月1日起施行）规定我国药品按照处方药和非处方药进行管理。

1. 处方药　系必须凭执业医师或执业助理医师处方才可调配、购买和使用的药品。处方药可以在国家卫生行政管理部门和国家市场监督管理总局共同指定的医学、药学专业刊物上介绍，但不得在大众传媒介绍或进行广告宣传。

2. 非处方药（over the counter，OTC）　系不需要凭执业医师或执业助理医师的处方，消费者可自行判断、购买和使用的药品。OTC是全世界非处方药的通用简称，意义为“在柜台上买到的药物”。我国非处方药是经过行业专家遴选，由国家药品监督管理局批准并公布。在包装上均印有“OTC”字样。

非处方药一般分为甲、乙两类。外包装红底白字的是甲类，绿底白字的是乙类。虽然两类OTC都可以在药店购买，但乙类非处方药安全性高于甲类非处方药。甲类非处方药需在药店由执业药师或药师指导购买和使用。而乙类非处方药除了能在药店出售外，还可以在超市、宾馆、百货商店等处销售。

## 第5节　药品生产质量管理规范

### 一、药品生产质量管理规范概述

药品生产质量管理规范（good manufacturing practice，GMP）系一套适用于制药、食品等行业的强制性标准，要求企业从原料、人员、设施设备、生产过程、包装运输、质量控制等方面按国家有关法规达到卫生质量要求，形成一套可操作的作业规范以帮助改善的卫生环境，及时发现生产过程中存在的问题，加以改善。

GMP三大要素：将人为产生的差错减至最小；防止对药品的污染和生产低质量药品；作为药品生产质量保证体系。

GMP的意义在于：通过GMP认证可以防止药品生产中的污染（粉尘及杂菌污染）、混淆及差错事故，革除生产上的不良习惯，保证药品质量和用药安全有效；通过GMP认证，制药企业自身可提高管理水平；GMP认证制度是药品国际贸易的质量证明制度，是我国药品进入国际市场参与竞争的先决条件。

**链接** GLP GCP GSP

GLP（good laboratory practice）系《药物非临床研究质量管理规范》。GLP是就实验室实验研究从计划、实验、监督、记录到实验报告等一系列管理而制定的法规性文件，涉及实验室工作的所有方面。制定GLP的主要目的是严格控制化学品安全性评价实验的各个环节，即严格控制可能影响实验结果准确性的各种主客观因素，降低实验误差，确保实验结果的真实性。

GCP（good clinical practice）系《药物临床试验质量管理规范》，是就临床试验的科学性、可靠性和重现性而制定的规范。GCP保护了志愿受试者和患者在临床试验研究中的安全和利益，同时规定了生产者申请临床试验所要出具的有价值的临床资料。

GSP（good supply practice）系《药品经营质量管理规范》。它是指在药品流通过程中，针对计划采购、购进验收、储存、销售及售后服务等环节而制定的保证药品符合质量标准的一项管理制度。其核心是通过严格的管理制度来约束企业的行为，对药品经营全过程进行质量控制，保证向用户提供优质的药品。

## 二、我国GMP实施

我国自1988年由卫生部颁布了《药品生产质量管理规范》后，历经多次修订，现行版为2010年版，于2011年3月1日起开始实施。国家药品监督管理局要求现有企业在5年内达到新的规定标准，否则停产。这对我国制药行业又提出了新的要求，为实现用药安全和有效提供了坚实基础。

GMP是药品生产质量全面管理控制的准则，它的内容可以概括为湿件、硬件和软件三方面。GMP湿件是指人员；硬件是指厂房与设施、设备等方面的规定；软件是指组织、规程、操作、卫生、记录、标准等管理规定。GMP也是国际性药品生产质量控制和检查的依据，已成为国际公认和通行的从事药品生产所必须遵循的基本准则。

## 自测题

一、最佳选择题

1. 下列关于剂型表述错误的是（　　）
   A. 剂型是指为适应治疗或预防的需要而制备的不同给药形式
   B. 同一种剂型可以有不同药物
   C. 同一药物也可制成多种剂型
   D. 剂型系指某一药物的具体品种
   E. 阿司匹林、对乙酰氨基酚片等均为片剂
2. 药剂学概念正确表述的是（　　）
   A. 研究药物制剂的处方理论、制备工艺和合理应用的综合学科
   B. 研究药物制剂基本理论、处方设计、制备工艺和合理使用的综合学科
   C. 研究药物制剂的处方设计、基本理论和应用的技术学科
   D. 研究药物制剂的处方设计、基本理论和应用的学科
   E. 研究药物制剂的基本理论、处方设计和合理应用的综合性技术学科
3. 下列概念属于临床药学的是（　　）
   A. 研究药物制剂的基本理论、处方设计、制备工艺、质量控制和合理使用等内容综合技术性学科
   B. 研究药物制剂剂型及生产的基本理论、工艺技术、生产设备和质量管理的学科
   C. 采用物理和化学原理、方法和手段，研究药剂学中有关剂型、制剂的处方设计、制备工艺、质量控制的边缘学科
   D. 研究药物在体内吸收、分布、代谢和排泄的机制，阐明药物因素、剂型因素和生理因素与药效之间关系的学科
   E. 以患者为对象，研究合理、有效、安全用药等临床治疗学科
4. 关于剂型分类，下列叙述错误的是（　　）

A. 溶胶剂为液体剂型
B. 软膏剂为半固体剂型
C. 栓剂为半固体剂型
D. 气雾剂为气体分散型
E. 气雾剂、吸入型粉雾剂是可经呼吸道给药剂型

5. 既可以经胃肠道给药又可以经非胃肠道给药的剂型是（ ）
A. 包合剂 B. 胶囊剂
C. 气雾剂 D. 溶液剂
E. 注射剂

6. 下列不属于均相液体制剂的是（ ）
A. 酊剂 B. 高分子液体制剂
C. 糖浆剂 D. 乳剂
E. 芳香水剂

7. 关于药典的叙述，不正确的是（ ）
A. 由国家药典委员会编撰
B. 由政府颁布、执行，具有法律约束力
C. 必须不断修订出版
D. 药典的增补本不具法律的约束力
E. 执行药典的最终目的是保证药品的安全性与有效性

8. 药典的编撰单位是（ ）
A. 国家药典委员会
B. 国务院卫生行政部门
C. 各省政府
D. 中央政府
E. 国家中医药管理局

9. 现行《中国药典》颁布使用的版本为（ ）
A. 1985 年版 B. 1990 年版
C. 2010 年版 D. 1995 年版
E. 2015 年版

10. 各国的药典经常需要修订，《中国药典》是每几年修订出版一次（ ）
A. 2 年 B. 4 年
C. 5 年 D. 6 年
E. 8 年

11. 下列为《中国药典》英文缩写的是（ ）
A. USP B. BP
C. Ch.P D. Ph.int
E. JP

## 二、配伍选择题

【12～16 题共用选项】
A. 研究药物制剂的基本理论、处方设计、制备工艺、质量控制和合理使用等内容综合技术性学科
B. 研究制剂剂型及生产的基本理论、工艺技术、生产设备和质量管理的学科
C. 采用物理和化学原理、方法和手段，研究药剂学中有关剂型、制剂的处方设计、制备工艺、质量控制的边缘学科
D. 以患者为对象，研究合理、有效、安全用药等与临床治疗学紧密联系的新学科
E. 研究药物吸收、分布、代谢和排泄机制等的学科

12. 上述属于临床药学的概念是（ ）
13. 上述属于生物药剂学的概念是（ ）
14. 上述属于药剂学的概念是（ ）
15. 上述属于工业药剂学的概念是（ ）
16. 上述属于物理药剂学的概念是（ ）

【17～20 题共用选项】
A. 生物制剂
B. 中药材
C. 辅料和通则
D. 化学药物、抗生素

17. 2015 年版《中国药典》一部收载的内容是（ ）
18. 2015 年版《中国药典》二部收载的内容是（ ）
19. 2015 年版《中国药典》三部收载的内容是（ ）
20. 2015 年版《中国药典》四部收载的内容是（ ）

【21～24 题共用选项】
A. Ch.P B. BP
C. USP D. JP
E. Ph. Eur.

21.《欧洲药典》的英文缩写为（ ）
22.《美国药典》的英文缩写为（ ）
23.《日本药局方》的英文缩写为（ ）
24.《英国药典》的英文缩写为（ ）

## 三、多项选择题

25. 在我国具有法律约束力的是（ ）
A.《中国药典》 B.《国家药品标准》
C.《国际药典》 D.《美国药典》
E.《英国药典》

26. 关于剂型的叙述正确的是（ ）
A. 药物剂型可以改变药物作用速度
B. 同一药物剂型不同，药物的作用效果可能不同
C. 同一药物剂型不同，药物的作用持续时间不同
D. 将药物制成不同的剂型发挥不同的药理作用
E. 剂型即为药物的应用形式

## 四、填空题

1. 非处方药英文缩写是________，分为________类和________类。
2. 处方是指由注册的执业________和执业助理________在诊疗活动中为患者开具的、由取得

________专业技术职务任职资格的药学专业技术人员（以下简称药师）________、________、________，并作为患者用药凭证的________。

五、名词解释

1.《中国药典》

2. 处方

六、简答题

1. 简述药剂学任务。

2. 简述剂型的重要性与作用。

3. 简述 GMP 的三要素。

（刘 峰）

# 第2章　散剂、颗粒剂和胶囊剂

**学习目标**

1. 掌握称量、粉碎、过筛、混合的方法及其影响因素，熟悉称量、粉碎、过筛、混合的概念和操作注意事项，了解其常用操作设备。

2. 掌握散剂定义、制备、质量要求及质量检查，熟悉常用散剂实例及储存方法，了解散剂的分类。

3. 掌握颗粒剂定义、制备及质量检查，熟悉常用颗粒剂质量要求、实例及分类，了解颗粒剂的储存方法。

4. 掌握胶囊剂定义、分类、制备，熟悉胶囊剂质量检查，了解胶囊剂实例、质量要求。

**案例 2-1**

徐某的奶奶病愈出院后，医生给她开具了维生素 AD 胶囊、感冒胶囊及板蓝根颗粒。徐某的奶奶很好奇，就问徐某："维生素 AD 胶囊、感冒胶囊两种药物的名字里都有胶囊，为何样子差别很大呢？"徐某一时答不上来，她回学校问了老师后才给爸爸解释了上面的问题。

**问题**：1. 维生素 AD 胶囊和感冒胶囊形态、实质有什么区别？

2. 板蓝根颗粒和感冒颗粒比较，哪个吸收会更快？胶囊剂和颗粒剂还有什么区别？

## 第1节　固体药物制剂基本操作

本节主要介绍称量、粉碎、过筛、混合四项药物制剂工作中基本操作，它们主要应用于固体制剂制备生产，如在散剂、颗粒剂、胶囊剂及片剂制备中都有所应用。

### 一、称　　量

称量包含称重和量取两个操作，前者是指测量物体质量大小的操作，后者是测量物体体积大小的操作。称量的准确性可以确保固体药物加入的质量和体积，是制药的关键步骤。

**课堂互动**

同学们生活中见过哪些称重和量取工具？

#### （一）称重

称重为测量与质量有关数据的操作，一般指重量。加入药品原料的质量时高时低会影响药品的疗效，严格、准确地执行称重操作是药物制剂的基本原则。

称重器具主要受量程和分度值影响，量程是指称重器具的最大和最小测量值差值，由于称重器械最小测量值为"0"，故而一般量程就是最大称量值；分度值指称量器具的最小单位所代表的被测数值。称重操作时应注意：①选择合适量程的器械，一般称量物重量为最大量程的1/2～2/3；②分度值代表了器械灵敏度，应根据称量所需要精确到的最小单位选取，如"称取

2.0g 药物”就应选用分度值为 0.1g 的天平。

药物制剂及制剂分析中常用称重器械有托盘天平、百分位电子天平、千分位分析天平、万分位分析天平和十万分位分析天平等。除此外还有戥（音同等）秤（图 2-1）、台秤等。

托盘天平是实验室中最常用的称重器械（图 2-2）。托盘天平由托盘、横梁、平衡螺母、刻度盘、刻度尺、指针、刀口、底座、标尺、游码、砝码等组成。托盘天平分度值一般为 0.1g，荷载有 100g、200g、500g、1000g 等，并配有 0.1g、0.2g、0.5g 的砝码。托盘天平中心轴两边各有一臂和一盘，其中右盘放已知重量的砝码，左盘放待测的物体，可通过游码调节重量，最后通过指针判断天平是否平衡。

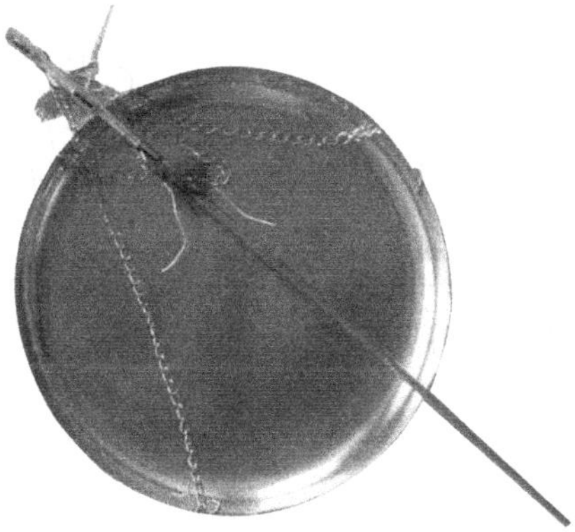

图 2-1　戥秤

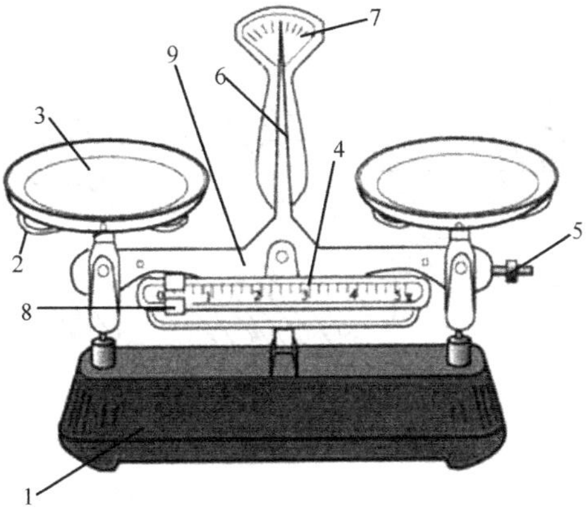


图 2-2　托盘天平示意图

1. 底座；2. 托盘架；3. 托盘；4. 标尺；5. 平衡螺母；6. 指针；7. 分度盘；8. 游码；9. 横梁

托盘天平使用注意事项：①定期校验准确度；②使用前应游码归零和调平；③做到“左物右码”；④用镊子夹取砝码；⑤注意不要污染天平，多余药品不得放回原试剂瓶，并且做到节约试剂；⑥使用后将液码归零并放回原位；⑦注意清洁保养。

**链接**　部分《中国药典》中称重规定

（1）称取“0.1g”系指称取重量可为 0.06～0.14g。称取“2g”系指称取重量可为 1.5～2.5g。称取“2.0g”系指称取重量可为 1.95～2.05g。

（2）恒重：除另有规定外，系指供试品连续两次干燥或炽灼后称重的差异在 0.3mg 以下的重量。

（3）精密称定系指称取重量应准确至所取重量的千分之一。

### （二）量取

量取主要指测量或取体积相关数据的操作。由于质量与密度和体积成正比，量取操作较为简单，故而在一些液体的测量时一般选用量取。

常用的量取器具有量筒、量杯、移液管、滴定管等。量取器具同样受到分度值和量程影响。一般取液量最佳为器具总量程的 1/2～2/3，不得少于器具量程的 1/5。分度值代表了器具灵敏度，应根据量取所需要精确值选取适合器具，如“量取 2.0ml 药物”就应选用分度值为 0.1ml 的量筒或量杯。

## 二、粉　　碎

粉碎系借助机械力将大块固体物质破碎成适宜程度的碎块、颗粒或细粉的操作过程。

### （一）粉碎的目的

粉碎的目的：①便于混合均匀、调剂和服用；②便于提取，有利于中药材有效成分的浸出或溶出；③增加药物的表面积，促进药物的溶解与吸收，提高生物利用度；④为制备多种剂型奠定基础，如散剂、混悬液、片剂、丸剂等。

### （二）粉碎的原理

物质依靠其分子间的内聚力聚结成一定形状的块状物，粉碎即借助于外部机械力的作用而破坏物质分子间的内聚力过程。外加机械力包括压缩力、剪切力、弯曲力、研磨力、冲击力等，见图 2-3。

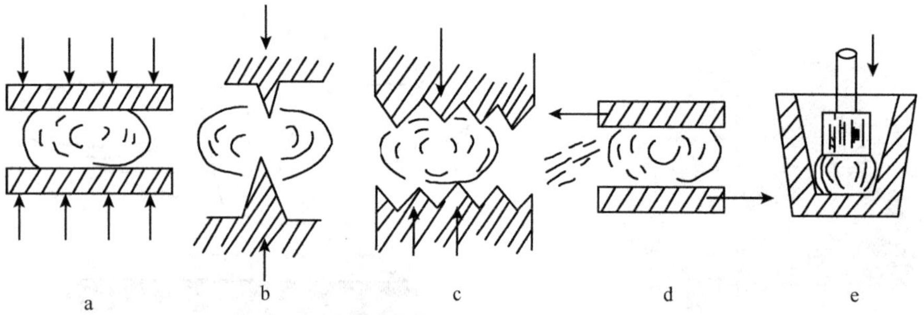


图 2-3 粉碎用外加力

a. 压缩；b. 剪切；c. 弯曲；d. 研磨；e. 冲击

药物粉碎的难易程度，与外力的大小密切相关，但主要取决于物质的结构和性质。故根据药物性质选用不同类型作用外力的粉碎机械，才能得到预期的药物粉碎效果。

### （三）粉碎的方法

粉碎前要根据药物性质和产品粒度要求选取适合的粉碎方法。一般粉碎方法分为以下五类。

1. 混合粉碎和单独粉碎

（1）混合粉碎：系两种或多种物料放在一起同时粉碎的操作。比较特殊的混合粉碎有串研法、串油法和蒸罐法。串研法主要适用于含黏液和糖分或树脂的黏性药料，如熟地黄、枸杞、大枣、桂圆、山茱萸、黄精、玉竹、天冬、麦冬等，其操作为先将黏性药料与其他药料掺合在一起做粗粉碎，60℃以下充分干燥后，再行粉碎。串油法主要适用于含油脂较多的药料，如桃仁、杏仁等，其操作为先将处方中非油脂性药料研成细粉，再掺入油脂性药料进行粉碎；或将油脂性药料捣成糊状，再掺入其他细粉后粉碎。蒸罐法指将新鲜动物药料或需蒸制的植物药料蒸煮熟后，再干燥粉碎，主要适用于中药丸剂处方中含皮、肉、筋、骨等动物药料。

（2）单独粉碎：适用于单独粉碎的药物，有①易氧化和还原药物，如碘、高锰酸钾、升华硫等；②贵重药品，如珍珠、麝香等；③毒性药品，如马钱子、砒霜、红粉等；④刺激性药品，如蟾酥等。

2. 干法粉碎和湿法粉碎

（1）干法粉碎：系将药物经适当干燥，使药物中的水分降低到一定程度（一般应少于 5%）增加其脆性，再进行粉碎的办法。一般药物都采用干法粉碎，如无特殊要求，一般干燥不宜超过 80℃。

（2）湿法粉碎：系药料中加入适量的水或其他液体进行研磨粉碎的方法。主要包括水飞法和加液研磨法。

1）水飞法：系将药物先打碎成碎块，置于研钵或球磨机中，加入适量水，用力研磨或用球磨机磨。当有部分研磨成的细粉混悬于水中时，及时将混悬液倾出，余下的稍粗药料再加水反复研磨，至全部成细粉为止。将所得混悬液合并，静置沉淀，倾去上部清液，将底部细粉取出干燥，即得极细粉。水飞法适用于不溶性稳定药物，如朱砂、珍珠母、炉甘石、滑石粉等矿物、贝壳类药物，但水溶性药物（如硼砂、芒硝）不宜采用水飞法。

2）加液研磨法：系将药料置于研钵中，加入少量液体后进行研磨，直至药料被研细为止。加入液体的目的主要是降低药物分子内聚力，利于粉碎。加液研磨法适用于如冰片、樟脑、薄荷脑、麝香等药物。

3. 低温粉碎　系将药物冷却到脆化点温度，在外力作用下破碎成粒径较小的颗粒或粉体的过程。降低温度有利于增加药物的脆性、韧性，并且较高温而言，低温粉碎的化学稳定性较高。低温粉碎主要适用于含糖和黏液的黏性药物物料（红参、玉竹、牛膝）、树脂树胶、干浸膏等。

4. 超微粉碎　系利用机械或流体动力将物料粉碎至微米甚至纳米级微粉的过程。主要采用流能磨或微粉粉碎机等机械，其适用于如灵芝孢子粉、花粉等药物的破壁。

5. 开路粉碎和闭合粉碎

（1）开路粉碎：是链式粉碎机的一种操作方法；粉碎药物只需通过粉碎机一次即可达到所要求的粒度，又称无分级粉碎。开路粉碎操作比较简单，只经过一次粉碎的碎制料完全达到要求细度。

（2）闭合粉碎：是将粉碎的药物连续送入分级设备，粒径大于要求的粗粒重新返回粉碎机，与新加入的被碎料混合一道进行粉碎操作的方法。闭合粉碎优点是所得成品粒度均匀；粉碎机的粉碎效率和粉碎能力均较高；单位成品的动力损耗减少。其缺点是设备和操作较复杂。

### （四）粉碎的设备

想达到良好的粉碎效果，除了选择适合的粉碎方法外，根据药物的性质和产品粒度要求选择适合的粉碎设备也是关键。常用的粉碎设备有乳钵、冲击式粉碎机、球磨机、流能磨和胶体磨等。

1. 乳钵　系研细药物的器具，形如臼而小，由乳钵和乳槌（杵棒）组成（图 2-4）。乳钵是实验室中研磨最常用器具，其材质包括陶瓷、玻璃、金属、玛瑙等。陶瓷乳钵内壁较粗糙，适用于结晶性及脆性药物的研磨；玻璃或玛瑙乳钵适用于毒性药或贵重药物。

图 2-4　乳钵

采用乳钵进行粉碎时应注意，加入药量一般不超过乳钵容积的 1/4，防止溅出和影响其效能。研磨时，一手按压住乳钵上沿，另一只手握乳槌由乳钵中心按螺旋方式逐渐向外，再向内研磨，反复研磨至符合要求。

2. 冲击式粉碎机　是一类以冲击力为主的粉碎机器，是在大规模化生产药物制剂过程中最常见的粉碎机，故称“万能粉碎机”。冲击式粉碎机适用于混合粉碎，但粉碎过程中易放热，故不适用于挥发性、黏性药物物料粉碎。冲击式粉碎机主要有锤击式和冲击式两类。

（1）锤击式粉碎机：主要部件有加料漏斗、锤头、旋转轴、圆盘、筛板（图 2-5）。其粉碎原理是物料在高速旋转的锤头的冲击力、剪切力及撞击力共同作用下被粉碎。细料通过底部筛板出料，粗料被继续粉碎，直至全部粉碎物料通过筛板孔被收集。锤击式粉碎机适用于中等硬度以下物料的粉碎。

（2）冲击式粉碎机：又称转盘式粉碎机（柴田氏粉碎机），其主要结构包括进料装置、粉碎室、离心转盘、齿圈板（固定转盘）、筛网圈、出料口、传动装置等（图 2-6）。其工作原理是物料进入粉碎机后，在高速旋转的活动齿盘与固定齿盘之间，受冲击力、剪切力、研磨力及物料自身间撞击力和摩擦力的作用，粉碎至一定的细度，最后通过筛网圈筛出物料，而粗粉仍在粉碎机内重复粉碎直至全部通过筛网圈得到成品。冲击柱式粉碎机适用范围广，药物经多次粉碎，破碎比大，可以获得最细粉；但不适合高硬度、磨蚀性大的物料粉碎。

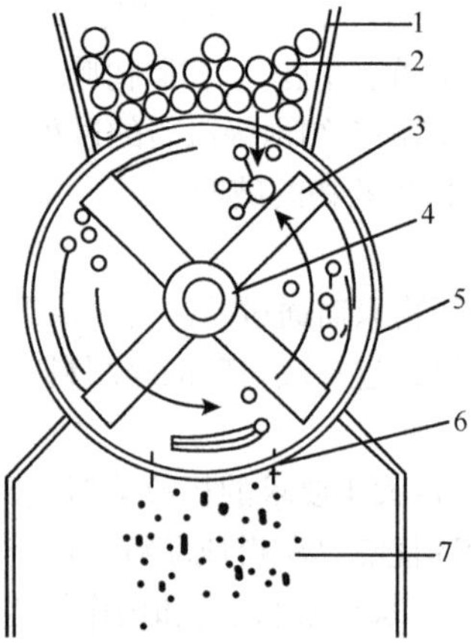


图 2-5　锤击式粉碎机

1. 加料漏斗；2. 物料；3. 锤头；4. 旋转轴；5. 圆盘；6. 筛板；7. 成品

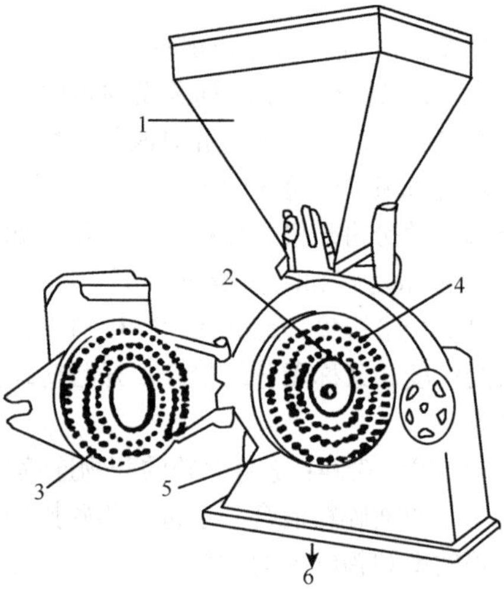


图 2-6　冲击式粉碎机

1. 进料装置；2. 离心转盘；3. 固定转盘；4. 冲击柱；5. 筛网圈；6. 出料口

3. 球磨机　系兼有撞击和研磨作用的粉碎器械。由不锈钢或瓷制的圆柱筒，内装一定数量和大小的圆形钢球或瓷球构成（图 2-7）。其工作原理为加入物料后，电机带动圆筒转动，使圆筒中圆球在一定速度下滚动，利用筒内起落圆球的撞击力、圆球与筒壁及球与球之间的研磨力粉碎物料（图 2-8）。球磨机粉碎效果与转速有关，应选择适合转速，以保证粉碎效果。

球磨机结构简单，可密闭操作，污染较少。其适用于以下条件粉碎：①毒性、贵重药物和吸湿性强、刺激性强的药物粉碎；②易氧化药物或爆炸性药物，可充入惰性气体密闭粉碎；③结晶性药物、硬而脆的约物，效果更好；④可在无菌条件下粉碎与混合药物，得到无菌的产品。

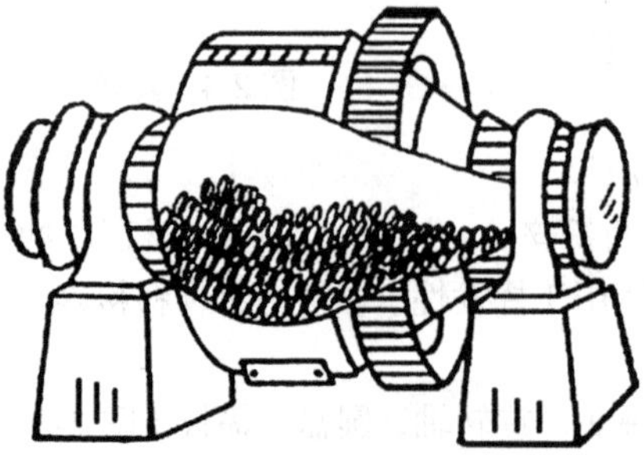

图 2-7　球磨机

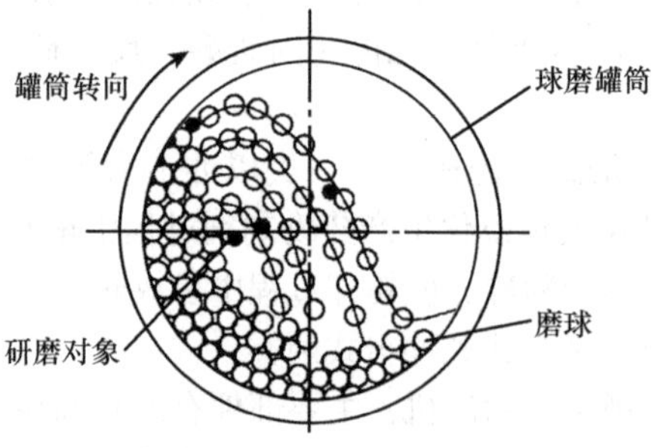


图 2-8　球磨机工作原理

4. 流能磨　又称气流粉碎机，利用高速气流喷出时形成强烈多相紊流场，使其中的固体颗粒在自撞中撞击和冲击发生变形、破碎，包括有扁平式气流磨、循环式气流磨、对喷式气流磨和流化床气流磨。由于其为闭合粉碎，且气流在粉碎区膨胀时的冷却效应可抵消粉碎时产生的热量，因而特别适用于抗生素、酶、低熔点药物和其他对热敏感药物的粉碎，也可用于无菌粉碎。

（1）循环式气流磨：其组成包括进料装置、粉碎区、喷嘴、工质总管、工质分配室、上行管和分级区（图 2-9）。其工作原理是利用高压气流（空气、蒸汽或惰性气体）使药物颗粒之间、颗粒与室壁之间强烈地碰撞而产生的粉碎作用。

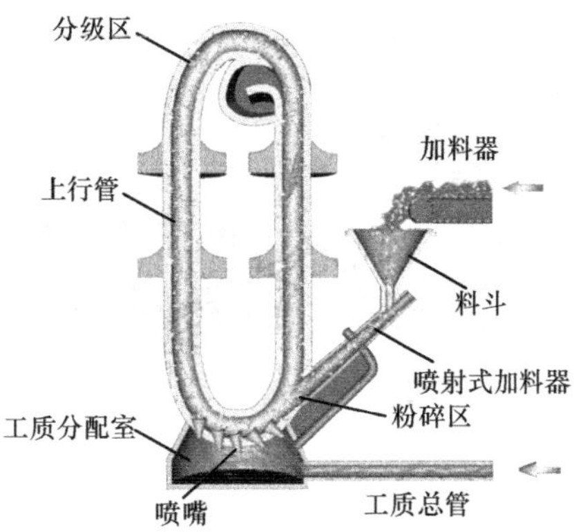

图 2-9　循环式气流磨

（2）流化床气流磨：系借助于气流的高速运动使物料颗粒之间、颗粒与器壁之间产生强烈的冲击碰撞和摩擦剪切而使物料粉碎。其工作原理为利用压缩空气经过喷嘴加速成气流后射入粉碎区使得物料呈流态，粉碎颗粒呈相同运动状态，而加速颗粒在喷嘴气流撞击中互相撞击达到粉碎效果。

5. 胶体磨　系一类超微湿粉碎加工设备。其原理是在一定黏度流体流动过程中，由于物料速度不同，故而物料间存在剪切力，并利用高速搅拌加强剪切力的粉碎。胶体磨是对流体物料进行精细加工的机械，具有优越的超微粉碎、分散乳化、均质、混合等功效。其适用于超微的湿法粉碎。

### （五）粉碎的注意事项

1. 选择适合的粉碎方法和机械，由于产品物料要求的粒度和性质不同，作用力不同，故而选择适合的粉碎方法和机械为首要条件。

2. 机械操作应当严格遵守标准操作规程，注意生产安全，防止产品污染、变质。

3. 操作完毕后，机器应当注意养护和清洁。

4. 特殊物料，如毒性药品、易氧化物料等应当注意特殊处理和操作。

## 三、过　筛

过筛系为适应医疗和药剂制备的需要，利用物料粉末粗细相差悬殊，通过一种网孔状的工具使粗细混合的粉末分离出粗粉和细粉的操作过程。

### （一）过筛的目的及影响因素

过筛的主要目的：①将粉碎好的颗粒或粉末，分成不同等级，适应各种制剂和医疗的需要；②过筛可以保证物料后续混合的均一性；③能及时将合格粉末筛出，以提高粉碎效率。

影响过筛的因素：①粒径范围适宜，物料的粒度越接近分界直径时越不易分离；②物料中含水量和黏性增加，易成团或堵塞筛孔；③粒子的形状、表面状态不规则，密度小等物料不易过筛；④筛分装置的参数。

### （二）过筛的要求

1. 药筛的要求　药筛（图 2-10）是指《中国药典》规定的全国统一的用于药剂生产的筛网，主要有标准筛（试验筛）和工业筛两类，工业筛应与标准筛接近，且不影响药剂生产质量。

图 2-10　编织药筛

筛网主要是通过规格和材质影响物料成品。

目前《中国药典》的筛网规格是按照国家标准中的 R40/3 系列标准筛选用。筛网规格按照两种依据划分，一种是以筛孔内径大小作为依据，共规定了九种筛号，其中一号筛孔内径最大，其余筛孔依次减小，九号筛孔最小。另一种则是由“目”作为依据，“目”是指每 2.54cm 长度上的筛孔数目。例如，一个筛网的每 2.54cm 筛孔有 100 个，即 100 目筛。一至九号筛对应目数和筛孔内径对照见表 2-1。

**表 2-1　《中国药典》药筛规格表**

| 筛号 | 筛孔内径平均值（单位：μm） | 目数 |
|---|---|---|
| 一号筛 | 2000±70 | 10 目 |
| 二号筛 | 850±29 | 24 目 |
| 三号筛 | 355±13 | 50 目 |
| 四号筛 | 250±9.9 | 65 目 |
| 五号筛 | 180±7.6 | 80 目 |
| 六号筛 | 150±6.6 | 100 目 |
| 七号筛 | 125±5.8 | 120 目 |
| 八号筛 | 90±4.8 | 150 目 |
| 九号筛 | 75±4.1 | 200 目 |

2. 粉末的要求　为了适应医疗和药物制剂生产需求，成品物料需要一定的要求。《中国药典》中规定了六种粉末等级，见表 2-2。

**表 2-2　《中国药典》粉末等级标准表**

| 等级 | 分等标准 |
|---|---|
| 最粗粉 | 指能全部通过一号筛，但混有通过三号筛不超过 20%的粉末 |
| 粗粉 | 指能全部通过二号筛，但混有通过四号筛不超过 40%的粉末 |
| 中粉 | 指能全部通过四号筛，但混有通过五号筛不超过 60%的粉末 |
| 细粉 | 指能全部通过五号筛，并含通过六号筛不少于 95%的粉末 |
| 最细粉 | 指能全部通过六号筛，并含通过七号筛不少于 95%的粉末 |
| 极细粉 | 指能全部通过八号筛，并含通过九号筛不少于 95%的粉末 |

### （三）过筛的设备

用于过筛的设备主要有手工筛和机械筛两种。实验室里主要使用手工筛，即试验筛，而机械筛主要用于批量工业制剂生产。

1. 手工筛　具有两种样式，一种为编织筛（图 2-10），另一种为冲眼筛（图 2-11），筛孔呈现圆洞状。冲眼筛主要使用金属材质，编织筛通常使用不锈钢、铜丝和尼龙筛等材质。不同材质的选取会影响制剂生产质量，金属材质筛网的优势是适用于硬度较大的物料，不易变形，但缺乏化学稳定性，一旦磨损会导致金属屑污染物料。尼龙筛的优势在于弹性较大，较为耐用，对药物稳定性较高，缺点在于容易发生变形和破裂。

2. 振动筛　系利用机械力或电磁力使得筛网产生一定频率振动，从而实现筛分的设备（图 2-12）。筛网通常分为 1～5 层，可以实现多级分离，筛网直径一般为 0.4～1.5m，可根据工艺要求拆除筛箱中的筛网，可得到 12～200 目不同的物料。振动筛适用于无黏性的植物药物物料、化学药物物料、毒性、刺激性及易风化和氧化的物料过筛，具有分离效率高、维修费用低、占地面积小、重量轻等优点，在制药工业中被广泛使用。

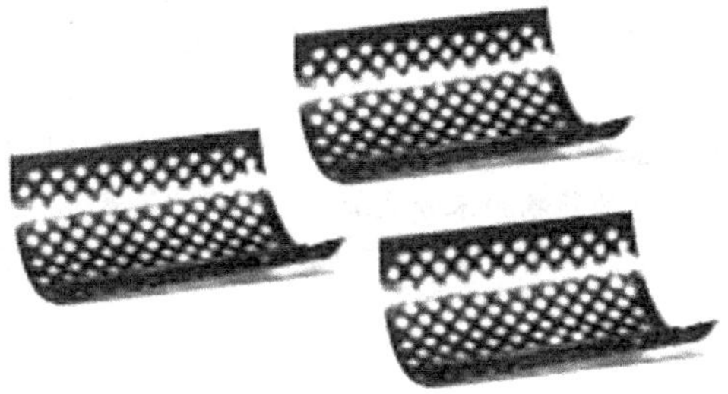

图 2-11　冲眼筛网

图 2-12　振动筛

### （四）过筛的注意事项

药物物料过筛应注意以下事项。

1. 筛分前应做好准备工作，如粉碎物料等。

2. 粉末应干燥，含水量较高物料应事先干燥，易吸湿物料应在干燥环境中过筛。

3. 过筛时，应当注意振动的幅度和方向。振动幅度应适宜，不宜过低否则容易结块，但幅度也不宜太大，以免造成物料外溢。手工筛过筛时宜水平方向振动。

4. 注意生产安全，防止粉尘飞扬，特别是刺激性或毒性药物，需采取设备密闭、环境通风和佩戴口罩等保护措施。

5. 防止物料污染，除了做好清洁外，还应注意防止物料交叉污染。

## 四、混　　合

混合系两种及两种以上组分的物料相互分散从而达到一定均匀程度的操作。一般从形态上分类，固体和固体之间分散、液体和液体之间分散称为混合，而少量液体和固体之间分散称为搅拌。

混合的目的主要是使得组分分布均匀，从而使药物组成含量均匀，确保药物制剂的生产和使用剂量准确，用药安全。

### （一）混合的原理

采用机械或手工混合，一般认为其原理有对流混合、剪切混合和扩散混合。

1. 对流混合　系指固体粒子在机械转动作用下，粒子群产生流体的对流运动，从而实现均匀混合的运动形式。

2. 剪切混合　系指由于物料群体中的粒子相互间形成剪切面的滑移和冲撞作用，引起局部混合形式。

3. 扩散混合　系指互溶性组分在混合过程中，相互之间以分子扩散形式向四周作无规律运动，从而增加了两个组分间的接触面积，缩短了扩散平均自由程度达到均匀分布状态的形式。

### （二）混合的影响因素

混合操作本质上就是要达到组分均匀，主要受到混合组分比例、混合组分相对密度、混合颗粒形态和大小、微粒带电性、混合时间及其他要素影响。

1. 混合各组分的比例　各组分比例相差悬殊时，不易混合均匀。一般而言，两项混合比例在30%～70%是最为合适的。故而在组分相差较为悬殊时，多采用等量递加法混合。

**链接**　等量递加法和打底套色法

1. 等量递加法　又称为配研法，当组分比例相差悬殊的情况下使用该法。先将小剂量组分研细后，加入等体积其他组分细粉混匀，混匀组分再次加入等量的量多组分，如此反复加入至全部混匀。例如，常用百倍散制备就是采用等量递加法。

2. 打底套色法　对于不同组分，色泽或质地相差悬殊的配方，可将量少、色深或质轻的粉末放置于混合容器中作为底料（打底），再将量多、色浅或质重的药物粉末分次加入，采用“等量递加法”混合均匀（套色）。混合时通常先用量大组分饱和混合器械，以减少量小的药物组分在混合器械中因吸附造成相对较大的损失。

2. 混合组分的相对密度　物料中各组分的相对密度差异，会造成颗粒流动时引起的离析，可能会引起混合的不均匀。一般轻重组分同时存在的情况下，将轻者先放入混合容器，再加入重者混合，可以有效防止物料飞扬，也可防止轻质组分浮于上层造成的混合不均。

3. 混合颗粒形态和大小　各组分的颗粒形态如果越接近球形或柱状，则其流动性好，混合越均匀。各组分的颗粒粒径大小越接近，则越易混合均匀，相反粒径差异越大，则越不易混合均匀。

4. 混合的时间　混合时间越长，混合均匀性越好。但是由于药物制剂生产追求效率和降低混合组分变质可能性，一般都通过试验来决定混合时间长短。通常小剂量混合不少于5分钟。

5. 微粒的带电性　物料在摩擦中表面会带有电荷，从而阻碍混合均匀。

6. 其他　如混合的填充量，一般填充量不要超过机械容积的30%，否则会降低混合均匀性；液体和固体成分混合，若加入组分吸附剂可以提高混合效果；混合器械的吸附性及颗粒的水分也会影响混合。

**链接**　低共熔物混合

低共熔现象系指当两种或两种以上药物按一定的比例量研磨混合后，熔点降低，从而出现混合物润湿和液化的现象。常见产生共熔的药物有樟脑与苯酚、麝香草酚、薄荷脑，阿司匹林与对乙酰氨基酚、咖啡因等。

含共熔组分的制剂是否需混合后共熔，应根据共熔后对药理作用的影响及处方中所含其他固体成分数量的多少而定。一般共熔后影响溶解度和疗效，禁用共熔混合，如阿司匹林与咖啡因共熔后影响药效，则需预先处理。相反如不影响疗效情况，一般可预先共熔，如麝香草酚和樟脑、薄荷脑等混合。

### （三）混合的方法

常用的混合方法有搅拌混合、过筛混合和研磨混合。

1. 搅拌混合　将各组分物料置于大小适宜容器中搅匀的操作。由于搅拌混合简单，且不易使得物料混匀，多用作初步混合。

2. 过筛混合　将各组分物料先做初步混合，再通过适宜的药筛经一次或多次过筛，达到混合均匀的目的。适用于含植物性物料及各组分颜色差异较大的物料混合。

3. 研磨混合　将各组分物料置于乳钵或研磨机械中共同研磨的混合操作。这种方式既能将物料研细，又能将物料分散混合。此法适用于小量结晶性物料的混合，不适于具有吸湿性及爆炸性成分的混合。

### （四）混合的设备

除用手工研磨或过筛混合外，工业生产的混合过程多采用搅拌或容器的旋转使物料产生整体和局部移动混合。固体的混合设备大致分为容器旋转型和容器固定型。容器旋转型是靠容器本身的旋转作用，带动物料进行上下运动，从而使物料混合的设备，如水平圆筒型、倾斜圆筒型、V 型、双圆锥型、立方体型等混合筒，其中常用 V 型混合机。而容器固定型混合筒是依靠叶片、螺旋桨等方式搅拌，使粒子在固定容器内实现混合的设备，主要有搅拌槽式混合机、锥型垂直螺旋混合机、旋转圆盘型混合机、流化床型混合机等。

1. 水平圆筒型混合机　系筒体在轴向旋转时带动物料向上运动，并在重力作用下，往下滑落的反复运动中进行混合（图 2-13）。该混合机具有结构简单、批量大的优点，缺点为混合均匀度较低。

2. V 型混合机　由两个圆筒呈 V 形交叉结合而成（图 2-14），V 形交叉角为 80°。使用时，加入的物料自然流动汇集在 V 形交叉部位，随着容器围绕转轴旋转，物料在重力的作用下被分成两部分后重新汇合在 V 形凹点，多次反复循环使物料混合均匀。V 型混合机以对流混合为主，可在较短时间内混合均匀，是容器旋转型混合机中混合效果较好的一种设备，在制药工业中被广泛应用。

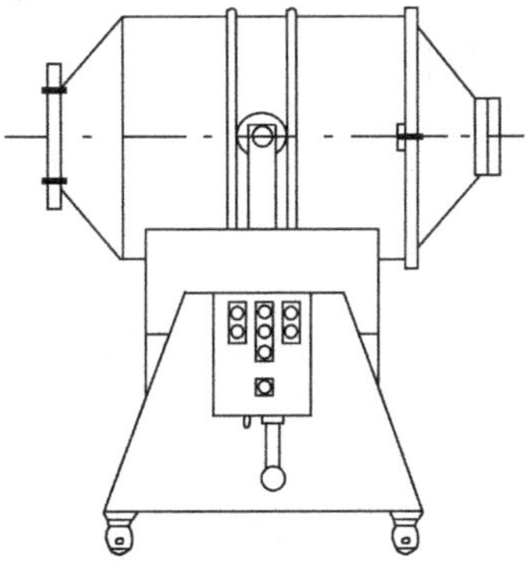

图 2-13　水平圆筒型混合机模式图

图 2-14　V 型混合机

3. 三维运动混合机　由电机、主动轴和圆筒三部分组成（图 2-15），其工作原理为电动机带动主动轴运动，主动轴带动装有物料的圆筒平移、翻滚等复合运动，促使物料沿着筒体做环向、径向和轴向的三向复合运动，从而实现物料间相互流动、扩散和剪切混合。三维运动混合机的特点是混合均匀程度高，混合率达到 99.9%以上，是目前普遍使用的新型混合机械。

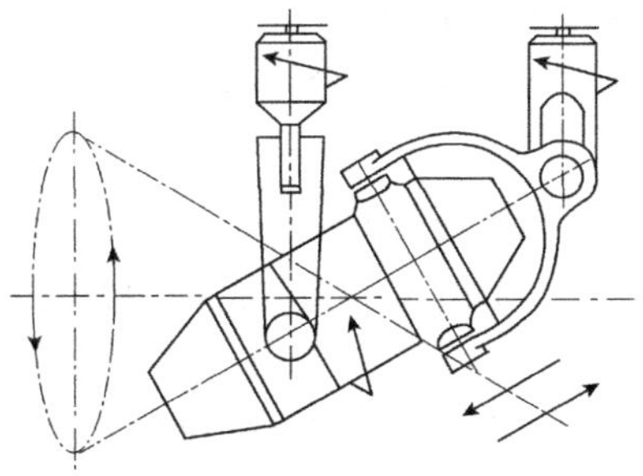

图 2-15　三维运动混合机

图 2-16 搅拌槽式混合机

4. 搅拌槽式混合机 系一类由机械对物料产生剪切力达到混合目的的设备（图 2-16）。其设备构造包括 U 型混合槽、切片旋转搅拌桨、电机。U 型混合槽是以水平轴为中心转动，而搅拌桨可以由两边朝中心切合，再由中心朝两边切开，运动轨迹呈 S 形。主要用于粉末混合，也可用于软质胶囊、片剂等制备混合。

### （五）混合的注意事项

混合操作应当注意保证混合的效率，主要关注以下几个方面。

1. 选取适合的混合方法和设备 合适的混合方法和设备是决定是否混合均匀的关键。例如，混合组分比例相对悬殊的药物应用等量递加法。

2. 加料的先后顺序 如轻、重两种物料，一般将轻者先放入容器，再放入重者。

3. 混合时间 一般而言，混合时间越长，混合的均匀性越高，但为了追求生产的效率和防止物料发生物理化学变化，混合时间多是通过生产试验验证出来的。

# 第 2 节 散 剂

## 一、概 述

### （一）散剂的定义

散剂系一种或多种药物与适宜辅料经过粉碎、均匀混合制成的干燥粉末状制剂。散剂是古老剂型之一，我国早在战国时期成书的《五十二病方》中已有散剂记载。目前化学药散剂临床使用较少，散剂在中医中药仍然是重要的制剂。此外散剂除直接给药外，也是作为制备颗粒剂、胶囊剂、片剂和丸剂等固体制剂的重要中间体，因此散剂的制备是其他固体制剂制备的基础。

### （二）散剂的特点

散剂与其他制剂相比，有以下优点：

（1）散剂表面积较大，因而易于分散，利于敷布吸收，奏效快。

（2）散剂制备方法简便，剂量容易控制。

（3）散剂给药途径广泛，既可内服又可外用。

（4）散剂适于吞咽困难的小儿和老人服用。

（5）散剂运输携带较为方便。

散剂相对的缺点是粉碎后比表面积较大，分散度大，可使吸湿性、气味、刺激性、不稳定性等方面的不良影响增加。故刺激性较大、易腐蚀、遇光和空气不稳定药物不宜制成散剂。

### （三）散剂的分类

1. 按照给药途径分类 可分为内服散和外用散。内服散可以在胃肠道广泛分布，避免局部刺激，外用散可以起到局部吸附作用和促进伤口愈合。例如，治疗腹泻的蒙脱石散属于内服散，治疗湿疹的炉甘石散为外用散。

2. 按照药物组分分类 可分为单散剂和复合散剂。单散剂指由一种药物组成的散剂，如珍珠粉等。复合散剂是由两种及两种以上药物组成的散剂，如痱子粉等。

3. 按照药物剂量分类 可分为分剂量散剂和不分剂量散剂。分剂量散剂多为按一次剂量包装散剂；不分剂量散剂一般将多次使用的总剂量交给患者，患者按照医嘱用药，多属外用散剂。

### （四）散剂的质量要求

散剂的生产至使用过程中应满足以下质量要求。

1. 供制散剂的成分物料均应粉碎成细粉。除另有规定外，内服散剂应为细粉，儿科和外用散剂应为最细粉，眼用散剂应为极细粉。

2. 散剂应干燥、疏松、混合均匀、色泽一致。含有毒性药物或小剂量药物、贵重药物的散剂制备时，采用等量递加法混合并过筛。

3. 散剂中可含有或不含辅料，根据需要可加入矫味剂、芳香剂和着色剂等。

4. 散剂可单剂量包装，也可多剂量包（分）装，多剂量包装者应附分剂量的用具。

5. 作用于创伤组织和溃疡面的外用散应无菌，须在无菌条件下配制。

6. 除另有规定外，散剂应密闭储存，含挥发性药物或易吸潮药物的散剂应密封储存。

## 二、散剂的制备

### （一）散剂制备的辅料

常用制备散剂的辅料有矫味剂、赋形剂和着色剂等。

1. 矫味剂　常用的有蔗糖、甜菊苷、糖精钠、山梨醇、甘油等。矫味剂主要用于掩盖内服散剂的不良味道，适宜于患者服用。

2. 赋形剂　常用的有乳糖、淀粉、糊精、蔗糖、葡萄糖及无机盐，如碳酸钠、磷酸钙、碳酸镁及白陶土等。赋形剂主要起到填充份量，以及收敛、吸收作用。

3. 着色剂　常用的有胭脂红、品红、亚甲蓝、靛蓝和苋菜红等。着色剂可改变散剂色泽外观，其含量一般为总重的 0.005%～0.010%。

### （二）散剂的制备工艺

散剂的制备工艺流程，见图 2-17。

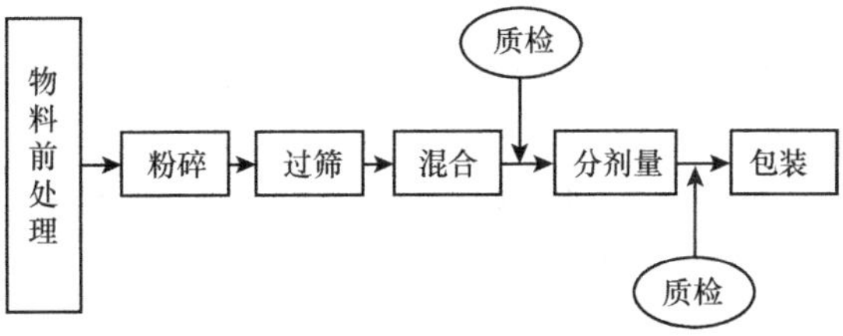


图 2-17　散剂制备工艺流程

1. 物料前处理　系药物及辅料按照相应质量要求进行预先处理的过程，如部分中药材需要提前进行炮制、干燥等加工，化学原料药需要干燥和除去杂质等。

2. 粉碎与过筛　制备散剂的固体原辅料均需进行粉碎与过筛处理。粉碎的粒度应根据药物的性质、作用和给药途径而定。一般而言，内服散剂中易溶于水的药物不必粉碎得太细，胃液中不稳定的药物、具不良味道的药物及刺激性强的药物也不必粉碎得太细，研磨至细粉即可；难溶性药物应粉碎成极细粉或微粉以加速其溶解和吸收；用于治疗胃溃疡的不溶性药物应粉碎成最细粉，以利于其发挥保护作用及药效；用于皮肤、腔道等部位的局部散剂，应粉碎成最细粉，以减轻对黏膜的机械刺激并保证药效。

粉碎后得到的粗细均匀的颗粒细粉，应及时过筛，从而得到符合标准的颗粒细粉，并且在过筛过程中有混合作用。

3. 混合　将处方中的各组分，选择适合的混合方法和器具进行混合。混合是散剂制备的关键步骤，其目的主要是确保散剂各组分的均匀性，影响成品的剂量和疗效。故而在混合时应当注意混合设备能力、加料顺序、混合时间等。

4. 分剂量　系均匀混合的散剂，按照需求的剂量分成等重份数的过程。常用分剂量方法包括目测法、重量法和容量法，大规模生产中多用容量法。

（1）目测法：依目测的方法，将散剂分成所需的若干份量。目测法为古老的分剂量方法，操作简易，但剂量误差较大，常用于药房中剂量要求相对较低的分剂量操作。

（2）重量法：借助称重器械逐份将单元剂量精确称重并分装的操作。此法准确度高，但是操作繁琐，效率较低，主要用于贵重药物和含剧毒药物的散剂分剂量。

（3）容量法：将散剂填充入一定容积的容器中进行分剂量，此法操作简单，且适于机械化生产，其缺点是分剂量的准确性受到物料的物理性质影响，如堆密度、松密度和流动性。

5. 包装　散剂包装应根据药物的性质选择包装材料和方法。由于散剂分散度较大，吸湿性和风化性较强，故而其在包装时应注意防潮。包装时应注意散剂吸湿引起的潮解、结块、变色、分解和霉变等变质现象，避免影响散剂质量和降低用药的安全性。主要的包装材料有塑料复合膜袋、铝塑复合膜袋及玻璃制品。

## 三、散剂的质量检查

除另有规定外，《中国药典》中规定散剂应做以下相应检查。

1. 粒度　除另有规定外，均按以下标准进行检查。

（1）化学药品：局部用散剂照下述方法检查，粒度应符合规定。

取供试品 10g，精密称定，置七号筛中（筛下配有密合的接收容器），筛上加盖。按水平方向转动振摇不低于 3 分钟，并不时在垂直方向轻叩药筛。取筛下的粉末，精密称定重量，计算其所占比，应不低于 95%。

（2）中药：用于烧伤或严重创伤的外用散剂，按上述方法检查，通过六号筛的粉末重量应不低于 95%。

2. 均匀度　取供试品适量，置于光滑纸上，平铺约 $5cm^2$，将其表面压平，在亮处观察，应颜色均匀，无花纹与色斑。

3. 干燥失重　普通散剂的干燥失重按烘干法在 105℃干燥至恒重，减失重量不得过 2.0%。中药散剂按水分测定法（不含或少含挥发性成分的用烘干法，含挥发油成分的散剂按甲苯法）测定，除特殊规定外，一般不得超过 9%。

4. 装量差异　单剂量包装的散剂，应检查其装量差异，并符合表 2-3 的规定。方法：取散剂 10 袋（瓶），分别精密称定每袋（瓶）内容物的重量，求出内容物的装量与平均装量。每袋（瓶）装量与平均装量（凡无含量测定的散剂，每包装量应与标示装量比较）相比应符合规定，超出装量差异限度的散剂不得多于 2 袋（瓶），并不得有 1 袋（瓶）超出装量差异限度的 1 倍。

**表 2-3　单剂量包装散剂重量差异限度**

| 平均装量或标示装量 | 装量差异限度（中药、化学药） |
|---|---|
| 0.1g 及 0.1g 以下 | ≤±15% |
| 0.1g 以上至 0.5g | ≤±10% |
| 0.5g 以上至 1.5g | ≤±8% |
| 1.5g 以上至 6.0g | ≤±7% |
| 6.0g 以上 | ≤±5% |

5. 装量　除另有规定外，多剂量包装的散剂，按照最低装量检查法检查，取供试品 5 个（50g 以上者取 3 个），称定其装量和平均装量，均应符合规定（表 2-4），如有一个容器装量不符合规定，另取 5 个（或 3 个）复试，应全部符合规定。

**表 2-4　多剂量散剂装量限度**

| 标示装量 | 平均装量要求 | 每个容器装量要求 |
|---|---|---|
| 20g 以下 | 不少于标示装量 | 不少于标示装量的 93% |
| 20～50g | 不少于标示装量 | 不少于标示装量的 95% |
| 50g 以上 | 不少于标示装量 | 不少于标示装量的 97% |

6. 无菌和微生物限度检查　一般散剂进行微生物限度检查，用于烧伤和创伤局部用药的散剂做无菌检查，检查方法应符合 2015 年版《中国药典》的规定。

## 四、散 剂 实 例

**实例 2-1：口服补液盐**

**【处方】**　氯化钠 1750g　氯化钾 750g　碳酸氢钠 1250g　葡萄糖 11 000g

**【制备】**

（1）取处方量的葡萄糖、氯化钠粉碎成细粉，过 80 目筛，混匀，分装于大袋中。

（2）将处方量的氯化钾、碳酸氢钠粉碎成细粉，过 80 目筛，混匀，分装于小袋中。

（3）将分装后大小袋中细粉同装一包，共制 1000 包。

**【分析】**

（1）本品为电解质补充药，用于腹泻、呕吐等引起的轻度和中毒脱水。

（2）本品预先将氯化钠、葡萄糖和氯化钾、碳酸氢钠分开包装，是因为氯化钠和葡萄糖混装易吸湿，若提前混合包装，混合物吸湿后易造成碳酸氢钠水解变质，碱性增大。

（3）必须加入规定量的凉开水（不得为沸水），溶解成溶液后服用。

（4）心力衰竭、高钾血症、急慢性肾衰竭少尿期患者禁用。

（5）本品易吸潮，应采用防水性能好的材料包装，并密封保存于干燥处。

**实例 2-2：硫酸阿托品散**

**【处方】**　硫酸阿托品 1.0g　1%胭脂红乳糖 0.5g　乳糖适量　制得成品 100g

**【制备】**

（1）1%胭脂红乳糖的制备：取 1g 胭脂红于乳钵中，加 90%乙醇 15ml，搅拌，再加入少量乳糖研磨均匀，置于 60℃干燥，过 100 目筛即得。

（2）取少量乳糖置乳钵中研磨，使乳钵内壁饱和后倾出。

（3）将处方量硫酸阿托品与 1%胭脂红乳糖置乳钵中研匀。

（4）按等量递加法加入适量的乳糖充分研匀，至全部色泽均匀，过 100 目筛，即得成品。

**【分析】**

（1）本品为胆碱受体阻断药，可解除平滑肌痉挛，抑制腺体分泌，散大瞳孔。

（2）硫酸阿托品为医疗用毒性药品，加入乳糖做稀释剂，制成倍散后使用，1%胭脂红乳糖是着色剂，利于检查其均匀性。

（3）制备时先饱和乳钵内壁，减少硫酸阿托品被吸附损耗。

（4）如需配制硫酸阿托品 0.5mg×10 包，可称取硫酸阿托品百倍散 0.5g，加适量乳糖混合均匀，分成10包。

**链接** 倍　散

单味毒剧药要添加一定比例量的稀释剂制成稀释散或称倍散。例如，剂量在0.01～0.10g者，可配制1∶10倍散（取药物1份加入赋形剂9份），称为十倍散；如剂量在0.01g以下，则应配成1∶100或1∶1000倍散，分别称为百倍散和千倍散（药物与赋形剂比例分别为1∶99和1∶999）。倍散配制时应采用等量递加法稀释混匀后备用。稀释散的赋形剂应选不与主药发生作用的惰性物质，常用的稀释剂有乳糖、淀粉、糊精、蔗糖、葡萄糖、硫酸钙等，其中以乳糖为最佳。

**实例2-3：痱子粉**

【处方】 水杨酸14g　氧化锌60g　硼酸85g　升华硫40g　麝香草酚6g　薄荷脑6g　薄荷油6g　樟脑6g　淀粉100g　滑石粉加至1000g

【制备】

（1）先将处方量麝香草酚、薄荷脑和樟脑研磨形成低共熔混合物，与薄荷油混匀。

（2）另将处方量升华硫、水杨酸、硼酸、氧化锌、淀粉、滑石粉研磨递加混匀，过100～120目筛。

（3）将第一步中共熔物和第二步混合粉末混匀，过120目筛即得成品。

【分析】

（1）本品中麝香草酚、薄荷脑、樟脑在混合时发生低共熔现象，利用此现象便于和其他药物混匀。

（2）本品有吸湿、止痒及收敛作用，适用于汗疹、痱子等。

（3）混合固体物料时应采用等量递加法。

**实例2-4：九分散**

【处方】 马钱子250g　麻黄250g　乳香250g　没药250g

【制备】

（1）将处方量麻黄、乳香、没药研磨成细粉，混匀。

（2）采用等量递加法将上述混合细粉与处方量马钱子细粉混匀，即得成品。

【分析】

（1）马钱子粉通络止痛，散瘀消肿，为主药；辅以乳香、没药活血散瘀，行气消肿止痛。

（2）处方中马钱子为有毒成分，制备时应注意通风和防止粉尘飞扬。

### 五、散剂的储存

散剂的储存注意防潮是重点。除另有规定外，散剂应密闭储存，含有挥发性成分和吸湿成分的散剂应当密封储存。常用的包装材料有塑料复合膜、铝塑复合膜、塑料瓶和玻璃瓶等密闭和密封包装材料。

## 第3节　颗　粒　剂

### 一、概　　述

#### （一）颗粒剂的定义

颗粒剂系指药物与适宜的辅料制成具有一定粒度的干燥颗粒状制剂，供口服用。其中粒径为 105～500μm 的颗粒剂称为细颗粒剂。颗粒剂可分散在水中或其他液体中服用，也可冲水服用，是在汤剂、散剂和糖浆剂等传统剂型基础上发展起来的一种剂型。

### （二）颗粒剂的特点

颗粒剂的优点如下：

（1）利于吸收，奏效快，方便携带、贮存。它既保持了传统汤剂、散剂的特色，又克服了汤剂和散剂的服用、携带、贮存不易的缺点。

（2）采用包衣和加入其他辅料后，可以掩盖某些药物的不良臭味，起到防潮作用，以及制成缓控释制剂。

（3）生产工艺较为简单，容易实现机械化生产。

颗粒剂的缺点是包装不严密时，往往容易潮解、结块。

### （三）颗粒剂的分类

根据颗粒剂在水中分散情况可分为可溶性颗粒剂、混悬性颗粒剂和肠溶性颗粒剂。

（1）可溶性颗粒剂：系能冲服成溶液，溶于溶剂的颗粒剂，溶剂大部分是水，也可以是酒。常用的可溶性颗粒剂有板蓝根颗粒、头孢羟氨苄颗粒等。

（2）混悬颗粒剂：系难溶性固体与适宜辅料制成的一定粒度的干燥颗粒剂。临用前加适宜液体振摇后可分散成混悬液。常用的混悬颗粒剂有小儿感冒颗粒、罗红霉素颗粒等。

（3）泡腾颗粒剂：系含有泡腾剂，遇水后可放出气体呈泡腾状颗粒剂。泡腾剂组成为有机酸和碱式碳酸（氢）盐，加水后反应生成二氧化碳气体。常用的有机酸有酒石酸、枸橼酸、苹果酸、硼酸、富马酸、无机矿酸等，常用的碱式碳酸盐有碳酸钠和碳酸氢钠。

根据特定颗粒剂的溶解部位和溶解速度可分为肠溶颗粒剂和缓控释颗粒剂。根据是否采用蔗糖可分为有糖颗粒剂和无糖颗粒剂，无糖颗粒剂可以采用其他矫味剂代替蔗糖，主要适用于糖尿病患者使用。

### （四）颗粒剂的质量要求

颗粒剂的生产至使用过程中应满足以下质量要求。

1. 药物与辅料应均匀混合，凡属挥发性药物或遇热不稳定的药物应在适宜的温度条件下操作，凡遇光不稳定的药物应遮光操作。

2. 颗粒剂应干燥，颗粒均匀，色泽一致，无吸潮、结块、潮解等现象。

3. 根据需要加入适宜的矫味剂、芳香剂、着色剂、分散剂和防腐剂等添加剂。

4. 颗粒剂的溶出度、释放度、含量均匀度、微生物限度等均应符合要求，必要时包衣颗粒剂应检查残留溶剂。

5. 除另有规定外，颗粒剂应密封，置干燥处储存，防止受潮。

6. 单剂量包装的颗粒剂在标签上要标明每个袋中活性成分的名称及含量；多剂量包装的颗粒剂除应有确切的分剂量方法外，在标签上要标明颗粒中活性成分的名称和重量。

## 二、颗粒剂的制备

### （一）颗粒剂制备的辅料

常用的制备颗粒剂的辅料有填充剂、黏合剂、润湿剂、崩解剂、润滑剂、矫味剂、泡腾剂和包衣剂等。

1. 填充剂　常用品种有淀粉、乳糖、糊精、糖粉、硫酸钙、蔗糖、甘露醇、微晶纤维素、葡萄糖等。

2. 黏合剂　常用品种如下。

（1）天然黏合剂：10%淀粉浆、10%蔗糖、预胶化淀粉、糊精等。

（2）合成黏合剂：聚维酮、2%羟丙基纤维素、乙基纤维素等。

3. 润湿剂　常用的有蒸馏水、乙醇等。

4. 崩解剂　常用的有淀粉、羧甲基淀粉钠、微晶纤维素、交联羧甲基纤维素钠、低取代羟丙基纤维素、枸橼酸、聚山梨酯 80 等。

5. 润滑剂　常用的有硬脂酸镁、滑石粉、氢化植物油、氢氧化铝凝胶、氧化镁、石蜡、白油、甘油、甘氨酸、聚乙二醇、微粉硅胶等。

6. 矫味剂　常用的有蔗糖、甜菊苷、糖精钠、山梨醇、甘油等。

7. 包衣剂　常用的有羟丙基甲基纤维素（HPMC）、聚乙二醇（PEG）、乙酸纤维素钛酸酯（CAP）、乙基纤维素（EC）、丙烯酸树脂类（Eudragit E、L、S）等。

### （二）颗粒剂制备的工艺

根据颗粒剂制粒的方法不同，颗粒剂制备方法分为湿法制粒法和干法制粒法，其中湿法制粒法是颗粒剂制备中最常用的方法。

1. 颗粒剂湿法制粒制备工艺流程（图 2-18）　包括物料前处理→混合→制软材→制湿颗粒→干燥→整粒→总混→质检→包装。

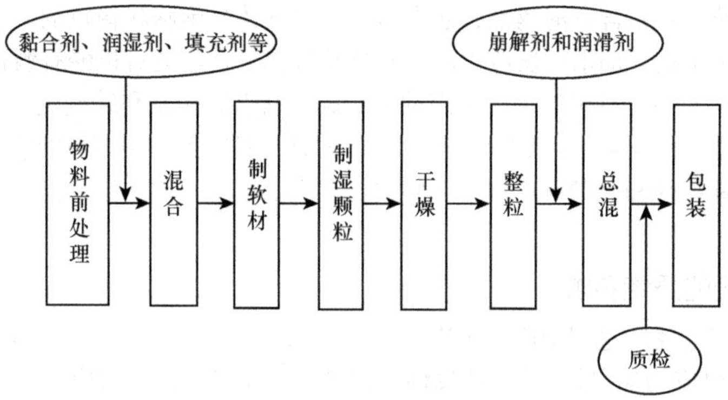


图 2-18　颗粒剂湿法制粒制备法工艺流程

（1）物料前处理：系药物及辅料按照相应质量要求进行预先处理的过程，如物料粉碎、过筛、称量等，以及物料浸出、浓缩等。

（2）混合和制软材：将药物与适宜的填充剂混合均匀，加入适量的润湿剂和黏合剂（必要时加入崩解剂）制备软材，使得物料呈现“手握成团，轻压即散”的状态。制软材是制湿颗粒前的关键步骤。

（3）制湿颗粒：湿法制粒主要方法有挤压制粒法、高速搅拌切割制粒法、流化床制粒法、喷雾干燥制粒法等。

1）挤压制粒法：将提前准备的软材用强制或机械挤压的方式通过具有一定大小的筛孔而制粒的方法。这类制粒设备有螺旋挤压制粒机、旋转挤压制粒机、摇摆式挤压制粒机等。

其中摇摆式挤压制粒机（图 2-19）工作原理为借助转轴旋转时刮粉轴对物料进行挤压和剪切使得物料通过筛网形成颗粒。摇摆式挤压制粒机结构简单，操作容易，广泛应用于制药生产中，但其生产能力低，筛网易破损。操作时，应当注意生产安全和机械各项技术参数，如加料速度、马达功率、工作温度和挤压力等。

2）高速搅拌切割制粒法：系将原辅料和黏合剂加入容器内，靠高速旋转的搅拌器和切割刀的作用快速完成混合、切割和滚圆并制成颗粒的方法。高速搅拌切割制粒机（图2-20）主要由容器、搅拌桨、切割刀组成。其操作步骤为投料→干混→加入黏合剂→混合→制粒→干燥→成品。

图2-19 摇摆式挤压制粒机

图2-20 高速搅拌切割制粒机

影响高速搅拌切割制粒的主要因素：①黏合剂的加入；②原料粉末的粒度；③搅拌速度等。高速搅拌切割制粒具有工序和操作简单、生产效率高的优点，缺点是湿颗粒不能直接进行干燥。

3）流化床制粒法：又称“一步制粒法”，是结合物料的混合、制粒和干燥在同一设备中完成的方法。其基本组成结构（图2-21）包括流化室、喷嘴和侧喷器、鼓风机和空气预热推送器等。其原理是利用压缩高温空气从喷嘴送出推动物料上浮，并利用喷嘴和上方的过滤器加入制粒所需的黏合剂、润湿剂和填充剂等，由于喷入物料在重力作用下下降，并经过侧喷预热空气的干燥，经过反复的流化制粒。流化床制粒优点在于机械化程度高，工艺简单，节约人力和成本，避免污染，产品粒度均匀，缺点在于能耗较大。

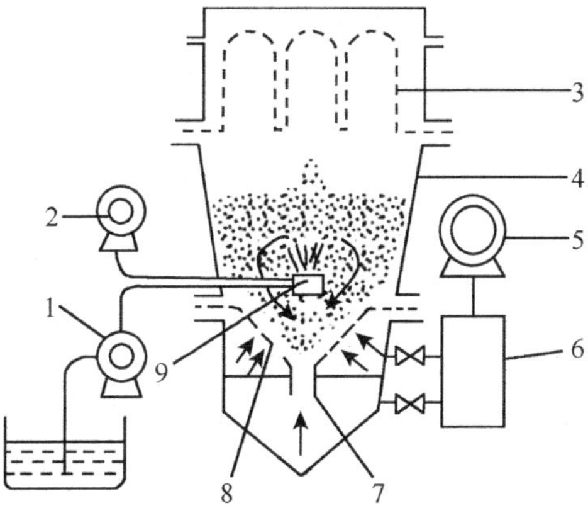


图2-21 流化床制粒机

1. 传送泵；2. 压缩机；3. 黏合剂过滤器；4. 流化室；5. 鼓风机；6. 空气预热推送器；7. 侧喷器；8. 气体分布器；9. 喷嘴

4）喷雾干燥制粒法：系将制粒药物及辅料溶液混合，制成浓度为50%～70%的混合浆糊状物料，利用泵输送离心雾化机喷出后，在喷雾干燥器热空气下雾化成大小适宜的液滴，并迅速干燥成细小球状固体颗粒。此法的生产效率高，易机械化作业，但费用较贵，且喷头容易发生阻塞。

（4）干燥：系利用热能将物料中水分迅速气化，达到干燥物料目的的工艺操作。干燥在固体制剂生产中应用广泛，影响干燥速率的因素：①物料的性状，如结晶水；②干燥的温度，通常干燥温度为60～80℃，对于热不稳定物料应控制在60℃以下；③干燥的压力；④其他，如物料的水分等。

常用的干燥方法有常压箱式干燥、减压干燥、喷雾干燥、沸腾干燥（流化床干燥）、红外线干

图 2-22 常压箱式干燥器

燥、微波干燥和冷冻干燥等。上述流化床制粒和喷雾干燥制粒分别包含了沸腾干燥和喷雾干燥。

1）常压箱式干燥：系将湿颗粒平铺于干燥盘内（薄厚应适度，一般不超过 10cm），然后置于搁板上。热空气以水平方向通过最下层湿颗粒的表面，然后流经加热器，使之每通过一次湿颗粒后得到再次加热，以保证干燥室内上、中、下各层干燥盘内的物料干燥均匀（图 2-22）。常压箱式干燥较为常见，价格低，适用于小批量的生产或用于干燥时间要求比较长的物料及易产生碎屑或有爆炸危险的物料，常用干燥温度为 60～80℃，缺点是劳动强度大，热能利用率低，物料干燥不均匀；尤其是颗粒内部残留水分过多的“虚假干燥”现象，并且有时会造成可溶性成分在颗粒之间发生“迁移”，从而影响片剂的含量均匀度。

2）减压干燥：系在密闭容器中抽真空后，进行干燥的方法。此法优点是温度较低，特别适合于含热敏感成分的物料；并且减少了空气对产品的不良影响，对保证产品质量有积极意义，但需注意避免物料起泡溢盘，造成浪费与污染。

3）红外线干燥：系利用红外线辐射使干燥物料中的水分汽化的干燥方法，属于辐射干燥。红外波长范围为 0.72～1000μm 的电磁波（通常将波长在 5.60μm 以上的称远红外线，波长范围在 5.60μm 以下的称近红外线）。工业上多用远红外线干燥物料。其原理是利用红外线产生电磁波光速辐射干燥物料，当光波和物料分子运动频率匹配时，会引起分子间共振和转动，造成物料分子内部摩擦生热，达到干燥目的。此法干燥效率高，干燥质量好，能量利用率高，缺点是同样会产热，不适合热不稳定性物料。

4）微波干燥：系利用频率为 300～$3\times10^5$ MHz，波长为 0.001～1.000m 的高频电磁波干燥物料的方法，微波干燥也属于辐射干燥。其工作原理是物料中的水分子在外加电场影响下，利用迅速转动和摩擦而转化的热量，达到物料干燥目的。微波干燥的优点是干燥迅速、干燥质量高，缺点是生产成本高，对物料稳定性可能有影响。

（5）整粒：系除去过细或过粗的颗粒的过程。在干燥过程中，某些颗粒可能发生粘连，甚至结块，或是物料粉碎过细，因此要对干燥后的颗粒给予适当的整粒，获得具有一定粒度的均匀颗粒，这就是整粒的过程。整粒采用过筛分级的办法，将干颗粒用一号药筛除去过粗颗粒，将筛过的颗粒再用五号药筛除去过细颗粒，以使颗粒均匀，符合颗粒剂对粒度的要求。筛出的细粉可用于下批生产中调节软材的松紧度。

（6）总混：系为保证颗粒的均匀性，将几次制得的颗粒置于同一混合筒中混合得到一批均匀的物料的过程。一些挥发性的物料也可在总混时加入，挥发成分一般先溶于适量乙醇溶液中，喷洒入干颗粒中，混合后密闭一定时间。

2. 颗粒剂干法制粒制备工艺　是在不添加润湿剂和黏合剂情况下，靠压力作用使物料粒子产生结合力，适用于热敏和遇水不稳定的药物，干法制粒制备工艺见图 2-23。颗粒剂干法制粒制备工艺和湿法制粒制备工艺区别主要在制粒步骤及制粒辅料上，干法制粒的方法有滚压法和重压法两种。

（1）滚压法：系将药物与辅料混匀后，通过滚压机或特殊的重压设备将其压成硬度适宜的薄片，再碾碎、整粒、质量检查，得到成品分装，或进一步加工。目前国内已有滚压、碾碎、整粒的整体设备可供选用。

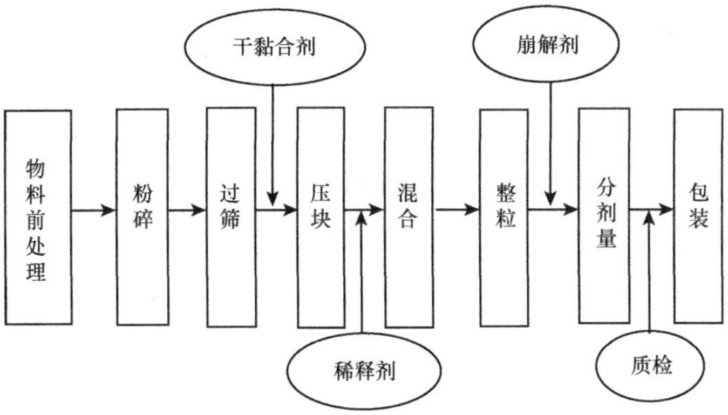


图 2-23　颗粒剂干法制粒制备法工艺流程

（2）重压法：又称大片法，系利用重型压片机将物料粉末压制成直径为 20mm 左右胚片，然后粉碎成所需粒度的颗粒。本法设备操作简单、工序少，但生产效率低，冲模等操作因压力较大易导致机械的损耗，目前很少应用。

## 三、颗粒剂的质量检查

《中国药典》2015 年版中除规定颗粒剂要做主药含量测定外，还规定了外观、粒度、干燥失重或水分、溶化性、装量差异等检查项目。

1. 外观　颗粒剂应干燥、均匀、色泽一致，无吸潮、软化、结块和潮解等现象。

2. 粒度　除另有规定外，取单剂量包装的颗粒剂 5 包（瓶）或多剂量分装颗粒剂 1 包（瓶），称定重量，置于药筛中保持水平状态过筛，左右往返，筛动 3 分钟。不能通过一号筛和能通过五号筛的总和不得超过供试量的 15%。

3. 干燥失重（水分）　化学药颗粒剂检查干燥失重项目，105℃下干燥至恒重，含糖颗粒在 80℃减压干燥，除另有规定外，减失重量不得超过 2.0%；中药颗粒剂检查水分项目，按照《中国药典》四部中通则 0832 水分测定法测定，不得超过 6.0%。

4. 溶化性　除另有规定外，颗粒剂照下述方法检查，溶化性应符合规定。

（1）可溶颗粒检查法：取中药颗粒剂供试品 1 袋（多剂量包装取 10g），化学药颗粒剂取 10g，加热水 200ml（70～80℃），搅拌 5 分钟，立即观察，可溶性颗粒应全部溶化，可有轻微混浊，但不得有异物。

（2）泡腾颗粒检查法：取单剂量装的泡腾颗粒 3 袋，分别置盛有 200ml 15～25℃水的烧杯中，应迅速产生气体而呈泡腾状，5 分钟内颗粒均应完全分散或溶解在水中，不得有焦屑等异物。

（3）混悬颗粒或已规定检查溶出度或释放度的颗粒剂，可不进行溶化性检查。

5. 装量差异　取单剂量包装颗粒剂 10 袋，除去包装后，分别精密称定内容物装量，每袋装量与平均装量相比较（未做含量测定的药物与标示量比较），装量差异限度见表 2-5，超装量差异限度的颗粒剂不得多于 2 袋，并不得有 1 袋超过装量差异限度的 1 倍。

表 2-5　颗粒剂装量差异限度

| 平均装量或标示装量 | 装量差异限度 |
| --- | --- |
| 1.0g 及 1.0g 以下 | ±10% |
| 1.0g 以上至 1.5g | ±8% |
| 1.5g 以上至 6.0g | ±7% |
| 6.0g 以上 | ±5% |

6. 装量　多剂量包装的颗粒剂，同散剂装量检查，除另有规定外，取供试品 5 个（50g 以上者取 3 个），称定其装量和平均装量，均应符合规定（表 2-6），如有一个容器装量不符合规定，另取 5 个（或 50g 以上者 3 个）复试，应全部符合规定。

**表 2-6　多剂量颗粒剂装量限度**

| 标示装量 | 平均装量要求 | 每个容器装量要求 |
| --- | --- | --- |
| 20g 以下 | 不少于标示装量 | 不少于标示装量的 93% |
| 20～50g | 不少于标示装量 | 不少于标示装量的 95% |
| 50g 以上 | 不少于标示装量 | 不少于标示装量的 97% |

## 四、颗粒剂实例

**实例 2-5：布洛芬颗粒**

**【处方】**　布洛芬 60g　微晶纤维素 15g　聚维酮 1g　糖精钠 2.5g　蔗糖 350g　羧甲基纤维素钠 5g　香精适量

**【制备】**

（1）将处方量布洛芬、微晶纤维素、蔗糖粉过 60 目筛。

（2）上述粉末置混合器内与处方量糖精钠、羧甲基纤维素钠混合均匀。

（3）混合物采用聚维酮的异丙醇溶液制粒，干燥后，过 18 目筛整粒，喷入适量香精，密闭片刻，分装为单剂量包装含布洛芬 600mg 颗粒剂。

**【分析】**

（1）布洛芬颗粒剂适应证为用于缓解轻至中度疼痛如头痛、关节痛、偏头痛、牙痛、肌肉痛、神经痛、痛经。也用于普通感冒或流行性感冒引起的发热。

（2）布洛芬颗粒剂制备采用的是湿法制粒法。

（3）处方中微晶纤维素和聚维酮作为黏合剂，糖精钠和香精作为矫味剂，蔗糖使用粉末可做填充剂和矫味剂，羧甲基纤维素钠作为崩解剂。

**实例 2-6：感冒清热颗粒**

**【处方】**　连翘 217g　大清叶 435g　拳参 217g　板蓝根 435g　制成干颗粒 100g

**【制备】**

（1）浸出：以上四味，加水煎煮 2 次，每次 1.5 小时，合并煎液，过滤，滤液在 90～95℃下浓缩至相对密度约为 1.08 药液，冷却至室温。

（2）精制：上述药液中加等量的乙醇使沉淀，静置，取其上清液在 60℃下浓缩至相对密度为 1.20 的稠膏，加等量的水，搅拌静置 8 小时，取上清液在 6℃下浓缩成相对密度为 1.38～1.40 的清膏。

（3）制粒：按以下比例，上述清膏 1 份、蔗糖粉 3 份、糊精 1.25 份，加入适量乙醇，混合制软材，采用 16 目筛过筛，制湿颗粒。

（4）干燥：用 50℃常压箱式干燥，中间翻料，干燥至水分低于 6.0%。

（5）整粒：采用 16 目筛整粒，总混、质检、包装。每袋装 18g。

**【分析】**

（1）感冒清热颗粒具有清热解毒，疏风解表之功效，主治风寒感冒，症见头痛发热，恶寒身痛，鼻流清涕，咳嗽咽干。

（2）本品也可制成无糖颗粒：第二步精制时，取上清液于 60℃浓缩成相对密度为 1.09～1.11 的清膏，加糊精和矫味剂适量混匀，喷雾干燥，可制成无糖颗粒。

### 五、颗粒剂储存

颗粒剂吸湿性较强，故而应当密封并置于干燥处储存，避免潮解、结块。

## 第 4 节　胶　囊　剂

### 一、概　　述

#### （一）胶囊剂的定义

胶囊剂系药物或加有辅料充填于空心胶囊或密封于软质囊材中的固体制剂，主要供口服使用。19 世纪，胶囊填充机的诞生，使得胶囊剂制备工业化和规模化，胶囊剂得到飞速发展和广泛应用。

#### （二）胶囊剂的特点

胶囊剂具有以下优点。

（1）掩味：可掩盖药物的不良臭味和刺激性气味。

（2）提高药物稳定性：因药物装在胶囊壳中与外界隔离，避开了水分、空气、光线的影响，对不稳定的药物有一定程度上的遮蔽、保护与稳定作用。

（3）药物的生物利用度较高：胶囊剂中的药物是以粉末或颗粒状态直接填装于囊壳中，不受压力等因素的影响，所以在胃肠道中迅速分散、溶出和吸收，其生物利用度高于丸剂、片剂等剂型。一般硬胶囊的崩解时间是 30 分钟以内，而片剂、丸剂则在 1 小时以内。

（4）可弥补其他固体剂型的不足：含油量高的药物或液态药物难以制成丸剂、片剂等，但可制成胶囊剂。

（5）可延缓药物的释放和定位释药：可将药物按需要制成缓释颗粒装入胶囊中，达到缓释延效作用。

需要注意的是并非所有口服药物均可制成胶囊剂，下列情况不宜制成胶囊剂。

（1）药物的水溶液或乙醇溶液，因能使胶囊壁溶解。

（2）易溶性药物及小剂量的刺激性药物，因在胃中溶解后局部浓度过高而刺激胃黏膜。

（3）易风化药物，因可使胶囊壁变软。

（4）吸湿性药物，因药物可使胶囊壁过分干燥而变脆。

#### （三）胶囊剂的分类

胶囊剂按照性能和作用部位，可分为硬胶囊剂、软胶囊剂和肠溶胶囊剂。

1. 硬胶囊剂　系将一定量的药材提取物加药粉或辅料制成均匀的粉末或颗粒，充填于空心胶囊中制成，或将药材粉末直接分装于空心胶囊中制成制剂（图 2-24）。胶囊的主要原料是明胶，应符合《中国药典》规定，具有一定的黏度、胶冻力等。明胶有 A 型明胶、B 型明胶、皮明胶及骨明胶之分。

2. 软胶囊剂　又称“胶丸”，系将一定量的药材提取物加适宜的辅料密封于球形、椭圆形或其他形状的软质囊材中，用压制法制备的胶囊剂（图 2-25）。软质囊材是由明胶、甘油或其他适宜的药用材料制成。

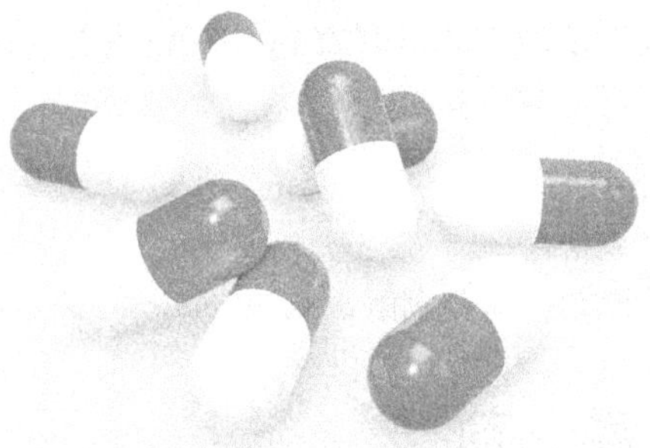

图 2-24　硬胶囊剂

图 2-25　软胶囊剂

3. 肠溶胶囊剂　系硬胶囊或软胶囊经药用高分子材料处理或用其他适宜方法加工而成。其囊壳虽不溶于胃液，但能在肠液中崩解而释放活性成分。常用明胶空胶囊壳包上肠溶性高分子材料，然后填充药物，并用肠溶性胶液封口制得。

其他还有按照作用时间分类的胶囊，如速释胶囊、缓释胶囊和控释胶囊。

### （四）胶囊剂的质量要求

胶囊剂的生产至使用过程中应满足以下质量要求：

1. 胶囊剂外观应整洁，不得有黏结、变形或破裂现象，并应无异臭。

2. 胶囊剂内容物应干燥、松散、混合均匀，均不应引起胶囊囊壳变质。

3. 胶囊剂装量差异、水分、含量、崩解时限、溶出度、微生物限度等应符合规定；药物的定性鉴别与含量测定应符合具体胶囊剂各自的要求。

4. 胶囊剂储存应当注意防潮、发霉和变质。

## 二、胶囊剂的制备

### （一）硬胶囊的制备

硬胶囊的一般制备工艺流程见图 2-26。

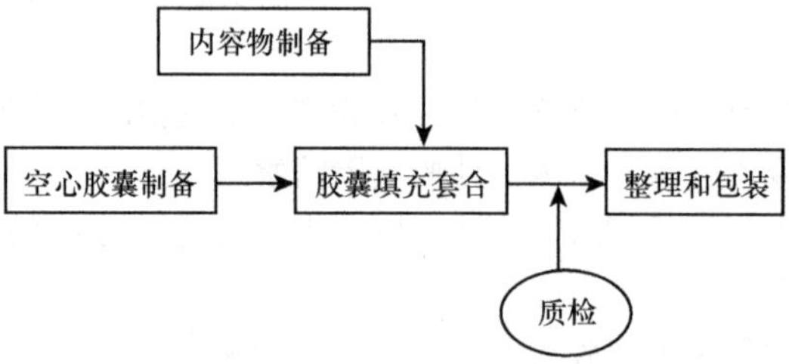


图 2-26　硬胶囊制备工艺流程

1. 空心胶囊的制备　空心胶囊由囊体和囊帽两部分组成。空心胶囊共有 8 种规格，分别是 000、00、0、1、2、3、4、5 号，常用的为 0～5 号，随着号数由小到大，容积由大到小，一般根据内容物加入量来选取适合的空心胶囊，具体见表 2-7。

表 2-7　各种空胶囊的容积（ml）和填充不同密度药物的重量（mg）

| 空胶囊号 | 空胶囊近似容积 | 药物粉末堆密度（mg/ml） | | | | | | |
|---|---|---|---|---|---|---|---|---|
| | | 0.3 | 0.5 | 0.7 | 0.9 | 1.1 | 1.3 | 1.5 |
| 0 | 0.75 | 225 | 375 | 525 | 675 | 825 | 975 | 1125 |
| 1 | 0.55 | 165 | 275 | 385 | 495 | 605 | 715 | 825 |

续表

| 空胶囊号 | 空胶囊近似容积 | 药物粉末堆密度（mg/ml） | | | | | | |
|---|---|---|---|---|---|---|---|---|
| | | 0.3 | 0.5 | 0.7 | 0.9 | 1.1 | 1.3 | 1.5 |
| 2 | 0.40 | 120 | 200 | 280 | 360 | 440 | 520 | 600 |
| 3 | 0.30 | 90 | 150 | 210 | 270 | 330 | 390 | 450 |
| 4 | 0.25 | 75 | 125 | 175 | 225 | 275 | 325 | 75 |
| 5 | 0.15 | 45 | 75 | 105 | 135 | 165 | 195 | 225 |

空心胶囊制备过程为溶胶→蘸胶制坯→干燥→拔壳→截割→整理，多由自动化生产线完成。其制备材料主要包括囊材、增塑剂、矫味剂、色素、防腐剂和遮光剂等。

（1）囊材：原料主要为明胶，由动物（主要是猪或牛）皮肤、骨、肌膜、筋腱等结缔组织中的胶原部分降解而成为白色或淡黄色、半透明、略带光泽的薄片或粉粒。明胶弹性差，具有脆碎性。

（2）增塑剂：可适量加入羧甲基纤维素钠、山梨醇或甘油作为增塑剂，提高空胶囊囊壳的坚韧性和可塑性。

（3）矫味剂：可加入蔗糖和蜂蜜调味。

（4）着色剂：常用的有胭脂红、品红、亚甲蓝、靛蓝和苋菜红等色素，可改变胶囊剂色泽外观。

（5）防腐剂：主要加入羟苯酯类（包括尼泊金酯）防腐剂，抑制微生物生长和繁殖。

（6）遮光剂：主要加入二氧化钛作为遮光剂，防止光线对于内容物质量的影响。

**链 接** 毒胶囊事件

2012年4月15日，中央电视台《每周质量报告》曝光，河北一些企业用生石灰对皮革废料进行脱色漂白和清洗，随后熬制成工业明胶，卖给浙江新昌县某药用胶囊生产企业，最终流向药品生产企业。经调查发现，9家药厂的13个批次药品所用胶囊重金属铬含量超标，其中超标最多的达90多倍。铬是一种毒性很大的重金属，容易在人体内蓄积，具有致癌性并可能诱发基因突变。救人的药品变成了害人的“毒药”，不法企业的行为之恶劣让人震惊。《中国药典》明确规定，生产药用胶囊所用的原料明胶至少应达到食用明胶标准。然而，为了牟取暴利，一些不法企业不顾公众的生命安全与健康，让皮革的废料通过药用胶囊的伪装，进入患者胃肠。2013年2月6日，新昌县人民法院以涉嫌生产、销售有毒、有害食品罪一审判处被告人王某、赖某、潘某等7人不同程度刑罚，其中主犯王某获刑11年。

2. 内容物的制备　可根据药物性质和临床需求制成不同类型的内容物。

（1）将药物加稀释剂、助流剂、崩解剂等辅料制成均匀的粉末、颗粒或小片。

（2）粉碎药物，直接填充其粉末。

（3）加入溶液型、混悬型或乳剂型药物，以及半固体药物，需采用特制灌囊机填充。

（4）将药物制成包含物、固体分散体、微囊或微球。

3. 胶囊填充和套合　填充和套合有三种方式：手工填充、半自动胶囊填充、全自动胶囊填充。生产应在温度为25℃左右和相对湿度为45%～55%的环境中进行，以保持胶囊壳中含水量不致有大的变化。

（1）一般小量胶囊制备时，可用手工胶囊填充板（图2-27）填充药物。操作时，先将囊体摆放在胶囊填充板上，调节螺帽使囊体上口和板面齐平，将药物均匀推入囊体中，填充完毕后，

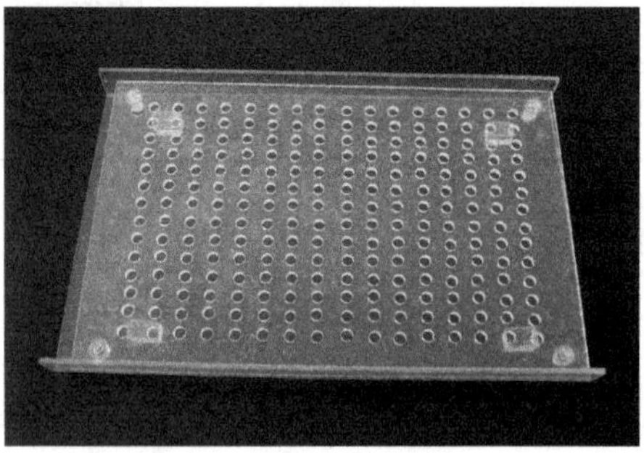

图 2-27　手工胶囊填充板

扣上囊帽，取下胶囊按压，当囊体和囊帽之间发出轻微响声，表明已完成填充和套合。

（2）企业规模化生产时，常用半自动胶囊填充机（图 2-28）、全自动胶囊填充机（图 2-29）。将药物与辅料混合均匀，然后放入加料口，加料枪自行进行填充。空心胶囊套合有两种方式：锁口式和不必封口式，封口材料常用阿拉伯胶、明胶等。过程要求混合物料应具有适宜的流动性，并在输送和填充过程中不分层。

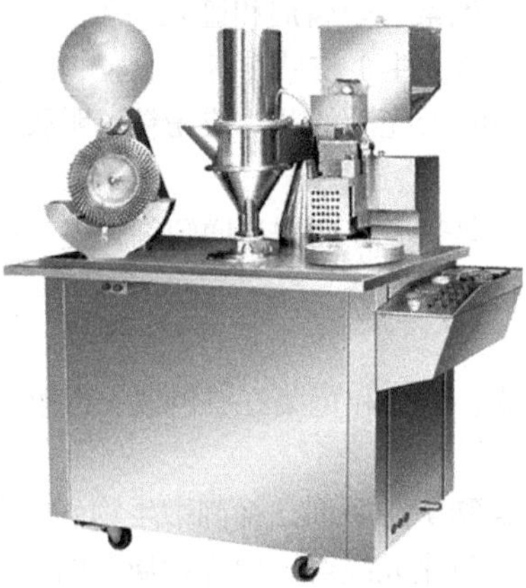

图 2-28　半自动胶囊填充机

图 2-29　全自动胶囊填充机

4. 整理和包装　填充好的胶囊可使用清洁纱布在胶囊剂里转动，既可去除胶囊外附的药粉，又可吸收多余的液体。完毕后还可通过胶囊剂抛光机（图 2-30）进行抛光，使得胶囊外观整洁、色泽均匀。胶囊可用铝箔、铝塑及塑料瓶或玻璃瓶进行包装。

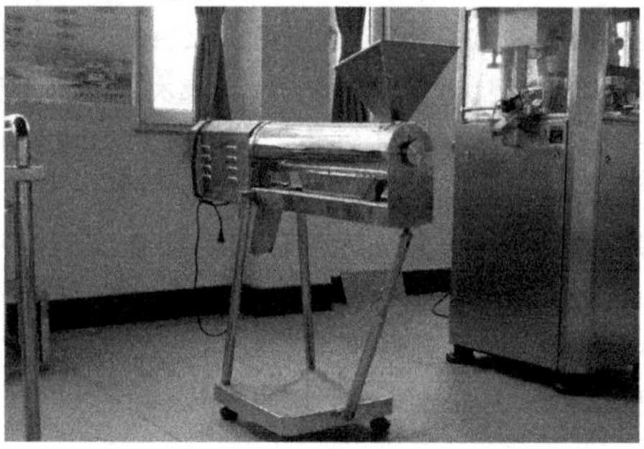

图 2-30　胶囊剂抛光机

### （二）软胶囊的制备

软胶囊所填充药物既可以是固体也可以是液体。

1. 软胶囊组成及制备材料

（1）囊壳：软胶囊的囊壳组成和硬胶囊一致，都是由明胶、增塑剂、着色剂、防腐剂等组成。常用明胶作为囊材，甘油作为增塑剂。为保证软胶囊囊壳的可塑性强、弹性足够大，对明胶、甘油和水的比例有一定要求，一般干明胶∶甘油∶水=1∶（0.4～0.6）∶1。明胶成分比例会影响囊壳的硬度，甘油比例决定了囊壳可塑性和硬度。其制备工艺是将上述比例混合物置于适当容器，在明胶充分溶胀下，加热，在 70～80℃搅拌溶解，静置 1～2 小时，待冷却和气泡上浮消失完全后，过滤即得。

（2）内容物：可填充各种油类或对明胶无溶解作用的液体药物（含水量不超过 5%）、药物溶液或混悬液，也可填充固体药物。难溶性固体药物可混悬于植物油或聚乙二醇中。

（3）冷却液：主要用于滴制法中，由于囊材为明胶，是水溶性成分，故而常用油脂型冷却液为液状石蜡。

2. 软胶囊制备方法　常用软胶囊制备方法有滴制法和压制法。

（1）滴制法：工艺流程见图 2-31。

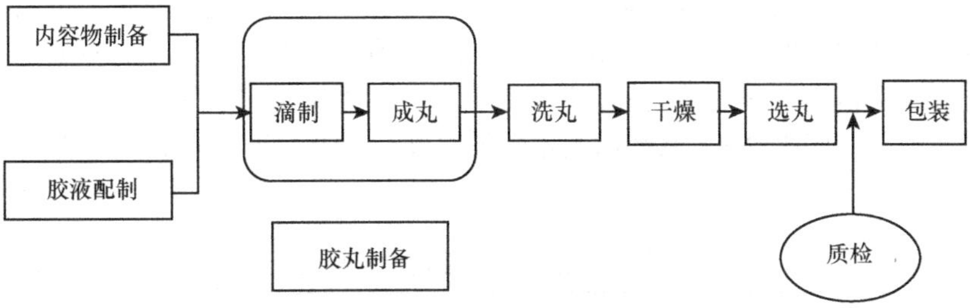


图 2-31　软胶囊滴制法工艺流程

1）胶液的配制：取明胶量 1～2 倍的水及胶水总量 25%～30%的甘油，加热至 80℃混匀，加入明胶搅拌，熔融 1～2 小时后静置，待泡沫上浮消失后，过滤备用。

2）内容物制备：主要是药液的提取或炼制，如牡荆油由新鲜牡荆叶用蒸馏法提取挥发油获得。

3）胶丸的制备：主要包括滴制、成丸两个步骤，滴制法制备软胶囊一般选用滴丸机（图 2-32）生产。滴丸机的主要结构可分为动力滴丸系统和冷却系统两部分。滴制时，将预先配制的胶液与油状药物分别由泵压出，先喷出胶液，再喷出药液，待停止喷药液后再停止喷胶液，确保胶液包裹着定量的药液。再将上述药液滴入不相混溶的液状石蜡冷却液中，在界面张力的作用下使之成为圆球状或类圆球状。

4）整丸与干燥：将制得的胶丸先通过洗涤和纱布除去附着的液状石蜡，再在 20～30℃室温条件下鼓风干燥，再经石油醚洗涤 2 次，95%的乙醇洗涤 1 次后于 30～35℃烘干，最后筛选合格成品进行包装。

（2）压制法：系将胶液制成厚薄均匀的胶片，再将药液置于两个胶片之间，用钢板模或旋转模压制成软胶囊的一种方法。目前生产上主要采用旋转压囊机（图 2-33）。其生产过程是利用传送机箱及鼓轮将药液和明胶压入模孔凹槽，再压制和切割成胶丸，最后涂抹润滑油，即得成品。

图 2-32　滴丸机

图 2-33　旋转压囊机

## 三、胶囊剂的质量检查

《中国药典》中规定胶囊剂除要做主药含量测定和鉴别外，还规定了外观、溶出度、释放度、崩解时限、水分、装量差异和卫生学检查等项目。

1. 外观　胶囊剂应整洁，不得出现黏结、变形、破裂等现象。

2. 装量差异　除另有规定外，取供试品 20 粒，分别精密称定重量后，取出内容物，硬胶囊用小刷或其他适宜的用具拭净，软胶囊用乙醚等易挥发性溶剂洗净，置通风处使溶剂自然挥尽；再分别精密称定囊壳的重量，计算出每粒内容物的装量与平均装量。每粒的装量与平均装量相比较，按照表 2-8，其超出装量差异限度的不得多于 2 粒，并不得有 1 粒超出限度的 1 倍。

**表 2-8　胶囊剂的装量差异限度**

| 平均装量 | 装量差异限度 |
|---|---|
| 0.3g 以下 | ±10% |
| 0.3g 及 0.3g 以上 | ±7.5% |

凡规定检查含量均匀度的胶囊剂，可不进行装量差异检查。

3. 水分　硬胶囊剂内容物的水分，除另有规定外，不得超过 9.0%。

4. 崩解时限　硬胶囊剂或软胶囊剂的崩解时限，应符合《中国药典》的规定。除另有规定外，取供试品 6 粒，如胶囊漂浮于液面可加 1 块挡板，启动崩解仪检测。硬胶囊剂应在 30 分钟内全部崩解，软胶囊剂应在 1 小时内全部崩解。如有 1 粒不能完全崩解，应另取 6 粒按上述方法复试，均应符合规定。

肠溶胶囊剂按上述装置与方法，先在盐酸溶液（9→10 000）中检查 2 小时，每粒的囊壳均不得有裂缝或崩解现象，然后将吊篮取出，用少量水洗涤后，每管各加入挡板 1 块，再按上述方法改在人工肠液中进行检查，1 小时内应全部崩解，如有 1 粒不能完全崩解，应另取 6 粒按上述方法复试，均应符合规定。

凡规定检查溶出度或释放度的胶囊剂可不再进行崩解时限检查。

**链 接**　崩解时限中特殊术语

1. 人工胃液　取稀盐酸 16.4ml，加水约 800ml 及胃蛋白酶 10g，搅匀后加水定容至 1000ml 即可。

2. 人工肠液　取 $KH_2PO_4$ 6.8g 加水 500ml 溶解，用 0.4%的 NaOH 溶液回调 pH 至 6.8。每 100ml 液体中加入 1g 胰蛋白酶，混匀，用 0.2μm 的无菌滤头过滤待用。

## 四、胶囊剂的实例

**实例 2-7：吲哚美辛胶囊**

**【处方】**　吲哚美辛 250g　淀粉 2050g　共制 1 万粒（每粒含吲哚美辛 25mg）

**【制备】**

（1）将淀粉置于七号筛过筛后，于 105℃下干燥至水分约为 8.0%。

（2）处方量吲哚美辛与上述干淀粉混合均匀，过七号筛两次。

（3）药粉填充于空心胶囊中，即得成品。

**【分析】**

（1）吲哚美辛为非甾体抗炎药。具有抗炎、解热及镇痛作用，主要用于关节炎、软组织损伤和炎症、解热；也用于治疗偏头痛、痛经、手术后痛、创伤后痛等。

（2）本品不需制粒，可直接采用粉末装胶囊，因其流动性可满足充填要求。淀粉用量可根据所选的胶囊壳、充填方法和机器进行调整。

（3）填充可手工操作，也可采用机械完成。

**实例 2-8：维生素 AD 软胶囊**

**【处方】**　维生素 A 3000U　维生素 D 300U　明胶 100g　甘油 55g　鱼肝油 50g　纯化水 120g　共制 1000 粒

**【制备】**

（1）内容药液制备：将处方量的维生素 A、维生素 D 溶于鱼肝油，备用。

（2）胶液配制：明胶、甘油、水按处方比例制成胶浆，温度保持在 70～80℃ 1～2 小时，消泡，过滤。

（3）滴制成丸：用滴制法制备，以液状石蜡为冷却液，收集冷凝的胶丸。

（4）整理、干燥：用纱布拭去黏附冷却液，室温下冷风吹 4 小时，放于 25～35℃下烘干 4 小时，再经石油醚洗 2 次（每次 3～5 分钟），除去胶丸外层的液状石蜡，再用 95%的乙醇洗涤，最后经 30～35℃烘干 2 小时。

（5）筛选，质检，包装即得成品。

**【分析】**

（1）维生素 AD 属于维生素类药。维生素 A 可防治夜盲，维生素 D 可防治角膜软化、干燥、表皮角化及佝偻病、软骨病等。

（2）采用滴制法过程中应注意明胶、甘油和水的比例。

## 五、胶囊剂的储存

除另有规定外，胶囊剂应密封储存，存放在常温条件下，注意防潮、避光、防止霉变等。

## 自　测　题

一、最佳选择题

1. “称取 2.5g”应选用以下哪种天平（　　）
   A. 戥秤　B. 托盘天平
   C. 百分位电子天平　D. 千分位分析天平
   E. 万分位分析天平
2. “称定 2g”精确的范围为（　　）
   A. 1.5～2.5g　B. 1.98～2.02g
   C. 1.95～2.05g　D. 1.8～2.2g
   E. 1.998～2.092g
3. 恒重是指连续两次灼烧或干燥后重量差异在（　　）之内。
   A. 0.3g　B. 0.03g
   C. 0.003g　D. 0.000 3g
   E. 0.000 03g
4. 流能磨粉碎的原理是（　　）
   A. 不锈钢的撞击与研磨作用
   B. 纺锤高速旋转撞击作用
   C. 机械面相互积压作用
   D. 圆球撞击与研磨作用
   E. 高速弹性流体时颗粒与颗粒或室壁之间的碰撞
5. 干法粉碎法，一般要求水分含量（　　）
   A. ＜5%　B. ＜7%
   C. ＜8%　D. ＜10%
   E. ＜15%
6. 适合混悬剂药物的粉碎的方法是（　　）
   A. 干法粉碎　B. 开路粉碎
   C. 水飞法粉碎　D. 闭路粉碎
   E. 乳钵粉碎
7. 下列关于过筛说法错误的是（　　）
   A. 经过粉碎后的药物粉末粗细相差悬殊，为适应医疗和药剂制备的需要通过一种网孔状的

工具使粗细混合的粉末分离出粗粉和细粉的操作过程

B. 筛网分为一至九号筛，一号孔径最小，九号孔径最大

C. 筛网的“目”是表示每英寸上筛孔的数目

D. 极细粉是全过八号筛，超过95%通过九号筛

E. 眼用药需要全部通过九号筛

8. 五号筛为（　　）目

A. 50　　B. 80

C. 100　　D. 120

E. 150

9. 七号筛为（　　）目

A. 50　　B. 80

C. 100　　D. 120

E. 150

10. 下列关于最细粉过筛要求正确的是（　　）

A. 全部通过二号筛，但混有能通过四号筛不超过40%的粉末

B. 全部通过四号筛，但混有能通过五号筛不超过60%的粉末

C. 全部通过五号筛，并含有能通过六号筛超过95%的粉末

D. 全部通过六号筛，并含有能通过七号筛超过95%的粉末

E. 全部通过八号筛，并含有能通过九号筛超过95%的粉末

11. 下列关于混合说法错误的是（　　）

A. 将两种或两种以上的组分均匀分散的操作

B. 混合的方法有搅拌混合、混合筒混合、研磨混合、过筛混合

C. 密度差异大时，应当密度大的在下面，密度小的在上面

D. 研磨法适用于比例差异大，组分悬殊的情况

E. 打底套色法是通过色泽是否混合均匀来判断是否混合均匀

12. 下列关于散剂特点说法错误的是（　　）

A. 制备工艺简单，剂量容易控制

B. 比其他制剂表面积大，容易分散，起效快

C. 外伤散剂具有吸附收敛作用

D. 储存方便，容易携带

E. 挥发刺激药物宜制成散剂

13. 下列不属于散剂的稀释剂的是（　　）

A. 乳糖　　B. 淀粉

C. 白陶土　　D. HPC

E. 葡萄糖

14. 一步制粒法（流化床制粒法）流程为（　　）

A. 制粒→混合→干燥　B. 混合→制粒→干燥

C. 干燥→混合→制粒　D. 混合→干燥→制粒

E. 干燥→制粒→混合

15. 颗粒剂干燥采用流化法进行干燥的仪器为（　　）

A. 常压箱式干燥器　　B. 减压干燥器

C. 喷雾干燥器　　D. 沸腾干燥器

E. 红外线干燥器

16. 百倍散一般指1份重量毒药，添加稀释剂重量为（　　）

A. 1000份　　B. 100份

C. 99份　　D. 10份

E. 9份

17. 下列体积最大的胶囊是（　　）

A. 000号　　B. 0号

C. 1号　　D. 3号

E. 5号

18. 软胶囊制备明胶和甘油比例符合药用标准的是（　　）

A. 1∶0.2　　B. 1∶0. 3

C. 1∶0.5　　D. 1∶1

E. 1∶2

19. 下列哪种药不适合制成胶囊制剂（　　）

A. 牡荆油　　B. 芸香油乳剂

C. 维生素A油液　　D. 对乙酰氨基酚

E. 布洛芬

20. 制备硬胶囊囊壳，加入的（　　）为增塑剂。

A. 甘油　　B. 明胶

C. 琼脂　　D. 羟苯酯

E. 山梨醇

## 二、配伍选择题

【21～24题共用选项】

A. 最粗粉　　B. 中粉

C. 细粉　　D. 最细粉

E. 极细粉

不同筛号对应的粉末等级是

21. 全过四号筛，低于60%通过五号筛的是（　　）

22. 全过六号筛，超过95%通过七号筛的是（　　）

23. 全过八号筛，超过95%通过九号筛的是（　　）

24. 全过五号筛，超过95%通过六号筛的是（　　）

【25～29题共用选项】

A. 明胶　　B. 甘油

C. 琼脂　　D. 二氧化钛
E. 羟苯酯

下列硬胶囊材料对关系

25. 防腐剂是（　　）
26. 增塑剂是（　　）
27. 增稠剂是（　　）
28. 遮光剂是（　　）
29. 主要囊材是（　　）

【30、31 题共用选项】

A. 溶化性　　B. 融变时限
C. 溶解度　　D. 崩解时限
E. 卫生学检查

对应的检查项目

30. 颗粒剂需要检查，散剂不用检查的是（　　）
31. 颗粒剂和散剂都需要检查的项目是（　　）

三、多项选择题

32. 影响混合效果的因素有（　　）
A. 各组分的比例
B. 密度
C. 含有色素组分
D. 含有液体或吸湿性成分
E. 颗粒大小

33. 混合的方法包括（　　）
A. 搅拌混合　　B. 混合筒混合
C. 研磨混合　　D. 过筛混合
E. 对流混合

34. 下列所述混合操作应掌握的原则，正确的是（　　）
A. 组分比例相似者直接混合
B. 组分比例差异较大者应采用等量递加法混合
C. 密度差异大的，混合时先加密度小的，再加密度大的
D. 色泽差异较大者，应采用套色法
E. 如果会形成低熔点共熔物的必须先制成低熔点共熔物

35. 一般不宜制成胶囊的药物是（　　）
A. 药物水溶液　　B. 药物油溶液
C. 药物稀释乙醇溶液　D. 风化性药物
E. 吸湿性药物

36. 下列可以制成胶囊的药物（　　）
A. 维生素 E 油液 B. 维生素 AD 乳状剂
C. 牡荆油　　D. 复合维生素油混悬液
E. 维生素 A 油液

37. 下列关于胶囊说法正确的是（　　）
A. 空胶囊共有 8 种规格，但常用的是 0～5 号
B. 空胶囊随着号数由小到大，容积由小到大
C. 若纯药物粉碎至适宜粒度就能满足硬胶囊囊壳填充要求，即可直接填充
D. 药物流动性差，需要加入稀释剂、润滑剂等辅料满足填充
E. 应按药物规定剂量占容积来选择最小胶囊

38. 软胶囊制备方法有（　　）
A. 滴制法　　B. 熔融法
C. 压制法　　D. 乳化法
E. 塑形法

39. 下列胶囊质量检查项目有（　　）
A. 装量差异　　B. 崩解时限
C. 溶化性　　D. 干燥失重
E. 微生物限度

40. 一步制粒完成的工序是（　　）
A. 粉碎　　B. 过筛
C. 混合　　D. 制粒
E. 干燥

四、填空题

1. 散剂分剂量方法有________、________和目测法。
2. 颗粒剂制备，在制颗粒的方法有________、________、________和________。
3. 软胶囊制备方法为________和________。明胶、增塑剂和水的比例为________。
4. 泡腾颗粒的气泡剂是________和________。

五、名词解释

1. 硬胶囊
2. 颗粒剂

六、简答题

1. 简述散剂制备工艺流程和质量检查项目。
2. 简述颗粒剂制备工艺流程和质量检查项目。
3. 简述胶囊特点和哪些情况不宜制成胶囊制剂。

（刘　峰）

# 第3章 片 剂

学习目标

1. 掌握片剂定义、特点；熟悉片剂分类，了解片剂质量要求。

2. 掌握各种辅料定义和作用，掌握各种常见辅料的性质和作用。

3. 掌握片剂制备方法，掌握湿法制粒压片法的工艺及操作，熟悉干法制粒压片法和直接压片法。

4. 掌握片剂质量检查项目和内容。

5. 熟悉片剂常见质量问题和解决方法。

6. 掌握包衣定义、作用和分类，熟悉包衣机械。

7. 了解片剂包装和储存。

8. 掌握阿司匹林片制备和处方分析，了解其他片剂制备工艺。

**案例 3-1**

小林在课堂上学习片剂，老师通过图片和视频展示了片剂的制备工艺及操作。不久后，小林得到一次机会参观离校不远的药厂。在工作人员指导下，小林穿戴整齐，并参观了药厂口服制剂生产作业间。药厂的整洁环境、员工严格遵守生产质量管理规范（GMP）及高度自动化生产给小林留下了深刻的印象。但是小林看到药厂生产了二甲双胍片、二甲双胍肠溶片和二甲双胍缓释片，感到很疑惑，它们是不同的药物吗？它们之间又有什么区别呢？小林回学校向老师提出了自己的问题。

**问题：** 1. 请问你能替老师回答小林的问题吗？

2. 二甲双胍片、二甲双胍肠溶片和二甲双胍缓释片之间作用和性质有什么不同吗？

3. 上述三种片剂的制备和质量检查有什么特殊的地方吗？和前面学的散剂、颗粒剂、胶囊剂又有什么区别呢？

## 第1节 概 述

### 一、片剂的定义

图 3-1 片剂

片剂（图 3-1）是药物与辅料均匀混合后压制而成的片状或异形片状的固体制剂，主要以口服为主，形状除圆片状外，还有椭圆片、菱形片、五角星等异形。片剂是现代药物制剂中最重要和使用最广泛的剂型之一。

**链接** 片剂的发展史概要

压片机是英国人布罗克登于1843年发明，随之诞生了片剂。当时，他用一个模圈和药杵将药压成片。这种方法一经传开即被推广。后来又改用铜模加压制成片剂，以后又改用手压模制片，简单的手压模由一根带把的杵、空心模和下冲三部分组成。

从发明片剂到现在已有一百多年的历史了，片剂始终是药物剂型大家庭的重要成员之一，经久不衰，且品种越来越多。近一二十年来，随着药学科学事业的发展，片剂的生产技术和机械设备也有了新的发展。大量新的片剂被开发和利用，如缓控释片剂和包衣片。近年来，对片剂包衣工艺研究进展较快，出现了混浆包衣、薄膜包衣、喷雾薄膜包衣、悬浮包衣、肠溶包衣等。

## 二、片剂的特点

### （一）片剂的优点

1. 剂量准确，片剂内药物含量差异较小。

2. 质量稳定，片剂为干燥固体，且某些易氧化变质及易潮解的药物可借包衣加以保护，光线、空气、水分等对其影响较小。

3. 服用、携带、运输等较方便。

4. 机械化生产，产量大，成本低，卫生标准容易达到。

5. 通常片剂的溶出度及生物利用度较丸剂好。

6. 可以制成不同的片剂，如分散剂、控释片、肠溶片等。

### （二）片剂的缺点

1. 片剂中需加入若干赋形剂，并经过压缩成形，溶出速度较散剂及胶囊剂慢，有时影响其生物利用度。

2. 儿童及昏迷患者不易吞服。

3. 制备、储存不当时会造成片剂逐渐变质，如含有挥发性成分的片剂，久储含量会有所下降。

## 三、片剂的分类

片剂主要有以下几种形式，其中普通片为最常见形式。

1. 普通片　系药物与辅料混合压制而成的未包衣的常释片剂，如氨茶碱片等。

2. 包衣片　系压制片（常称片芯）外面包有衣膜的片剂。按照包衣物料或作用的不同，可分为糖衣片、薄膜衣片及肠溶衣片等，如奥美拉唑肠溶片等。

3. 泡腾片　系含有泡腾崩解剂的片剂。泡腾崩解剂（起泡剂）主要由碳酸（氢）钠与有机酸组成，遇水时两者反应产生大量的二氧化碳气体，常用有机酸包括枸橼酸、酒石酸等。该剂型可溶于水，非常适用于儿童、老人及吞服药片有困难的患者，如维生素C泡腾片等。

4. 咀嚼片　系在口中嚼碎后再咽下去的片剂。常使用糖粉或加入蔗糖、薄荷、食用香料等以调整口味，适用于小儿服用，并有利于崩解困难的药物的吸收，如小儿孟鲁司特钠咀嚼片等。

5. 分散片　系在水中可迅速崩解并均匀分散的片剂。于水中分散后饮用，也可于口中含服或吞服。药物应是难溶性的，如罗红霉素分散片等。

6. 可溶片　系临床前能溶于水的非包衣片或薄膜包衣片剂。可溶片应在水中溶解，主要用于口服，也可外用和含漱，如阿莫西林可溶片。

7. 缓释片　系在规定的释放介质中缓慢地非恒速释放药物的片剂。与相应的普通制剂相比具有服药次数少、治疗作用时间长等优点，如二甲双胍缓释片等。

8. 控释片　系在规定的释放介质中缓慢地恒速释放药物的片剂。与相应的缓释片相比，血药浓度更加平稳，如硝苯地平控释片。

9. 舌下片　系专用于舌下或颊腔的片剂。药物通过口腔黏膜的快速吸收而发挥速效作用，可避免肝脏对药物的首过效应。例如，用于心绞痛急性发作的硝酸甘油片，主要通过舌下含服，可以迅速作用于机体，并避免肝脏首过效应。

10. 口含片　系含在口腔内缓慢溶解而发挥局部或全身治疗作用的片剂。常用于口腔及咽喉疾病的治疗，如复方草珊瑚含片。

11. 口腔贴片　系贴在口腔黏膜，药物直接由黏膜吸收，经黏膜吸收后起局部或全身作用的片剂。适用于肝脏首过效应较强的药物或局部口腔用药，如口腔溃疡贴片。

12. 阴道片与阴道泡腾片　系置于阴道内发挥作用的片剂。主要起局部消炎、杀菌、避孕及收敛等作用，也可用于性激素类药物，如克霉唑阴道片。

13. 植入片　系埋植到人体皮下缓缓溶解、吸收的片剂，一般为长度不大于 8mm 的圆柱体，灭菌后单片避菌包装。

### 四、片剂的质量要求

1. 原料药与辅料混合均匀。含药量小或含毒、剧药物的片剂，应采用适宜方法使药物分散均匀。

2. 凡属挥发性或对光、热不稳定的药物，在制片过程中应遮光、避热，以避免成分损失或失效。

3. 压片前的物料或颗粒应控制水分，以适应制片工艺的需要，防止片剂在储存期间发霉、变质。

4. 口含片、口腔贴片、咀嚼片、分散片、泡腾片等根据需要可加入矫味剂、芳香剂和着色剂等附加剂。

5. 为增加稳定性、掩盖药物不良臭味、改善片剂外观等，可对片剂进行包衣。

6. 片剂外观应完整光洁，色泽均匀，有适宜的硬度和耐磨性，除另有规定外，对于非包衣片，应符合片剂脆碎度检查法的要求，防止包装、运输过程中发生磨损或破碎。

7. 片剂的溶出度、释放度、含量均匀度、微生物限度等应符合要求。必要时，薄膜包衣片剂应检查残留溶剂。

8. 除另有规定外，片剂应密封储存。

## 第 2 节　片剂的辅料

### 一、片剂的辅料概述

片剂是由药物和辅料两部分组成的。根据辅料在片剂中的功能可以分为填充剂、润湿剂、黏合剂、崩解剂、润滑剂等。一种辅料可能会兼有数种功能，如淀粉既可作填充剂，干燥后又是极好的崩解剂，制成淀粉浆又可用作黏合剂；微晶纤维素既是良好的填充剂和干燥黏合剂，又具有良好的流动性和崩解作用。此外有些片剂处方中还加入着色剂、芳香矫味剂等附加剂。

### 二、辅料的分类和常见辅料

#### （一）填充剂

填充剂一般又称为稀释剂，系用以增加片剂的质量和体积的辅料。为利于成型和分剂量，片剂冲模直径一般小于 6mm，片剂一般不小于 100mg，故而药物剂量低于 100mg 时，必须加入填充剂才能成型。常用药物中如利血平常规使用剂量仅 0.25mg，制备单次剂量片剂时就需要加入填充剂。常见片剂填充剂包括①水溶性填充剂：如乳糖、蔗糖、甘露醇、山梨醇等；②水不溶性填充剂：如淀粉、微晶纤维素、硫酸钙、磷酸氢钙等；③可用于直接压片的填充剂：如微晶纤维素、预胶化淀粉和乳糖等。

1. 淀粉 主要来源为玉米和马铃薯，色泽好，为白色或类白色物质。淀粉属多糖类化合物，由糖淀粉和胶淀粉组成，在冷水中不溶，在热水中吸水膨胀，且糊化成胶体溶液。本品性质较稳定，能与多种药物配伍，是片剂中常用的填充剂。当淀粉单独用作稀释剂时，制成的颗粒难以干燥，可压性差，弹性复原率高，压制的片剂硬度较差。因此，常与适量糖粉、糊精混合用作填充剂，能使片剂的硬度增加。

2. 预胶化淀粉 又称可压性淀粉或改性淀粉，是淀粉经物理方法使其部分胶化的产品。为白色干燥粉末，无臭无味，性质稳定，微溶于冷水，不溶于有机溶剂，水溶性、吸湿性等与淀粉相似。本品具有良好的流动性、可压性、自身溶胀性和黏合性，制成的片剂具有较好的硬度和崩解度，为片剂良好的填充剂、黏合剂和崩解剂，故而可以采用直接压片法制片。用作填充剂时，应用比例可高达 75%。

3. 糊精 又称干黏合剂，是淀粉水解的中间产物，其成分中除糊精外，尚含有可溶性淀粉及葡萄糖等。本品不溶于乙醇，微溶于水，能溶于沸水中形成黏胶状溶液。糊精常与淀粉、糖粉配合使用作为片剂的填充剂，兼有黏合剂作用。糊精使用不当会影响药物溶出度。

4. 糖粉 系由结晶性蔗糖或甜菜糖经低温干燥后磨成的粉末，味甜，黏合力强，多用于口含片、咀嚼片等。用糖粉作稀释剂时，由于糖粉具有一定的黏性，不仅可减少松散现象，而且使片剂的硬度增加、片面光洁美观。糖粉有一定的吸湿性，其吸湿性与转化糖的含量有关，若用量过大，易影响药物的溶出速率，故而用量一般不超过 20%。

5. 乳糖 系等量葡萄糖和半乳糖缩合组成的白色结晶性粉末。味甜，易溶于水，难溶于乙醇，性质稳定。用喷雾干燥法制成的乳糖为非结晶型，球形度好，有良好的流动性和黏合性，可供粉末直接压片用。乳糖缺点主要是价格贵。

6. 甘露醇与山梨醇 两者互为异构体，均为白色、无臭、结晶性粉末。甘露醇无吸湿性，具有一定的甜味，口感较好，但价格较贵，常与蔗糖配合使用。山梨醇吸湿性较强，故而使用时有局限性。

7. 无机盐类 主要是无机钙盐，常用的为硫酸钙，在片剂辅料中常使用二水硫酸钙，此外还有磷酸氢钙。硫酸钙稳定、制片外观好，硬度和崩解度均较理想，但应注意硫酸钙对某些主药（四环素类药物）的吸收有干扰，此时不宜使用。

8. 微晶纤维素（microcrystalline cellulose，MCC） 是纤维素部分水解而制成的聚合度较小的多孔性颗粒或粉末。MCC 具有良好的可压性和较强的结合力，除作为填充剂外，兼有助流、崩解和黏合作用，适用于直接压片工艺。

### （二）润湿剂和黏合剂

1. 润湿剂 系一种本身无黏性，但可诱导或启发物料本身黏性，利于制粒压片的液体。常用的润湿剂有纯化水和乙醇。

（1）纯化水：是最常用的润湿剂，无毒、无味、价廉，但是颗粒干燥时耗能高、时间长，且存在稳定性问题。单纯用水作润湿剂，尤其是处方中水溶性成分较多时，应注意徐徐加入，边加边搅拌，防止水被部分粉末迅速吸收，造成部分软材溶解结块现象。用不同浓度的水-醇混合液作湿润剂可在一定程度上克服上述缺点。

（2）乙醇：适用于遇水易分解的药物或遇水黏性较大的药物。常用的乙醇浓度为 30%～

70%，浓度越高，润湿后产生的黏性越小，制成的颗粒比较松散，压成的片剂崩解较快；如果药物的水溶性较大、黏性强时，乙醇的浓度应稍高些；反之则浓度可稍低。用乙醇作润湿剂时，应迅速搅拌，立即制粒，并控制操作室温度以减少挥发。

2. 黏合剂　某些药物粉末本身不具有黏性或黏性较小，需要加入黏性物质，才能使其黏合起来，这时所加入的黏性物质就称为黏合剂。黏合剂能增加各组分粒子间的结合力，以利于制粒和压片。黏合剂有液体黏合剂和固体黏合剂之分，在湿法制粒压片中常用液体黏合剂，在干法制粒压片中，也使用固体黏合剂。

（1）淀粉浆：具有润湿和黏合的作用，制成的片剂崩解性能好，为片剂中最常用的黏合剂，常用 8%～15%的浓度，并以 10%淀粉浆最为常用。

（2）糖粉和糖浆：黏性较强，可增加片剂硬度和片面光洁度。适用于质地疏松、纤维较多的中药材和易失去结晶水的药物的制粒。常用的糖浆浓度为 50%～70%（g/g）。

（3）胶浆：黏性很强，适用于质地疏松又不宜用淀粉浆做黏合剂的药物及口含片的制粒。常用 10%～25%的阿拉伯胶浆、10%～20%明胶胶浆等。

（4）糊精：常用于淀粉浆混合作黏合剂用。

（5）微晶纤维素：常作干燥黏合剂，但黏性较糖粉弱，适用于粉末直接压片法。

（6）甲基纤维素（methyl cellulose，MC）或乙基纤维素（ethyl cellulose，EC）：二者分别是纤维素的甲基或乙基醚化物，含甲氧基 26.0%～33.0%或乙氧基 44.0%～51.0%。其中，甲基纤维素具有良好的水溶性，可形成黏稠的胶体溶液而作为黏合剂使用，但应注意：当蔗糖或电解质达一定浓度时本品会析出沉淀。乙基纤维素不溶于水，在乙醇等有机溶媒中溶解度较大，适合作为水中不稳定药物的黏合剂，并且乙基纤维素对片剂的崩解和药物的释放有阻滞作用，利用这一特性，可通过乙基纤维素的用量，改变药物的释放速率，从而达到缓控释效果。

（7）羧甲基纤维素钠（carboxymethylcellulose sodium，CMC-Na）：本品为白色纤维状或颗粒状粉末，无臭、无味，有吸湿性，易分散于水中形成胶体溶液，不溶于乙醇。水溶液对热不稳定，黏度随温度的升高而降低。1%～2%的 CMC-Na 水溶液常用作湿法制粒的黏合剂，但压制的片剂有逐渐变硬倾向，影响崩解时间。

（8）羟丙基甲基纤维素（hydroxypropyl methyl cellulose，HPMC）：本品为白色至乳白色，无臭、无味，纤维状或颗粒状的粉末，能溶于水及部分极性有机溶剂。在水中能溶胀形成黏性溶液，通过加热和冷却可在溶液与凝胶两种状态中互相转化。HPMC 的干燥粉末和溶液广泛用作片剂的黏合剂，具有崩解迅速、溶出速率高等特点。常用浓度为 2%～5%。

（9）聚维酮（polyvidone，PVP）：全称为聚乙烯吡咯烷酮，聚维酮胶浆易溶于水，也易溶于乙醇成为黏稠胶状液体。因此，PVP 的固体粉末、水溶液、醇溶液均可作为黏合剂，用于水溶性、水不溶性及对水敏感的药物的制粒。5%的 PVP 无水乙醇溶液可用于泡腾片中酸、碱混合粉末的制粒，可避免在水存在下发生化学反应。

（10）明胶浆与阿拉伯胶浆：明胶、阿拉伯胶溶于水均能形成黏性较大的胶浆。用作黏合剂时的常用浓度：明胶溶液为 10%～20%，阿拉伯胶溶液为 10%～25%。以明胶作黏合剂制成的颗粒较硬，片剂硬度较大，因此主要用于容易松散和不能用淀粉浆制粒的药物，也适用于不需崩解或需延长作用时间的口含片等。

### （三）崩解剂

崩解剂系能使片剂在胃肠液中迅速碎裂成细小颗粒的物质，从而使功能成分迅速溶解吸收，发挥作用。

1. 崩解剂的作用机制　主要作用是克服由黏合剂或在压制成片剂时形成的结合力，从而使片剂崩解。其作用机制有以下几种。

（1）毛细管作用：崩解剂在片剂中形成易于润湿的毛细管通道，当片剂置于水中时，水能迅速地随毛细管进入片剂内部，使整个片剂润湿而崩解。

（2）膨胀作用：辅料自身具有很强的吸水膨胀性，从而产生导致片剂分裂的结合力。膨胀率是表示片剂膨胀能力大小的重要指标，膨胀率越大，崩解效率越显著。

（3）润湿作用：有些药物在水中溶解时产生热，使片剂内部残存的空气膨胀，促使片剂崩解。

（4）产气作用：由于化学反应产生气体的崩解剂，如在泡腾片中加入枸橼酸或酒石酸与碳酸钠或碳酸氢钠遇水产生二氧化碳气体，借助其体积的膨胀而使片剂崩解。

2. 崩解剂的加入方法　崩解剂加入的方法是否恰当，将直接影响片剂崩解和药物溶出的效果，应根据具体对象和要求分别对待。加入的方法有三种。

（1）内加法：崩解剂在制粒前加入，与黏合剂共存于颗粒内部，崩解较迟缓。但一经崩解，便形成粉粒，有利于药物的溶出。

（2）外加法：崩解剂加到经整粒后的干颗粒中。该法使崩解发生于颗粒之间，因而水易于透过，崩解迅速，但颗粒内无崩解剂，不易崩解成粉粒，故药物的溶出稍差。

（3）内外加法：将崩解剂分成两份，一份崩解剂按内加法加入，另一份崩解剂按外加法加入。内外加法集中了内加法和外加法的优点。

用量相同时，以两个参数为指标比较崩解剂的三种加入方法的快慢，一般认为①片剂崩解速率：外加法＞内外加法＞内加法；②药物的溶出速率：内外加法＞内加法＞外加法。

3. 常用崩解剂

（1）干淀粉：将淀粉于100～105℃干燥1小时而制成，其含水量一般控制在8%以下，是一种我国最为传统的崩解剂。干淀粉吸水性较强且具有一定的膨胀性，吸水膨胀率约为186%，适用于水不溶性或微溶性药物的片剂，用量一般为配方总量的5%～20%。如用湿法制粒，应控制湿颗粒的干燥温度，以免淀粉胶化而影响其崩解作用。

（2）羧甲基淀粉钠（carboxymethyl starch sodium，CMS-Na）：具有良好的吸水性和膨胀性，能吸收相当于其干燥体积30倍的水，吸水后体积可膨胀至原体积的300倍，是一种性能优良的崩解剂。羧甲基淀粉钠具有良好的流动性和可压性，可改善片剂的成型性，增加片剂的硬度。既适用于水不溶性药物，也适用于水溶性药物的片剂。既适用于湿法制粒压片，又适用于粉末直接压片。本品用量一般为配方总量的1%～6%。

（3）低取代羟丙基纤维素（low-substituted hydroxypropyl cellulose，L-HPC）：本品的表面积和孔隙率大，吸水速度和吸收量大，吸水膨胀率为500%～700%，崩解后颗粒细小，一般用量为配方总量的2%～5%。

（4）交联聚乙烯吡咯烷酮（crosslinked polyvinylpyrrolidone，PVPP）：本品在水中可迅速溶胀形成无黏性的胶体溶液，崩解效果好，但具有较强的吸湿性，一般用量为配方总量的1%～4%。

（5）交联羧甲基纤维素钠（croscarmellose sodium，CCNa）：本品不溶于水，能吸收数倍于自身重量的水分而膨胀，具有较好的崩解作用。常用量为配方总量的5%，当与羧甲基淀粉钠合用时，崩解效果更好，但与干淀粉合用时崩解作用会降低。

（6）泡腾崩解剂：本品为一种泡腾片专用崩解剂，由有机酸和对应碱组成。有机酸为枸橼酸、酒石酸的混合物，对应碱为碳酸氢钠或碳酸钠，混合成分遇水时产生二氧化碳气体，使片剂在几分钟内迅速崩解。含有这种崩解剂的片剂，在生产和贮存过程中要严格防水。

生产中使用的崩解剂还有多种，①黏土类：皂土、胶性硅酸镁铝，亲水性强，用于疏水性药物片剂崩解作用比较好；②海藻酸盐类：海藻酸钠、海藻酸等都有较强的亲水性，是良好的崩解剂；③酶类：对片剂中的某些辅料有酶解作用，当它们配制在同一片剂中时，遇水即能迅速崩解。

**（四）润滑剂**

润滑剂是一个广义的概念，是具有助流、抗黏和润滑功能辅料的总称，狭义的概念为增加润滑功能的辅料。

1. 润滑剂分类

（1）助流剂：系降低颗粒之间摩擦力从而改善粉末流动性的辅料。

（2）抗黏剂：系防止原辅料黏着于冲头表面的物质。

（3）润滑剂：狭义润滑剂是指降低物料颗粒与冲模孔壁之间摩擦力的物质，这是真正意义上的润滑剂。

2. 常见润滑剂

（1）硬脂酸镁：为疏水性润滑剂，易与颗粒混匀，压片后片面光滑美观，应用最广。用量一般为配方总量的 0.1%～0.5%，用量过大时，由于其疏水性，会造成片剂的崩解（或溶出）迟缓。另外，本品不宜用于乙酰水杨酸、某些抗生素药物及多数有机碱盐类药物的片剂。

（2）氢化植物油：本品以喷雾干燥法制得，是一种润滑性能良好的疏水性润滑剂。应用时，先将其溶于轻质液状石蜡或己烷中，然后将此溶液喷于颗粒上，以利于均匀分布。

（3）聚乙二醇类与月桂醇硫酸镁：两者皆为水溶性润滑剂的典型代表。前者主要使用聚乙二醇 4000 和 6000（PEG4000/6000），制得的片剂崩解溶出不受影响且得到澄明的溶液，常用量为配方总量的 1%～5%。月桂醇硫酸镁为目前正在开发的新型水溶性润滑剂。

（4）微粉硅胶：为优良的片剂助流剂，可用作粉末直接压片的助流剂。其性状为轻质白色无水粉末，无臭无味，比表面积大，常用量为配方总量的 0.1%～0.3%，但因其价格较贵，在国内的应用尚不够广泛。

（5）滑石粉：主要作为助流剂使用，可将颗粒表面的凹陷处填满补平，减低颗粒表面的粗糙性，从而达到降低颗粒间的摩擦力、改善颗粒流动性的目的，常用量一般为配方总量的 0.1%～3%，最多不要超过 5%。

**（五）其他辅料**

1. 着色剂　常用色素，如胭脂红、品红、亚甲蓝、靛蓝和苋菜红等。着色剂可改变片剂色泽外观，其含量一般不超过总片重的 0.05%。

2. 矫味剂　常用的有蔗糖、甜菊苷、糖精钠、山梨醇、甘油等。矫味剂主要用于掩盖内服药的不良味道，使其适宜于患者服用。

3. 稳定剂　部分不稳定的药物在处方中加入适宜稳定剂，可提高药物的稳定性。

## 第 3 节　片剂的制备

片剂的制备方法一般有直接压片法、湿法制粒压片法、干法制粒压片法及空白颗粒压片法。上述制备方法中最常用的是湿法制粒压片法。压片时应当考虑的三要素有可压性、流动性、润滑性。流动性好，表明压片时物料的流动顺利适宜于填充；可压性好表明片剂适宜于成型，不易出现裂片、松片等现象；润滑性好，表明片剂制备后不易黏冲，外观光洁。

### 一、湿法制粒压片法

湿法制粒压片法系将药物和辅料的粉末混合均匀后加入液体黏合剂制备颗粒再压片的方

法。湿法制粒压片适用于对于湿、热稳定的药物。湿法制粒压片属于制粒压片法的重要方式，其制备工艺见图 3-2。

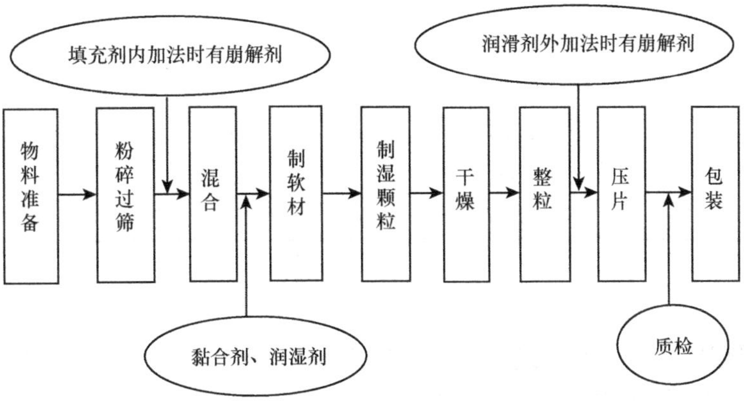


图 3-2 湿法制粒压片法制备工艺

### （一）物料准备及粉碎、过筛和混合

药物及辅料按照相应质量要求进行预先处理的过程，如物料称量和一定化学处理。处方中的原料、辅料均应符合药品标准。合格的物料经粉碎、过筛等加工处理方可投料生产。粉碎细度一般需要过 80～100 目筛，对毒剧药、贵重药及有色的原辅料过 120～150 目筛，以便于混合均匀，含量准确，并可避免裂片、黏冲和花斑等现象。由于粉末的色泽、粗细和相对密度的不同，可先用较粗号的筛过筛一两次，使之初步混合，再用较细的筛过筛使之充分混合。大规模生产可采用混合机、混合筒等设备进行混合。混合过程中加入填充剂，如果采用崩解剂内加法，在混合过程中加入崩解剂。

### （二）制软材

制软材即将原料和辅料细粉置于混合机器中，加入适量润湿剂和黏合剂混匀即成。软材的干湿程度应适宜，生产中多凭经验掌握，以用手紧握能成团而不黏手，用手指轻触能裂，即“握之成团，触之即散”。润湿剂或黏合剂的用量视物料的性质而定，如粉末细、质地疏松、干燥和黏性较差的粉末，应酌量多加。反之用量应减少。一般黏合剂用量多，混合时的强度大，混合时间长，所制得颗粒的硬度则大。

### （三）制湿颗粒

制湿颗粒即将软材通过筛网制成湿颗粒。大量生产时均使用制粒机制粒，常用的制粒机有挤压式、高速搅拌切割式、流化床式和喷雾干燥制粒机，参见第 2 章。

1. 制粒的目的　压片的物料应该具有良好的流动性和可压性，主要包括：①改善物料的流动性，由于粉末流动性差不能定量均匀流入，影响片重差异；②防止由于粒度、密度的差异而引起的分离现象，有利于各种成分的均匀混合；③防止操作过程的粉尘飞扬及在器壁上的黏着，避免环境污染和原料的损失；④调整松密度，改善溶出与崩解性能；⑤改善物料在压片过程中压力传递的均匀性。

2. 制粒的操作　一般软材通过筛网一次而制成湿颗粒。但对有色的或黏性较强的润湿剂或黏合剂，用量不当有条状物产生时，一次过筛不能得到色泽均匀或粗细松紧适宜的颗粒，可采用多次制粒，可按照片剂的直径和重量采用不同型号筛网过筛，详见表 3-1。

表 3-1　片剂的直径、重量、筛目关系

| 直径（mm） | 片重（mg） | 湿粒筛目数 | 干粒筛目数 |
|---|---|---|---|
| 5.5～6.5 | 50 | 18 | 16～20 |
| 6.0～6.5 | 100 | 16 | 14～20 |
| 7.0～8.0 | 150 | 16 | 14～20 |
| 8.0～8.5 | 200 | 14 | 12～16 |
| 9.0～10.5 | 300 | 12 | 10～16 |
| 12.0 | 500 | 10 | 10～12 |

### （四）干燥

制成的湿颗粒应立即干燥，以免受压变形或结块。干燥的温度应根据物料性质而定，一般为 50～60℃。对热稳定的药物，干燥温度可适当增高到 80～100℃。含结晶水的药物干燥的时间不宜过长，温度不宜过高，否则会因失去过多的结晶水使颗粒过松，而影响压片及崩解。干燥时的温度要逐渐升高，以免颗粒表面干燥后结一层硬膜而影响内部水分的蒸发。颗粒的干燥程度应适当，颗粒应有适当的含水量，含水量太多，易发生黏冲，含水量少也不利于压片。

### （五）整粒压片

1. 整粒　采用过筛分级的办法，将湿颗粒用 12～20 目筛过筛整粒，使得颗粒均匀，便于压片。

2. 压片前准备

（1）加入润滑剂和崩解剂：润滑剂、外加崩解剂在整粒后加入到干颗粒中，置混合器中进行总混。

（2）加入挥发性成分、处方中少量及对湿热不稳定的药物：这些成分应在压片前添加，先溶于适量乙醇，再喷入干颗粒中混合均匀，密闭数小时，使挥发性药物在颗粒中渗透均匀，室温干燥。

（3）片重的计算：药物制成干颗粒须经一系列操作，主药及辅料必将有一定损失，故压片前应对干颗粒中主药的实际含量进行测定，计算如下：

$$\text{片重}=\frac{\text{每片含药量/标示量(g)}}{\text{干颗粒中主药的百分含量(\%)}}\times\text{含量误差范围(\%)}$$

例 3-1　某厂需要制备阿司匹林片剂，阿司匹林的主药含量为 100mg，已知阿司匹林的含量误差为 98.0%～102.0%，而目前在压片前物料中经检测阿司匹林含量为 51.4%，请计算片重范围。

$$\text{片重}=\frac{100\text{mg}}{51.4\%}\times(98.0\%\sim102.0\%)=190.7\sim198.4\text{mg}$$

**课堂互动**

复方片剂中片重标示量为 1g，复方片剂中含有 A 和 B 两种主药成分 0.3g 和 0.7g，标示量误差范围为 0.27～0.33g 及 0.68～0.72g，现经测定两组分含量分别为 28.7%和 71.3%，如何计算该复方制剂的片重范围？

3. 压片　压片过程是由压片机完成。将物料置于模孔中，采用冲头压制成片剂的机器为压片机。目前常用的压片机按结构分为单冲压片机和旋转式多冲压片机，此外还有一次压制压片机、多次压制压片机、多层片压片机和压制包衣机等。

压片机中关键部件冲模，由上冲、下冲、模圈（中模）组成（图3-3和图3-4），材质为优质钢材，耐磨而有较大的强度，且冲头与模孔径的差不超过 0.06mm。压片机的冲头端面通常是平面圆形的，亦多见深凹和浅凹形弧度，此外还有三角形、方形、椭圆形、条形和环形等各种异型冲。冲头凹面上可以刻有片剂的名称、片重、等分线、四等分线等，方便识别和分剂量。冲头的直径有多种规格，一般为5～14mm，可供不同片重的片剂压片时选用。

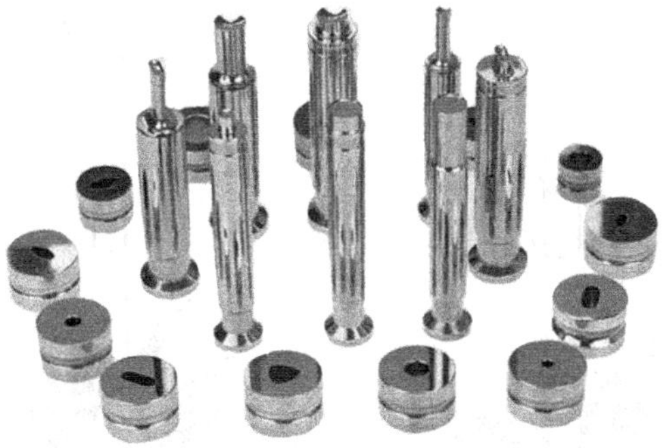

图3-3 冲模实物图

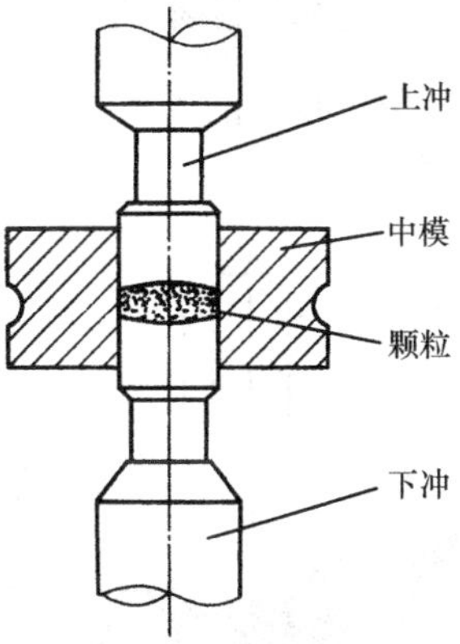


图3-4 冲模结构图

（1）单冲压片机：主要由加料器、调节装置、压片部件三部分组成（图3-5）。加料器主要由添加主药和辅料的漏斗及下方饲粉器组成；调节装置通过调节其螺圈的上下移动可以调节出片的片重大小；压片装置为压片时的关键部件，包括上冲、下冲和模圈，上冲主要用于压片，下冲用于顶出成片。

单冲压片机的操作过程：①上冲升起，饲粉器移动到模孔之上；②下冲下降到适宜深度，饲粉器在模具上方移动，将颗粒填满模孔；③饲粉器由模孔上移开，使模孔中的颗粒与模孔的上缘相平；④上冲下降，将颗粒压缩成片；⑤上冲抬起后，下冲抬起到与模孔上缘相平，将药片由模孔中推出，饲粉器再次移动到模孔之上并将压成之片推开，并进行再次加粉，如此反复进行上述操作，见图3-6。单冲压片机生产效率低，每分钟压片100片左右，现仅供试验和教学使用。

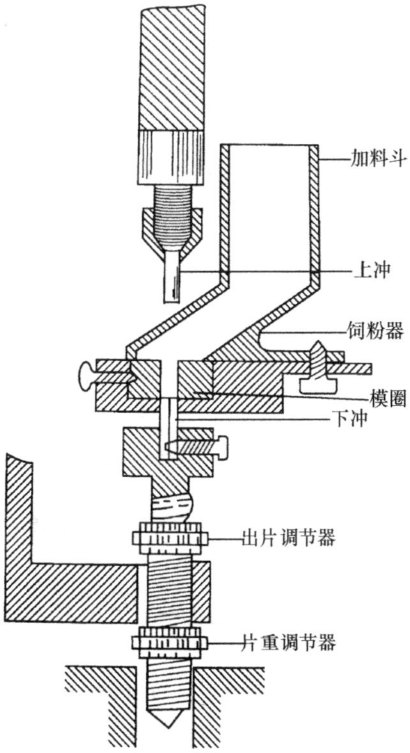


图3-5 单冲压片机

（2）旋转多冲压片机：旋转式压片机为规模化生产中常见装置，其结构由动力部分、传动部分及工作部分组成。旋转式压片机的工作部分中有绕轴而转动的机台，机台分三层，机台的上层装着上冲，中层装固定冲模模盘，下层装着下冲。另有固定不动的上下压轮、片重调节器、压力调节器、饲粉器、刮粉器、出片调节器及吸尘器和防护装置等。

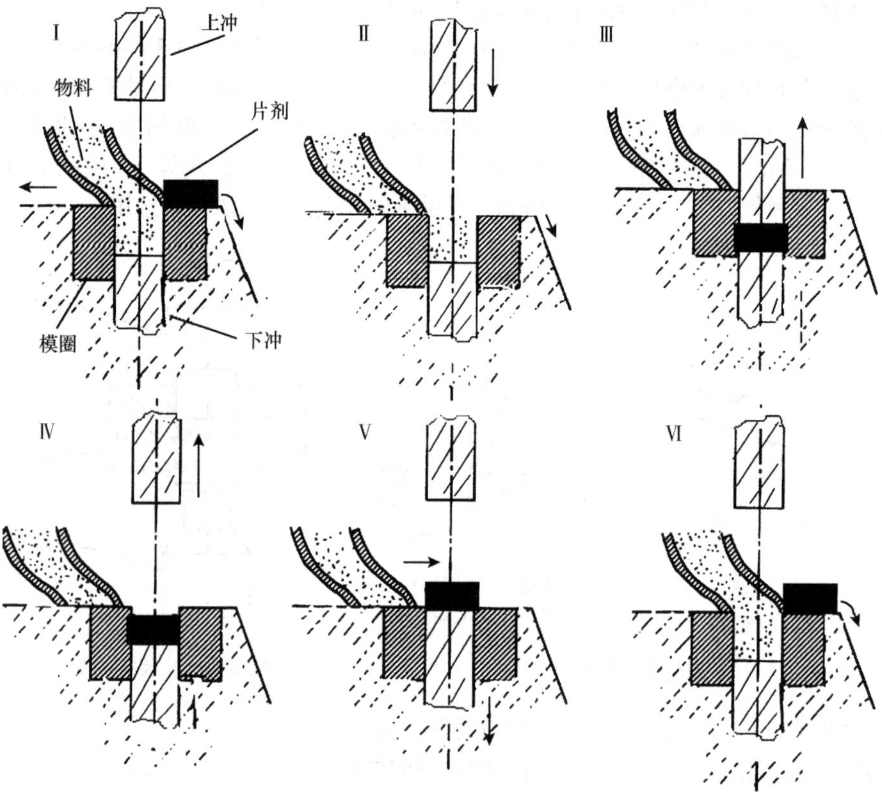


图 3-6　单冲压片机压片过程

多冲压片机工作过程（图 3-7）：①上冲与下冲随机台转动并沿固定的轨道有规律地上、下运动；②在上冲之上及下冲下面的适当位置装着上压力盘和下压力盘，在上冲和下冲转动并经过各自的压轮时，被压力盘推动使上冲向下、下冲向上运动并对模孔中的物料加压；③机台中层上装有固定不动的刮粉器，饲粉器的出口对准刮粉器，颗粒流入刮粉器中，由此流入模孔。

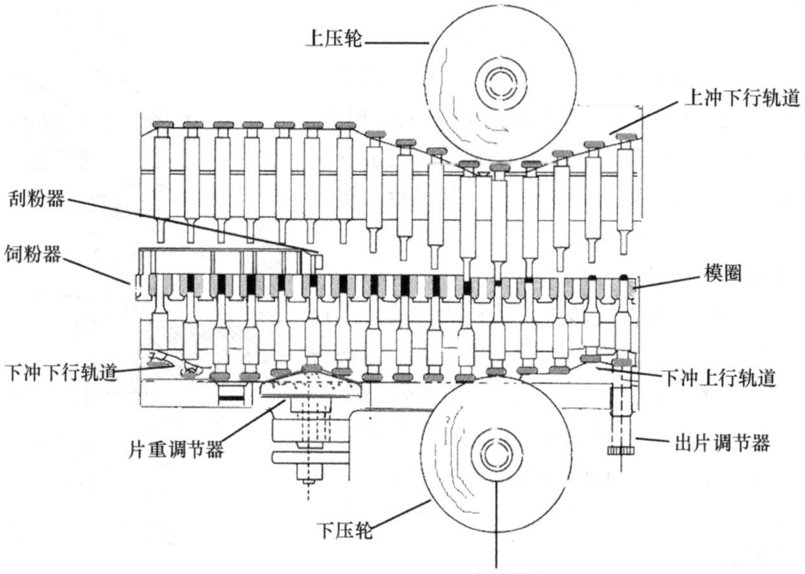


图 3-7　旋转多冲压片机工作图

片重调节器装于下冲轨道上，调节下冲经过刮粉器时的下降的深度，以调节模孔的容积。压力调节器用以调节下压轮的高度，下压力盘的位置高，则压缩时下冲抬起得高。

**链接** 旋转多冲压片机型号

旋转多冲压片机有多种型号，按冲头数量来说有 5 冲、8 冲、19 冲、33 冲、55 冲和 75 冲等；按流程来说有单流程和双流程等。单流程型是指转盘旋转一周每副冲仅压制出一个药片，双流程是指转盘旋转一周每副冲压制出两个药片。双流程压片机的能量利用更合理，生产效率较高。较适合于中药片剂生产的为 ZP19、ZP33 和 ZP35 型压片机。

## 二、干法制粒压片法

干法制粒压片法系将药物和粉末状辅料混合均匀，采用滚压法或重压法使之成块状或大片状，然后再经过粉碎制成适宜大小干颗粒，最后压制成片的方法。干法制粒压片法常用于热敏性物料及遇水易分解、有吸湿性、流动性差、不能直接压片的物料，方法简单，易操作，其工艺流程见图 3-8。

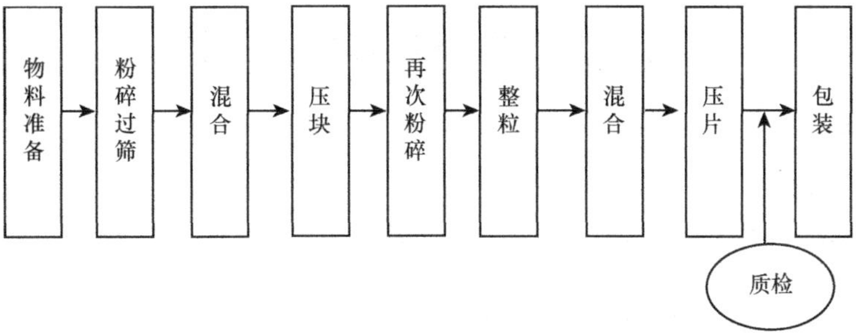


图 3-8 干法制粒压片法工艺流程

### （一）滚压法

滚压法是将药物与辅料混匀后，通过滚压机或特殊的重压设备将其压成硬度适宜的薄片，再次粉碎、整粒，再加入润滑剂混合后即可压片。目前国内已有滚压、碾碎、整粒的整体设备可供选用。

### （二）重压法

重压法又称大片法，主要利用重型压片机将物料粉末压制成直径为 20～25mm 的胚片，然后破碎成一定大小颗粒再压片的方法。本法设备操作简单，工序少，但生产效率低，冲模等操作因压力较大易导致机械的损耗，故而此法应用较少。

## 三、粉末直接压片法

粉末直接压片系药物的粉末与适宜的辅料分别过筛并混合后，不经过制颗粒（湿颗粒或干颗粒）而直接压制成片。其工艺流程简单（图 3-9），不必制粒、干燥，节能省时，保护药物稳定性，提高药物溶出度，且工业自动化程度高等。但粉末直接压片法要求物料的流动性、可压性较好，同时不会出现崩解超限现象，常用作粉末直接压片法的辅料有微粉硅胶、可压性淀粉、微晶纤维素、喷雾干燥乳糖、甘露醇和山梨醇等。

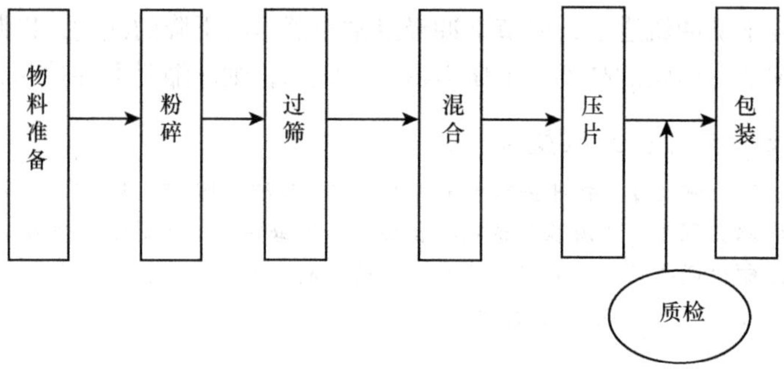


图 3-9 粉末直接压片法制备工艺

## 四、空白颗粒压片法

空白颗粒压片法，又称半干式颗粒压片法，系将辅料先制成干颗粒，然后与药物混匀后压片的方法。本法适用于对湿、热不稳定且剂量又较小的药物，以及压缩成形性差的药物，但应注意可能产生不均匀的问题。

## 五、片剂制备过程中的问题

### （一）裂片

片剂受到震动或经放置后裂开的现象从腰间裂开称“腰裂”，从顶部脱落一层称“顶裂”。发生裂片现象的原因很多，主要有：①黏合剂选择不当或用量不足、细粉过多；②压力过大、冲头与冲模圈不符等；③颗粒不均匀，油性成分较多；④药物物料弹性大。解决裂片的主要措施：①选择合适黏合剂；②加吸收剂或糖粉；③喷入适量乙醇和掺入含水量较多颗粒；④加糖粉增加黏性，降低弹性；⑤降低压力，降低压片速度，降低弹性复原率。

### （二）松片

松片系片剂的硬度不够，受震动易松散破碎的现象。其主要的原因：①黏合剂和润滑剂用量不足、黏性差；②颗粒含水过多；③压片的压力过小。解决松片措施：①增加黏合剂和润滑剂用量；②喷入乙醇和掺入含水量较多颗粒；③增加压力，降低压片速度。

### （三）黏冲

黏冲系片剂被冲头黏着，造成凹痕的现象。黏冲的主要原因：①颗粒不够干燥，含水量多；②物料吸湿或环境湿度大；③润滑剂选用不当或用量不够（硬脂酸镁少）；④冲头锈蚀或粗糙。解决黏冲的主要措施：①降低湿度；②加大润滑剂用量；③更换冲头。

### （四）崩解迟缓

崩解迟缓系片剂超过药典规定的崩解时限。出现此现象的原因：①崩解剂用量不足；②润滑剂用量过大；③黏合剂用量大或黏合性强；④压片压力过大。解决崩解迟缓的措施：①加大崩解剂用量；②减少润滑剂用量；③减少黏合剂用量；④减小压片压力。

### （五）片重差异超限

片重差异超限系片剂的片重差异超过药典规定的现象。其主要原因：①颗粒物流动性不好；②颗粒内细粉太多或颗粒大小悬殊；③加料斗内物料时多时少；④冲头和模孔不吻合。片重差异超限的解决措施：①重新制粒；②更换冲模等。

### （六）溶出度超限

溶出度超限系未在规定时间溶解出规定量药物的现象。其主要原因：①崩解剂添加不足；②颗粒过硬；③药物溶出度差等。溶出度超限解决措施：①加入适宜崩解剂；②药物粉末化等。

此外，制备片剂的过程中还可能出现含量不均色斑、油点、叠片、变色等现象，上述制备过程中出现的问题及解决方法见表3-2。

**表3-2　片剂制备过程中的问题、原因和解决方法**

| 问题 | 原因 | 解决方法 |
|---|---|---|
| 裂片 | 黏合剂不足，黏合力小；颗粒不均匀，颗粒油性成分多；颗粒含水过多；药物弹性大；压力分布不均，压片速度快 | 选择合适黏合剂；加吸收剂；喷入适量乙醇和掺入含水量多颗粒；加糖粉增加黏性，降低弹性；降低压力，降低压片速度 |
| 松片 | 黏合剂和润滑剂用量不足，黏性差；颗粒含水过多；压片压力过小 | 增加黏合剂和润滑剂用量；喷入乙醇和掺入含水量较多颗粒；增加压力，降低压片速度 |
| 黏冲（黏模） | 颗粒不够干燥，含水量多；物料吸湿或环境湿度大；润滑剂选用不当或用量不够（硬脂酸镁少）；冲头锈蚀或粗糙 | 降低湿度；加大润滑剂用量；更换冲头 |
| 片重差异超限 | 颗粒物流动性不好；颗粒内细粉太多或颗粒大小悬殊；加料斗内物料时多时少；冲头和模孔不吻合 | 重新制粒；更换冲模等 |
| 崩解迟缓 | 崩解剂用量不足；润滑剂用量过大；黏合剂量大或黏合性强；压力过大 | 加大崩解剂用量；减少润滑剂用量；减少黏合剂用量；减小压片压力 |
| 溶出度超限 | 崩解剂添加不足、颗粒过硬、药物溶出度差等 | 加入适宜崩解剂；药物粉末化；吸附后研磨等 |
| 含量不均 | 混合不匀；可溶性成分迁移 | 重新制粒；更换冲模等 |

# 第4节　片剂的包衣

## 一、概　　述

片剂包衣系在片芯的表面包上适宜材料的过程，经包衣的片剂，称为包衣片剂，被包的片剂称为“片芯”，而包裹层材料为“衣料”。

### （一）包衣的目的

1. 掩盖片剂的不良气味，如具有苦味的小檗碱（黄连素）片及穿心莲内酯片包成糖衣片后，即可掩盖其苦味。

2. 防潮、避光，提高药物的稳定性，如维C银翘片易氧化、多酶片等易吸潮，用高分子材料包以薄膜衣后，可有效防止片剂吸潮变质。

3. 改变药物释放的位置，如奥美拉唑肠溶片。

4. 控制药物释放的速度，如硝苯地平控释片，采用薄膜衣包衣后，延长释药时间。

5. 防止药物的配伍变化，如将一种药物压成片芯，另一种药物加于包衣材料中包于隔离层外，实现易配伍变化药物和物料的分离。

6. 改善片剂的外观，包衣后整体外观光泽度提高。

### （二）包衣的种类

根据包衣材料不同，片剂的包衣通常分糖包衣、薄膜包衣两类。糖包衣为传统包衣工艺，现逐步被薄膜包衣工艺所取代。薄膜包衣根据溶解性能不同又可分为胃溶型、肠溶型和胃肠不溶型薄膜包衣三类。

**（三）包衣的质量要求**

包衣层应均匀、牢固，且与主药不发生作用，此外崩解时限应符合药典规定。包衣后经较长时间储存，仍能保持光洁、美观、色泽一致，并无裂片现象，且不影响药物的溶出与吸收。

## 二、常用包衣方法

常用包衣方法有滚转包衣法、流化包衣法、压制包衣法等。

**（一）滚转包衣法**

滚转包衣法又称锅包衣法，是片剂最常用的包衣方法。根据包衣锅性能不同，又可分为普通滚转包衣法、埋管包衣法及高效锅包衣法等。

1. 普通滚转包衣法　采用设备为倾斜式包衣锅（图 3-10），由包衣锅、动力部分和加热鼓风、吸粉装置等几部分组成。包衣锅的中轴与水平面一般成 30°～45°，不超过 45°，在设定转速下，片剂在锅内借助于离心力和摩擦力的作用，随锅内壁向上移动，然后沿弧线滚落而下，在包衣锅口附近形成漩涡状的运动，使药片均衡地翻转运动，达到较佳的混合状态。普通滚转包衣锅生产效率低，干燥慢，容易污染。现采用喷雾包衣改良，可分为“有气喷雾”和“无气喷雾”两种，特别适用于包糖衣。

2. 埋管包衣法　主要埋管式包衣机是采用在包衣锅的内底装有输送包衣材料溶液、压缩空气和热空气的埋管，埋管喷头插入物料层内，包衣溶液在压缩空气的带动下，由下向上喷至锅内的片剂表面，并由下部上来的热空气干燥，加快了物料运动速度和干燥速度，见图 3-11。埋管包衣机是为了克服普通倾斜式包衣锅的缺点而进行改良的设备。

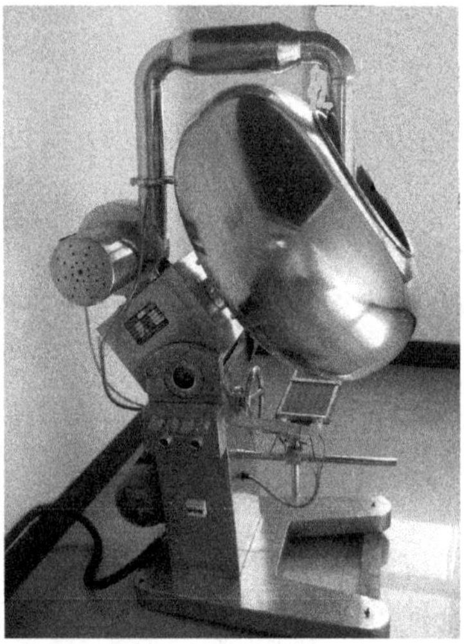

图 3-10　倾斜式包衣锅

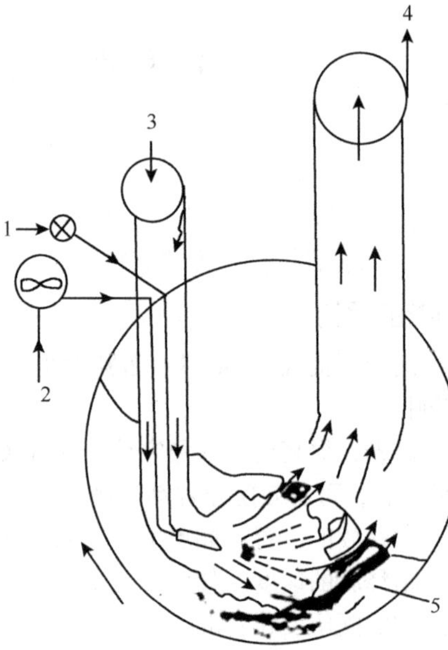


图 3-11　埋管包衣机工作原理图

1. 溶液入口；2. 压缩空气入口；3. 热空气入口；4. 出口；5. 锅体

3. 高效锅包衣法　采用设备为高效包衣锅（图 3-12），主要采用无气喷雾包衣形式，进行全封闭的喷雾包衣。包衣锅为圆柱形，锅身沿水平轴旋转，锅壁为多孔壁，壁内装有带动颗粒向上运动的挡板，上方为喷雾器，热风从转锅前侧进入，透过夹层排出。该方法广泛应用于肠溶衣包衣。

### （二）流化包衣法

流化包衣与流化制粒原理基本相似，是将片芯置于流化床中，通入气流后借空气流的动力使片芯悬浮于包衣室内，上下翻动处于沸腾状态，然后将包衣材料的溶液或混悬液以雾化状态喷入流化床，使片芯表面均匀分布一层包衣材料。装置依靠热气流将轻物料（未包衣物料）推送至喷口，又利用重力使包衣物料下降，达到包衣均匀效果。该法具有干燥能力强、生产效能高、安全等优点，缺点是大药片运动较难，小药片包衣易发生粘连。

图 3-12 高效包衣锅

### （三）压制包衣法

一般采用两台压片机联合起来压制包衣片，两台压片机以特制的传动器连接配套使用，其中一台为压片芯机，另外一台为压包衣机。压片芯机专用于压制片芯，再由传动器将压成的片芯输送至包衣转台的模孔中，随着转台的转动，将包衣材料涂抹在片芯上后加压，使片芯压入包衣材料中间而形成压制的包衣片剂。本方法可以避免水分、高温对药物的不良影响，生产效能高、自动化程度高、劳动条件好，但对压片机械的精度要求较高，目前国内较少采用。

## 三、包衣的过程

### （一）糖衣包衣过程

糖衣片系用蔗糖为主要包衣材料制成的包衣片。糖衣有一定防潮、隔绝空气的作用；可掩盖药物的不良气味，口感较好，可改善片剂外观。糖衣层能迅速溶解，不会阻滞片剂的崩解。包糖衣片的生产工艺流程见图 3-13。

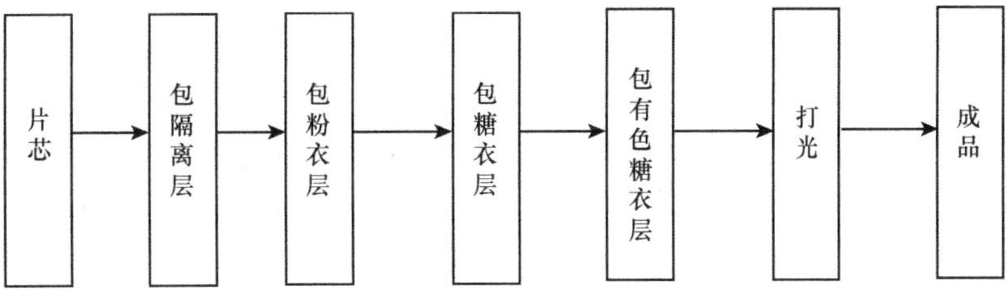


图 3-13 包糖衣的生产工艺流程

1. 包隔离层　系指在片芯外包起隔离作用的衣层。其作用是将片芯与其他包衣材料隔离，以防发生相互作用，防止包衣溶液中的水分渗入片芯致使片芯膨胀或变软，从而增加片剂硬度。隔离层一般包 3～5 层。隔离层材料应为防水材料，常用的有 10%玉米朊乙醇溶液、15%～20%虫胶乙醇溶液、10%～15%明胶浆、30%～35%阿拉伯胶浆、10%乙酸纤维素钛酸酯（CAP）等。

2. 包粉衣层　系将片芯边缘的棱角包圆的衣层，即消除棱角。将已包隔离层的片芯用适宜的润湿黏合剂，加入粉衣料适量，使黏附在片剂表面，重复以上操作若干次，直到片芯棱角消失，粉衣层一般包 15～18 层。常用的包粉衣的材料有明胶、阿拉伯胶、蔗糖、滑石粉、白陶土和糊精等。

3. 包糖衣层　系主要采用单糖浆涂抹包衣。加入稍稀的糖浆后，搅拌使片面湿润即可，然后逐次减少用量，40℃以下低温缓缓吹风干燥，使其表面形成细腻的蔗糖晶体衣层，一般重复包10～15层。

4. 包有色糖衣层　在糖衣层表面用含适宜色素的蔗糖溶液包有色糖衣层，以增加美观度便于识别。应选用着色糖浆，即色素和糖浆的混合物，一般包8～15层。

5. 打光　系指在糖衣外涂上极薄的蜡层，使药片光滑、美观，兼有防潮作用。一般用川蜡进行打光。

### （二）薄膜衣包衣过程

薄膜衣片系在片芯之外包一层极薄高分子聚合物材料制成的薄膜制剂。其相对优点为：①操作简单，节约材料和劳动力，成本较低；②片重只增加2%～4%；③有利于制成胃溶、肠溶或长效缓控释制剂；④压在片芯上的标识，在包薄膜衣后仍清晰可见；⑤便于生产工艺自动化。

1. 薄膜衣料　主要有高分子材料、增塑剂、溶剂、着色剂、遮光剂及其他材料。包衣材料分为胃溶型、肠溶型和缓释型（不溶型）三大类。

（1）胃溶型包衣材料：系在水中或胃液中溶解的高分子材料。常用的胃溶型包衣材料为：①羟丙基甲基纤维素（HPMC），这是一种常用的薄膜衣材料，成膜性能好，可用水和乙醇等溶剂溶解，制成的片剂在一定温度下抗裂、稳定，生产中常用较低浓度的HPMC进行薄膜包衣；②羟丙基纤维素（HPC），常用本品的2%水溶液包制薄膜衣，与HPMC比较，优点是避免了使用有机溶媒，缺点是干燥过程中易产生较大的黏性，影响片剂的外观；③丙烯酸树脂Ⅳ号（Eudragtit E），溶于部分有机溶剂和水，为新型的安全无毒高分子胃溶型包衣材料；④聚乙二醇（PEG），分子量在4000～6000，成膜性能良好；⑤聚乙烯吡咯烷酮（聚维酮，PVP），性质稳定，防水性能好，成形坚固；⑥甲基纤维素（MC）等。

（2）肠溶型包衣材料：系有一定耐酸性，在胃酸条件下能保持完整致密，而到肠液环境下进行溶解的高分子材料，主要用于肠溶片。主要材料有以下几种：①邻苯二甲酸乙酸纤维素（乙酸纤维素钛酸酯，CAP），本品可溶于pH 6.0以上的缓冲液中，胰酶能促进其溶解，是应用较广泛的肠溶性包衣材料。包衣时一般用8%～12%的乙醇丙酮混合液。②丙烯酸树脂Ⅰ、Ⅱ、Ⅲ号（Eudragtit L300，Eudragtit L100，Eudragtit S），为甲基丙烯酸和甲基丙烯甲酯或乙酯的共聚物，为肠溶性包衣材料，可按照比例混合后包衣。③聚乙烯醇钛酸酯（PVAP），是一种新的肠溶性包衣材料。④羟丙基甲基纤维素钛酸酯（HPMCP），不溶于酸性溶液，但可溶于缓冲对溶液，成膜性能好，安全无毒。⑤苯乙烯马来酸共聚物。⑥虫胶，一般使用较少。

（3）缓释型包衣材料：指在水中不溶解、利用膜的半透性调节药物释放速度的高分子材料。主要材料有以下几种：①乙基纤维素，不溶于水，易溶于乙醇、丙酮等有机溶媒，成膜性能良好；②乙酸纤维素，溶解性能与乙基纤维素类似，成膜性能良好，是渗透泵式控释制剂最常用的包衣材料。

（4）增塑剂：系能增加包衣材料可塑性的物质。加入增塑剂的衣层柔韧性增加。常用的水溶性增塑剂有甘油、聚乙二醇、丙二醇；水不溶性增塑剂有蓖麻油、乙酰化甘油酸酯、邻苯二甲酸酯类、硅油等。

（5）溶剂：系溶解成膜材料及增塑剂，挥发后使成膜材料均匀分布在片剂表面成膜。溶液的黏度和溶剂的蒸发速度能影响衣层质量。常用的溶剂有水、乙醇、异丙醇、甲醇、丙酮等；对肠溶性材料可以考虑用纯化水为溶剂并用氨水调节pH，使成膜材料溶解。

（6）其他材料：应用着色剂的目的是易于识别不同类型的片剂，改善片剂外观，并可遮盖有色斑的片芯，常用的着色剂为食用色素。而加入避光剂可提高片芯内药物对光的稳定性，常用二氧化钛。

2. 包薄膜衣的过程 包薄膜衣的生产工艺流程为片芯→喷包衣液→干燥→固化→再次干燥→薄膜衣包衣。

（1）喷包衣液：将片芯置于包衣机内，喷淋包衣液，使片芯表面均匀涂抹包衣材料。

（2）干燥：采用热风鼓吹干燥，温度不超过40℃，干燥速度不宜过快，防止出现掉皮现象。

（3）固化：大多数的薄膜衣需要一个固化期，一般在室温下自然放置6～8小时。

（4）缓慢干燥：使残余的有机溶剂完全发挥尽，一般还需50℃干燥12～24小时。

## 四、包糖衣存在的问题和解决方法

包糖衣过程中可能出现的问题、原因及解决方法，见表3-3。

**表3-3 包糖衣过程中可能出现的问题、原因及解决方法**

| 问题 | 原因 | 解决方法 |
|---|---|---|
| 掉皮 | 糖浆浓度过低或转化糖（吸湿性强）浓度过高都会导致包衣时干燥不彻底，水分储留在衣层内，当温度升高时水变为气体而膨胀，压迫衣层脱落 | 加热时间不能太长，以避免产生转化糖 |
| 糖浆、滑石粉不黏锅 | 加入糖浆量过大、糖浆浓度太高、黏性大，搅拌不均匀，锅温过低都会使锅壁局部不黏糖浆和滑石粉；形成区域性黏附，若暴露面积过大，可以导致片剂摩擦变色和花斑 | 可再涂糖浆和滑石粉 |
| 片剂黏锅或出现夹片 | 加入糖浆量过大、糖浆浓度太高、黏性大、搅拌不均匀、锅温过低 | 降低糖浆浓度，减少糖浆用量，搅拌均匀，控制锅温在35～40℃ |
| 指定部位不溶解 | 衣料选用不当，衣层过厚或过薄 | 替换包衣材料；重新调整工艺 |
| 打光困难 | 片剂表面粗糙，糖的结晶太粗；片剂湿度太大；片剂太干或蜡粉受潮造成片剂打滑 | 降低锅温；擦去少量蜡粉；增加干蜡粉 |
| 烂片 | 硬度不够；黏合剂的黏性不够，或者是由于润滑剂的用量太大 | 改进黏合剂 |
| 花斑和色泽不匀 | 平面不平；色素加入不均 | 洗去色衣层，重新包衣 |

# 第5节 片剂的质量检查

片剂的质量检查项目有外观、重量差异、硬度、脆碎度、崩解时限、溶出度、含量均匀度、释放度、微生物限度检查及其他。

## 一、外 观

片剂外观应完整光洁，色泽均匀，有适宜的硬度和耐磨性。取样品100片，平铺于白瓷板上，置于75W白炽灯或自然光源下60cm处，视力在0.9以上的眼睛距离待检品30cm处，观察30秒，结果应符合以下规定：片形一致，片面光洁，边缘整齐，色泽均匀，杂色点（100目以下）不超过3%，中药全粉末片不超过10%，不得有严重花斑和异物，包衣片中的畸形片不得超过0.3%。

## 二、重 量 差 异

片剂重量差异过大，可能会导致片剂的每片药物中的含药量不均，会影响药物治疗效果。

表 3-4 片剂重量差异限度规定

| 平均片重或标示量 | 重量差异限度 |
|---|---|
| 0.30g 以下 | ±7.5% |
| 0.30g 及以上 | ±5% |

取供试品 20 片，精密称定总重量，求得平均片重后，再分别精密称定每片的重量，每片重量与平均片重相比较（凡无含量测定的片剂，每片重量应与标示片重比较），超出重量差异限度的不得多于 2 片，并不得有 1 片超出限度 1 倍。片重差异限度见表 3-4。糖衣片的片芯应检查重量差异并须符合规定，包糖衣后不再检查重量差异。薄膜衣片应在包薄膜衣后检查重量差异并须符合规定。

凡规定检查含量均匀度的片剂，一般不再进行重量差异的检查。

## 三、硬度和脆碎度

硬度系表面硬度，即抵抗硬物压入其表面的能力。包衣片在包衣前需要做硬度检查。常采用孟山都（Monsanto）硬度测定仪，将药品立于两个压板之间，沿片剂直径方向加压，测定使其破碎所需之压力即为其硬度。

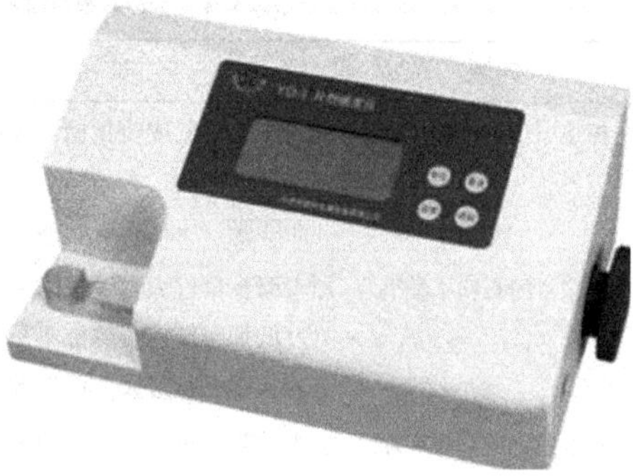

图 3-14 四用测定仪

脆碎度系片剂受到震动或摩擦之后引起碎片、顶裂、破裂等的程度。脆碎度反映片剂的抗磨损震动能力，也是片剂质量标准检测的重要项目。用于测定片剂硬度和脆碎度的仪器主要有片剂四用测定仪（图 3-14）、罗氏（Roche）脆碎仪。脆碎度检查仪应设定一定的转速，使片剂在一定时间内出现碎片粉末，根据粉末的质量和放进去片剂的总质量的比值就可得到脆碎度。

## 四、崩 解 时 限

崩解时限系口服固体制剂在规定条件下全部崩解溶散或成碎粒，除不溶性包衣材料或破碎的胶囊壳外，应全部通过筛网。如有少量不能通过筛网，但已软化或轻质上漂且无硬心者，可做符合规定论。取 6 片药，置于崩解仪小篮的玻管中，在规定时间内（表 3-5），应全部溶解，如有一片不能完全溶解，另取 6 片复试，均应符合以下规定。

表 3-5 片剂的崩解时限规定

| 种类 | 温度（℃） | 溶剂 | 崩解时限 |
|---|---|---|---|
| 普通片 | 37±1 | 水 | 15 分钟内全部崩解 |
| 薄膜衣片 | 37±1 | 盐酸溶液（9→1000） | 30 分钟内全部崩解 |
| 糖衣片 | 37±1 | 水 | 1 小时内全部崩解 |
| 肠溶衣片 | 37±1 | （1）盐酸溶液（9→1000） | 2 小时内不得有裂缝、崩解、软化现象 |
| | | （2）pH 6.8 的磷酸盐缓冲液 | 1 小时内全部崩解 |
| 含片 | 37±1 | 水 | 各片均不应在 10 分钟内崩解或溶化 |
| 舌下片 | 37±1 | 水 | 5 分钟内全部崩解并溶化 |
| 可溶片 | 15～25 | 水 | 3 分钟内全部崩解并溶化 |
| 泡腾片 | 15～25 | 水 | 5 分钟内崩解 |

凡规定检查溶出度、释放度、融变时限或分散均匀性的制剂，不再进行崩解时限检查。

### 五、溶 出 度

溶出度系药物从片剂等固体制剂在规定条件下溶出的速率和程度，其反映难溶性药物的溶出是其吸收的限制过程。

在片剂中除规定有崩解时限外，对以下情况还要进行溶出度测定以控制或评定其质量：①含有在消化液中难溶的药物；②与其他成分容易发生相互作用的药物；③久储后溶解度降低的药物；④剂量小、药效强、副作用大的药物。

溶出度测定有三种检测方法：转篮法、桨法、小杯法，具体方法参看《中国药典》。

### 六、含量均匀度

含量均匀度系小剂量药物在每片中的含量偏移程度。除另有规定外，每片（个）标示量小于 10mg 或主药含量小于每片（个）重量 5%者均应检查含量均匀度，具体方法参看《中国药典》。

### 七、释 放 度

释放度主要是指药物从缓释制剂、控释制剂、肠溶制剂及透皮贴剂等在规定条件下释放的速率和程度。凡检查释放度的制剂，可不再进行崩解时限的检查。释放度测定方法有三种：第一法用于缓释制剂或控释制剂；第二法用于肠溶制剂；第三法用于透皮贴剂，具体方法参看《中国药典》。

### 八、微生物限度

依据《中国药典》检查要求：化学药物的口服片剂，不得检出大肠埃希菌及活螨，每克药中含细菌数不得超过 1000 个，真菌和酵母菌数不得超过 100 个。口腔贴片、阴道片、阴道泡腾片和外用可溶片等局部用片剂，每克药中含细菌数不得超过 100 个，真菌和酵母菌数不得超过 100 个，金黄色葡萄球菌、铜绿假单胞菌不得检出。

### 九、其 他

如阴道片需要进行融变时限检查，分散片需要进行分散均匀度检查，阴道泡腾片还有发泡量等项目检查。

## 第 6 节 片剂的实例

**实例 3-1：复方阿司匹林片**

**【处方】** 阿司匹林 268g 对乙酰氨基酚 136g 咖啡因 33.4g 淀粉 266g 淀粉浆 85g 滑石粉 25g 轻质液状石蜡 2.5g 酒石酸 2.7g 制成 1000 片

**【制备】**

（1）将处方量咖啡因、对乙酰氨基酚与上述等量的淀粉混匀，加淀粉浆制软材，过 14 目或 16 目尼龙筛制湿颗粒，于 70℃干燥。

（2）干颗粒过 12 目尼龙筛整粒，然后将此颗粒与阿司匹林和酒石酸混合均匀，最后加剩余的淀粉（预先在 100～105℃干燥）及吸附轻质液状石蜡的滑石粉，共同混匀后，再过 12 目筛，经质量检查后，用 12mm 冲压片，即得。

**【分析】**

（1）本品具有解热、镇痛、抗炎等作用。常用于治疗伤风感冒、头痛发热、风湿性疾病。主药中阿司匹林和对乙酰氨基酚有解热、镇痛、抗炎效果，加入咖啡因的目的主要是对感冒患者有提神效果。

（2）本品采用最常规的湿法制粒压片法，阿司匹林的可压性极差，因而采用了较高浓度的淀粉浆（15%～17%）作为黏合剂，若有必要可采用干法制粒压片法。

（3）淀粉作为填充剂，淀粉浆作为黏合剂，轻质液状石蜡和滑石粉作为润滑剂，加入酒石酸的主要目的是调节 pH，防止阿司匹林水解，采用尼龙筛而不是金属筛是为了防止金属加速阿司匹林水解，不能采用硬脂酸镁作为润滑剂以避免金属离子加速阿司匹林水解。

**实例 3-2：复方磺胺甲噁唑片**

**【处方】** 磺胺甲噁唑 400g 甲氧苄啶 80g 淀粉 40g 10%淀粉浆 24g 干淀粉 24g 硬脂酸镁 3g 共制 1000 片

**【制备】**

（1）将处方量磺胺甲噁唑、甲氧苄啶过 80 目筛后与淀粉混合均匀，加淀粉浆制成软材。

（2）以 14 目筛制粒，置 70～80℃干燥后，12 目筛整粒。

（3）加入干淀粉及硬脂酸镁混匀后，压片。

**【分析】**

（1）本品为磺胺甲噁唑与甲氧苄啶的复方制剂，分别作用于二氢叶酸合成酶和还原酶，双重阻断细菌叶酸合成的第一、第二步，从而干扰细菌蛋白合成。

（2）淀粉作为填充剂，淀粉浆作为黏合剂，干淀粉作为崩解剂，硬脂酸镁作为润滑剂。

## 第 7 节 片剂的包装和储存

### 一、片剂的包装

片剂一般均应密封包装，要防潮、隔绝空气等以防止变质和保证卫生标准合格；某些对光敏感的药片，应采用遮光容器。常用的容器多为玻璃瓶或塑料瓶，以及软性薄膜纸塑复合膜、金属箔复合膜、无毒铝箔和无毒聚氯乙烯硬膜（PVC）等制成的药袋，必要时加入遮光材料。

### 二、片剂的储存

片剂应密封储存，防止受潮、发霉、变质。除另有规定外，一般应将包装好的片剂放在阴凉干燥处储存。对光敏感的片剂应避光保存；受潮后易分解变质的片剂，应在包装容器内放干燥剂。含挥发性药物的片剂久储易有含量的变化；糖衣片久储易有外观的变化。

## 自 测 题

**一、最佳选择题**

1. 可以避免首过效应的片剂是（ ）

A. 控释片 B. 分散片

C. 舌下片 D. 肠溶片

E. 咀嚼片

2. 下列关于片剂叙述错误的是（　　）

A. 片剂是药物与辅料均匀混合后压制而成的片状或异形状固体制剂

B. 片剂剂量准确，质量稳定

C. 片剂易于携带和服用

D. 泡腾片起泡剂是由碳酸盐和无机强酸组成

E. 片剂不适合不能吞服的老人和幼儿服用

3. 下列本身无黏性，但可润湿片剂的原辅料并诱发其黏性而制成颗粒的液体是（　　）

A. 填充剂　　B. 润湿剂

C. 黏合剂　　D. 崩解剂

E. 润滑剂

4. 主要作用是填充片剂的重量或体积，从而便于压片的片剂辅料是（　　）

A. 填充剂　　B. 润湿剂

C. 黏合剂　　D. 崩解剂

E. 润滑剂

5. 某些药物粉末本身不具有黏性或黏性较小，需要加入辅料来增加药物黏性的片剂辅料是（　　）

A. 填充剂　　B. 润湿剂

C. 黏合剂　　D. 崩解剂

E. 润滑剂

6. 片剂重量低于（　　）需要加入填充剂

A. 1mg　　B. 10mg

C. 100mg　　D. 1g

E. 10g

7. 下列有关润滑剂说法错误的是（　　）

A. 增加颗粒流动性

B. 阻止颗粒黏附于冲头上

C. 促进片剂在胃内润湿

D. 减小冲头磨损

E. 使片剂易顶出

8. 粉末直接压片时，既可作稀释剂，又可作黏合剂，还兼有崩解作用的辅料是（　　）

A. 淀粉　　B. 糖粉

C. 氢氧化铝　　D. 糊精

E. MCC

9. 用于口含片或可溶性片剂的填充剂是（　　）

A. 淀粉　　B. 糖粉

C. 可压性淀粉　　D. 硫酸钙

E. 乙醇

10. 淀粉可压性较差，一般需要加入哪种物料进行压片（　　）

A. 水　　B. 乙醇

C. PEG　　D. 丙二醇

E. 甘油

11. 下列属于黏合剂的是（　　）

A. CMS-Na　　B. L-HPC

C. CMC-Na　　D. PVPP

E. PEG

12. 含水量为多少的淀粉可作为黏合剂（　　）

A. 5%～8%　　B. 8%以下

C. 8%～15%　　D. 18%～20%

E. 20%～30%

13. 下列不属于黏合剂的是（　　）

A. 淀粉浆　　B. 甲基纤维素

C. 干淀粉　　D. 羧甲基纤维素

E. 羟丙甲基纤维素

14. 下列属于黏合剂的是（　　）

A. 甘露醇

B. HPC

C. 低取代羟丙甲基纤维素

D. 交联聚维酮

E. CMS-Na

15. 下列属于崩解剂的是（　　）

A. CMC-Na　　B. MC

C. EC　　D. HPC

E. CCNa

16. 下列属于崩解剂的（　　）

A. 甲基纤维素　　B. 羟丙基纤维素

C. 羟丙甲基纤维素　　D. 交联羧甲基纤维素

E. PVP

17. 下列不是崩解剂的是（　　）

A. 干淀粉　　B. 羧甲基淀粉钠

C. 硬脂酸镁　　D. L-HPC

E. 交联聚维酮

18. 下列为亲水性润滑剂的是（　　）

A. 油酸钠　　B. 己二酸

C. PEG 4000　　D. 硬脂酸镁

E. 滑石粉

19. 下列属于疏水性润滑剂的有（　　）

A. 油酸钠　　B. 己二酸

C. PEG 4000　　D. 硬脂酸镁

E. 氯化钠

20. 下列属于助流剂的是（　　）

A. 甘露醇　　B. 微粉硅胶

C. 硬脂酸镁　　D. PEG 4000

E. PEG 6000

21. 下列属于助流剂的是（　　）

A. 乙醇　　B. 滑石粉

C. 硬脂酸镁　　D. PEG 4000

E. PEG 6000

22. 湿法制粒压片法流程为（　　）

A. 药物粉碎—过筛—混合—制湿颗粒—制软材—干燥—整粒—混合—压片

B. 药物粉碎—过筛—混合—制软材—制湿颗粒—干燥—整粒—混合—压片

C. 药物粉碎—过筛—混合—制软材—制湿颗粒—整粒—干燥—混合—压片

D. 药物粉碎—过筛—混合—制湿颗粒—制软材—整粒—干燥—混合—压片

E. 药物粉碎—过筛—混合—制软材—制湿颗粒—整粒—混合—干燥—压片

23. 下列不属于包衣目的的是（　　）

A. 改善片剂的外观

B. 可达到缓控释效果

C. 掩盖药物不良气味

D. 满足卫生需求

E. 避免配伍禁忌

24. 下列关于包糖衣过程说法错误的是（　　）

A. 其生产工艺为隔离层—糖衣层—粉衣层—有色糖衣层—打光

B. 包隔离层材料可用玉米朊

C. 粉衣层材料为明胶、阿拉伯胶、蔗糖

D. 打光可以采用川蜡

E. 可用蔗糖作为糖衣层

25. 有关薄膜衣制备说法错误的是（　　）

A. 薄膜衣分为胃溶型薄膜衣、肠溶型薄膜衣和不溶型薄膜衣

B. 薄膜衣制备流程为片芯—喷包衣液—干燥—固化—干燥—成片

C. 通常可以加入二氧化钛作为抗氧化剂

D. 胃溶型薄膜衣采用的是在胃液中能溶解的材料

E. 往往采用滚转包衣法或流化包衣法

26. 下列不属于胃溶型薄膜衣材料的是（　　）

A. HPMC　　B. PVP

C. HPC　　D. CAP

E. 丙烯酸树脂Ⅵ号

27. 下列属于水不溶型薄膜衣材料的是（　　）

A. EC　　B. HPMC

C. PVP　　D. HPC

E. CAP

28. 关于片剂生产中制粒的目的说法错误的是（　　）

A. 减少微粉的飞扬

B. 避免片剂含量不均匀

C. 改善原辅料的可压性

D. 减小片剂和模孔间摩擦力

E. 避免复方制剂中各成分间的配伍变化

29. 下列不是片剂质量检查项目的是（　　）

A. 重量差异　　B. 脆碎度

C. 溶出度　　D. 融变时限

E. 卫生检查

30. 下列有关崩解时限说法正确的是（　　）

A. 普通片崩解时限为 30 分钟

B. 含片应在 5 分钟内崩解

C. 泡腾片应在 5 分钟内崩解

D. 薄膜衣片在人工胃液中 1 小时崩解

E. 肠溶衣片应在人工胃液中 1 小时内崩解

31. 下列造成黏冲的原因不正确的是（　　）

A. 颗粒含水量多　　B. 压力不够

C. 冲模表面粗糙　　D. 润滑剂使用不当

E. 环境湿度过大

32. 反映难溶性固体药物吸收的体外指标的主要是（　　）

A. 溶出度　　B. 崩解时限

C. 片重差异　　D. 含量均匀度

E. 脆碎度

33. 口服剂型在胃肠道中吸收快慢的顺序一般认为是（　　）

A. 散剂＞颗粒剂＞胶囊剂＞片剂＞丸剂

B. 丸剂＞散剂＞颗粒剂＞胶囊剂＞片剂

C. 散剂＞颗粒剂＞片剂＞胶囊剂＞丸剂

D. 胶囊剂＞散剂＞颗粒剂＞片剂＞丸剂

E. 丸剂＞颗粒剂＞散剂＞胶囊剂＞片剂

34. 对湿热不稳定且可压性差的药物，宜采用（　　）

A. 结晶压片法　　B. 干法制粒压片法

C. 粉末直接压片法　　D. 湿法制粒压片法

E. 空白颗粒压片法

35. 普通片剂的崩解时限为（　　）

A. 5 分钟　　B. 15 分钟

C. 20 分钟　　D. 30 分钟

E. 60 分钟

二、配伍选择题

【36～40 题共用选项】

A. 填充片剂的重量和体积

B. 本身没有黏性，诱发产生黏性

C. 增加药物的黏性，使得物料结成粒

D. 促进片剂在胃部崩解的小粒子

E. 产生助流、抗黏、润滑作用

36. 黏合剂（ ）

37. 润滑剂（ ）

38. 填充剂（ ）

39. 润湿剂（ ）

40. 崩解剂（ ）

【41～44 题共用选项】

A. PVP　　B. L-HPC

C. 乳糖　　D. 乙醇

E. PEG 6000

41. 润滑剂（ ）

42. 填充剂（ ）

43. 润湿剂（ ）

44. 崩解剂（ ）

【45～49 题共用选项】

A. 裂片　　B. 黏冲

C. 片重差异超限　　D. 含量均匀度不符合要求

E. 崩解超限

45. 压力过大（ ）

46. 颗粒含水量大（ ）

47. 压力分布不均（ ）

48. 混合不均（ ）

49. 颗粒模孔填充不匀（ ）

【50～53 题共用选项】

A. 30 分钟　　B. 20 分钟

C. 15 分钟　　D. 60 分钟

E. 5 分钟

50. 普通片剂的崩解时限（ ）

51. 泡腾片崩解时限（ ）

52. 薄膜衣片崩解时限（ ）

53. 硬胶囊剂崩解时限（ ）

【54、55 题共用选项】

A. 片重差异　　B. 硬度

C. 脆碎度　　D. 崩解时限

54. 片剂质量检查中，做了含量均匀度检查不用再做（ ）

55. 片剂质量检查中，做了溶出度检查就不必再做（ ）

三、多项选择题

56. 下列符合片剂特点的是（ ）

A. 生物利用度高

B. 剂量精确，含量差异大

C. 适合儿童和昏迷患者服用

D. 机械生产产量大，成本低

E. 质量稳定性较大

57. 下列属于填充剂的是（ ）

A. 糖粉　　B. 交联聚维酮

C. 微晶纤维素　　D. 淀粉

E. 羟丙基纤维素

58. 下列属于润湿剂的是（ ）

A. 淀粉浆　　B. 水

C. 乙醇　　D. 交联聚维酮

E. PEG

59. 主要可用于片剂的黏合剂的是（ ）

A. 甲基纤维素　　B. 羧甲基纤维素钠

C. 干淀粉　　D. 乙基纤维素

E. 交联聚维酮

60. 主要用于崩解剂的是（ ）

A. 干淀粉　　B. CMS-Na

C. L-HPC　　D. CMC-Na

E. HPC

61. 下列为制粒目的的是（ ）

A. 改善物料的流动性

B. 防止物料分离现象

C. 防止粉末飞扬

D. 改善药剂溶出和崩解度

E. 改善药物均匀性

62 下列哪些是《中国药典》要求做的质量检查（ ）

A. 重量差异　　B. 崩解时限

C. 溶化性　　D. 溶出度

E. 含量均匀度

63. 片剂溶出度检查方法有（ ）

A. 转篮法　　B. 桨法

C. 熔化法　　D. 小杯法

E. 溶出法

64. 下列属于片剂崩解迟缓的原因的是（ ）

A. 崩解剂用量不足　　B. 压力过小

C. 润滑剂用量过大　　D. 黏合剂用量大

E. 压力过大

65. 水不溶型片剂薄膜衣材料是（　　）

A. EC　　B. 乙酸纤维素

C. HPMCP　　D. HPC

E. 苯乙烯马来酸共聚物

## 四、填空题

1. 润滑剂的作用是________、________和________。
2. 粉末直接压片时，既可作稀释剂，又可作黏合剂，还兼有崩解作用的辅料是________，英文缩写为________。
3. 羧甲基纤维素英文缩写________，甲基纤维素英文缩写________，聚维酮英文缩写________，聚乙二醇英文缩写________，羧甲基淀粉钠英文缩写________，低取代羟丙基纤维素英文缩写________。
4. 片剂崩解剂加入方法影响崩解速度排序：________ >________ >________，溶出度排序：________ >________ >________。
5. 片剂制备方法包括________、________、________和________，干法制粒压片法分为________和________。

## 五、名词解释

1. 湿法制粒压片法
2. 润湿剂
3. 润滑剂
4. 黏合剂

## 六、简答题

1. 简述片剂制粒的目的。
2. 简述片剂包衣的目的。
3. 简述片剂湿法制粒压片法工艺流程。
4. 处方分析：阿司匹林 268mg，对乙酰氨基酚 136g，咖啡因 33.4g，淀粉 33.4g，淀粉浆 85g，滑石粉 25g，液状石蜡 2.5g，酒石酸 2.7g。

制备过程：将咖啡因和对乙酰氨基酚，加淀粉浆制软材，过 14～16 目筛，70℃干燥；整粒后，加入阿司匹林和酒石酸混匀，最后加入淀粉和液状石蜡及滑石粉，过筛后压片。

（1）试分析该药辅料组成有哪些？（淀粉、淀粉浆、液状石蜡作用）

（2）加入 1%酒石酸的目的是什么？为何不采用硬脂酸镁作为润滑剂？过筛筛网材质要求是什么？

（刘　峰）

# 第4章　表面活性剂

**学习目标**

1. 了解表面活性剂现象，掌握表面活性剂定义、分类和常见表面活性剂，熟悉表面活性剂基本特性。

2. 掌握表面活性剂作用。

**案例 4-1**

王明看到妹妹用肥皂水吹泡泡后，他不理解为什么肥皂水除了用来洗衣服外，还可以吹出美丽的泡泡，于是王明询问了李老师。李老师告诉王明液体表面都存在两相间的表面张力，肥皂主要成分为硬脂酸钠，可以降低表面张力，形成两相之间的表面层，这个时候就会出现球形的泡泡。

**问题：** 1. 你还能列举出生活中的其他表面活性剂吗？

2. 除了吹泡泡，你还能说出其他的表面现象吗？

3. 肥皂水除了可以洗衣服、吹泡泡，还可以用来做什么？其他表面活性剂还有什么作用呢？

## 第1节　表面现象与表面活性剂

### 一、表 面 现 象

界面是指物质的相与相之间的接触面。物质存在固、液、气三相，所以能形成固–液、固–气、液–液、液–气等界面。表面张力系两相表面层内存在着相互吸引力，表面分子具有向内运动的趋势，并使表面自动收缩至最小面积的力，它是表面现象形成的原因。

表面（界面）现象是指两相之间表面分子和内部分子性质的差异所导致的物理现象，在表面张力作用下表面分子内趋，这就是无外力情况下，液体趋于球形的原因。例如，日常生活中水龙头流出的水珠、叶片上的露珠、毛细管中溶液的凸液面或凹液面、肥皂泡（图 4-1，图 4-2）。

**课堂互动**

你知道露珠和泡泡为什么是球形或类球形吗？

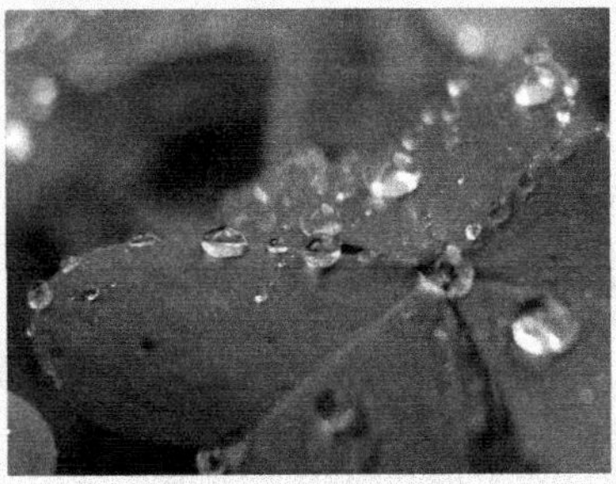

图 4-1　露珠

图 4-2　肥皂泡

## 二、表面活性剂

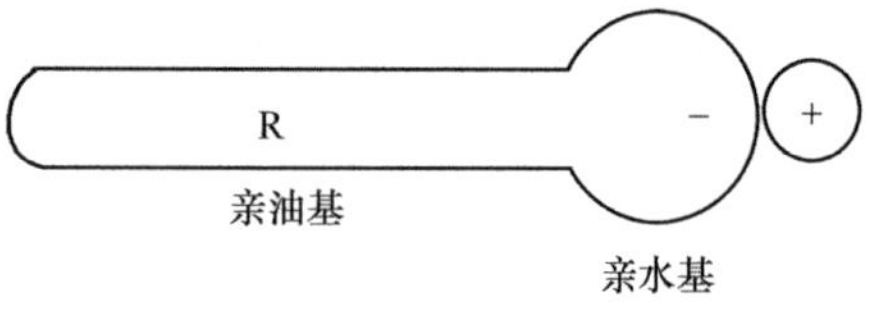


图 4-3　表面活性剂结构

表面活性剂是能使液体表面张力显著下降的物质，结构具有固定的亲水亲油基团（图 4-3）：一端为亲水基团，另一端为疏水基团。亲水基团常为极性基团，如羧酸、磺酸、硫酸及其可溶性盐，羟基、酰胺基、醚键等也可作为极性亲水基团；而疏水基团常为非极性烃链，如 8 个碳原子以上的烃链。

## 三、表面活性剂分类

表面活性剂的分子结构具有两亲性，其非极性部分结构的变化主要是长链结构的不同，这些对表面活性剂性质的影响不大。根据表面活性剂所带的电荷不同，又可分为阴离子型表面活性剂、阳离子型表面活性剂、两性离子型表面活性剂和非离子型表面活性剂。

### （一）阴离子型表面活性剂

阴离子型表面活性剂发挥表面活性作用的是阴离子部分。

1. 高级脂肪酸盐　系肥皂类，通式为（$RCOO^-$）$_nM^{n+}$。脂肪酸烃链 R 一般为 $C_{11}$～$C_{17}$，结构中 M 代表碱金属或有机胺。且根据 M 的化合价不同，分为一价皂（如钾皂、钠皂）、多价皂（如钙皂、镁皂、铝皂、铅皂）和有机胺皂，一价皂为 O/W 型乳化剂，多价皂为 W/O 型乳化剂。此类表面活性剂由于刺激性大，一般不能外用，可作为去污剂、乳化剂等。常用的有硬脂酸钠（图 4-4）、油酸钙等。

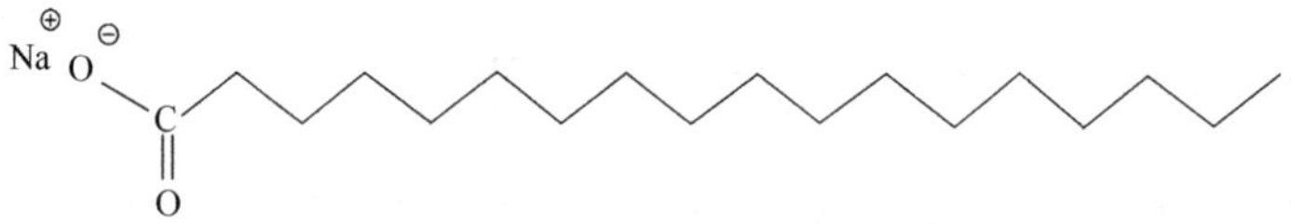


图 4-4　硬脂酸钠化学结构

2. 硫酸化物　主要有硫酸化油和高级脂肪醇硫酸酯类，通式为 $ROSO^-_3M^+$，其中脂肪烃链 R 为 $C_{12}$～$C_{18}$。在低浓度时对黏膜有一定刺激作用，所以应用受到一定限制，主要用作外用软膏的乳化剂，为 O/W 型乳化剂，有时也用于固体制剂的润湿剂或增溶剂，不宜用于注射剂。高级脂肪醇硫酸酯类中常用的有十二烷基硫酸钠（SDS，又称月桂醇硫酸钠）（图 4-5）、十六烷基硫酸钠（又称鲸蜡醇硫酸钠）、十八烷基硫酸钠（又称硬脂醇硫酸钠）等。

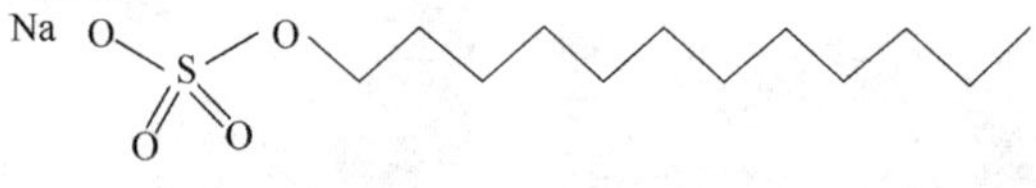


图 4-5　十二烷基硫酸钠化学结构

3. 磺酸化物　是脂肪酸或脂肪醇经磺酸化后，用碱中和所得的化合物，通式为 $RSO^-_3M^+$。磺酸化物在酸性介质中不水解，对热较稳定，去污力强，是优良的洗涤剂。常用的有二辛基琥珀酸磺酸钠（商品名为阿洛索-OT）、十二烷基苯磺酸钠（图 4-6）等。

### （二）阳离子型表面活性剂

该类表面活性剂发挥表面活性作用的是阳离子部分，因此又称阳性皂。其分子结构的主要部分是一个带正电荷的氮原子，也称季铵化物。其特点是水溶性大，有良好的表面活性，在酸性和碱性溶液中均较稳定，杀菌力强，但毒性大，所以广泛用作消毒杀菌剂。常用品种有苯扎氯铵（洁尔灭）和苯扎溴铵（新洁尔灭）（图4-7）等。

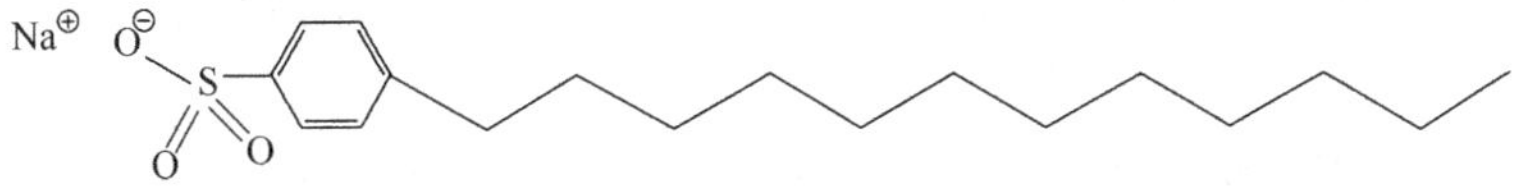


图4-6 十二烷基苯磺酸钠化学结构

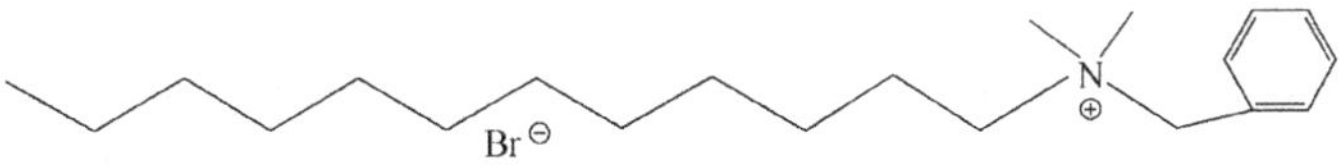


图4-7 苯扎溴铵

## （三）两性离子型表面活性剂

分子结构中同时具有正、负电荷基团，在不同pH溶液介质中表现出不同性质，在碱性水溶液中呈阴离子型表面活性剂的性质，具有很好的起泡、去污作用；在酸性溶液中则呈阳离子型表面活性剂的性质，具有很强的杀菌能力。常用的有磷脂类如卵磷脂和大豆磷脂，以及氨基酸型和甜菜碱型。

卵磷脂是天然的两性离子型表面活性剂，主要来源于大豆和蛋黄，外观为半透明黄褐色油脂状物质，对油脂的乳化作用很强，可制成稳定的乳剂，是制备注射用乳剂及脂质微粒制剂的主要辅料（图4-8），既可内用也可外用。

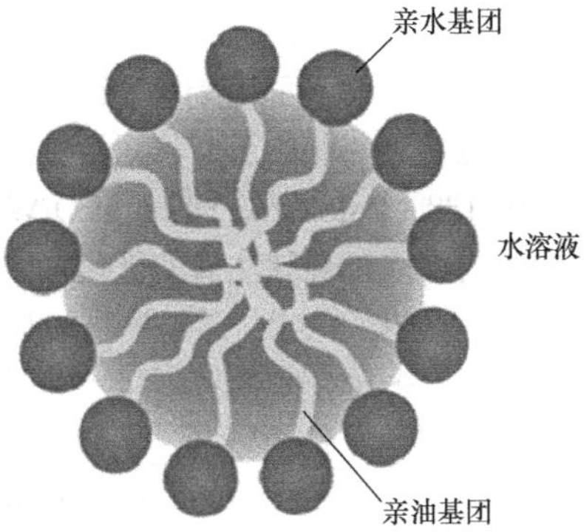


图4-8 卵磷脂作为两性离型表面活性剂结构图

氨基酸型和甜菜碱型两性离子型表面活性剂为合成化合物，其阴离子部分主要是羧酸盐，其阳离子部分为胺盐的即为氨基酸型，为季铵盐的则是甜菜碱型。常用的Tego MHG（十二烷基双氨乙基甘氨酸盐）为氨基酸型两性离子型表面活性剂，有很强的杀菌作用，其1%溶液的喷雾消毒能力比相同浓度的苯扎溴铵强，且毒性小。

## （四）非离子型表面活性剂

非离子型表面活性剂在水中不解离，多为酯类或醚类化合物。亲水基团一般为甘油、乙（烯）二醇和山梨醇等多元醇，亲油基团为长链脂肪酸或长链脂肪醇等。因其毒性及溶血作用较小，化学性质稳定，不易受溶液pH的影响，能与大多数药物配伍，故目前应用较广。不仅可供外用，亦可供内服，有的尚可作注射液中的表面活性剂使用。常用的主要品种有：

1. 脂肪酸甘油酯　主要有脂肪酸单甘油酯和脂肪酸二甘油酯，如单硬脂酸甘油酯等。其表面活性较弱，HLB值为3～4，主要用作W/O型辅助乳化剂。

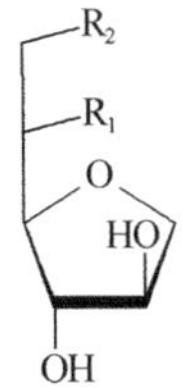


图4-9 脂肪酸山梨坦结构通式

2. 脂肪酸山梨坦　系脱水山梨醇脂肪酸酯，商品名为司盘。常用脂肪酸山梨坦有司盘20（月桂山梨坦或山梨坦月桂酸酯）、司盘40（棕榈酸山梨坦或山梨坦棕榈酸酯）、司盘60（硬脂酸山梨坦或山梨坦硬脂酸酯）、司盘65（三硬脂酸山梨坦或山梨坦三硬脂酸酯）、司盘80（油酸山梨坦或山梨坦油酸酯）和司盘85（三油酸山梨坦或山梨坦三油酸酯）等，通式见图4-9。本类表面活性剂的HLB值为1.8～8.6，亲油性较强，常用作W/O型乳剂的乳化剂，或O/W型乳剂的辅助乳化剂；多用于外用软膏中，亦可作注射用乳剂的辅助乳化剂。

3. 聚山梨酯　系聚氧乙烯失水山梨醇脂肪酸酯，商品名为吐温，是由脱水山梨醇脂肪酸酯和聚氧乙烯反应生成的亲水性化合物。常用的有吐温 20、吐温 40、吐温 60、吐温 65、吐温 80 和吐温 85 等，与司盘的命名相对应。本类表面活性剂的分子中增加了亲水性的聚氧乙烯基，因此极大增强了亲水性，成为水溶性的表面活性剂，目前常用于增溶和作为 O/W 型乳剂的乳化剂，也可用作注射剂中的增溶剂。

4. 聚氧乙烯脂肪酸酯　系由聚乙二醇和长链脂肪酸缩合而成的酯，通式为 $RCOOCH_2(CH_2OCH_2)_nCH_2OH$，商品名为卖泽，常用的品种有卖泽 45、卖泽 49、卖泽 51 等，通常作增溶剂和 O/W 型乳化剂。

5. 聚氧乙烯脂肪酸醇醚　系聚乙二醇和脂肪醇缩合生成的醚类，通式为 $RO(CH_2OCH_2)_nH$，商品有苄泽、西土马哥、平平加 O 等。本类常用作 O/W 型乳化剂，也可用作增溶剂。

6. 聚氧乙烯-聚氧丙烯共聚物　又称泊洛沙姆，商品名为普朗尼克。通式为 $HO(C_2H_4O)_a(C_3H_6O)_b(C_2H_4O)_aH$，$a$ 表示聚氧乙烯的聚合数，$b$ 表示聚氧丙烯的聚合数。聚氧乙烯基为亲水基，聚氧丙烯基为亲油基，故而随着聚氧乙烯的比例增加，亲水性增强；相反随着聚氧丙烯的比例增加，亲油性增强。根据共聚比例的不同，有不同分子量的产品。本类表面活性剂随分子量增大，可由液体逐渐变为固体。本品对皮肤无刺激性和过敏性，对黏膜的刺激性极小，毒性也比其他非离子型表面活性剂小，可用作静脉注射用乳剂的 O/W 型乳化剂。常用的泊洛沙姆 188（Poloxamer188）为 O/W 型乳化剂，188 表示其分子量，Poloxamer188 是目前极少数合成的可用于静脉注射的乳化剂之一。

7. 乳化剂 OP　系壬烷基酚与聚氧乙烯基的醚类产品，为黄棕色膏状物，易溶于水，乳化力很强，多用作 O/W 型乳膏基质的乳化剂。

# 第 2 节　表面活性剂的性质

## 一、胶　　束

表面活性剂在水中低浓度时以单分子分散或被吸附在溶液的表面，当其浓度增加到溶液表面吸附达饱和时，表面活性剂分子自身依赖范德瓦耳斯力相互聚集，形成亲水基向外、疏水基向内的多分子聚合体，这种聚合体称为胶束（胶团），而表面活性剂分子在溶剂中缔合形成胶束的最低浓度即为临界胶束浓度（critical micelle concentration，CMC）。

每一种表面活性剂都有自己特定的临界胶束浓度，并受溶液温度、pH、电解质的影响。当表面活性剂的溶液浓度达到临界胶束浓度时，溶液的多种物理性质发生急剧变化，如表面张力降低、增溶作用增强、起泡性能及去污力增大，而溶液的渗透压、导电性、黏度等也都发生突变。在一定浓度范围的表面活性剂水溶液中，胶束（图 4-10）可呈球状、棒状、束状，以及板状、层状等结构。

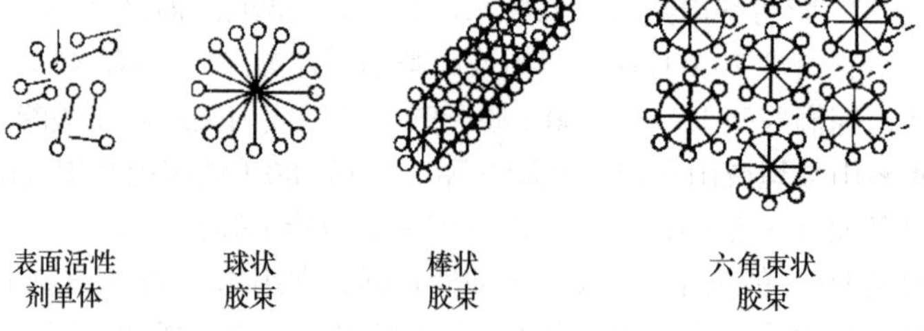


图 4-10　不同形状胶束结构图

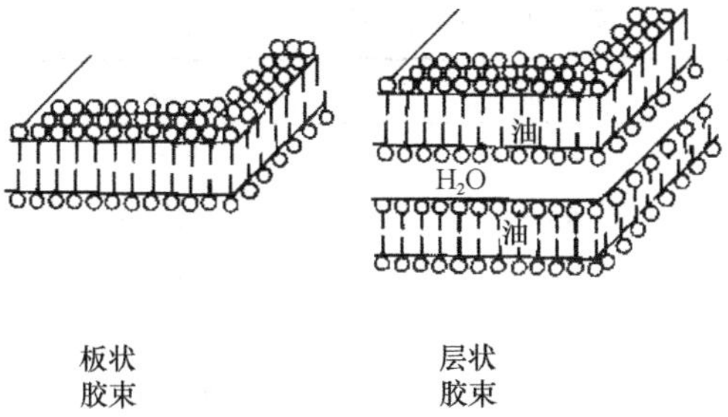


图 4-10 不同形状胶束结构图（续）

## 二、亲水亲油平衡值

1. 亲水亲油平衡值的概念 表面活性剂亲水亲油性的强弱是以亲水亲油平衡值（hydrophile- lipophile balance value）来表示的，简称为 HLB 值。

表面活性剂分子是由亲水基团和亲油基团所组成的，能在水-油界面上定向排列。如果分子过分亲水或过分亲油，就会完全溶解在水相或油相中，很少存在于界面上，就难以降低界面张力。因此，表面活性剂分子的亲水和亲油基团的适当平衡就尤为重要。

HLB 值即体现表面活性剂分子中亲水和亲油基团对水或油的综合亲和力。表面活性剂的 HLB 越大，其亲水性越强；HLB 值越小，其亲油性越强，如司盘类是亲油性表面活性剂，其 HLB 值在 1.8～8.6；吐温类是亲水性表面活性剂，其 HLB 值在 9.6～16.7。

一般而言，HLB 值和表面活性剂作用有密切关系，表面活性剂 HLB 值在 3～8 可作为 W/O 型乳化剂；HLB 值在 8～18 可作为 O/W 型乳化剂；HLB 值在 7～9 可作为润湿剂或铺展剂；HLB 值在 1～3 可作为消泡剂；HLB 值在 13～16 可作为去污剂。

**链接** 亲水亲油平衡值概念的发展

1949 年格里芬提出了 HLB 值的概念。当时，他把非离子型表面活性剂中亲水性最大的聚氧乙烯二醇基的 HLB 值定为 20，将疏水性最大的饱和烷烃基的 HLB 值定为 0，如石蜡。但随着新型表面活性剂的不断问世，亲水性更强的表面活性剂被发现，如月桂醇硫酸钠的 HLB 值达到了 40。

2. HLB 值的计算 当非离子型表面活性剂混合时，如何计算出混合物的 HLB 值是关键，两组分混合的 HLB 值具有可加性，计算如下：

$$HLB_{AB}=\frac{HLB_A \times W_A + HLB_B \times W_B}{W_A + W_B}$$

上述公式中，$HLB_A$ 和 $HLB_B$ 分别代表 A 和 B 两种活性剂各自的 HLB 值，$W_A$ 和 $W_B$ 分别代表组分中重量比例。

例 4-1 将司盘 80（HLB 值 4.3）60g 和吐温 80（HLB 值 15.0）40g 混合时，求混合物的 HLB 值。

$$HLB_{AB}=\frac{4.3\times 60+15.0\times 40}{60+40}=8.58$$

例 4-2 将司盘 20（HLB 值 16.7）和司盘 80（HLB 值 4.3）混合成各自占比为 60%和 40%的混合物，求混合物的 HLB 值。

$$HLB_{AB}=\frac{16.7\times 60\%+4.3\times 40\%}{60\%+40\%}=11.74$$

一些常见表面活性剂的 HLB 值见表 4-1。

表 4-1 常见表面活性剂 HLB 值

| 品名 | HLB 值 | 品名 | HLB 值 |
|---|---|---|---|
| 司盘 20 | 8.6 | 吐温 20 | 16.7 |
| 司盘 40 | 6.7 | 吐温 40 | 15.6 |
| 司盘 60 | 4.7 | 吐温 60 | 14.9 |
| 司盘 65 | 2.1 | 吐温 65 | 10.5 |
| 司盘 80 | 4.3 | 吐温 80 | 15.0 |
| 司盘 85 | 1.8 | 吐温 85 | 11.0 |
| 明胶 | 9.8 | 阿拉伯胶 | 8.0 |
| 西黄蓍胶 | 13.0 | 油酸三乙醇胺皂 | 12.0 |
| 泊洛沙姆 188 | 16.0 | 乳化剂 OP | 15.0 |
| 卖泽 45 | 11.1 | 卖泽 51 | 16.0 |
| 苄泽 30 | 9.5 | 苄泽 35 | 16.9 |
| 十二烷基硫酸钠 | 40.0 | 平平加 O | 15.9 |

## 三、Krafft 点和昙点

表面活性剂的溶解度与温度有关。当温度升高至某一值时，离子型表面活性剂在水中的溶解度急剧升高，该温度称为 Krafft 点。Krafft 点是离子型表面活性剂的特征值，Krafft 点越高，则 CMC 越小。Krafft 点亦是离子型表面活性剂应用温度的下限，即只有高于 Krafft 点，表面活性剂才能更大程度地发挥作用。

某些含聚氧乙烯基的非离子型表面活性剂的溶解度，开始时随温度升高而增大，当上升到某一值后，其溶解度急剧下降，使制得的澄明溶液变为混浊，甚至分层，可是冷却后又恢复为澄明。这种因温度升高而使含表面活性剂的溶液由澄明变为混浊的现象称为起昙，又称起浊。出现起昙时的温度称为昙点（cloud point）或浊点。起昙的原因，主要是由于这些表面活性剂的亲水基团聚氧乙烯链在水中与水形成氢键而呈溶解状态。这种氢键很不稳定，当温度升高到某一点时，氢键断裂使表面活性剂溶解度突然下降，出现混浊或沉淀。在温度降到昙点以下时氢键重新形成，溶液又变澄明。表面活性剂不同，其昙点也不同。聚氧乙烯基聚合度较低的表面活性剂与水的亲和力小，所形成的氢键也不稳定，故其昙点较低；反之，则昙点较高，通常昙点在 30～100℃。吐温类表面活性剂容易发生起昙。

## 四、表面活性剂的毒性

表面活性剂的毒性一般以阳离子型表面活性剂最大，其次是阴离子型表面活性剂，非离子型表面活性剂的毒性最小。故阳离子型表面活性剂常用作消毒杀菌剂，阴离子型表面活性剂常用于外用制剂，而非离子型表面活性剂可用于口服制剂，少数品种如泊洛沙姆类可用于静脉注射制剂。

阴离子及阳离子型表面活性剂不仅毒性较大，而且还有较强的溶血作用。非离子型表面活性剂的溶血作用较轻微，吐温类的溶血作用通常比含聚氧乙烯基的其他表面活性剂小，其溶血作用的顺序为吐温 20＞吐温 60＞吐温 40＞吐温 80。因此，吐温类表面活性剂仅用于某些肌内注射液中。

长期应用含表面活性剂的外用制剂，可能出现皮肤或黏膜损害。阳离子型表面活性剂对皮肤的刺激最大，1%的浓度即可对皮肤产生损伤。阴离子型表面活性剂对皮肤的刺激明显小于阳离子型，而非离子型的刺激性与其浓度及品种有关。在同类品种中，浓度越大，刺激性越强。而在相同浓度时，聚氧乙烯基的聚合度越大，亲水性越强，其刺激性越小。

# 第3节 表面活性剂的应用

## 一、增　溶

增溶系物质由于表面活性剂胶束的作用，而增大溶解度的过程。具有增溶能力的表面活性剂称为增溶剂。用于增溶的表面活性剂最适宜的HLB值为15～18，常用的增溶剂多为亲水表面活性剂，如吐温类和卖泽类。

增溶的机制为当表面活性剂浓度达到临界胶束（胶团）浓度时，表面活性剂分子逐渐转向溶液中，其亲水基向外延伸，与水分子缔合，形成栅状或球状等胶束结构，而亲油基团向内形成胶团，包裹或吸附于胶团之中，从而增加难溶药物的溶解度。

表面活性剂增溶效应的影响因素包括增溶剂性质、药物自身的性质、增溶剂HLB值、增溶剂加入顺序及增溶剂的用量等。

## 二、乳　化

两种互不混溶的液体，一种液体分散于另一种液体中形成体系的过程称乳化，形成的体系称为乳状液或乳剂。乳化剂是乳剂的重要组成部分，在乳剂形成、稳定和影响药效发挥等方面起重要作用。表面活性剂作为乳化剂，一般来说，HLB值在8～16的表面活性剂可用作O/W型乳化剂，HLB值在3～8的表面活性剂适用于W/O乳化剂。

静脉注射用乳剂对乳化剂的要求高，不仅要求纯度高，毒性低，无溶血、刺激等副作用，且要求化学稳定性好，储存期间不应分解，能耐受高温灭菌，不起浊。符合注射剂要求的表面活性剂并不多，目前常用的是泊洛沙姆和卵磷脂，吐温可作为肌内注射剂的增溶剂。

外用和口服乳剂需要注意乳化剂与黏膜的相容性，应无毒、无刺激，通常使用阴离子型表面活性剂或非离子型表面活性剂。

## 三、起泡和消泡

泡沫是一层很薄的液膜包围着气体，是气体分散在液体中的分散系。一些含有表面活性剂的溶液在搅拌时，产生稳定的泡沫，这些物质称为起泡剂。起泡剂通常有较强的亲水性、较高的HLB值。在产生稳定泡沫的情况下，加入一些HLB值为1～3的亲油性较强的表面活性剂，则可与泡沫液层争夺液膜表面而吸附在泡沫表面上，代替原来的起泡剂，而其本身并不能形成稳定的液膜，这种用来消除泡沫的表面活性剂称为消泡剂。

表面活性剂作为起泡剂主要应用于腔道及皮肤用药，可使产生的气泡持久充满腔道，增加治疗效果。表面活性剂消泡剂常用于微生物发酵生产和中药提取液的浓缩消泡，比用机械破泡的办法效率高。

## 四、去　污　剂

去污剂也称洗涤剂，是用于除去污垢的表面活性剂，HLB值一般为13～16。常用的去污剂有油酸钠和其他脂肪酸的钠皂、钾皂、十二烷基硫酸钠等阴离子型表面活性剂。日常生活中的肥皂主要采用的是硬脂酸钠，洗洁精主要采用的是硫酸化和磺酸化阴离子型表面活性剂。

## 五、消毒和杀菌

大多数阳离子型表面活性剂和两性离子型表面活性剂都可用作消毒剂，少数阴离子型表面活性剂也有类似作用。常见消毒杀菌剂，例如阳离子型表面活性剂苯扎溴铵为一种常用广谱杀菌剂，可用于器械消毒和环境消毒等。

## 六、润　　湿

润湿是指液体在固体表面上的黏附现象。促进液体在固体表面铺展或渗透的表面活性剂称为润湿剂。表面活性剂可降低疏水性固体药物和液体之间的界面张力，排出固体表面上所吸附的气体，使固体被液体润湿。判断润湿的指标主要是通过润湿角 $\theta$，$\theta$ 小于 90°表示润湿，$\theta$ 大于 90°表示不润湿，见图 4-11。例如，制备硫洗剂时，单质硫是疏水物质，经振摇后放置，一部分硫沉于底部，一部分上升并絮凝在液面上，不能均匀分散。主要是由于水与硫之间存在着很大的界面张力，硫不能被水润湿，除甘油外，加入少量的钾皂或聚山梨酯 80 等表面活性剂可降低界面张力而制得均匀分散的硫黄混悬液。在制备片剂时，如果黏合剂不能很好地润湿药物，则不能制成适宜的软材，也就不能制备出合格的片剂；或者所制成的片剂不能被胃肠道消化液润湿，片剂不能崩解，药效也不能发挥，因此，也需要加入一些具有表面活性的润湿剂，其 HLB 值一般在 7～9，并应有合适的溶解度。

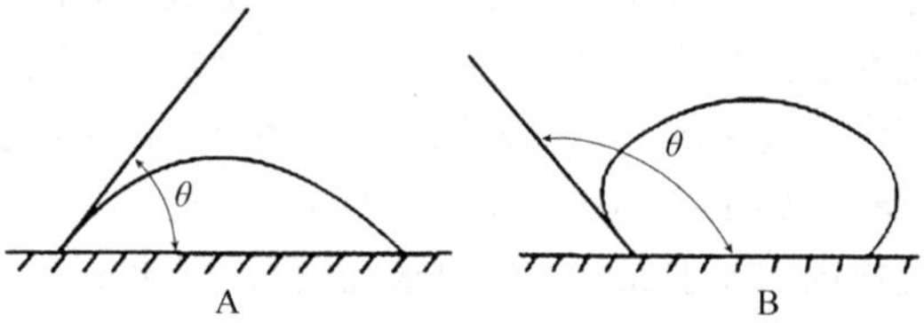


图 4-11　润湿角

A. 润湿；B. 不润湿

表面活性剂的作用有增溶、乳化、润湿、去污、杀菌、消泡和起泡、助悬及改善部分药物生理活性等。

## 自 测 题

一、最佳选择题

1. 表面活性剂是能够（　　）的物质。
   A. 显著降低液体表面张力
   B. 显著提高液体表面张力
   C. 显著降低固体表面张力
   D. 降低液体表面张力
   E. 降低亲水性
2. 下列不属于阴离子型表面活性剂的是（　　）
   A. 硬脂酸钠　B. 十二烷基硫酸钠
   C. 十二烷基磺酸钠　D. 三乙醇胺皂
   E. 甜菜碱型表面活性剂
3. 下列不属于非离子型表面活性剂的是（　　）
   A. 司盘　B. 吐温
   C. 泊洛沙姆　D. 卵磷脂
   E. 苄泽
4. 下列属于两性离子型表面活性剂的是（　　）
   A. 十二烷基硫酸钠　B. 脂肪酸钠
   C. 卵磷脂　D. 苯扎溴铵
   E. 泊洛沙姆
5. 下列属于阳离子型表面活性剂的是（　　）
   A. 三乙醇胺皂　B. 脂肪酸钠
   C. 卵磷脂　D. 苯扎溴铵
   E. 吐温 80
6. 下列是二价皂阴离子型表面活性剂的是（　　）

A. 硬脂酸钠 B. 硬脂酸钙
C. 三乙醇胺皂 D. 十二烷基硫酸钠
E. 十六烷基硫酸钠

7. 可用作手术灭菌的表面活性剂是（　　）
A. 十二烷基硫酸钠 B. 脂肪酸钠
C. 卵磷脂 D. 苯扎溴铵
E. 泊洛沙姆

8. 聚氧乙烯脱水山梨醇单油酸酯商品名为（　　）
A. 司盘60 B. 司盘80
C. 吐温20 D. 吐温60
E. 吐温80

9. 山梨坦月桂酸酯商品名为（　　）
A. 司盘20 B. 司盘40
C. 司盘60 D. 司盘65
E. 司盘80

10. 表面活性剂分子中亲水和亲油基团对油或水的综合亲和力称为（　　）
A. CMC B. 临界胶束浓度
C. HLB值 D. Krafft点
E. 昙点

11. 离子型表面活性剂在溶液中随温度升高溶解度增加，超过某一温度时溶解度急剧增大，这一温度称为（　　）
A. 昙点 B. CMC
C. 浊点 D. 转折点
E. Krafft点

12. 下列表面活性剂容易发生起昙现象的是（　　）
A. 吐温类 B. 苯扎氯铵
C. 卵磷脂 D. 硬脂酸三乙醇胺皂
E. 十二烷基磺酸钠

13. 表面活性剂在溶液中形成胶束的最低浓度称为（　　）
A. Krafft点 B. 昙点
C. CMC D. 云点
E. 絮凝点

14. 下列有关表面活性剂卵磷脂说法错误的是（　　）
A. 其属于两性离子型表面活性剂
B. 可用作脂质体制备
C. 在正电荷情况下，发挥阳离子型表面活性剂作用
D. 在阴离子情况下，发挥阳离子型表面活性剂作用
E. 可以作为注射剂表面活性剂使用

15. 下列有关HLB值说法错误的是（　　）
A. HLB值为亲水亲油基平衡值
B. 随着数字增大为亲水性增加
C. W/O表面活性剂的HLB值在3～8
D. O/W表面活性剂的HLB值在8～18
E. HLB＞15的表面活性剂用作润湿剂

16. 下列表面活性剂毒性最小的是（　　）
A. 十二烷基硫酸钠 B. 卵磷脂
C. 硬脂酸钙 D. 吐温80
E. 吐温20

17. 有质量占比为20%的表面活性剂A（$HLB_A$=15.0），和质量占比80%表面活性剂B（$HLB_B$=20.0），混合后HLB值为（　　）
A. 15.0 B. 20.0
C. 17.5 D. 1.9
E. 19

18. 下面有关表面活性剂作用说法错误的是（　　）
A. 增溶剂的HLB值通常在15～18，常用吐温80作为增溶剂
B. 增溶的机制就是表面活性剂浓度低于CMC，从而胶束形成
C. 影响增溶的因素有药物性质、加入顺序、增溶剂用量
D. HLB值在3～8的表面活性剂通常用作亲油性乳剂制备
E. 表面活性剂可在固体表面铺展或渗透，从而降低固体药物与液体之间界面张力，通常HLB值要求在7～9

19. 以下可注射的表面活性剂为（　　）
A. 卵磷脂 B. 十二烷基硫酸钠
C. 十二烷基磺酸钠 D. 氯化苯甲烃铵
E. 钠皂

20. 阳离子型表面活性剂（苯扎溴铵）主要用于（　　）
A. 助溶作用 B. 乳化作用
C. 润湿作用 D. 杀菌作用
E. 去污作用

## 二、配伍选择题

【21～24题共用选项】
A. 硬脂酸钾 B. 吐温20 C. 苯扎溴铵
D. 聚乙二醇 E. 磷脂

21. 非离子型表面活性剂（　　）
22. 阳离子型表面活性剂（　　）
23. 阴离子型表面活性剂（　　）
24. 两性离子型表面活性剂（　　）

【25～29 题共用选项】

A. 月桂醇硫酸钠　　B. 司盘 80

C. 吐温 80　　D. 新洁尔灭

E. 硬脂醇硫酸钠

25. 聚氧乙烯脱水山梨醇单油酸酯（　　）

26. 脱水山梨醇单油酸酯（　　）

27. 苯扎溴铵（　　）

28. 十二烷基磺酸钠（　　）

29. 十八烷基硫酸钠（　　）

【30～33 题共用选项】

A. Krafft 点　　B. 昙点

C. HLB　　D. CMC

E. 杀菌和消毒

30. 亲水亲油值（　　）

31. 临界胶束浓度（　　）

32. 表面活性剂溶解度下降，出现混浊的温度（　　）

33. 溶解度突然急剧上升的温度（　　）

【34～38 题共用选项】

A. HLB 值 1～3　　B. HLB 值 3～8

C. HLB 值 7～9　　D. HLB 值 8～18

E. HLB 值大于 15

34. W/O 型乳化剂（　　）

35. O/W 型乳化剂（　　）

36. 润湿剂（　　）

37. 增溶剂（　　）

38. 消泡剂（　　）

## 三、多项选择题

39. 表面活性剂在药剂方面常用作（　　）

A. 乳化剂　　B. 润湿剂

C. 增溶剂　　D. 润滑剂

E. 去污剂

40. 通常阴离子型表面活性剂在药剂方面的作用有（　　）

A. 助溶作用　　B. 乳化作用

C. 润湿作用　　D. 杀菌作用

E. 去污作用

41. 以下为阴离子型表面活性剂的有（　　）

A. 吐温　　B. 卵磷脂

C. 苯扎溴铵　　D. 十二烷基硫酸钠

E. 三乙醇胺皂

42. 影响表面活性剂增溶作用的因素有（　　）

A. 增溶剂性质　　B. 药物的性质

C. 增溶剂 HLB 值　　D. 加入顺序

E. 增溶剂的用量

43. 以下关于两性离子型表面活性剂叙述，正确的是（　　）

A. 分子中同时具有正、负电荷基团

B. 随介质的 pH 不同，可成为不同的离子型

C. 在酸性溶液中有杀菌作用

D. 在碱性溶液中呈现阴离子型性质

E. 卵磷脂是天然的两性离子型表面活性剂

44. 以下关于表面活性剂乳化作用的叙述，正确的是（　　）

A. 表面活性剂能降低油-水界面的张力

B. 表面活性剂的 HLB 值可决定乳浊液的类型

C. HLB 值在 3.5～6.0 的表面活性剂可作为 O/W 型乳化剂

D. 每种被乳化的油，有其最适宜的 HLB 值

E. 具有乳化作用的物质，称为乳化剂

45. 含有表面活性剂的制剂，通常能（　　）

A. 改善药物的吸收

B. 增强药物的生理活性

C. 药物容易透过生物膜

D. 掩盖药物的不良气味

E. 增强防腐剂作用

## 四、填空题

1. 表面活性剂毒性排序________>________>________>________。

2. HLB 值又称________，其数字增大，________增大。

3. CMC 为________，超过该值，________形成，溶液变为胶体溶液，是________的基本机制。

## 五、名词解释

1. 表面活性剂

2. HLB 值

3. CMC

4. 昙点

5. 润湿

## 六、简答题

1. 简述表面活性剂的作用。

2. 简述表面活性剂的性质。

3. 简述表面活性剂的增溶机制。

（刘　峰）

# 第5章 浸出制剂

学习目标

1. 掌握浸出制剂概念，熟悉浸出制剂常见类型，了解浸出制剂特点。

2. 了解浸出原理，熟悉浸出溶剂，熟悉浸出影响因素，掌握浸出方法和设备，熟悉浓缩干燥技术。

3. 熟悉酊剂、酒剂、流浸膏剂和浸膏剂，了解汤剂、中药合剂和煎膏剂。

4. 了解浸出制剂质量控制项目。

近三十多年来，药学专业人员运用现代科学方法对一些传统浸出制剂进行了大量研究。随着生药学和天然药物化学的发展，许多药材中的有效成分已经研究清楚，为浸出制剂的质量控制提供了科学依据。在发掘、整理传统制剂的基础上应用一些新技术、新工艺，提取药材中有效部位或多种有效物质，改革和发展了新剂型，如冲剂、口服液、中药注射剂（包括粉针剂）、片剂、气雾剂、膜剂、滴丸等。凡以中药材为原料制备的各类制剂称为中药制剂。

## 第1节 概 述

课堂互动

同学们，你们在家里有没有煎过汤药？说说你们是怎样做的？

### 一、浸出制剂概念

浸出制剂系用适当的溶剂和方法，提取药材中有效部位而制成的供内服或外用的一类制剂。通常包括汤剂、酒剂、酊剂、流浸膏剂、浸膏剂、煎膏剂等。浸出制剂可直接用于临床，亦可用作其他制剂的原料。

**链接** 浸出制剂的发展

浸出制剂在我国有着悠久的历史。最早的记载是在公元前1766年商朝的伊尹创制汤液，继汤剂后又有酒剂、酊剂、流浸膏剂、浸膏剂及煎膏剂等。近年来，运用现代科学技术和设备进行浸出制剂实验研究，研制出许多浸出制剂新品种，应用新技术、新工艺提取药材中有效部位或多种有效成分，改革和发展了多种新剂型，如中药颗粒剂、片剂、注射剂、膜剂、气雾剂、滴丸剂等。

### 二、浸出制剂的特点

浸出制剂的特点如下：

1. 复合组分的综合疗效适应了中医辨证施治的需要　浸出制剂与同一药材提取的单体化合物相比，有利于发挥某些成分的多效性，有时还能发挥单一成分起不到的作用。例如，阿片酊不仅具有镇痛作用，还有止泻功能，但从阿片粉中提取的纯吗啡只有镇痛作用。

2. 药效缓和、持久、副作用小　例如，莨菪浸膏中的东莨菪内酯可以提高莨菪碱对肠黏膜组织的亲和性，促进其吸收，同时尚能延长莨菪碱在肠管的停留时间。因而浸膏莨菪碱与传统莨菪碱比较，前者对肠管平滑肌的解痉作用缓和持久，毒性亦较低。

3. 服用剂量较小，使用方便　去除了组织物质和无效成分，相应提高了有效成分浓度，从而减少了用量，便于服用。

4. 某些浸出制剂稳定性较差　如高分子物质、黏液质、多糖等，在储存时易发生沉淀、变质，影响浸出制剂的质量和药效，特别是水性浸出制剂。

## 三、浸出制剂的分类

浸出制剂因溶剂、浸出方法和制成剂型不同，可分为以下四类。

1. 水浸出剂型　系在一定加热条件下用水浸出的制剂，如汤剂、中药合剂等。

2. 含醇浸出剂型　系在一定条件下用适当浓度的乙醇或酒浸出的制剂，如酊剂、酒剂、流浸膏剂、浸膏剂。有些流浸膏虽是用水浸出的，但制成品中一般加有适量乙醇。

3. 含糖浸出剂型　系在水浸出剂型的基础上，经浓缩等处理后，加入适量蔗糖（蜂蜜）或其他赋形剂制成，如内服膏剂（膏滋）、颗粒剂等。

4. 精制浸出剂型　系使用适当溶剂浸出后，将浸出液经过适当处理（如大孔树脂洗脱、超临界萃取等）后制成的制剂。例如，由中药材提取的有效部位制得的注射剂、片剂、气雾剂等。

# 第 2 节　浸出制剂的制备

## 一、原材料处理

浸出前，首先须进行药材鉴定或质检，再进行挑选、整理，必要时可水洗、干燥、粉碎至适宜程度。此外，制备汤剂等浸出制剂采用的药材须按照《中国药典》或方剂要求进行炮制，如切片、蒸、炒、炙等处理。

## 二、浸 出 溶 剂

浸出溶剂系用于浸出药材中可溶性成分的液体。浸出后所得到的液体称为浸出液，浸出后的残渣称为药渣。一般浸出溶剂应具备以下条件：①能最大限度地溶解和浸出有效成分，最低限度地溶解无效成分或有害成分。②不与药材中有效成分发生不应有的化学反应，不影响含量测定，不易腐败。③对人体安全无毒，无显著生理作用。凡使用有毒或有显著生理作用的溶剂作浸出溶剂时，应从最终产品完全除去，以保证药剂的使用安全。④要有适宜的物理性质（如沸点、相对密度、黏度、燃点等）。⑤价廉易得。

常用的浸出溶剂按其极性不同可分为极性浸出溶剂、半极性浸出溶剂和非极性浸出溶剂。极性浸出溶剂为水，半极性浸出溶剂常用乙醇和丙酮，非极性浸出溶剂常用石油醚、氯仿或乙醚。其中，通常选用乙醇与水不同比例的混合溶剂，有利于选择性浸出有效成分。90%以上乙醇溶液用于浸出挥发油、有机酸、内酯、树脂等；50%～70%的乙醇溶液适用于浸出生物碱、苷类等；50%以下的乙醇溶液适用于浸出蒽醌类等化合物。

**链接** 浸出效果的影响因素

以下不同的因素均可影响药物有效成分浸出的效果。

1. 浸出溶剂 可参照前面所列浸出溶剂类型。

2. 药材粒度 并不是所有的浸药材粒度都是越细越好。药粉末细度的选择应考虑浸出方法、浸出溶剂及药材的性质。

3. 温度 药物理化性质等因素决定药物在浸出的不同的阶段对于温度的要求也不一样，若不据此调控好温度则达不到最佳的浸出效果，所以温度一定要把握好。

4. 浸出时间 一般浸出量与浸出时间成正比，但经一定时间后，当扩散达到平衡时，时间却不再起作用。

5. 浓度差 在浸出过程中，扩散是浸出效果好坏的一个主要因素。增加浓度差能加快扩散速度，使扩散物质的量增多。

6. 浸出压力 有一些质地坚实的药材，很难被溶剂浸润，提高浸出压力有助于增加浸润速度，也有助于成分的扩散。

7. 新技术的推广应用 能提升药物有效成分的浸出效率，如电磁振动浸出、脉冲浸出、超临界流体萃取等技术都取得了很好的效果。

## 三、常见的浸出方法

常见的浸出方法有煎煮法、浸渍法和渗漉法。

### （一）煎煮法

煎煮法系药材加水煎煮，去渣取汁的一种方法。其工艺流程见图 5-1。

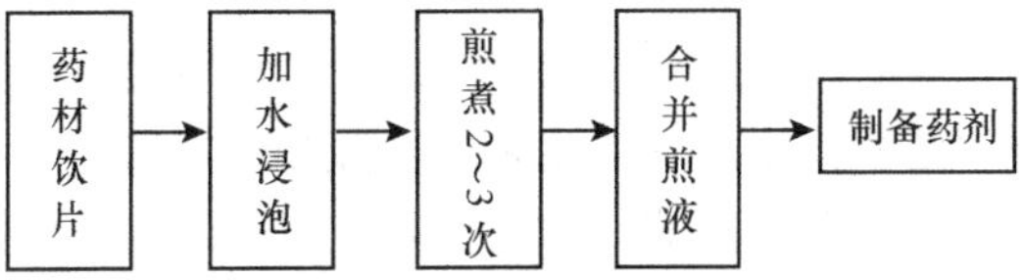


图 5-1 煎煮法工艺流程

煎煮法适用于有效成分能溶于水，且对湿、热均稳定的药材。此法注意事项：①本法简单有效，能煎出大部分有效成分，但煎出液中杂质较多，易霉败，某些热敏成分易被破坏；②本法为传统浸出制剂方法，对有效成分尚不明确的药材制备浸出药剂时宜选用本法。

### （二）浸渍法

浸渍法系将药材用适当的溶剂在一定温度下浸泡出有效成分的方法，其工艺流程见图 5-2。

浸渍法适宜于带黏性的药材、无组织结构的药材、新鲜及易于膨胀的药材的浸取，尤其适用于有效成分遇热易挥发或易破坏的药材。但操作时间较长，浸出溶剂的用量较大且往往浸出效率差，有效成分不易完全浸出，故不适用于贵重药材和有效成分含量低的药材的浸出及浓度较高的制剂的制备。

浸渍法可分为常温浸渍、加热浸渍、多次浸渍。常温浸渍法一般室温浸渍 3～5 日，不超过 14 日。加热浸渍法类似常温浸渍，温度提升至 40～60℃。多次浸渍是同样的溶剂，分次浸渍 2～3 次。

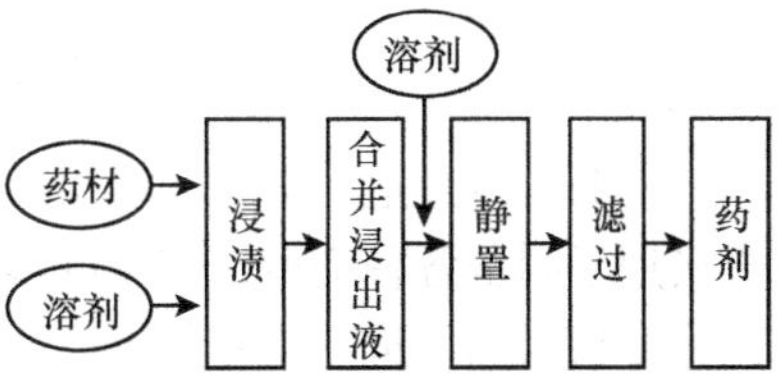


图 5-2 浸渍法工艺流程图

### （三）渗漉法

渗漉法系将药材粉末装于渗漉器内，浸出溶剂从渗漉

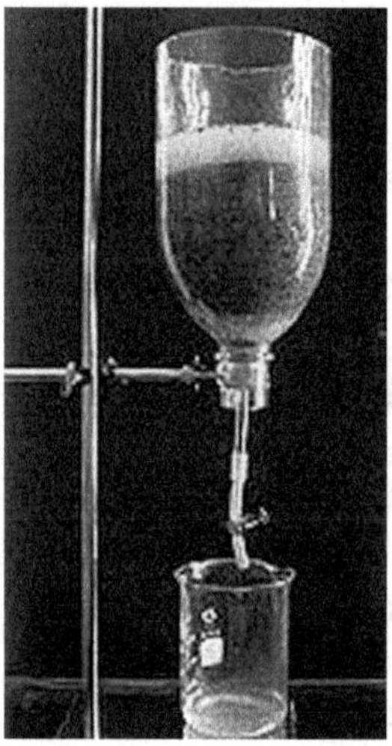

图 5-3 单渗漉法装置

器上部添加，溶剂渗过药粉层往下流动过程中药材成分浸出的方法。流出的浸出液称为“渗漉液”。常见的有单渗漉法、重渗漉法、加压渗漉法、逆流渗漉法。

1. 单渗漉法 系用一个渗漉筒的常压渗漉方法，装置见图 5-3。操作具体流程如下：

（1）粉碎：以粗粉或最粗粉为宜。

（2）润湿：装渗漉筒前，药粉先用浸出溶剂润湿，避免中药粉在渗漉筒膨胀造成堵塞。一般每 1kg 药粉用 600～800ml 溶剂润湿，放置 15 分钟至 6 小时。

（3）装筒：筒底部铺垫适量润湿的脱脂棉，已润湿的药粉层层压实装入渗漉筒，松紧一致。装完后，用滤纸或纱布覆盖于药粉上，并压石块等重物，以防药粉漂浮影响渗漉。

（4）排气：打开渗漉筒活塞，从上部缓缓加入溶剂，排除药材间隙的空气，待气体排尽、漉液自出口流出时，关闭活塞，并将流出液倒回筒内。

（5）浸渍：添加溶剂至高出药粉面 2～3cm，加盖放置 24～48 小时，使溶剂充分渗透扩散。

（6）渗漉：渗漉速度，一般慢漉为每千克药材流速 1～3ml/min，快漉为每千克药材流速 3～5ml/min。渗漉过程中，应不断添加溶剂，防止药面干涸，影响有效成分充分浸出。

（7）漉液的收集和处理：制剂种类不同，漉出液的收集和处理亦不相同。制备流浸膏时，收集药材量 85%的初漉液用另器保存，续漉液经低温浓缩后与初漉液合并，调整至规定容积；制备浸膏时，全部渗漉液低温浓缩至稠膏状，加稀释剂或继续浓缩至规定的标准；制备酊剂等浓度较低的浸出制剂时，不需要另器保存初漉液，可直接收集相当于欲制备量的 3/4 的漉液，即停止渗漉，压榨药渣，压榨液与渗漉液合并，添加乙醇至规定浓度与容量后，静置，滤过即得。

2. 重渗漉法 为实际工作中较常用的方法。将多个渗漉筒串联，渗漉液重复用作新药粉的浸出溶剂，进行多次渗漉以提高渗漉液浓度。重渗漉法溶剂用量少，利用率高，渗漉液中有效成分浓度高，成品质量好，避免了有效成分受热分解或挥发损失，但使用容器较多，操作过程复杂。

3. 加压渗漉法 通过加压式多级渗漉，使浸出液较快地通过药粉柱，使渗漉顺利进行，本法浸出效率高，总提取液浓度大，溶剂消耗量少。

4. 逆流渗漉法 系药材与溶剂在浸出容器中，沿相反方向运动，连续而充分地进行接触浸出的一种方法。

由于渗漉法溶剂渗入药材细胞中溶解大量的可溶性成分后，浓度增高，相对密度增大而向下流动，而上层的浸出溶剂置换其位置，形成良好的浓度差，使扩散较好地自动连续进行。故浸出效果优于浸渍法，提取也较完全，而且省去了分离浸出液的时间和具体操作。渗漉法适用于毒性药材、有效成分含量较低或贵重药材的浸出，以及高浓度浸出制剂的制备。但是，对新鲜及易膨胀的药材，无组织结构的药材则不宜选用渗漉法。

## 四、浸出液的浓缩与干燥

中药材经过适当的方法浸出后得到的浸出液通常体积较大、有效成分含量较低，一般不能直接用于制备各种剂型，需经过蒸馏、蒸发或干燥等过程缩小体积、提高有效成分含量或得到固体原料以利于进一步制剂生产。现有浓缩手段有蒸馏、蒸发、反渗透浓缩、吸附分离浓缩和超滤浓缩等。

## (一)蒸馏

蒸馏系加热使液体气化，再冷凝为液体的过程。有机溶剂（如乙醇、氯仿、乙醚等）有气化的特性，因此可通过蒸馏来回收该溶剂。常用的蒸馏方法有常压蒸馏、减压蒸馏、精馏等。

1. 常压蒸馏　系在常压下进行的蒸馏。

2. 减压蒸馏　系在减压的条件下，使蒸馏液在较低的温度下进行蒸馏的方法，见图 5-4。

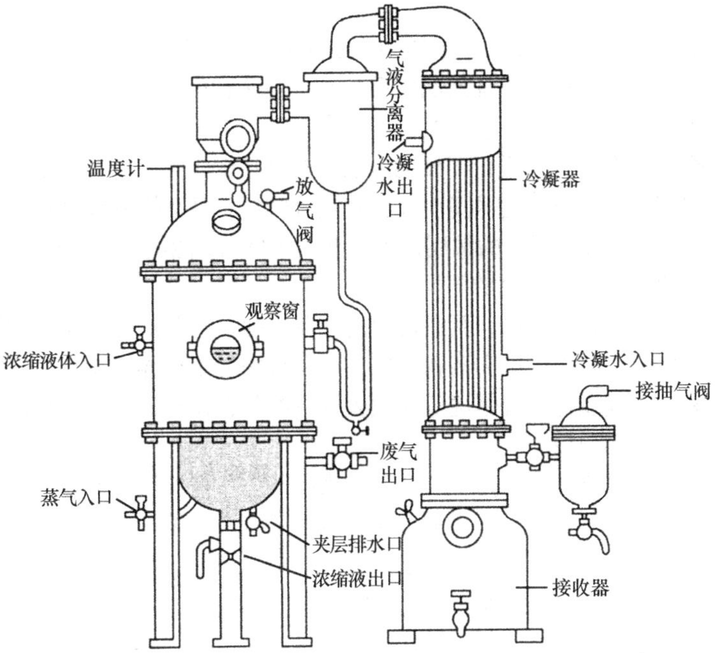


图 5-4　减压蒸馏装置

3. 精馏（分段蒸馏）　系多次气化与冷凝同时进行的蒸馏。制剂生产中常用此法来提高回收溶剂的浓度，便于重复使用。

## (二)蒸发

蒸发系通过加热作用使溶液中部分溶剂气化并除去，从而提高溶液浓度的方法。

1. 蒸发的方式及影响因素　蒸发分为自然蒸发、沸腾蒸发两种。后者较前者蒸发速度快、生产效率高，故生产中多采用。

**链接**　影响蒸发的因素

影响蒸发的因素有液面上蒸汽浓度、蒸发面积、液体表面的压力、传热温度差、传热系数等。其中传热温度差系作为热源的加热蒸汽与溶液的沸点之差。传热系数系单位时间内传递的热量。

为提高蒸发效率，生产中可采用排风或减压设备以减小蒸汽浓度、降低液体沸点，采用薄膜蒸发增加蒸发面积等方法。

2. 常用蒸发方法　根据中药提取液的特点，蒸发可在常压、减压条件下进行。

（1）常压蒸发：系溶液在一个大气压下进行的蒸发操作。适用于有效成分耐热的溶液的蒸发。通常采用敞口夹层不锈钢蒸发锅进行常压蒸发浓缩，操作简便，但生产效率较低，能耗高、时间长，浓缩物易受污染，环境潮湿。

（2）减压蒸发：系采用密闭蒸发器，在减压下操作，可使溶剂在低于沸点温度下蒸发操作。通常温度控制在 40～60℃，降低气压，以避免热敏成分被破坏，效能高，也可对有机溶剂进行蒸发。

（3）薄膜蒸发：系使溶液形成薄膜状态而进行快速蒸发操作。传热速度快且均匀，药液受热时间短，适合热敏成分的浓缩。形式有两种：一种是使药液剧烈沸腾，产生大量泡沫，以泡沫的内外表面为蒸发面进行蒸发；另一种是使药液以薄膜形式流过加热面时进行蒸发。该法温度低，时间短，生产效率高，适用于热敏性物料的处理。

### （三）干燥

1. 定义和目的　干燥系借助热能使物料中的湿分除去的工艺操作。干燥的目的在于使物料便于加工、运输、储藏和使用，保证药品的质量和提高药物的稳定性。

2. 常用的干燥方法

（1）常压干燥：系在常压下进行干燥的方法，包括接触干燥和空气干燥。该法操作简单，但干燥时间长、温度高，易因温度过高引起有效成分破坏，且干燥品较难粉碎，主要用于耐热物料的干燥。制剂生产中常压干燥的常用设备是厢式干燥器，能用于药材提取物及丸剂、散剂、颗粒剂等的干燥，亦常用于中药材的干燥。

（2）减压干燥：又称真空干燥，系在密闭的容器中抽真空并加热干燥的方法。该法具有干燥温度低、干燥速度快、防止污染和药物变质、产品疏松易于粉碎等特点。主要适用于热敏性物料，也可用于易被空气氧化、有燃烧危险或含有机溶剂等物料的干燥，并且减少了饲料与空气的接触，保证了药品的质量。

（3）喷雾干燥：系以热空气作为干燥介质，采用雾化器将液体物料分散成细小雾滴，当与热气流相遇时，水分迅速蒸发进行干燥的方法。该法的特点：①干燥速度快、时间短，瞬间干燥；②干燥温度低，约为 50℃，特别适用于热敏性物料的干燥；③液态物料可直接得到干燥制品，无须蒸发、粉碎等操作；④产品多为疏松的空心颗粒或粉末，疏松性、分散性和速溶性好；⑤处于密闭系统，可进行无菌操作；⑥操作方便，易自动控制，减轻劳动强度。该法缺点主要有设备庞大、动力消耗多、一次性投资较大、干燥时物料易黏壁等。

（4）沸腾干燥：又称流化床干燥，系利用流化床底部吹入的热空气流使湿颗粒向上悬浮，翻滚如“沸腾状”，热气流在悬浮的湿粒间通过，在动态下进行热交换，带走水汽，进行干燥的方法。该法具有干燥速度快，干燥产品均匀，干燥器设备简单、高效、造价低、维护方便的特点。该法适用于热敏性物料、湿粒性物料的干燥，如颗粒剂、片剂生产中湿颗粒的干燥等。设备参见第 2 章颗粒剂制备。

（5）冷冻干燥：系在低温、高真空条件下，将药物溶液预先冻结成固体，然后抽气减压，使水分由冻结状态直接升华除去进行干燥的方法。此法优点是可避免有效成分受热分解变质；产品多孔疏松，易于溶解，含水量低，可长期保存；操作复杂，需特殊设备，生产成本较高；可用于生物制品、抗生素及粉针剂制备时的干燥。

此外还有红外干燥和微波干燥。红外干燥系利用 5.6～1000.0μm 的远红外线对物料直接照射进行加热干燥的方法。微波干燥系湿物料中的水分子在微波电场的作用下，迅速转动，产生剧烈的碰撞与摩擦，部分能量转化为热能，物料本身被加热干燥的方法。

# 第 3 节　常用的浸出制剂

## 一、汤　　剂

### （一）概述

汤剂系中药材或饮片加水煎煮，去渣取汁制成的液体剂型。汤剂是中医应用最早、最多的一种剂型，目前在中医临床中仍然广泛使用，主要供内服。

以中药粗颗粒与水共煮，去渣取汁而制成的液体制剂称为“煮散”；以沸水浸泡药物，服用剂量与时间不定或宜冷饮者，称为“饮”；将药材用水或其他溶剂，采用适宜方法提取，经浓缩制成的内服液体制剂称为“中药合剂”。汤剂是我国最早应用的一种剂型，早在春秋、战国时代已开始应用。中药合剂是在汤剂基础上改进和发展而来的，它既是常用汤剂的浓缩制品，也常按照药材成分的性质，综合运用多种浸出方法。

### （二）汤剂的特点

1. 汤剂的优点

（1）能适应中医辨证论治的需要，其中处方组成用量可以根据病情变化，适当加减，灵活应用。

（2）汤剂是复方制剂，有利于充分发挥药物成分的多效性和综合作用。

（3）汤剂为液体制剂，吸收快，能迅速发挥药效。

（4）汤剂制备简单易行，以水为溶剂，无刺激性及副作用。

2. 汤剂的缺点

（1）煎液体积较大、味苦，服用、携带不方便。

（2）易发霉、发酵，不能久储。因此，近年来对汤剂进行了有效的剂型改革，如中药合剂、颗粒剂、口服液等都是在尽量保留汤剂优点，并克服其缺点的基础上发展起来的中药新剂型。其中颗粒剂保留了汤剂的优点，可以发挥“冲剂”效果。

（3）不宜用于危重患者抢救。

### （三）汤剂的制备

汤剂的制备主要采用煎煮法。制备汤剂时应注意以下六个方面。

1. 煎煮器具　应选用化学性质稳定、不与药材中化学成分发生反应的器具，包括砂锅、搪瓷器皿、不锈钢锅、铝锅等。

目前医院和社会药房多采用自动煎药机（图 5-5），在药厂大规模生产中多采用夹层蒸汽锅、多能提取罐等。

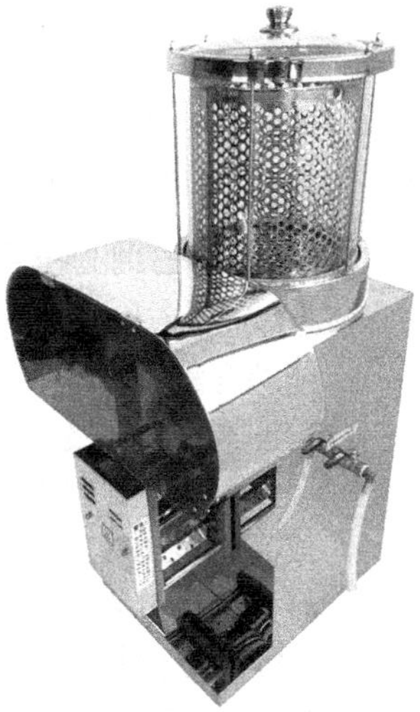

图 5-5　自动煎药机

2. 煎煮用水　最好用经过净化和软化的饮用水，可减少杂质混入，并防止水中钙、镁等离子与药材成分发生沉淀反应。水的用量也应适当，一般为药材量的 5～8 倍，或加水浸过药面 1～2cm，除特殊品种外，药材在煎煮前应加冷水浸泡 15～30 分钟，以利于溶剂渗透和有效成分浸出。

3. 煎煮火候　沸前用武火，沸后用文火。

4. 煎煮时间　煎煮时间应根据药材成分的性质、质地、投料量决定。一般情况下至少煎煮两次，第一次煎煮 20～30 分钟，第二次煎煮 15～20 分钟。特殊如滋补膏煎煮时间应延长 10～40 分钟，煎煮 2～3 次；解表剂煎煮时间应缩短 5～10 分钟。汤剂煎得后趁热过滤，尽量减少药渣中煎液的残留量，两次煎煮液合并为 200～300ml 煎出液，分两次服用；也可分别服用。

5. 煎煮次数　应根据药材性质、剂量大小确定，如解表药煎煮时间宜短，滋补药煎煮时间宜长，一般需煎煮 2～3 次，保证药用成分完全浸出。煎煮次数太多，不仅耗费工时和燃料，而且使煎出液中的杂质增多。

6. 其他　为保证汤剂的质量和疗效，在制备时还需根据药材特性进行特殊的处理，见

表 5-1。

**表 5-1　汤剂制备时药材的特殊入药处理**

| 类型 | 操作 | 适用品种 |
|---|---|---|
| 先煎 | 某些药材先煎一定时间后再加其他药材共同煎煮 | 1. 矿石类、贝壳类、角甲类中药，因质地坚硬，有效成分不易煎出，如石膏、磁石、自然铜、牡蛎、石决明、瓦楞子、生龙骨、生龟鳖甲等<br>2. 有毒的中药如乌头、附子、半夏、商陆<br>3. 火麻仁、竹黄、石斛等药材久煎后才有效<br>4. 党参、黄芪等滋补性药材 |
| 后下 | 将其他组分煎煮完毕一段时间后加入共同煎煮 | 1. 挥发性成分药材，如薄荷、藿香、豆蔻、砂仁、细辛、菊花等<br>2. 不宜久煎的中药，如钩藤、苦杏仁、大黄、番泻叶、鸡内金、麦芽等 |
| 包煎 | 将饮片装入纱布袋中，扎紧袋口后与其他药材共同煎煮 | 1. 附带绒毛的药材，混入汤液中刺激咽喉<br>2. 煎煮中易黏结锅底形成焦糊的药物，如车前子、葶苈子、苏子等<br>3. 质轻、易浮的粉末药物，如青黛、蒲黄等<br>4. 质重、易沉淀药物，如灶心土等 |
| 另煎 | 单独煎煮取汁，再与其他药材煎煮所得煎液混合 | 贵重药材如人参、鹿茸、西洋参等 |
| 冲服 | 打磨成细粉后，用其他药材煎煮所得煎液冲服 | 防止一些药物共煎时部分煎液被药渣吸附，不易滤出，如麝香、马宝、三七、鹿茸、珍珠、雄黄、沉香等不溶性、挥发性极强或贵重药材 |
| 烊化 | 溶化后，与其他药材煎煮所得煎液混合 | 1. 阿胶、鹿角胶、鳖甲胶等胶类药材<br>2. 糖、蜂蜜及芒硝等易溶性矿物药 |

## 二、中 药 合 剂

### （一）概述

中药合剂系中药饮片用水或其他溶剂，采用适宜方法提取、纯化、浓缩制成的口服液体制剂。其单剂量灌装者称为口服液。

### （二）中药合剂的特点

中药合剂具有以下优点：

1. 能综合浸出药材中的多种有效成分，保证制剂的综合疗效。
2. 与汤剂一样，吸收快，奏效迅速；可大量生产，免去临用煎药的麻烦，应用方便。
3. 经浓缩工艺，服用量减小，且多加入矫味剂，易为患者接受。
4. 成品中多加入适宜的防腐剂，并经灭菌处理，密封包装，质量稳定。
5. 若单剂量包装，则携带、保存和服用更方便、准确。

但中药合剂不能随症加减，工艺过程中常用乙醇等精制处理。同时制备时生产设备、工艺条件要求高，如配制环境应清洁避菌，灌装容器应无菌、洁净、干燥等。

### （三）中药合剂的制备

1. 中药合剂的生产环境　配液、灌封等岗位操作室的空气洁净度为 D 级或 C 级。

2. 中药合剂的制备过程　浸提→纯化→浓缩→分装→灭菌。

（1）浸提：一般按煎煮法操作，每次煎煮 1～2 小时，煎煮 2～3 次。含有芳香挥发性成分的药材如薄荷、荆芥、菊花、柴胡等，可先用水蒸，亦可根据药材有效成分的特点，选用不同浓度的乙醇或其他溶剂，采用渗漉、回流提取等方法浸提。

（2）纯化：含有淀粉、黏液质、蛋白质、果胶及泥沙、植物组织等杂质的药材煎煮液，经静置初滤后，尚需进一步纯化处理。

常用的纯化方法有高速离心法、乙醇沉淀法、吸附澄清法（絮凝沉淀法）等。纯化方法及其参数的选择（如含醇量、澄清剂用量及离心的转速等）应以不影响有效成分的含量为指标。

（3）浓缩：纯化后的水煎液要适当浓缩，浓缩应根据药物有效成分的热稳定性，选用适宜的方法，常用减压浓缩或薄膜浓缩等方法，浓缩程度一般以每次服用量在 10～20ml 为宜。醇沉纯化处理的药液应先回收乙醇再浓缩。药液浓缩至规定要求后，可酌情加入适当的矫味剂和防腐剂。

（4）分装：配制好的药液应尽快灌装于洁净、干燥、灭菌的玻璃瓶中，盖好胶塞，轧盖封口。

（5）灭菌：应在封口后立即进行。小包装常用流通蒸汽或煮沸灭菌，大包装可用热压灭菌，以确保灭菌效果。短期内使用且在严格避菌条件下配制的合剂，可加入适量的防腐剂而不必灭菌，但所用包装容器应洁净、干燥。

中药合剂制备时应注意以下几点：①处方中如含有酊剂、醑剂、流浸膏，应以细流缓缓加入药液中，随加随搅拌，使析出物细腻，分散均匀；②制备过程中应减少污染，尽可能快速操作，服用前摇匀。

#### （四）中药合剂的实例

**实例 5-1：小建中合剂**

**【处方】** 桂枝 111g 白芍 222g 甘草（蜜炙）74g 生姜 111g 大枣 111g

**【制备】**

（1）桂枝蒸馏所得挥发油另器保存，药渣及馏液与甘草、大枣加水煎煮两次，合并煎液，过滤，滤液浓缩至约 560ml。

（2）白芍、生姜按渗漉法用 50%乙醇作浸出溶剂，浸渍 24 小时后进行渗漉，渗漉液浓缩后，与上液合并，静置，过滤，另加饴糖 370g，再浓缩至约 1000ml，加入苯甲酸钠 3g 与桂枝挥发油，调整总量至 1000ml，搅匀，即得。

**【分析】**

（1）本品温中补虚，缓急止痛。用于脾胃虚寒，脘腹疼痛，喜温喜按，嘈杂吞酸，食少，心悸，胃及十二指肠溃疡。

（2）方中饴糖甘温质润入脾，益脾气并养脾阴，温中焦而缓急止痛，故为君药；桂枝温阳祛虚寒，芍药养阴缓肝急，两味为臣药；炙甘草甘温益气，既助饴糖、桂枝辛甘养阳，益气温中缓急，又和芍药酸甘化阴，柔肝益脾和营；生姜温胃，大枣补脾，合用以升腾中焦生发之气而调营卫，共为佐使之用。全方于辛甘化阳之中，又具酸甘化阴之用，共奏温中补虚，缓急止痛之效。

## 三、酒 剂

#### （一）概述

酒剂又名药酒，系药材用蒸馏酒浸取的澄清的液体制剂。药酒为了矫味或着色可酌加适量的糖或蜂蜜。酒剂多供内服，少数作外用，也有兼供内服和外用。酒剂生产采用符合国家标准的蒸馏酒。

### （二）酒剂的特点

酒甘辛大热，能通血脉，行药势，散寒，具有行血活络的功效，易于吸收和发散，故酒剂多用于风寒湿痹，具祛风活血、止痛散瘀的功效。但小儿、孕妇、心脏病及高血压患者不宜用。

### （三）酒剂的制备

酒剂可用浸渍法、渗漉法或其他适宜方法制备。生产内服酒剂应以谷类酒为原料，处方中可加入适量的糖或蜂蜜调味。

（1）常温浸渍法：又称“冷浸法”，将药材切碎，置适宜容器中，加规定量白酒，密闭浸渍，每日搅拌 1～2 次，一周后每周搅拌一次，无特殊情况下，一般浸渍 14 日，滤过静置，压榨药渣，榨出液与上清液合并灌装即得，可适量加入蜂蜜或糖。常见的有枸杞酒。

（2）加热浸渍法：又称“热浸法”，是一种传统的药酒制备方法。系将药材切碎或粉碎后，置于有盖容器中，加入处方规定量的蒸馏酒，用水浴或蒸汽加热，待酒微沸后，立即取下，倾入另一有盖容器中，浸泡 30 日。

（3）渗漉法：将药物粉碎成粗粉，放在密闭的容器中，用蒸馏酒作为溶剂，共同装入渗漉筒中，反复添加新溶剂，收集渗漉液体，静置，过滤，即得成品。

### （四）酒剂的实例

**实例 5-2：国公酒**

**【处方】** 羌活 独活 防风 川芎 白芷 苍术 怀牛膝 木瓜 陈皮 乌药 青皮 枳壳 厚朴 佛手 当归 紫草 牡丹皮 芍药 红花 五加皮 天南星 麦冬 枸杞子 补骨脂 各 468.8g 玉竹 1563g

**【制法】**

（1）上述药材除红花、红曲外，将其余药材磨成粗粉，再与红花、红曲混合均匀，加入蒸馏酒 550kg，搅拌；加盖密封，浸泡 70 日后，滤过药渣，加冰糖 70kg。

（2）此后每日搅拌，待糖溶解后，滤过，静置，即得澄明药酒。

**【分析】**

（1）散风祛湿，舒筋活络。用于风寒湿邪闭阻所致的痹病。

（2）本制剂采用冷浸法，能较好地保持其澄明度，避免有效成分受热挥发破坏。

（3）蒸馏酒的乙醇量应为 55%～60%。

## 四、酊 剂

### （一）概述

酊剂系药物用规定浓度的乙醇浸出或溶解制成的澄清液体制剂，亦可用流浸膏稀释制成，或用浸膏溶解制成。

除另有规定外，含有毒剧药物的中药酊剂，每 100ml 应相当于原药材 10g；其有效成分明确者，应根据其半成品的含量加以调整，使符合各酊剂项下的规定；其他酊剂，每 100ml 相当于原药材 20g。

### （二）酊剂的质量要求

1. 酊剂应澄清，久置产生沉淀时在乙醇含量和有效成分含量符合规定的情况下，可滤除沉淀。

2. 乙醇含量检查须符合各品种项下的规定。

3. 装量及微生物限度检查，应符合规定。

### （三）酊剂的制备

酊剂可用溶解法、稀释法、浸渍法或渗漉法制备。

1. 溶解法　系药物直接加入规定浓度的乙醇溶解制成的方法。此法适用于化学药物及中药有效部位或提纯品酊剂的制备，如复方樟脑酊等。

2. 稀释法　以药物的流浸膏或浸膏为原料，加入规定浓度的乙醇稀释至需要量，混合后，静置至溶液澄清，吸上清液，残渣滤过，合并上清液及滤液，即得。

3. 浸渍法　取经适当粉碎的药材，置有盖容器中，加溶剂适量，加盖密封，搅拌或振摇，浸渍规定时间，倾取上清液，再加入适量溶剂，依上法浸渍至有效成分充分浸出，合并浸出液，加溶剂至规定量后，静置24小时，过滤，即得。

4. 渗漉法　是制备酊剂较常用的方法。取药材，照流浸膏剂项下的方法，用适量溶剂渗漉至流出液达到规定量后，静置，过滤即得，如颠茄酊等。

制备应注意：①要严格控制所用药材的质量；②浸出用乙醇浓度应适宜，使有效成分提取完全；③在浸渍和渗漉过程要注意温度适宜，防止乙醇挥发，以免影响药物浸出效果。

### （四）酊剂的实例

**实例5-3：碘酊**

**【处方】** 碘20g　碘化钾15g　乙醇500ml　纯化水适量　共制1000ml

**【制备】**

（1）取处方量碘化钾，加少量纯化水，溶解。

（2）称取处方量碘加入上述溶液搅拌溶解，加入乙醇。

（3）加纯化水使成1000ml，搅匀，即得成品。

**【分析】**

（1）本品用于消毒和防腐。

（2）碘难溶于水，可加入碘化钾形成络合物$KI_3$。$KI_3$溶于水，碘化钾作为助溶剂和稳定剂。

$$I_2 + KI \longrightarrow KI_3$$

## 五、流浸膏剂

### （一）概述

流浸膏剂系药材用适宜的溶剂浸出有效成分，蒸去部分溶剂，调整浓度至规定标准而制成的液体制剂。除另有规定外，流浸膏剂每1ml相当于原药材1g。流浸膏剂可用作合剂、酊剂、糖浆剂等的原料。

### （二）流浸膏剂的特点

流浸膏剂有效成分含量均较酊剂高，体积小，疗效好。而在其制备过程中蒸去溶剂需较长时间的加热，因此不适用于有效成分受热易破坏、易挥发的药材。

### （三）流浸膏剂的制备

除另有规定外，流浸膏剂多用渗漉法制备，也可用浸膏剂稀释制成。渗漉时应先收集药材量85%的初漉液另器保存，续漉液用低温浓缩成稠膏状并与初漉液合并，搅匀。有效成分已明确者，需做含量测定及含乙醇量测定；有效成分不明者只做含乙醇量测定，然后按测定结果将浸出浓缩液加适量溶媒稀释，或低温浓缩使其符合规定标准，静置24小时以上，滤过，即得。

#### （四）流浸膏剂的实例

**实例5-4：桔梗流浸膏**

**【处方】** 桔梗60g　70%乙醇适量　共制60ml

**【制备】**

（1）将处方量桔梗打磨成粗粉。

（2）用70%乙醇适量润湿，分次均匀填装于渗漉筒中，浸渍48小时，合并渗漉液，静置，过滤，即得。

**【分析】** 本品为恶心性祛痰药。

## 六、浸 膏 剂

#### （一）概述

浸膏剂系药材用适宜溶剂浸出有效成分，蒸去全部溶剂，调整浓度至规定标准所制成的膏状或粉状的固体制剂。除另有规定外，浸膏剂每1g相当于原药材2～5g。干浸膏剂中常含有稀释剂，常用的稀释剂有淀粉、乳糖、蔗糖、氧化锌、碳酸钙、药材细粉等。

#### （二）浸膏剂的特点

1. 浸膏剂不含溶剂，有效成分含量高，体积小，疗效确切。
2. 浸膏剂可用于制备酊剂、流浸膏剂、丸剂、片剂、软膏剂、栓剂等。
3. 按干燥程度浸膏剂可分为稠浸膏和干浸膏。
4. 浸膏剂应密闭于阴凉处保存。

#### （三）浸膏剂的制备

除另有规定外，浸膏剂多用煎煮法或渗漉法制备，全部煎煮液或渗漉液应低温浓缩至稠膏状，加稀释剂或继续浓缩至规定的量。

**实例5-5：甘草浸膏**

**【处方】** 甘草1000g　蒸馏水适量

**【制法】** 取甘草，用60℃以下的温水浸泡至易切为度，切成厚度在0.5cm以下的薄片，加8倍量的水，逆流循环煮沸提取8次后，将浸液自然沉降3小时，取上清液浓缩至稠膏状，测定并调节使符合标准，即得。

**【分析】**

（1）本品为缓和药，常与化痰止咳药配伍应用，能减轻对咽喉部黏膜的刺激，并有缓解胃肠平滑肌痉挛与去氧皮质酮样的作用。

（2）本品含甘草酸不少于21.0%，干燥失重不超过13.5%，水中不溶物含量不得超过5%，灰分不得超过12%。

## 七、煎 膏 剂

#### （一）概述

煎膏剂系药材用水煎煮，去渣浓缩后，加炼蜜或糖（或转化糖）制成的半流体制剂。煎膏剂俗称膏滋，主要供内服。

### （二）煎膏剂特点

1. 煎膏剂药物浓度高、味甜、可口，利于服用。

2. 以滋补为主，兼有缓慢的治疗作用，体积小，多用于慢性疾病、体质虚弱者或小儿患者。

3. 止咳、活血通经、滋补性及抗衰老性方剂常制成煎膏剂。

### （三）煎膏剂的制备

煎膏剂用煎煮法制备。煎膏剂的制备工艺流程：药材处理→煎煮→浓缩→收膏。

1. 药材处理　将处方规定的药材洗净，切成适宜的片、段或磨成粗末；果类药材洗净、榨汁备用。

2. 煎煮　取药材置于适宜的煎煮器内，加适量水，润湿一定的时间后，再加水至适宜高度，先以文火加热，逐渐加大火力至沸腾，水量被蒸发减少时，可适当加水。一般煎煮 2～5 小时取出煎液过滤，残渣加水继续煎煮，至煎液味淡后，取出煎液备用。压榨残渣，榨出液与全部煎液合并，静置 2 小时后，用滤器过滤。

3. 浓缩　取上述滤液，置适宜蒸发锅中，先以武火加热至沸腾，捞取浮沫，待药液变浓后改用文火，保持微沸，不断搅拌，防止焦化，浓缩至稠膏状时沾取少许滴于滤纸上检视。此时制好的稠膏，习称为“清膏”。

4. 收膏　另取与清膏等重量或倍量的中蜜（炼蜜）或炼糖、炒糖加入清膏中，搅拌混匀，微炼，除沫，装无菌瓶中密封即得。

# 第 4 节　浸出制剂的质量控制

浸出制剂既可直接用于临床，如汤剂、煎膏剂等，还可作为制备颗粒剂、胶囊剂、注射剂等的原料，所以提高浸出制剂的质量对保证浸出制剂的有效性、安全性、稳定性极为重要。应采取以下措施控制并提高浸出制剂的质量。

## 一、药材的来源、品种与规格

我国幅员辽阔，中药材品种繁多，由于药材的来源、产地、采制、有效部位不同，同种药材所含有效成分相差很大，还有同物异名或同名异物情况。故而对药材的外形、质地、颜色、臭、味等特征要加以鉴别，应符合国家药品标准。

## 二、制 法 规 范

根据浸出制剂的种类，选择最适宜的提取方法，使有效成分充分浸出。有效成分已知的药材，在提取过程中应控制其有效成分的含量，使浸出制剂达到质量标准的要求。有效成分未知的药材，必须严格控制提取工艺条件的一致性，如溶剂的种类和用量、提取的时间、蒸发浓缩的温度、精制时所用乙醇的浓度等，以保证每一批提取物具有相同的质量和药效。例如，对解表方剂，先用蒸馏法提取挥发性成分，再用煎煮法浸出，能提高疗效。

## 三、理化标准检测

1. 鉴别　浸出制剂若无含量测定方法，可使用专属性强、灵敏快速的鉴别反应进行质量鉴别。

2. 含量控制　是保证药效的最重要手段，多用以下方法进行检查。

（1）药材比量法：系浸出药剂若干容量或重量相当于原药材多少重量的测定方法。

（2）化学测定法：采用滴定等方式进行化学定量检测的方法，适用于有效成分已经明确而且能通过化学方法进行定量测定的药材。

（3）生物测定法：系利用药材浸出成分对生物组织所发生的反应，从而判定浸出制剂含量标准的方法，如乌头属药材的含量测定。

（4）鉴别及检查：为有效地控制浸出药剂质量，应对浸出药剂做必要的鉴别和检查，如制剂的鉴别和检查、澄明度检查、异物检查、水分检查及不挥发性残渣、灰分和相对密度检查等。

（5）仪器分析测定法：为利用高效液相色谱法（HPLC）、气相色谱法（GC）或荧光检测法等现代手段测定含量的方法，如应用 HPLC 测定甘草流浸膏中甘草酸的含量。

（6）含醇量测定：浸出药剂制备时需使用不同浓度的乙醇，而成品的乙醇含量对药用成分的溶解度影响较大，为保持含醇液体制剂的稳定性，应控制含醇量，如酒剂、酊剂均应检查乙醇含量。

此外还有挥发性残渣、酸碱度、澄清度检查、异物检查、水分检查及固体物、灰分和相对密度、装量检查等检查项目。

## 四、卫生学标准

卫生学标准系微生物限度标准，依照《中国药典》中的微生物限度检查法进行检查，应符合规定。

## 自 测 题

### 一、最佳选择题

1. 下列哪种浸出方法适用于毒性和贵重药材（　　）
   A. 煎煮法　B. 浸渍法
   C. 渗漉法　D. 稀释法
   E. 浓配法
2. 下列哪种浸出方法适用于黏性、新鲜和有效成分容易被破坏药材（　　）
   A. 煎煮法　B. 浸渍法　C. 渗漉法
   D. 稀释法　E. 浓配法
3. 下列关于浸出方法说法错误的是（　　）
   A. 煎煮法适用于对湿和热稳定的药材
   B. 煎煮法流程为浸泡—煎煮—合并煎液—制备药剂
   C. 浸渍法适用于毒性和贵重药材的提取
   D. 浸渍法相比煎煮法没有煎煮过程，而多了静置和过滤的过程
   E. 渗漉法流程为润湿—装筒—排气—浸渍—渗漉—收集
4. 下列不是浸出影响因素的是（　　）
   A. 药材成分和粉碎度　B. 浸出温度
   C. 药材水分　D. 溶剂浓度梯度
   E. 浸出时间
5. 下列关于酊剂说法正确的是（　　）
   A. 其为挥发性浓乙醇溶液
   B. 其乙醇浓度为 30%以下
   C. 一种非均相液体制剂
   D. 毒药材酊剂每 100ml 相当于原药材 10g
   E. 其他酊剂每 1ml 相当于原药材 1g
6. 下列属醇性浸出制剂的是（　　）
   A. 中药合剂　B. 颗粒剂　C. 口服液
   D. 汤剂　E. 流浸膏剂
7. 除另有规定，含毒剧性药物酊剂每 100ml 相当于原药材（　　）
   A. 0.1g　B. 2～5g　C. 0.2g
   D. 20g　E. 10g
8. 除另有规定，一般药物酊剂每 100ml 相当于原药材（　　）
   A. 0.1g　B. 2～5g　C. 0.2g
   D. 20g　E. 10g
9. 采用渗漉法时，药物溶剂不得超过渗漉容器体积的（　　）
   A. 1/3　B. 1/2　C. 4/5

D. 3/4　　E. 2/3

10. 采用渗漉法制备流浸膏，通常收集初漉液量的（　　）
A. 药材量4倍　　B. 药材量85%
C. 药材量8倍　　D. 制备量3/4
E. 溶剂量85%

11. 渗漉法的正确操作为（　　）
A. 粉碎—润湿—装筒—浸渍—排气—渗漉
B. 粉碎—润湿—装筒—浸渍—渗漉—排气
C. 粉碎—装筒—润湿—浸渍—排气—渗漉
D. 粉碎—润湿—装筒—排气—浸渍—渗漉
E. 粉碎—润湿—浸渍—装筒—排气—渗漉

12. 浸出制剂关键的质量检查项目是（　　）
A. 装量差异　　B. 含醇量测定
C. 水分　　D. 挥发性成分
E. 灰分

13. 酒剂和酊剂的不同点是（　　）
A. 含醇制剂　　B. 具有防腐作用
C. 吸收迅速　　D. 浸出溶剂
E. 澄清度

14. 浸膏剂一般每1ml相当于原药材的（　　）
A. 0.1g　　B. 1g
C. 1～2g　　D. 2～5g
E. 10g

15. 流浸膏剂一般每1ml相当于原药材的（　　）
A. 0.1g　　B. 1g　　C. 1～2g
D. 2～5g　　E. 10g

16. 下列浸出方法中，属于动态浸出过程的是（　　）
A. 煎煮法　　B. 浸渍法
C. 渗漉法　　D. 多次浸渍法
E. 湿热浸渍法

17. 下列叙述不属于喷雾干燥优点的是（　　）
A. 干燥迅速
B. 受热时间极短
C. 干燥物不需粉碎
D. 适应于黏稠性浸出液的干燥
E. 适应于对热不稳定药物的干燥

18. 需先煎的药材是（　　）
A. 石膏　　B. 砂仁　　C. 苏子
D. 三七　　E. 阿胶

19. 需加防腐剂的浸出制剂为（　　）
A. 酒剂　　B. 酊剂　　C. 口服液
D. 流浸膏剂　　E. 浸膏剂

20. 下列不属于酊剂制备方法的是（　　）
A. 煎煮法　　B. 浸渍法　　C. 溶解法
D. 稀释法　　E. 渗漉法

## 二、配伍选择题

【21～24题共用选项】
A. 2～5g　　B. 1g
C. 10g　　D. 20g

21. 一般酊剂每100ml相当于原药材（　　）
22. 一般毒剧药物酊剂每100ml相当于原药材（　　）
23. 一般流浸膏每1ml相当于原药材（　　）
24. 一般浸膏每1ml相当于原药材（　　）

【25～27题共用选项】
A. 煎煮法　　B. 浸渍法　　C. 渗漉法

25. 适用于贵重、毒性和有效成分含量较低药材提取（　　）
26. 适用于能加热的药材提取（　　）
27. 适用于黏性、新鲜但不能加热药材提取（　　）

【28～30题共用选项】
A. 干燥　　B. 蒸馏　　C. 蒸发

28. 加热液体汽化后再冷凝为液体的过程（　　）
29. 通过加热使得溶剂气化并除去的过程（　　）
30. 加热物料除去水分或溶剂（　　）

【31～33题共用选项】
A. 草乌　　B. 砂仁　　C. 旋覆花
D. 鹿茸　　E. 阿胶

31. 需先煎的药材是（　　）
32. 需要烊化的药材是（　　）
33. 需要包煎的药材是（　　）

【34～36题共用选项】
A. 中药合剂　　B. 颗粒剂　　C. 口服液
D. 汤剂　　E. 流浸膏剂

34. 属于醇性浸出制剂的是（　　）
35. 制备工艺属于注射剂工艺的是（　　）
36. 制备工艺要求辅料量不应超过清膏量的5倍的是（　　）

## 三、多项选择题

37. 下列选项中影响浸出的因素有（　　）
A. 药材的粗细　　B. 浸出溶剂
C. 浸出时间　　D. 浸出温度
E. 浓度梯度

38. 常用干燥方法有（　　）
A. 常压干燥　　B. 减压干燥
C. 喷雾干燥　　D. 沸腾干燥

E. 红外线干燥

39. 对热不稳定的干燥方法有（　　）

A. 常压干燥　　B. 减压干燥

C. 喷雾干燥　　D. 沸腾干燥

E. 红外线干燥

40. 下列关于浸出制剂说法正确的是（　　）

A. 浸出制剂使用渗漉法、浸渍法、煎煮法

B. 浸渍法适用于具有黏性、新鲜但不能加热的药材

C. 渗漉法适用于贵重、有效成分含量较低和毒性药材

D. 渗漉法药材不能超过容器容量的 2/3

E. 渗漉法在制备流浸膏时，通常收集的初漉液是原药材量的 85%

41. 下列药材在制备汤剂时，需后下的是（　　）

A. 大黄　　B. 生半夏　　C. 砂仁

D. 鸡内金　　E. 雄黄

42. 为保证酊剂与酒剂的质量，下述措施正确的为（　　）

A. 选择适宜的浸出方法

B. 选择适宜的溶剂

C. 防止溶剂挥发

D. 冷藏后精滤

E. 添加适宜的稳定剂

43. 下述为浸出制剂的特点的有（　　）

A. 作用缓和持久　　B. 毒性较低

C. 具有综合作用　　D. 保持原药材的疗效

E. 储存时胶状物易析出

44. 对热不稳定的药物干燥可采用的方法有（　　）

A. 常压干燥　　B. 喷雾干燥

C. 沸腾干燥　　D. 红外线干燥

E. 冷冻干燥

45. 与渗漉效率有关的因素有（　　）

A. 溶剂的浓度　　B. 药材的粒度

C. 渗漉前的润湿　　D. 渗漉时的流速

E. 装筒的松紧度

## 四、填空题

1. 浸出制剂因溶剂、浸出方法的不同，可分为_______、_______、_______、_______四类。

2. 常用的浸出方法有_______、_______和_______。

3. 对_______、_______或_______的浸出及_______的制备多采用渗漉法。

4. 酊剂的制备方法有_______、_______、_______和_______。

5. 为了提高汤剂的质量，常依据药材特性进行特别处理，如阿胶类入汤时应_______，薄荷入汤时应_______，石膏、牡蛎等入汤时应_______。

6. 流浸膏剂除另有规定外，每 1ml 相当于原药材_______g，浸膏剂每 1g 相当于原药材_______g。

## 五、名词解释

1. 浸出制剂

2. 浸渍法

3. 渗漉法

## 六、简答题

1. 简述浸出的影响因素。

2. 简述煎煮法、浸渍法和渗漉法制备工艺。

3. 酒剂与酊剂的异同点有哪些？

（桂玲玲）

# 第6章　液体制剂

**学习目标**

1. 熟悉液体制剂的特点和分类，了解液体制剂的质量要求，熟悉常见按照给药途径分类的液体制剂（包括洗剂、搽剂、涂剂），了解灌肠剂、滴耳剂、灌洗剂、滴鼻剂、合剂等。
2. 掌握常用溶剂及分类和代表，熟悉防腐剂、着色剂和矫味剂等附加剂。
3. 掌握溶液剂定义、制备方法、常用溶液剂（糖浆剂、甘油剂、醑剂）。
4. 熟悉高分子溶液剂定义、性质，了解高分子溶液剂制备。
5. 熟悉溶胶剂定义、性质、制备。
6. 掌握混悬剂定义、稳定性、稳定剂和质量检查，了解混悬剂的制备和实例。
7. 掌握乳剂定义、形成条件、稳定性和质量检查，熟悉乳剂的制备和实例.

**案例 6-1**

小明 2 岁的弟弟周身长痱子，整天哭闹、抓挠不停。小明是药剂专业学生，他从药店买回了复方炉甘石洗剂给弟弟使用，但这种红色的洗剂使用后没有效果。小明请教李老师为何会出现这样的情况？李老师指点小明使用炉甘石洗液前摇一摇。果然小明弟弟在使用同样的洗剂后，痱子消失了，也不痒了。

**问题**：1. 复方炉甘石洗剂是一种什么液体制剂，和上一章的酒剂有什么区别？
2. 为何复方炉甘石洗剂用前要摇一摇呢？

## 第1节　概　　述

### 一、液体制剂的定义

液体制剂系药物分散在适宜的分散介质中制成的供内服或外用的液体形态的剂型。液体制剂的分散相可以是固体、液体或气体药物，在一定条件下以不同的分散方法分别以颗粒、液滴、胶粒、分子、离子等形式存在于液体分散介质中。

**课堂互动**

你能列举日常生活中常用的液体制剂吗？

### 二、液体制剂的特点

液体制剂临床使用广泛，具有以下优点：

（1）药物分散度大，吸收快，作用迅速。

（2）给药途径广泛，既可内服，也可外用于皮肤、黏膜和人体腔道等。

（3）易于分取剂量，使用方便，特别适合幼儿和老年患者。

（4）可减少某些药物的刺激性，如溴化物、碘化物等固体药物，制成液体制剂后，口服后可迅速分散于胃中被稀释，对胃肠道的刺激性较小。

（5）相对固体制剂具有生物利用度高、吸收快的特点。

液体制剂的缺点主要有：

（1）药物分散度大，易受分散介质的影响，化学稳定性较差，易引起药物的分解，使药效降低甚至失效。

（2）水性液体制剂易霉败，而非水性溶剂多有不良药理作用，且易发生沉降和聚集等现象。

（3）液体制剂的体积较大，携带、运输和储存均不方便。

## 三、液体制剂的分类

### （一）按照分散系统分类

按照药物分散系统分类，主要是指通过药物分散的分子/微粒大小和分散形态分类，可分为均相液体制剂和非均相液体制剂（表 6-1）。

**表 6-1　按照分散系统分类的液体制剂**

| 类型 | 类别 | 微粒大小 | 特征 | 实例 |
|---|---|---|---|---|
| 均相 | 低分子溶液剂 | ＜1nm | 以离子和分子状态分散，呈澄明溶液，体系稳定 | 氯化钠注射液 |
| | 高分子溶液剂 | 1～100nm | 以分子形态分散，呈澄明溶液，体系稳定 | 明胶溶液 |
| 非均相 | 乳剂 | ＞100nm | 以液态微粒分散，形成非均相体系 | 脂肪乳注射液 |
| | 混悬剂 | ＞100nm | 以固态微粒分散，形成非均相体系 | 复方硫洗剂 |
| | 溶胶剂 | 1～100nm | 以胶粒分散，形成多相体系，聚结不稳定性 | 氢氧化铁溶胶 |

1. 均相液体制剂　为单相分散体系，包括以下两类。

（1）低分子溶液剂：又称真溶液，是由低分子药物以离子或分子状态分散在分散介质中形成的液体药剂，一般微粒直径＜1nm。常见的低分子溶液剂包括糖浆剂、芳香水剂、甘油剂、醑剂、酊剂、酒剂，临床常见溶液剂有葡萄糖溶液。

（2）高分子溶液剂：又称亲水胶体溶液，亦称胶浆剂，是由高分子药物以分子状态分散在分散介质中形成的液体药剂，常见的有胃蛋白酶溶液。

2. 非均相液体制剂　为不稳定的多相分散体系，常见的有以下三类。

（1）溶胶剂：又称疏水胶体溶液，为不溶性成分以胶粒形式分散在分散介质中形成。

（2）乳剂：为难溶性液体药物分散在分散介质中形成的非均相体系。

（3）混悬剂：为难溶性固体药物以微粒状态分散在分散介质中形成的非均相体系。

### （二）按照给药途径分类

1. 内服液体制剂　常见的有合剂、糖浆剂、芳香水剂等。

（1）合剂：系将药材用水或其他溶剂，采用适宜的方法提取、纯化、浓缩制成的内服液体制剂。

（2）糖浆剂：系含有药物、药材提取物或芳香物质的口服浓蔗糖水溶液。

（3）芳香水剂：系挥发油或其他挥发性芳香药物的饱和或近饱和澄明水溶液。

2. 外用液体制剂　常用的有洗剂、搽剂、涂剂、洗耳剂、滴耳剂、滴鼻剂、含漱剂、灌肠剂和灌洗剂等。

（1）洗剂：系饮片经适宜的方法提取制成的供皮肤、腔道涂抹或清洗用的液体制剂。

（2）搽剂：系一种在皮肤表面揉搽或用软刷涂抹的外用液体制剂。

（3）涂剂：系涂于局部皮肤的外用澄清液体制剂。

（4）滴耳剂：系供滴入耳腔内使用的液体制剂。

（5）滴鼻剂：系供滴入鼻腔内使用的液体制剂。

（6）含漱剂：系用于口腔、咽喉清洗的液体制剂。

（7）灌洗剂：主要是指清洗阴道、尿道的液体制剂。灌洗剂具有防腐、收敛、清洁等作用。

（8）灌肠剂：系经肛门灌入直肠使用的液体制剂。

### 四、液体制剂的质量要求

1. 均相液体制剂应是澄明溶液。
2. 非均相液体制剂的分散相粒子应细小而均匀，混悬剂振摇时易于均匀分散。
3. 内服液体制剂应外观良好，口感适宜。
4. 外用液体制剂应无刺激性。
5. 应有一定的防腐能力，储存与使用过程中不得发生霉变。
6. 包装容器应符合有关规定，方便患者携带和使用。

## 第2节　液体制剂常用溶剂、附加剂及溶解度

### 一、常用溶剂

液体制剂的分散介质一般称为溶剂，对药物的溶解和分散起着重要作用，对液体制剂的性质和质量影响很大。液体制剂常用的溶剂应具有以下几个条件：化学性质稳定，对药物有较好的溶解性和分散性，毒副作用小，成本低，无臭味，具防腐性，不影响主药的含量测定。同时符合这些条件的溶剂很少，所以实际生产中需要在掌握常用溶剂性质的基础上，依据“相似相溶”的原理综合选择。药物的溶解或分散状态与溶剂的极性有密切的关系，溶剂按介电常数的大小可分为极性溶剂、半极性溶剂和非极性溶剂。

#### （一）极性溶剂

1. 水　是最常用的极性溶剂，本身无任何药理作用，可与乙醇、甘油、丙二醇等溶剂以任意比例混合，且价廉易得。水能溶解无机盐及糖、蛋白质等多种极性有机物。但有些药物在水中不稳定，容易发生霉变，不宜久储。在使用水作溶剂时，要考虑药物的稳定性及是否会产生配伍禁忌。

2. 甘油　是无色黏稠性液体，味甜，毒性小，能与水、乙醇、丙二醇等以任意比例混溶，能溶解许多不易溶于水的药物，如硼酸、鞣质、苯酚等。无水甘油有吸水性，对皮肤黏膜有刺激性，但含水10%的甘油无刺激性，且对一些刺激性药物可起到缓和作用。甘油可内服，也可外用，在外用液体药剂中应用较多，常作为黏膜用药物、皮肤用药物的溶剂，起保湿、增加黏度，从而延长药效等作用。甘油含量在30%以上有防腐作用，但成本较高。

3. 二甲基亚砜（dimethyl sulfoxide，DMSO）　为高极性溶剂，难溶于水、甘油、乙醇、丙二醇的药物，在DMSO中往往可以溶解，故DMSO有“万能溶剂”之称。DMSO对皮肤和黏膜的穿透能力很强，可促进药物的透皮吸收，常用作皮肤用制剂的溶剂。对皮肤有轻度刺激性，孕妇禁用。

### （二）半极性溶剂

1. 乙醇　是常用的半极性溶剂，可与水、甘油、丙二醇等以任意比例混合。乙醇的溶解范围较广，可以溶解大部分的有机物质和植物中的成分，如生物碱及其盐类、苷类、挥发油类、树脂、鞣质及某些有机酸和色素等。乙醇毒副作用较小，浓度在 20%以上时即具有防腐作用（70%～75%乙醇消毒效果最佳），浓度在 40%以上时可延缓一些药物的水解。但乙醇和水相比较，成本较高，本身有一定的药理作用，易挥发、燃烧，需要密封保存。

2. 丙二醇　药用一般为 1，2-丙二醇，性质与甘油相近，但黏度较甘油小，可作为内服制剂溶剂及肌内注射液溶剂。丙二醇毒性小、无刺激性，能溶解许多有机药物，一定比例的丙二醇和水的混合溶剂能延缓许多药物的水解，增加稳定性。丙二醇对药物在皮肤和黏膜的吸收有一定的促进作用。

3. 聚乙二醇类（PEG）　液体药剂中常用的聚乙二醇分子量为 300～600，为无色澄明黏性液体。有轻微的特殊臭味。能与水、乙醇、丙二醇、甘油等溶剂混溶。聚乙二醇的不同浓度水溶液是一种良好的溶剂，能溶解许多水溶性无机盐和水不溶性的有机药物。对易水解的药物有一定的稳定作用。在外用液体药剂中对皮肤无刺激性，可增加皮肤的柔韧性。

### （三）非极性溶剂

1. 脂肪油　为常用非极性溶剂，如麻油、豆油、花生油、橄榄油等植物油。本品不能与极性溶剂混合，而能与其他非极性溶剂混合。脂肪油能溶解油溶性药物，如激素、挥发油、游离生物碱和许多芳香族药物。脂肪油容易发生酸败，也易受碱性药物的影响而发生皂化反应，影响制剂的质量。脂肪油多为外用制剂的溶剂，如洗剂、擦剂、滴鼻剂等。

2. 液状石蜡　是从石油产品中分离得到的液状烃的混合物，分为轻质和重质两种。前者相对密度为 0.828～0.860g/cm$^3$，后者相对密度为 0.860～0.890g/cm$^3$。液状石蜡为无色澄明油状液体，无色无臭，化学性质稳定，但接触空气会被氧化，产生臭味，可加入油溶性抗氧化剂。本品能与其他非极性溶剂混合，能溶解生物碱、挥发油及一些非极性药物等。本品在肠道中不分解也不吸收，能使粪便变软，有润肠通便作用。亦可作口服液体制剂和搽剂的溶剂。

3. 乙酸乙酯　为无色油状液体，微臭。相对密度（20℃）为 0.897～0.906g/cm$^3$，有挥发性和可燃性。在空气中容易发生氧化、变色，需加入抗氧化剂。本品能溶解挥发油、甾体药物及其他油溶性药物。常作为搽剂的溶剂。

### （四）抗氧化剂

抗氧化剂是保护药物，避免其氧化的辅料，化学本质为还原剂。常见的抗氧化剂见表 6-2。

**表 6-2　常见的抗氧化剂**

| 抗氧化剂名称 | 水/油溶性 | 属性及范围 |
|---|---|---|
| 焦亚硫酸钠 | 水溶性 | 水溶液呈酸性，适用于偏酸性药液 |
| 维生素 C | 水溶性 | 水溶液呈酸性，适用于 pH 4.5～7.0 药液 |
| 亚硫酸氢钠 | 水溶性 | 水溶液呈酸性，适用于弱酸药液 |
| 亚硫酸钠 | 水溶性 | 水溶液呈碱性，适用于弱碱药液 |
| 硫代硫酸钠 | 水溶性 | 水溶液呈中性或弱碱性，适用于中性或弱碱药液 |
| 没食子酸（PG） | 油溶性 | 适用于油溶性药液 |

续表

| 抗氧化剂名称 | 水/油溶性 | 属性及范围 |
|---|---|---|
| 丁基羟基茴香醚（BHA） | 油溶性 | 对热较稳定，在弱碱条件下也不容易被破坏，因此有一种良好的持久能力 |
| 二丁基羟基甲苯（BHT） | 油溶性 | 化学稳定性好，对热相当稳定，抗氧化能力强，与金属离子反应不着色 |
| 叔丁基对苯二酚（TBHQ） | 油溶性 | 尤其是植物油，较其他抗氧化剂有着更好的抗氧化稳定性 |
| 维生素 E（生育酚） | 油溶性 | 目前国际上唯一大量生产的抗氧化剂 |
| 茶多酚 | 油溶性 | 新型天然油溶性抗氧化剂 |

## 二、常用附加剂

### （一）防腐剂

防腐剂系能抑制微生物活动，防止食品腐败变质的一类食品添加剂。防腐剂的防腐原理，大致有如下三种：①干扰微生物的酶系，破坏其正常的新陈代谢，抑制酶的活性；②使微生物的蛋白质凝固和变性，干扰其生存和繁殖；③改变微生物细胞浆膜的渗透性，抑制其体内的酶类和代谢产物的排除，导致其失活。防腐措施主要是防止污染，添加防腐剂。

1. 对羟基苯甲酸酯类　又称尼泊金类，是一类优良的防腐剂，无毒、无味、无臭、不挥发，化学性质稳定，在 pH 3～8 的范围内均有很好的抑菌效果。以酸性溶液中作用最好，碱性溶液中作用减弱，防腐剂的抑菌作用随烃基碳原子的增加而增强，但其溶解度则减小。常用的有对羟基苯甲酸甲酯、对羟基苯甲酸乙酯、对羟基苯甲酸丙酯和对羟基苯甲酸丁酯，以及一定比例的混合尼泊金酯。

2. 苯甲酸与苯甲酸钠　为常用防腐剂，常用量为 0.10%～0.25%。本品的防腐作用主要是靠未解离的分子，因此溶液的 pH 对其抑菌作用影响很大。降低 pH 对防腐作用有利，通常在 pH 4 以下作用较好。苯甲酸的防霉作用较尼泊金类弱，而防发酵能力较尼泊金酯强，0.25%的苯甲酸和 0.05%～0.10%的羟苯乙酯（尼泊金乙酯）联合应用对防止发霉和发酵最为理想。苯甲酸钠必须解离成苯甲酸后才有抑菌作用，故其防腐能力不如苯甲酸。

3. 山梨酸　微溶于水，可溶于乙醇，常用浓度为 0.15%～0.20%，对真菌和细菌均有较强的抑制作用。本品起防腐作用的是未解离的分子，在 pH 4 的酸性水溶液中效果较好。山梨酸钾、山梨酸钙的作用与山梨酸相同，在水中溶解度更大，需在酸性溶液中使用。

4. 苯扎溴铵（新洁尔灭）和苯扎氯铵（洁尔灭）　具有较好的防腐作用，可用于外用液体，新洁尔灭兼有杀菌和去垢效力，作用强而快，对金属无腐蚀作用，不污染衣服，性质稳定，易于保存，属消毒防腐类药。稀释液可用于外科手术前洗手（0.05%～0.10%，浸泡 5 分钟），皮肤消毒和真菌感染（0.1%），黏膜消毒（0.01%～0.05%），器械消毒（置于 0.1%的溶液中煮沸 15 分钟后再浸泡 30 分钟），对革兰氏阴性杆菌及肠道病毒作用弱，对结核杆菌及芽孢无效。

5. 三氯叔丁醇　0.5%（W/V）的三氯叔丁醇会产生明显的角膜表面损伤。损伤与抑菌剂的有效抑菌浓度有关。

### （二）矫味剂

为掩盖或矫正药剂的不良气味或味道而加入药剂中的物质称矫味剂。常用的矫味剂有甜味剂、芳香剂、胶浆剂及泡腾剂。使用矫味剂时应注意其与制剂质量之间的相互影响关系，避免产生配伍变化或影响药效、制剂的稳定性。常用的天然矫味剂有蔗糖、果汁糖、枸橼糖浆（如橙皮糖浆、樱桃糖浆）；合成的甜味剂如糖精钠，适用于不能食用蔗糖的糖尿病患者，常用量为 0.03%，其甜味是蔗糖的 200～700 倍。甜菊苷是从植物甜叶菊中提取精制而得的微黄色粉末，甜度比蔗糖大 300 倍，常用量为 0.025%～0.050%，甜菊苷甜味持久且易吸收，但甜中带苦，常与蔗糖或糖精钠合用。部分胶浆和色素可用作矫味剂。

### （三）着色剂

着色剂又称色素和染料，可分为天然色素和人工合成色素两大类。应用着色剂能改善制剂的外观颜色，可用来识别制剂品种、区分应用方法和减少患者对服药的厌恶感。

1. 天然色素　有植物性和矿物性色素，如焦糖、叶绿素是我国传统采用的无毒天然植物性色素，氧化铁（外用呈肤色）、氧化锌、氧化铁红等属矿物性色素。

2. 合成色素　人工合成色素的特点是色泽鲜艳、价格低廉、大多数毒性比较大、用量不宜过多。我国批准的内服合成色素有苋菜红、柠檬黄、胭脂红、日落黄和亮蓝等，通常配成 1% 储备液使用，用量不得超过万分之一。外用色素有伊红、品红及亚甲蓝等。

## 三、溶 解 度

在一定温度下，某固态物质在 100g 溶剂中达到饱和状态时所溶解的溶质的质量，称为这种物质在此种溶剂中的溶解度，其单位是“g/100g 水”。

### （一）影响药物溶解度的因素

1. 药物的分子结构　药物在溶剂中的溶解度是药物分子与溶剂分子间相互作用的结果。根据“相似相溶”原理，药物的极性大小对溶解度有很大的影响，而药物的结构则决定着药物极性的大小。

2. 溶剂　通过降低药物分子或离子间的引力，使药物分子或离子溶剂化而溶解，是影响药物溶解度的重要因素。极性溶剂可使盐类药物及极性药物发生溶剂化而溶解；极性较弱的药物分子中的极性基团与水形成氢键而溶解；非极性溶剂分子与非极性药物分子形成诱导偶极–诱导偶极结合；非极性溶剂分子与半极性药物分子形成诱导偶极–永久偶极结合。通常药物的溶剂化会影响药物在溶剂中的溶解度。

3. 温度　溶解度的影响取决于溶解过程是吸热还是放热。固体药物溶解时，需要吸收热量，则其溶解度通常随着温度的升高而增大。绝大多数药物的溶解是吸热过程，故其溶解度随温度的升高而增大。

4. 粒子大小　一般情况下，药物的溶解度与药物粒子的大小无关。但是一些难溶性药物在一定温度下，其溶解度与溶解速度及其表面积成正比，即小粒子有较大的溶解度，而大粒子有较小的溶解度。但这个粒子必须小于 1μm，其溶解度才有明显变化。但当粒子小于 0.01μm 时，如再进一步减小，不仅不能提高溶解度，反而导致溶解度减小，这是因为粒子电荷的变化比减小粒子大小对溶解度的影响更大。

5. 晶型　同一化学结构的药物，因为结晶条件如溶剂、温度、冷却速度等的不同，而得到不同晶格排列的结晶，称为多晶型。多晶型现象在有机药物中广泛存在。药物的晶型不同，导致晶格能不同，其熔点、溶解速度、溶解度等也不同。具有最小晶格能的晶型最稳定，称为稳定型，其有着较小的溶解度和溶解速度；其他晶型的晶格能较稳定型大，称为亚稳定型，它们的熔点及密度较低，溶解度和溶解速度较稳定型的大。

6. pH　大多数药物为有机弱酸、弱碱及其盐类。这些药物在水中的溶解度受 pH 影响很大。弱酸性药物随着溶液 pH 升高，其溶解度增大；弱碱性药物的溶解度随着溶液的 pH 下降，其溶解度升高。而两性化合物在等电点（pI）=pH 时，溶解度最小。

7. 同离子效应　若药物的解离型或盐型是限制溶解的组分，则其在溶液中的相关离子浓度是影响该药物溶解度大小的决定因素。一般在难溶性盐类的饱和溶液中，加入含有相同离子的化合物时，其溶解度降低，这就是同离子效应。如许多盐酸盐类药物在生理盐水或稀盐酸中的溶解度比在水中低。

8. 其他　加入助溶剂、增溶剂等。

### （二）影响药物溶解速度的因素

溶解过程符合 Noyes-Whitney 方程。

$$\frac{\mathrm{d}C}{\mathrm{d}t}=\frac{DA}{Vh}(C_S-C)$$

上述公式中 $\frac{\mathrm{d}C}{\mathrm{d}t}$ 为溶解速度，$D$ 为扩散系数，$A$ 为药物离子的表面积，$C_S$、$C$ 分别为扩散层内、溶出介质中药物的浓度，$V$ 为溶出介质体积，$h$ 为扩散层厚度。

1. 温度　温度提升，药物的溶解度增大，同时药物分子的扩散速度亦增加。

2. 搅拌　适当搅拌可以提高扩散速率，从而加速药物的溶解。

3. 粒子大小　固体药物粒子越细，比表面积越大，其表面形成饱和溶液的速率增大。

### （三）增加药物溶解度的方法

1. 制成可溶性盐　一些难溶性弱酸和弱碱性药物，可加入适量的碱或酸制成盐而增加其溶解度。羧基、磺酰胺基、亚氨基等酸性基团的药物，可用碱（氢氧化钠、碳酸氢钠、氢氧化钾、氢氧化铵、乙二胺、二乙醇胺等）与其作用生成溶解度较大的盐，常见的有青霉素 V 钾片、青霉素钠注射液等。天然及合成的有机碱，一般用盐酸、硫酸、硝酸、磷酸或枸橼酸、水杨酸、马来酸、酒石酸、乙酸等制成盐类，常见的有马来酸氯苯那敏片、硫酸阿托品等。

2. 加入增溶剂　许多难溶性药物如挥发油、脂溶性维生素、甾体激素类等均可通过加入适宜增溶剂而增大其在水中的溶解度。主要添加具有聚氧乙烯键的表面活性剂，如注射剂中加入吐温 80 作为增溶剂。

3. 加入助溶剂　一些难溶性药物，加入第三种物质时，使难溶性药物在水中的溶解度增加而不降低其活性的现象，称为助溶，而加入的第三种物质称为助溶剂。助溶机制为助溶剂与药物形成可溶性络合物和复盐，以增加药物溶解度。常见如安钠咖（苯甲酸钠+咖啡因），咖啡因在水中溶解度较小，而加入苯甲酸和咖啡因络合后可增加其溶解度；碘酊中加入碘化钾可以增加难溶性单质碘的溶解度；此外还有尿素、乙二胺、乌拉坦、乙酰胺等酰胺类化合物。

4. 加入潜溶剂　某些药物在单一溶剂中溶解性能差，但在混合溶剂中各溶剂达到某一比例时，药物的溶解度可出现极大值，此现象称为潜溶，这种混合溶剂称为潜溶剂。可与水形成潜溶剂的有乙醇、丙二醇、甘油、聚乙二醇等。常见如氯霉素使用水、乙醇和甘油混合溶剂，则可制成 12.5%氯霉素溶液；乙醇可作为沙丁胺醇气雾剂的潜溶剂。

## 第3节　溶　液　剂

溶液剂，主要系低分子溶液剂，是指小分子药物以分子或离子状态分散在溶剂中形成的供内服或外用的液体制剂。它包括普通溶液剂、芳香水剂、糖浆剂、甘油剂、酯剂等，大多采用溶解法制备。低分子溶液剂为澄明液体，药物在溶液中分散度大，口服后药物易吸收。但是药物化学活性也随之增高，导致某些药物的水溶液不稳定。此外多数药物的水溶液在储存过程中易发生变质，所以应注意药物稳定性和防腐问题。

## 一、普通溶液剂

### （一）概述

普通溶液剂系非挥发性药物溶解于溶剂中形成的均相澄明溶液，供内服或外用。溶剂大多为水，也可用乙醇或植物油。溶液剂应澄清，不得有沉淀、混浊、异物等。根据需要溶液剂中可加入防腐剂、助溶剂、抗氧化剂、矫味剂及着色剂等附加剂。药物制成溶液剂后量取容易，分剂量准确，使用方便，对于小剂量药物或毒性较大的药物更适宜；且分散度大、吸收快、起效迅速。

### （二）制备方法

溶液剂制备方法有溶解法、稀释法和化学反应法。

1. 溶解法　用于较稳定的化学药物，多数溶液剂都采用此法制备。一般包括称量→溶解→过滤→质量检查→包装等步骤。

2. 稀释法　系先将药物制成高浓度溶液，使用前用溶剂稀释至规定浓度的方法。本法适用于高浓度溶液或易溶性药物浓储备液等原料。

3. 化学反应法　系将两种或两种以上的药物通过化学反应制成新的药物溶液的方法。待化学反应完成后滤过，并添加附加剂至全量即得。本法适用于原料药物缺乏或质量不符合要求的情况，如复方硼砂含漱液等。

### （三）普通溶液剂实例

**实例 6-1：复方碘口服溶液**

【处方】 碘 50g　碘化钾 100g　纯化水适量　共制 1000ml

【制备】 取处方量碘化钾加适量纯化水溶解，加入碘搅拌溶解，再加适量纯化水至全量，混匀即得。

【分析】

（1）内服用于甲状腺功能亢进症的辅助治疗，外用可用于消毒。

（2）因碘难溶于水（1：2950），又具挥发性，故加碘化钾作助溶剂，与碘生成易溶性的络合物而溶于水中，并能使溶液稳定。

（3）配制该溶液前，应先将碘化钾浓配后再加入碘稀释配制，确保碘完于溶解。

**实例 6-2：复方硼砂含漱液**

【处方】 硼砂 1.5g　碳酸氢钠 1.5g　液化苯酚 0.3ml　甘油 3.5ml　纯化水加至 100ml

【制备】

（1）将处方量硼砂加入约 80ml 热纯化水中，使其溶解，放冷；再加入处方量碳酸氢钠溶解。

（2）加入甘油与液化苯酚的混合液，边加边搅拌，静置片刻或至无气泡。

（3）将上述液体过滤至 100ml 量杯中，并自滤器上加纯化水至总量 100ml，搅匀，即得。

【分析】

（1）本品有杀菌防腐作用，用于口腔炎、咽喉炎及扁桃体炎等。

（2）本品加适量伊红使药液呈红色，搅匀，即得。

（3）本制剂是用化学反应法制备。硼砂与甘油反应生成硼酸甘油（酸性）；硼酸甘油再与碳酸氢钠反应生成甘油硼酸钠，同时放出二氧化碳气体（有气泡生成，当无气泡时可知反应已经完成）。

## 二、芳香水剂

芳香水剂系芳香挥发性药物的饱和或近饱和水溶液。用水与乙醇的混合液作溶剂可制成挥发油含量较高的溶液，称为浓芳香水剂。芳香水剂制法因原料不同而异，纯净的挥发油或化学药物多用溶解法或稀释法制备，含芳香挥发性成分的药材多用水蒸气蒸馏法。芳香水剂除要求澄明外，还需具有与原料药物相同的气味，不得有异臭、沉淀或杂质；由于芳香水剂中的挥发性成分大多容易分解或变质，易霉败，故不宜大量配制和久储。

**实例6-3：金银花露水**

**【处方】** 金银花500g

**【制法】** 将金银花用水蒸气蒸馏法蒸取馏液，至金银花气味较淡为度（约2000ml），取馏液在无菌条件下分装于清洁玻璃瓶（250ml/瓶或500ml /瓶）中，瓶口密闭，流通蒸汽（100℃）灭菌20分钟即得。

**【分析】** 本品清热解毒。用于小儿痱毒，暑热口渴。

## 三、糖浆剂

### （一）概述

糖浆剂系含有药物的浓蔗糖水溶液，供口服用。

其特点：①能掩盖某些药物的不良味道，易于服用，适合儿童患者。②糖浆剂中有少部分蔗糖转化为葡萄糖和果糖，具有还原性，能防止糖浆剂中药物的氧化变质。③高浓度的糖浆剂由于渗透压较高，不易霉败变质；低浓度的糖浆剂常加入适宜的防腐剂以阻止或延缓微生物的增殖，使糖浆质量符合卫生学要求。

根据组成与用途的不同，糖浆剂可分为三类。

（1）单糖浆：指单纯蔗糖的近饱和水溶液。含蔗糖量为85%（g/ml）或64.7%（g/g），可供配制糖浆剂，亦可作液体制剂中的矫味剂、助悬剂、黏合剂。

（2）药用糖浆：又称含药糖浆，主要用于治疗疾病，如硫酸亚铁糖浆、小儿急支糖浆等。

（3）芳香糖浆：系含芳香性物质或果汁的浓蔗糖水溶液。主要用作液体制剂的矫味剂，如橙皮糖浆。

### （二）质量要求

糖浆剂的质量要求如下：

1. 糖浆剂应为半透明的黏稠澄清液体，储藏期间不得有酸败、异臭、产生气体或其他变质现象。

2. 所用防腐剂的用量应符合规定要求。

3. 含药材提取物的糖浆剂，允许有少量轻摇易散的沉淀。

4. 除另有规定外，中药糖浆剂含糖量应不低于45%（g/ml）。糖浆剂要求有一定的相对密度和pH。

5. 单剂量灌装的糖浆剂，其装量应符合2015年版《中国药典》有关规定。

### （三）制备方法

1. 热溶法　系将药用蔗糖置于沸水中，继续加热至全溶，趁热过滤，加入可溶性药物，搅拌、溶解、过滤，并通过滤器加纯化水至全量，分装即得。此法用于制备对热稳定药物的糖浆剂，热不稳定药物糖浆剂可以考虑加热后再适当降温后再加入药物。其优点是蔗糖容易溶解，蔗糖中所含的蛋白质等杂质被加热凝固而滤除，制得的糖浆剂易于滤清，同时在加热过程中能杀灭微生物，使糖浆剂易于保存。其工艺流程为：蔗糖→加热溶解→过滤→质量检查→成品。

2. 冷溶法　系室温下将蔗糖溶于纯化水或含药溶液中制备糖浆剂的方法。制备的糖浆剂颜色浅，适用于对热不稳定或易挥发的药物。缺点是生产周期长，易污染。

3. 混合法　系将含药溶液与单糖浆均匀混合制备糖浆剂的方法。适用于制备含药糖浆。该法优点是方便、灵活，可大量配制。

### （四）糖浆剂实例

**实例 6-4：枸橼酸哌嗪糖浆**

【处方】　枸橼酸哌嗪 160g　蔗糖 650g　防腐剂适量　调味剂适量　蒸馏水适量　共制 1000ml

【制备】

（1）将蔗糖加入到容器中，加适量蒸馏水后通入蒸汽加热，蔗糖溶解后用 40 目铜丝筛除去异物，再经过滤，如滤液不清可加入滑石粉助滤。

（2）另取蒸馏水适量，加入枸橼酸哌嗪，经搅拌溶解，必要时过滤，滤液与所制备的糖浆充分混合，并将防腐剂、调味剂溶解后在搅拌条件下缓缓加入上述混合液中。

（3）最后加蒸馏水至全量，搅拌均匀。测定主药含量，合格后进行灌装即得。

【分析】　本品为澄清的含药糖浆剂，具有芳香气味，相对密度应为 1.270～1.305g/$cm^3$。

## 四、甘 油 剂

### （一）概述

甘油剂系药物的甘油溶液，专供外用。甘油具有黏稠性、吸湿性和防腐性，对皮肤、黏膜有滋润作用，能使药物滞留于患处而延长局部疗效，常用于口腔、耳鼻喉科疾患。甘油对苯酚、碘等药物的刺激性有一定的缓和作用，故可用于黏膜。甘油剂的吸湿性较强，应密闭保存。

### （二）制备方法

1. 溶解法　系药物溶解于甘油中而制成的甘油剂，如苯酚甘油、碘甘油等。

2. 化学反应法　系药物与甘油发生化学反应而制成的甘油剂，如硬酸甘油。

### （三）甘油剂实例

**实例 6-5：碘甘油**

【处方】　碘 1.0g　碘化钾 1.0g　纯化水适量　加入甘油至 100ml

【制备】

（1）取处方量碘化钾加入适量纯化水中溶解后，加碘溶解。

（2）加入甘油至 100ml，搅拌均匀后，即得成品。

【分析】

（1）本品外用消毒防腐，可用于口腔溃疡和牙周炎。

（2）甘油作为碘的溶剂可缓和碘对黏膜的刺激性，甘油易附着于皮肤或黏膜上，使药物滞留患处，而起延效作用。

（3）本品不宜用水稀释，必要时用甘油稀释以免增加刺激性。

（4）碘在甘油中溶解度约为 1%（g/g），可加碘化钾助溶，并可增加碘的稳定性。

（5）配制时，宜控制水量，以免增加对黏膜的刺激性。

## 五、酯　　剂

### （一）概述

酯剂系挥发性药物的乙醇溶液，可供内服或外用。挥发性药物多为挥发油，酯剂药物浓度可达 5%～10%，乙醇浓度一般为 60%～90%。酯剂必须澄清，应具有原药的气味。酯剂可用于治疗，也可用作芳香矫味剂。酯剂易挥发、易氧化，应储于存密封容器中且不宜时间过长。

### （二）制备方法

1. 溶解法　系将挥发性药物直接溶于乙醇中制成的，如樟脑酯。酯剂制备时所用的器械应保持干燥，过滤所用的滤纸和滤器宜先用乙醇润湿，防止出现混浊现象。

2. 蒸馏法　系将挥发性药物溶于乙醇后再进行蒸馏，或将经化学反应所生成的挥发性物质蒸馏制得。

### （三）酯剂实例

**实例 6-6：复方薄荷脑酯**

**【处方】**　薄荷脑 3g　苯酚 5g　乙醇 630ml　加入蒸馏水至 1000ml

**【制备】**　取樟脑加乙醇溶解后，过滤，自滤器上加入蒸馏水至 1000ml，搅拌均匀，即得成品。

**【分析】**　薄荷脑能选择性地刺激人体皮肤或黏膜的冷觉感受器，产生冷觉反射和冷感，引起皮肤黏膜血管收缩，起到消炎、止痛、止痒、促进血液循环和减轻水肿等作用。

# 第 4 节　高分子溶液剂

## 一、概　　述

高分子溶液剂，系高分子化合物以分子状态溶解在溶剂中制成的均匀分散的液体药剂。以水为溶剂制备的高分子溶液剂称为亲水性高分子溶液剂，又称胶浆剂。高分子溶液剂属于热力学及动力学稳定系统，在制剂生产中应用广泛，可用作黏合剂、助悬剂和乳化剂等。

常见的有胃蛋白酶合剂、右旋糖酐注射液、羧甲基淀粉钠注射液、明胶溶液等；片剂辅料如黏合剂淀粉浆等。

## 二、高分子溶液剂性质

### （一）带电性

很多高分子化合物在溶液中带有电荷，主要是由于高分子化合物结构中的某些基团解离所致。由于高分子化合物种类不同，溶液中所带的电荷也不一样，如带正电荷的壳聚糖，带负电荷的阿拉伯胶、海藻酸钠，带两性电荷的蛋白质等。带两性电荷的蛋白质分子随溶液 pH 不同，可带正电荷或负电荷。当溶液的 pH 等于等电点时，蛋白质分子呈中性，此时溶液的黏度、渗透压、溶解度、导电性等都变为最小。当溶液的 pH 大于等电点时，则蛋白质带负电荷；当溶液的 pH 小于等电点时，则蛋白质带正电荷。由于高分子化合物在溶液中带电，所以具有电泳现象。利用电泳法可测定高分子化合物所带电荷的种类。

### （二）溶解性

一些水溶性高分子物质如树胶、淀粉、纤维素及其衍生物等能与水发生水合作用从而溶解在水中形成黏稠性的液体，常称为胶浆剂，又称亲水胶。一些水不溶性高分子物质，能较好地分散在半极性或非极性溶剂中，常称为非水性高分子溶液，如玉米朊的乙醇溶液常作为片剂包衣时的隔离层材料，羧甲基纤维素钠可作为助悬剂。

### （三）胶凝性

一些亲水性高分子溶液如明胶和琼脂的水溶液，在温热条件下为黏稠性流动液体。但当温度降低时，高分子溶液形成网状结构，水被全部包含在网状结构中，形成了不流动的半固体状物，称为凝胶，如软胶囊的囊壳就是这种凝胶。形成凝胶的过程称为胶凝。凝胶失去网状结构中的水分，体积缩小，形成的干燥固体称为干胶。例如，硬胶囊的囊壳、阿胶、龟板胶等都是干胶的存在形式。

### （四）稳定性

高分子溶液的稳定性主要是由高分子化合物水化作用和荷电两方面决定的。高分化合物含有大量亲水基，能与水形成牢固的水化膜，可阻止高分子化合物分子之间的相互凝聚，这是高分子化合物稳定的主要原因。

1. 盐析现象　向溶液中加入大量的电解质，由于电解质的强烈水化作用，结合了大量的水分而破坏了水化膜，使高分子化合物凝结而沉淀，这一过程称为盐析。盐析法常用于制备生化制剂和中药制剂。引起盐析作用的主要是电解质中的阴离子。

2. 陈化现象　破坏水化膜的另一种方法就是加入脱水剂如乙醇、丙酮等。在药剂学中划分不同分子量的高分子化合物时常采用此法等。高分子溶液在放置过程中也会自发地凝结而沉淀，称为陈化现象。

3. 絮凝现象　其他原因如盐类、pH、絮凝剂、射线等的影响，使高分子化合物凝结沉淀，称为絮凝现象。这些现象在中药注射剂放置过程及含有中药酊剂处方的调剂中经常发生。带相反电荷的两种高分子溶液混合时，由于相反电荷中和而产生凝结沉淀，如带负电荷的阿拉伯胶和带正电荷的明胶，在等电点以下混合时，形成高分子复合物而沉淀，这是复凝聚法制备微囊的基本原理。

## 三、高分子溶液剂的制备

高分子溶液剂的制备要经过一个溶胀过程。溶胀过程一般分为两个阶段，首先是高分子化合物吸收溶剂（水）使体积膨胀，这一过程称有限溶胀，然后是溶剂分子不断进入高分子的链段空隙间发生水化作用，降低了高分子分子间的作用力，导致高分子化合物完全分散在水中形成高分子溶液，这一过程称为无限溶胀。无限溶胀过程，通常需要搅拌或加热等步骤才能完成。

胶溶过程的快慢取决于高分子的性质及工艺条件。制备明胶溶液时，先将明胶碎成小块，放于水中浸泡 3～4 小时（本次用水量为总水量的 1/2～3/4），使其吸水膨胀，然后加热并搅拌使其形成明胶溶液。

## 四、高分子溶液剂实例

**实例 6-7：羧甲基纤维素钠胶浆**

【处方】　羧甲基纤维素钠 5g　琼脂 5g　糖精钠 0.5g　纯化水适量　共制 1000ml

【制备】

（1）取处方量羧甲基纤维素钠分次加入热纯化水 400ml 中，搅拌使其溶解。

（2）另取处方量琼脂加纯化水 400ml 浸泡使其溶胀，煮沸数分钟使琼脂溶解。

（3）两液合并，趁热过滤，再加入糖精钠、热纯化水使成 1000ml，搅匀，即得。

【分析】

（1）本品可作助悬剂、矫味剂。供外用时不加糖精钠。

（2）可用于腔道润滑。

# 第5节 溶胶剂

溶胶剂系固体药物微细粒子（1～100nm）分散在水中形成的非均相分散的液体制剂，又称疏水胶体溶液，如氧化银溶胶、氢氧化铁溶胶等。溶胶剂属于热力学不稳定体系，将药物分散成溶胶状态，其药效会出现显著的变化。溶胶剂目前很少使用，通常使用的用是亲水胶体保护的溶胶制剂。

## 一、溶胶剂性质

溶胶剂的外观与溶液剂相似，透明无沉淀，能透过滤纸，但不能透过半透膜。由于分散相是多分子聚集体，因此具有与一般溶液剂不同的性质。

### （一）布朗运动

溶胶剂中的胶粒在分散介质中有不规则的运动，这种运动称为布朗运动。布朗运动是由于胶粒受分散介质水分子的不规则撞击产生的。溶胶粒子的扩散速度、沉降速度及分散介质黏度等都与溶胶动力学性质有关。

### （二）丁铎尔效应

由于胶粒大小比自然光的波长小，对光有散射作用。当一束强光通过溶胶剂时，从溶胶剂的侧面可见到一束混浊发亮的光柱，称为丁铎尔效应。溶胶剂浊度会影响散射光强度。

### （三）带电性质

溶胶剂中的胶粒可由于自身解离或吸附溶液中的某种离子而带电。胶粒具双电层结构，即胶粒吸附某种离子形成吸附层，反离子散布在周围形成扩散层，吸附层与扩散层构成的电性相反的电层称为双电层。双电层之间存在着电位差，称为 $\xi$ 电位。胶粒带电有利于溶胶剂的稳定。

### （四）稳定性

胶粒表面所带的相同电荷的排斥作用可阻碍胶粒的合并，这是溶胶剂稳定的主要因素。胶粒荷电所形成的水化膜，也阻碍了胶粒的合并，这是溶胶剂稳定的次要因素。将电解质或带相反电荷的溶胶加入溶胶剂中，由于胶粒的电荷部分或全部被中和而使胶粒的电荷减少，水化膜变薄，使溶胶剂产生聚结而沉淀。向溶胶剂中加入亲水性高分子溶液，可使溶胶剂具有亲水胶体的性质而增加稳定性，加入的亲水胶体称为保护胶体。例如，医用杀菌剂蛋白银，就是由蛋白质保护的银溶胶。

## 二、溶胶剂的制备

### （一）分散法

1. 机械分散法　常采用胶体磨进行制备。药物、分散介质及稳定剂从加料口处加入胶体磨中，胶体磨以 10 000r/min 高速旋转将药物粉碎成溶胶粒子。本法可制成质量很高的溶胶剂。

2. 溶胶法　又称解胶法，系使新生的粗粒子重新分散成溶胶粒子的方法。

3. 超声分散法　用20 000Hz以上超声波产生的能量使粗分散相粒子分散成溶胶粒子的方法。

### （二）凝聚法

1. 物理凝聚法　通过改变分散介质的性质使溶解的药物凝聚成为溶胶的方法。例如，将硫黄溶于乙醇制成饱和溶液，过滤，将滤液细流加入水中，硫黄在水中的溶解度突然降低，迅速析出的硫黄凝聚成溶胶粒子而分散于水中。

2. 化学凝聚法　借助于氧化、还原、水解、复分解等化学反应制备溶胶的方法。例如，用硫代硫酸钠与稀盐酸作用，生成的新生态硫分散于水中，形成溶胶剂。

# 第6节　混　悬　剂

## 一、概　　述

混悬剂系难溶性固体药物以微粒状态分散在分散介质中形成的非均相液体药剂。药物微粒直径一般在0.5～10. 0μm，分散介质大多为水，也有植物油。混悬剂可口服亦可外用，属于热力学和动力学均不稳定的粗分散体系。

宜制成混悬剂情况：①难溶性药物需制成液体剂型应用时；②药物的剂量超过了溶解度而不能制成溶液剂时；③两种溶液混合时药物的溶解度降低或产生难溶性化合物时；④需要制成缓释制剂时。剧毒药物或剂量小的药物，不宜制成混悬剂使用。

混悬剂的质量要求有：

1. 混悬剂中微粒大小符合制剂要求，微粒均匀细腻。
2. 药物的化学稳定性高。
3. 粒子的沉降速度应很慢，具有良好的再分散性。
4. 有一定的黏度，沉降速度符合标准。
5. 外用混悬剂应容易涂布。

## 二、混悬剂稳定性

混悬剂主要存在物理稳定性问题。混悬剂中药物微粒分散度大，使混悬微粒具有较高的表面自由能而处于不稳定状态。疏水性药物的混悬剂比亲水性药物存在更大的稳定性问题。

### （一）混悬微粒的沉降

混悬剂中的微粒受重力作用产生沉降时，其沉降速度服从Stoke's定律：

$$v=\frac{2r^2(\rho_1-\rho_2)g}{9\eta}$$

上式中，$v$表示微粒沉降速度，单位为cm/s；$r$表示微粒半径，单位为cm；$\rho_1$和$\rho_2$分别为微粒和分散介质的密度，单位为$g/cm^3$；$g$为重力加速度，单位为$cm/s^2$；$\eta$为分散介质黏度，单位为g/（cm・s）。

由上式可知，混悬微粒的沉降速度与微粒半径的平方、微粒和分散介质的密度差成正比，而与分散介质的黏度成反比。增加混悬剂稳定性，降低微粒沉降速度的方法有：①研细药粉，减小微粒半径；②选择合适的分散介质，或在介质中加入高分子物质，从而减小微粒与分散介质的密度差；③选择适当黏度的分散介质，增加分散介质的稠度。其中减小微粒半径是最有效的途径。

### （二）混悬剂的润湿

固体药物能否被润湿，与混悬剂制备的难易、质量好坏及稳定性大小有很大关系。混悬微粒若为亲水性药物，即能被水所润湿。与胶粒相似，润湿的混悬微粒可与水形成水化层，阻碍微粒的合并、凝聚、沉降。而疏水性药物不能被水所润湿，故不能均匀地分散在水中。但若加入润湿剂后，降低固–液相间的界面张力，改变了疏水性药物的润湿性，则可增加混悬剂的稳定性。

### （三）混悬剂的荷电

混悬剂中微粒可因本身离解或吸附分散介质中的离子而荷电，具有双电层结构，即有 $\zeta$ 电位。由于微粒表面荷电，水分子可在微粒周围形成水化膜，这种水化作用的强弱随双电层厚度而改变。微粒荷电使微粒间产生排斥作用，加之有水化膜的存在，阻止了微粒间的相互聚结，使混悬剂稳定。向混悬剂中加入少量的电解质，可以改变双电层的构造和厚度，会影响混悬剂的聚结稳定性并产生絮凝。疏水性药物混悬剂的微粒水化作用很弱，对电解质更敏感。亲水性药物混悬剂的微粒除荷电外，本身具有水化作用，受电解质的影响较小。

### （四）混悬剂的絮凝与反絮凝

混悬剂中的微粒由于分散度大而具有很大的总表面积，因而微粒具有很高的表面自由能，这种高能状态的微粒就有降低表面自由能的趋势。电荷的排斥力阻碍了微粒产生聚集。因此加入适当的电解质，使 $\zeta$ 电位降低，以减小微粒间电荷的排斥力。$\zeta$ 电位降低一定程度后，混悬剂中的微粒会形成疏松的絮状聚集体，使混悬剂处于稳定状态。混悬微粒形成疏松聚集体的过程称为絮凝，加入的电解质称为絮凝剂。为了得到稳定的混悬剂，一般应控制 $\zeta$ 电位在 20～25mV 范围内，使其恰好能产生絮凝作用。絮凝剂主要是具有不同价数的电解质，其中阴离子絮凝作用大于阳离子。电解质的絮凝效果与离子的价数有关，离子价数增加 1，絮凝效果增加 10 倍。常用的絮凝剂有枸橼酸盐、酒石酸盐、磷酸盐及氰化物等。与非絮凝状态比较，絮凝状态具的以下特点：沉降速度快，有明显的沉降面，沉降体积大，经振摇后能迅速恢复均匀的混悬状态。向絮凝状态的混悬剂中加入电解质，使絮凝状态变为非絮凝状态这一过程称为反絮凝。加入的电解质称为反絮凝剂。

## 三、混悬剂的稳定剂

为了提高混悬剂的稳定性，在制备混悬剂时可加入适当的稳定剂。常用的混悬剂稳定剂有助悬剂、润湿剂、絮凝剂和反絮凝剂。

### （一）助悬剂

助悬剂系能增加分散介质的黏度以降低微粒的沉降速度或增加微粒亲水性的附加剂。助悬剂包括的种类很多，其中有低分子化合物、高分子化合物，甚至有些表面活性剂也可作助悬剂用。常用的助悬剂有：

1. 低分子助悬剂　如甘油、糖浆剂等，在外用混悬剂中常加入甘油。

2. 高分子助悬剂

（1）天然的高分子助悬剂：主要是树胶类，如阿拉伯胶、西黄蓍胶、桃胶等。阿拉伯胶和西黄蓍胶可用其粉末或胶浆，其用量前者为 5%～15%，后者为 0.5%～1.0%。还有植物多糖类，如海藻酸钠、琼脂、淀粉等。

（2）合成或半合成高分子助悬剂：主要为纤维素类，如甲基纤维素、羧甲基纤维素钠、羟丙基纤维素。其他如卡波普、聚维酮、葡聚糖等。此类助悬剂大多数性质稳定，受 pH 影响小，但应注意某些助悬剂与药物或其他附加剂有配伍变化。

（3）硅藻土：是天然的含水硅酸铝，为灰黄色或乳白色极细粉末，直径为 1～150μm，不溶于水或酸，但在水中膨胀，体积增加约 10 倍，形成高黏度并具触变性和假塑性的凝胶，在 pH 大于 7 时，膨胀性更大，黏度更高，助悬效果更好。

（4）触变胶：利用触变胶的触变性，即凝胶与溶胶恒温转变的性质，静置时形成凝胶防止微粒沉降，振摇时变为溶胶有利于倒出。使用触变性助悬剂有利于混悬剂的稳定。单硬脂酸铝溶解于植物油中可形成典型的触变胶，一些具有塑性流动和假塑性流动的高分子化合物水溶液常具有触变性，可选择使用。

### （二）润湿剂

润湿剂系能增加疏水性药物微粒被水湿润的附加剂。许多疏水性药物，如硫黄、甾醇类、阿司匹林等不易被水润湿，加之微粒表面吸附有空气，给制备混悬剂带来困难，这时应加入润湿剂，润湿剂可被吸附于微粒表面，增加其亲水性，产生较好的分散效果。最常用的润湿剂是 HLB 值在 7～11 的表面活性剂，如聚山梨酯类、聚氧乙烯蓖麻油类、泊洛沙姆等。

### （三）絮凝剂与反絮凝剂

使混悬剂产生絮凝作用的附加剂称为絮凝剂，而产生反絮凝作用的附加剂称为反絮凝剂。制备混悬剂时常需加入絮凝剂，使混悬剂处于絮凝状态，以增加混悬剂的稳定性。絮凝剂和反絮凝剂的种类、性能、用量、混悬剂所带电荷及其他附加剂等均对絮凝剂和反絮凝剂的使用有很大影响。

## 四、混悬剂的制备

制备混悬剂时，应使混悬微粒有适当的分散度，粒度均匀，以减小微粒的沉降速度，使混悬剂处于稳定状态。混悬剂的制备分为分散法和凝聚法。

### （一）分散法

分散法是将粗颗粒的药物粉碎成符合混悬剂微粒要求的分散程度，再分散于分散介质中制备混悬剂的方法。采用分散法制备混悬剂时注意：①亲水性药物，如氧化锌、炉甘石等，一般应先将药物粉碎到一定细度，再加入处方中的液体适量，研磨到适宜的分散度，最后加入处方中的剩余液体至全量；②疏水性药物不易被水润湿，必须先加一定量的润湿剂与药物研匀后再加液体研磨混匀；③小量制备可用乳钵，大量生产可用乳匀机、胶体磨等机械。粉碎时，采用加液研磨法，可使药物更易粉碎，微粒可达 0.1～0.5μm。

对于质重、硬度大的药物，可采用中药制剂常用的“水飞法”，即在药物中加适量的水研磨至细，再加入较多量的水，搅拌，稍加静置，倾出上层液体，研细的悬浮微粒随上清液被倾倒出去，余下的粗粒再进行研磨。如此反复直至完全研细，达到要求的分散度为止。“水飞法”可使药物粉碎到极细的程度。

### （二）凝聚法

1. 物理凝聚法　系将分子或离子分散状态的药物溶液加入另一分散介质中凝聚成混悬液的方法。一般先将药物制成热饱和溶液，在搅拌下加至另一种不同性质的液体中，使药物快速结晶，可制成 10μm 以下（占 80%～90%）微粒，再将微粒分散于适宜介质中制成混悬剂。醋酸可的松滴眼剂就是用物理凝聚法制备的。

2. 化学凝聚法　系用化学反应法使两种药物生成难溶性的药物微粒，再混悬于分散介质中制备混悬剂的方法。为使微粒细小均匀，化学反应在稀溶液中进行并应急速搅拌。

## 五、混悬剂质量检查

### （一）微粒大小

混悬剂中微粒的大小不仅关系到混悬剂的质量和稳定性，也会影响混悬剂的药效和生物利用度。所以测定混悬剂中微粒大小及其分布，是评定混悬剂质量的重要指标。显微镜法、库尔特计数法、浊度法、光散射法、漫反射法等很多方法都可用于测定混悬剂粒子大小。

### （二）沉降容积比

沉降容积比系沉降物的容积（$v$）与沉降前混悬剂的容积（$V_0$）之比。$H_0$ 为沉降前混悬剂的高度，$H$ 为沉降后沉降面的体积。$F$ 值在 0～1 时，$F$ 值越大，混悬剂越稳定。《中国药典》规定口服混悬剂沉降体积比应不低于 0.90。沉降容积比测定方法为采用具塞量筒取供试品 50ml，密封，用力振摇 1 分钟，记下混悬剂的起始体积，静置 3 小时，采用以下公式计算：

$$F=\frac{v}{V_0}=\frac{H}{H_0}$$

### （三）絮凝度

絮凝度是比较混悬剂絮凝程度的重要参数，用絮凝度评价絮凝剂的效果、预测混悬剂的稳定性有重要价值。用下式表示：

$$\beta=\frac{F}{F_\infty}$$

式中，$F$ 为絮凝混悬剂的沉降容积比，$F_\infty$ 为无絮凝混悬剂的沉降容积比。絮凝度 $\beta$ 表示由絮凝所引起的沉降物容积增加的倍数。$\beta$ 值越大，絮凝效果越好。

### （四）重新分散试验

优良的混悬剂经过储存后再振摇，沉降物应能很快重新分散，这样才能保证服用时的均匀性和分剂量的准确性。试验方法：将混悬剂置于 100ml 量筒内，以 20r/min 的速度转动，经过一定时间的旋转，量筒底部的沉降物能重新均匀分散，则说明混悬剂再分散性良好。

### （五）$\zeta$电位测定

混悬剂中微粒具有双电层，其存在电动电位，即 $\zeta$ 电位。$\zeta$ 电位的大小可表明混悬剂的存在状态。一般 $\zeta$ 电位在 25mV 以下，混悬剂呈絮凝状态；$\zeta$ 电位在 50～60mV 时，混悬剂呈反絮凝状态。可用电泳法测定混悬剂的 $\zeta$ 电位，$\zeta$ 电位与微粒电泳速度的关系为

$$\zeta=\frac{4\pi\eta V}{eE}$$

上式中，$\eta$ 为混悬剂的黏度；$V$ 为微粒电泳速度；$e$ 为介电常数；$E$ 为外加电场强度。测出微粒的电泳速度，即能计算出 $\zeta$ 电位。

### （六）流变学测定

主要是用旋转黏度计来测定混悬液的流动曲线，由流动曲线的形状，确定混悬液的流动类型，以评价混悬液的流变学性质。若为触变流动、塑性触变流动和假塑性触变流动，能有效地减缓混悬剂微粒的沉降速度。

## 六、混悬剂的实例

**实例 6-8：复方硫黄洗剂**

【处方】 沉降硫 30g 硫酸锌 30g 樟脑醑 250ml 羧甲基纤维素钠 5g 甘油 100ml 蒸馏水加至 1000ml

【制备】

（1）取沉降硫置乳钵中，加甘油研磨成细糊状。取硫酸锌溶于 200ml 蒸馏水中。

（2）另将羧甲基纤维素钠用 200ml 蒸馏水制成胶浆，在搅拌下缓缓加入乳钵中，移入量器中，搅拌下加入硫酸锌溶液，搅匀，在搅拌下以细流加入樟脑醑。

（3）加蒸馏水至全量，搅匀，即得成品。

【分析】

（1）本品是一种治疗痤疮、疥疮、皮脂溢出及酒糟鼻的药物。

（2）硫黄为强疏水性药物，甘油为润湿剂，使硫黄能在水中均匀分散；羧甲基纤维素钠为助悬剂，可增加混悬剂的动力学稳定性；樟脑醑为 10%樟脑乙醇液，加入时应急剧搅拌，以免樟脑因溶剂改变而析出大颗粒。

**实例 6-9：炉甘石洗剂**

【处方】 炉甘石 150g 氧化锌 50g 甘油 50ml 羧甲基纤维素钠 2.5g 纯化水加至 1000ml

【制备】

（1）取炉甘石、氧化锌粉碎，过筛，加甘油及适量纯化水与药物研成糊状。

（2）另取羧甲基纤维素钠加纯化水溶解后，分次加入上述糊状液中，随加随研，再加纯化水至全量，搅匀，即得成品。

【分析】

（1）本品具有保护、收敛、杀菌作用。用于皮肤炎症，如丘疹、湿疹、亚急性皮炎等。

（2）炉甘石、氧化锌微粒在水中均带负电荷，有相互排斥作用，可加少量三氯化铝作为絮凝剂或加枸橼酸钠作为反絮凝剂增加其稳定性。

（3）甘油具有润湿、助悬作用；羧甲基纤维素钠有助悬作用；纯化水为分散介质。炉甘石中含少量氧化铁，故本制剂为淡红色。

# 第 7 节 乳 剂

## 一、概 述

乳剂系两种互不相溶的液体混合，其中一种液体以液滴状态分散在另一种液体中形成的非均相液体制剂。互不相溶的液体中，一种液体通常是水溶液，用“W”表示，另一种则是不相混溶的有机液体，用“O”表示。形成液滴的液体称为分散相（内相），而包裹在液滴外面的一相称为分散介质（外相）。乳剂属于热力学不稳定体系，加入乳化剂可使其容易形成并增加稳定性，故乳剂是由水相、油相和乳化剂三者组成的液体制剂。乳剂可供内服和外用，经灭菌或无菌操作法制备的还可供注射用。

### （一）乳剂的类型

根据分散相不同，乳剂可分为以下几种类型。

1. 水包油型乳剂（O/W） 简写为油/水型乳剂，其中油为分散相，水为分散介质。外观多为乳白色，用水稀释不致析出油滴，能被水溶性染料着色。

2. 油包水型乳剂（W/O） 简写为水/油型乳剂，其中水为分散相，油为分散介质。外观多为淡黄色半透明蜡状，可用油稀释而不能用水稀释，能被油溶性染料着色。

3. 复合型乳剂 系将水包油或油包水的初乳进一步分散在油相或水相中，经过二次乳化所形成的一类复合型乳剂，分 O/W/O 型和 W/O/W 型。

根据微粒直径不同，乳剂可分为以下几种类型：

1. 当液滴直径在 1～100μm 时，乳剂为乳白色不透明液体，为普通乳。
2. 当液滴直径在 0.1～1.0μm 时，乳剂为乳白色半透明液体，称为亚微乳。
3. 当液滴直径小于 0.1μm 时为透明液体，称为纳米乳，此时乳剂处于胶体分散范围。

#### （二）乳剂的特点

1. 乳剂分散度大，总表面积大，使药物能较快地被吸收，生物利用度提高。
2. 油类药物制成乳剂，能保证分剂量准确，应用也方便。
3. 水包油型乳剂能遮盖油的不良臭味，并可添加芳香矫味剂，易于服用。
4. 外用乳剂能改善药物对皮肤、黏膜的渗透性及刺激性。

### 二、乳剂的形成条件

乳剂的形成包括分散过程和稳定过程。分散过程必须提供足够的能量使分散相能够分散成微小的乳滴，稳定过程是提供乳剂稳定的必要条件。乳剂形成主要有以下条件。

#### （一）降低油水两相的界面张力

乳化剂可有效降低油水两相间的界面张力，有利于形成液滴，减少乳化所需能量，使得乳剂易于制备。

#### （二）加入适宜的乳化剂

乳化剂分子中含有亲水基和亲油基，形成乳剂时，亲水基伸向水相，亲油基伸向油相，若亲水基大于亲油基，乳化剂伸向水相的部分较大，使水的表面张力降低较多，可形成 O/W 型乳剂。相反，若亲油基大，则可形成 W/O 型乳剂。所以乳化剂的性质是决定乳剂类型的主要因素。

#### （三）形成牢固的乳化膜

乳化剂的重要作用之一是降低油、水之间界面张力，与此同时乳化剂能被吸附于液滴周围，有规律地定向排列形成一层乳化膜，形成的乳化膜越牢固，乳剂越稳定。表面活性剂类乳化剂可形成单分子层乳化膜，亲水性高分子化合物类乳化剂可形成多分子层乳化膜。某些固体微粒对水相和油相有不同的亲和力，在液滴的表面排列形成固体微粒膜，通过阻止液滴的合并，增加了乳剂的稳定性。

#### （四）有适宜的相比

乳剂中油、水两相的容积比简称相比。制备乳剂时，分散相浓度一般在 10%～50%，若分散相的浓度超过 50%，乳滴之间的距离很近，乳滴易发生碰撞而合并或引起转相，反而使乳剂不稳定。所以制备乳剂时应有适宜的相比。

### 三、乳 化 剂

在乳剂的制备过程中，为使乳剂易于形成并保持稳定而加入的物质称乳化剂。乳化剂按其性质不同可分为天然乳化剂、合成乳化剂、固体粉末乳化剂等。

1. 天然乳化剂　一般为天然高分子化合物，其主要特点是亲水性较强，有较大的黏度，为O/W型乳化剂。但天然乳化剂容易霉败，使用时应新鲜配制，注意防腐。常用品种有：

（1）阿拉伯胶：主要含有阿拉伯酸的钾、钙、镁盐，水中带负电荷，乳化能力弱，黏度较小，常与西黄蓍胶等合用。含阿拉伯胶的乳剂在pH 2～10均较稳定，常用浓度为10%～20%。

（2）西黄蓍胶：乳化能力弱，但其水溶液的黏度大，常作辅助乳化剂，常用浓度为1%～2%。

（3）磷脂：乳化能力强，一般用量为1%～3%，其制备的乳剂可供内服、外用及注射用。

（4）明胶：其成分为蛋白质，形成的界面膜可随pH的不同而带正电荷或负电荷，在明胶等电点时所得的乳剂最不稳定，用量为油的1%～2%，本品易腐败变质，制剂中需加入防腐剂。

（5）其他天然乳化剂：杏树胶、胆固醇、白芨胶、海藻酸钠、琼脂等均可用作乳化剂。

2. 合成乳化剂　主要指表面活性剂，其种类多，乳化能力强，性质稳定，应用广泛。常用的有聚山梨酯类（吐温类，O/W型）、脂肪酸山梨坦类（司盘类，W/O型）和肥皂类。

3. 固体微粒乳化剂　这类乳化剂可被油水两相润湿，在两相间形成固体微粒乳化膜，防止分散相液滴合并而起乳化作用，且不受电解质的影响。O/W型固体微粒乳化剂有氢氧化镁、氢氧化铝、二氧化硅和硅皂土等；W/O型固体微粒乳化剂有氢氧化钙、氢氧化锌、硬脂酸镁等。

## 四、乳剂的制备

乳剂的制备方法有干胶法、湿胶法、新生皂法、两相交替加入法、机械法。干胶法和湿胶法合称胶溶法。

1. 干胶法　系指将水相加至含乳化剂的油相中，用力研磨使成初乳，再稀释至全量并混匀的制备方法。应掌握初乳中油、水、胶的比例，当初乳中油为乳化植物油时一般比例为4∶2∶1，为乳化挥发油时比例为2∶2∶1；为乳化液状石蜡时比例为3∶2∶1。

2. 湿胶法　系指将油相加至含乳化剂的水相中，用力研磨使成初乳，再稀释至全量并混匀的制备方法。油、水、胶的比例与干胶法相同，工艺流程见图6-1。

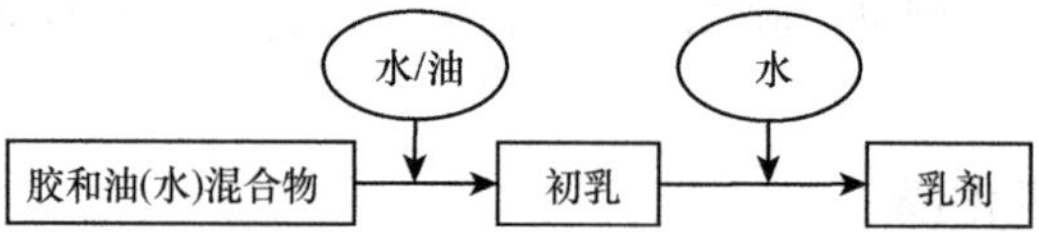


图6-1　湿胶法工艺流程

3. 新生皂法　系指经搅拌或振摇使两相界面生成乳化剂，制成乳剂的方法。制备时，将油/水两相分别混合后，并分别适当加热（70℃左右），两相混合后，用力搅拌或振摇至生成乳剂。例如，石灰水与花生油组成的石灰搽剂的制备。

4. 两相交替加入法　系向乳化剂中每次少量交替加入油或水，边加边搅拌，制成乳剂的方法。

5. 机械法　系采用乳匀机、胶体磨、超声波乳化装置制备乳剂的方法。用机械法乳化，一般可不考虑混合次序。

6. 微乳的制备　很多油如薄荷油、丁香油及维生素A、维生素D、维生素E等均可制成微乳。微乳除含有油相、水相和乳化剂外，还含有辅助成分。乳化剂和辅助成分应占乳剂的12%～25%。微乳的乳化剂主要是表面活性剂，不同的油相对乳化剂的HLB值有不同的要求，制备O/W型微乳时，其HLB值应为15～18，通常选用聚山梨酯60和聚山梨酯80等。

7. 复合乳剂的制备 采用二步乳化法制备，即先将水、油、乳化剂制成一级乳，再以一级乳为分散相与含有乳化剂的水或油乳化制成二级乳。例如，制备 O/W/O 型复合乳剂，先选择亲水性乳化剂制成 O/W 型一级乳，再选择亲油性乳化剂分散于油相中，在搅拌下将一级乳加于油相中，充分分散即得 O/W/O 型乳剂。

## 五、乳剂的稳定性

乳剂属于热力学不稳定的非均相分散体系，其不稳定性主要有分层、絮凝、拿开和破裂、转相及酸败等现象。

### （一）分层

分层又称乳析，系乳剂放置过程中出现分散相液滴上浮或下沉的现象。分层主要是由于分散相和分散介质之间的密度差造成的。液滴上浮或下沉的速度符合 Stoke's 定律。减小液滴半径，减少分散相与分散介质之间的密度差，增加分散介质的黏度均可减小乳剂分层的速率。

### （二）絮凝

絮凝系乳剂中分散相液滴彼此聚结形成疏松的聚结体的现象，属于可逆现象。乳剂中的电解质和离子型乳化剂的存在是产生絮凝的主要原因，絮凝后经振摇能重新恢复为均匀的乳剂，但絮凝物增加了分层的速率，其出现表明乳剂的稳定性降低，通常是乳剂合并破裂的前奏。

### （三）合并和破裂

乳剂中液滴周围的乳化膜被破坏导致液滴变大，称为合并。合并的液滴进一步分成油水两层称为破裂，为不可逆现象。此时液滴周围的水化膜已破坏，两层界面消失，虽经振摇也不可能恢复到原来的分散状态，故破裂是不可逆的变化。乳剂稳定性与乳化剂的理化性质及液滴大小密切相关。由乳化剂形成的乳化膜越牢固，液滴越小，乳剂越稳定。故而制备乳剂时须尽可能使液滴大小均匀一致。此外，增加分散介质的黏度，也可使液滴合并速度减慢。

### （四）转相

转相系乳剂类型的改变现象，如由 O/W 型转变为 W/O 型或由 W/O 型转变为 O/W 型。转相的主要原因是乳化剂的 HLB 值发生变化。例如，油酸钠是 O/W 型乳化剂，加入足够量的氯化钙生成反相乳化剂油酸钙，使 HLB 值发生变化，乳剂则由 O/W 型转变为 W/O 型。

### （五）酸败

乳剂受光、热、空气、微生物等外界因素影响，发生变质的现象称为酸败。添加抗氧化剂或防腐剂可防止酸败。

## 六、乳剂的质量检查

乳剂给药途径不同，其质量要求也不相同，很难制定统一的质量标准。但对所制备的乳剂的质量必须有最基本的评定，目前主要的检查有乳剂粒径大小的测定、分层现象的观察、乳滴合并速度的测定及稳定常数的测定等项目。

### （一）乳剂粒径大小的测定

乳剂粒径大小是衡量乳剂质量的重要指标。不同用途的乳剂对粒径大小要求不同，如静脉注射乳剂，其粒径应在 1μm 以下。其他用途的乳剂粒径也都有不同要求。

1. 显微镜测定法 可以用光学显微镜测定，计算平均粒径，本法测定粒子数应不少于600个。

2. 电感应测定法（库尔特计数法） 采用库尔特计数仪可测定粒径大小和粒度分布，方法简便、速度快、可自动记录并绘制分布图。

3. 激光散射光谱法（PCS） 样品制备容易，测定速度快，可测定0.0l～2.00μm范围的粒子，最适于静脉用乳剂的测定。

4. 透射电镜法（TEM） 可测定粒子大小及分布，可观察粒子形态。测定粒子范围为0.01～20μm。

### （二）分层现象的观察

乳剂经长时间放置，粒径变大，进而产生分层现象。这一过程的快慢是衡量乳剂稳定性的重要指标。为了在短时间内观察乳剂的分层，可用离心法加速其分层。用半径10cm的离心机，以4000r/min离心15分钟，如不分层可认为乳剂质量稳定。此法可用于比较各种乳剂间的分层情况，以判断其稳定性。在半径为10cm离心管中以3750r/min离心5小时，相当于1年的自然分层的效果。加速试验法，将乳剂放于5℃、35℃温度下，12小时改变一次温度，共12日，进行比较观察，结果可用于评价乳剂的稳定性。

## 七、乳剂的实例

**实例6-10：鱼肝油乳剂**

**【处方】** 鱼肝油500ml 糖精钠0.1g 阿拉伯胶细粉125g 苯甲酸钠1.5g 西黄蓍胶7g 挥发杏仁油1ml 蒸馏水适量 共制成1000ml

**【制备】**

（1）取鱼肝油与阿拉伯胶细粉置干燥乳钵内，研匀后一次加入蒸馏水250ml，强力研磨至形成稠厚初乳。

（2）加入糖精钠水溶液（糖精钠加少量蒸馏水溶解）、挥发杏仁油及苯甲酸钠，然后缓缓加入西黄耆胶浆（西黄耆胶加入10ml的乙醇中摇匀后，一次加入蒸馏水200ml强力振摇制得）。

（3）最后加入适量蒸馏水研磨制成1000ml乳剂。

**【分析】**

（1）本品主要用于治疗维生素A和维生素D缺乏症。

（2）本处方中阿拉伯胶为乳化剂，西黄蓍胶为辅助乳化剂，苯甲酸钠为防腐剂，糖精钠和挥发杏仁油为矫味剂，甘油为稳定剂。鱼肝油和纯化水分别为油相和水相。

（3）本品为O/W型乳剂。少量制备时也可用阿拉伯胶为乳化剂，用溶胶法制备。

（4）本品采用机械法制备，其液滴细小而均匀，稳定性较好。

**实例6-11：石灰搽剂**

**【处方】** 氢氧化钙饱和溶液50ml 花生油50ml

**【制备】** 将处方量花生油和氢氧化钙饱和溶液混合，用力振摇制成乳剂，即得。

**【分析】**

（1）本品外用于烫伤。

（2）花生油中的有机酸和氢氧化钙反应生成的钙皂为W/O型乳化剂，所以制成的是W/O型乳剂。

# 第8节 液体制剂的包装与储存

## 一、液体制剂的包装

液体制剂的包装关系到产品的质量、运输和储存，因此包装容器的材料选择、容器的种类和形状及封闭的严密性等非常重要。液体制剂的包装材料包括容器（玻璃瓶、塑料瓶等）、瓶塞（软木塞、橡胶塞、塑料塞）、瓶盖（金属盖、塑料盖）、标签、说明书、纸盒、塑料盒、纸箱、木箱等。

## 二、液体制剂的储存

液体制剂尤其是以水为溶剂的液体制剂，在储存期间极易水解和被微生物污染而发生沉淀、变质或败坏，因此流通性的液体制剂应注意采取有效的防腐措施，如添加适当的防腐剂，并密闭储存于阴凉、干燥处。医院液体制剂应尽量减小生产批量，缩短存放时间，以保证液体制剂的质量。

## 自 测 题

一、最佳选择题

1. 关于液体制剂的质量要求，以下说法不正确的是（　　）
   A. 液体制剂应是澄明溶液
   B. 非均相液体制剂分散相粒子应小而均匀
   C. 口服液体制剂外观良好，口感适宜
   D. 储藏和使用过程中不应发生霉变
   E. 外用液体制剂无刺激性
2. 下列属于极性溶剂的是（　）
   A. 丙二醇　B. 聚乙二醇
   C. 二甲基亚砜　D. 液状石蜡
   E. 乙醇
3. 下列号称“万能溶剂”的是（　　）
   A. 丙二醇　B. 聚乙二醇
   C. 二甲基亚砜　D. 液状石蜡
   E. 乙醇
4. 下列不属于均相分散体系的是（　　）
   A. 糖浆剂　B. 非水性高分子溶液剂
   C. O/W 型乳剂　D. 胶浆剂
   E. 酊剂
5. 高分子溶液剂加入大量电解质导致（　　）
   A. 高分子化合物分解
   B. 产生凝胶
   C. 盐析
   D. 胶体带电，稳定性增加
   E. 电荷中和凝结成沉淀
6. 混悬剂加入少量电解质可作为（　　）
   A. 助悬剂
   B. 润湿剂
   C. 絮凝剂或反絮凝剂
   D. 抗氧化剂
   E. 乳化剂
7. 苯甲酸防腐作用最佳 pH 为（　　）
   A. $pH<4$　B. $pH=4$
   C. $pH=5$　D. $pH=8$
   E. $pH=7$
8. 下列有关糖浆剂说法错误的是（　）
   A. 糖浆剂是浓蔗糖的水溶液
   B. 其由于高渗透压，微生物繁殖受到抑制
   C. 糖浆剂是非均相液体制剂
   D. 单糖浆为单纯蔗糖近饱和水溶液
   E. 单糖浆的蔗糖浓度一般超过 85%
9. 根据 Stoke's 公式，混悬微粒沉降速度与下列哪一个因素成正比（　　）
   A. 混悬微粒的半径　B. 分散介质黏度
   C. 微粒的密度　D. 分散介质密度
   E. 微粒半径的平方
10. 下列关于 Stoke's 公式，下列说法错误的是（　　）
   A. $v$ 为混悬微粒沉降的速度

B. 沉降速度与分散介质黏度成反比
C. 沉降速度与微粒半径平方成正比
D. 沉降速度与微粒密度成正比
E. 沉降速度与微粒介质密度差成正比

11. 下列关于混悬剂的絮凝剂说法错误的是(　　)
A. 絮凝剂和反絮凝剂本质是电解质
B. 加入絮凝剂，ζ电位降低，絮凝出现
C. 加入反絮凝剂，ζ电位降低，絮凝出现
D. 絮凝剂和反絮凝剂的加入有利于混悬剂的稳定性
E. 加入反絮凝剂，ζ电位升高，絮凝消失

12. 关于混悬剂稳定剂说法错误的是（　　）
A. 可加入润湿剂、助悬剂和絮凝剂等作为其稳定剂
B. 润湿剂有利于降低液体表面张力，如加入吐温 80
C. 天然的助悬剂有阿拉伯胶、西黄蓍胶和海藻酸钠
D. 絮凝剂才是混悬剂的稳定剂，反絮凝剂只能破坏混悬剂稳定性
E. 合成助悬剂有羧甲基纤维素钠等

13. 下列属于合成助悬剂的是（　　）
A. 甘油　　B. 阿拉伯胶
C. 西黄蓍胶　　D. 海藻酸钠
E. HPC

14. 下列属于天然助悬剂的是（　　）
A. 西黄蓍胶　　B. MC
C. CMC-Na　　D. 卡波姆
E. 触变胶

15. 下列不是混悬剂助悬剂的是（　　）
A. 吐温　　B. 天然阿拉伯胶
C. HPC　　D. 硅皂土
E. 触变胶

16. 下列哪种物质不能作为混悬剂的助悬剂用（　　）
A. 西黄蓍胶　　B. 海藻酸钠
C. 硬脂酸钠　　D. 羧甲基纤维素
E. 硅皂土

17. 下列有关乳剂说法错误的是（　　）
A. 乳剂是一种非均相液体制剂
B. 乳剂是难溶性固体在液体中分散的系统
C. 乳剂形成条件中可以采用机械张力降低表面张力
D. 乳剂形成条件中可以加入适宜乳化剂
E. 可以选择适宜的相比

18. 乳剂的附加剂不包括（　　）
A. 乳化剂　　B. 抗氧化剂
C. 增溶剂　　D. 防腐剂
E. 矫味剂

19. 乳滴表面的乳化膜破坏导致乳滴变大的现象（　　）
A. 分层　　B. 絮凝
C. 转相　　D. 合并
E. 酸败

20. 由于微生物的作用使乳剂变质的现象（　　）
A. 分层　　B. 絮凝
C. 转相　　D. 合并
E. 酸败

21. 下列不属于防腐剂的是（　　）
A. 尼泊金酯　　B. 苯甲酸钠
C. 山梨酸　　D. 叔丁基茴香醚
E. 苯扎溴铵

22. 下列不属于防腐剂的是（　　）
A. 羟苯甲酯　　B. 醋酸氯己定
C. 苯甲酸　　D. 山梨酸
E. 吐温 80

23. 下列有关防腐剂说法错误的是（　　）
A. 苯甲酸一般要与尼泊金酯合用在中药液体制剂中
B. 糖浆剂其蔗糖的渗透压可有一定抗微生物性，故而一般不加防腐剂
C. 防腐剂苯扎溴铵是一种阳离子型表面活性剂
D. 尼泊金酯一般在碱性条件下防腐效应最强
E. 山梨酸和苯甲酸在酸性条件下发挥效应最强

24. 纯蔗糖的近饱和水溶液称为单糖浆或糖浆，浓度为（　　）
A. 85%（g/ml）　　B. 90%（g/ml）
C. 100%（g/ml）　　D. 85%（g/g）
E. 75%（g/g）

25. 下列不属于制剂处方中增加溶解度方法的是（　　）
A. 制成可溶性盐
B. 改换溶剂
C. 加热
D. 增加非离子型表面活性剂
E. 添加助溶剂

26. 制备 5%碘的水溶液，通常可采用以下哪种方法

（ ）

A. 制成酯类　B. 制成盐类
C. 加助溶剂　D. 采用复合溶剂
E. 加增溶剂

27. 苯巴比妥制成钠盐属于下列哪种增加溶解度的方法（ ）

A. 制成可溶性盐　B. 更换溶剂
C. 添加增溶剂　D. 添加助溶剂
E. 添加潜溶剂

28. 注射剂添加吐温 80，属于下列哪种增加溶解度的方法（ ）

A. 制成酯类　B. 制成盐类
C. 加助溶剂　D. 采用复合溶剂
E. 加增溶剂

29. 关于芳香水剂叙述错误的是（ ）

A. 芳香水剂系芳香挥发性药物的饱和或近饱和水溶液
B. 芳香挥发性药物多数是挥发油
C. 芳香水剂应澄明
D. 芳香水剂制备方法有溶解法、稀释法和蒸馏法
E. 芳香水剂宜大量制备和久储

30. 下列不属于溶胶剂的特性的是（ ）

A. 可以形成凝胶
B. 能通过滤纸，而不能透过半透膜
C. 具有布朗运动
D. 具有丁铎尔效应
E. 胶粒带电

## 二、配伍选择题

【31～34 题共用选项】

A. 1～100nm　B. 0.1～10.0μm（液态）
C. ＜1nm　D. ＞10μm
E. 0.1～10.0μm（固态）

31. 溶液型液体制剂中药物的粒径为（ ）
32. 混悬液型液体制剂中药物的粒径为（ ）
33. 胶体溶液型液体制剂中药物的粒径为（ ）
34. 乳剂中药物的粒径为（ ）

【35～39 题共用选项】

A. 洗剂　B. 搽剂
C. 涂剂　D. 灌洗剂
E. 含漱剂

35. 用于口腔、咽喉清洗的液体制剂为（ ）
36. 专供搽揉皮肤表面的液体制剂为（ ）
37. 用纱布、棉花蘸取后涂抹皮肤、口腔、咽部黏膜的液体制剂为（ ）
38. 专供涂抹、敷于皮肤外用的液体制剂为（ ）
39. 用于清洗阴道、尿道的液体制剂为（ ）

【40～43 题共用选项】

A. 极性溶剂　B. 非极性溶剂
C. 防腐剂　D. 矫味剂
E. 半极性溶剂

40. 水是（ ）
41. 丙二醇是（ ）
42. 液状石蜡是（ ）
43. 苯甲酸是（ ）

【44～48 题共用选项】

A. 增溶剂　B. 助溶剂
C. 潜溶剂　D. 防腐剂
E. 抗氧化剂

44. 加入苯甲酸作为（ ）
45. 加入 BHA 作为（ ）
46. 沙丁胺醇气雾剂加入两相液体增加溶解度（ ）
47. 苯甲酸钠增加咖啡因溶解度（ ）
48. 加入吐温 80 增加溶解度（ ）

【49～53 题共用选项】

A. 分层　B. 絮凝
C. 转相　D. 破裂
E. 酸败

49. 分散相粒子上浮下沉（ ）
50. 乳化剂类型改变（ ）
51. 乳滴可逆性聚集（ ）
52. 微生物影响分解（ ）
53. 分散相液滴合并（ ）

## 三、多项选择题

54. 糖浆剂制备方法包括（ ）

A. 热熔法　B. 稀释法
C. 冷熔法　D. 混合法
E. 分散法

55. 在酸性条件下防腐效果较好的是（ ）

A. 苯扎溴铵　B. 苯甲酸
C. 醋酸氯己定　D. 羟苯乙酯
E. 山梨酸

56. 下列属于非均相分散体系的是（ ）

A. 溶液剂　B. 溶胶剂

C. 高分子液体制剂　D. 混悬剂
E. 乳剂

57. 下列属于均相分散体系的是（　　）
A. 溶胶剂　B. 高分子溶液剂
C. 乳剂　D. 低分子溶液剂
E. 混悬剂

58. 下列属于油性抗氧化剂的是（　　）
A. 维生素 C
B. 焦亚硫酸钠
C. 叔丁基对羟基茴香醚
D. 维生素 E
E. 亚硫酸钠

59. 下列属于水性抗氧化剂的是（　　）
A. 维生素 C　B. 焦亚硫酸钠
C. 叔丁基对羟基茴香醚　D. 维生素 E
E. 亚硫酸钠

60. 吐温作为表面活性剂作用有（　　）
A. 增溶剂　B. 助溶剂
C. 润湿剂　D. 乳化剂
E. 润滑剂

61. 疏水胶体性质是（　　）
A. 存在强烈的布朗运动
B. 具有双分子层
C. 具有聚结不稳定性
D. 可以形成凝胶
E. 具有丁铎尔现象

62. 下列有关高分子溶液叙述正确的是（　　）
A. 高分子溶液是热力学不稳定体系
B. 以水为溶剂的高分子溶液也称胶浆剂
C. 制备高分子溶液首先要经过溶胀过程
D. 高分子溶液是黏稠性流动液体
E. 高分子水溶液不带电荷

63. 关于制备混悬剂的条件正确的是（　　）
A. 难溶性药物需制成液体制剂供临床应用时
B. 药物的剂量超过溶解度而不能以溶液剂型应用时
C. 两种溶液混合时药物的溶解度降低而析出固体时
D. 剧毒药物或剂量小的药物不宜制成混悬剂使用
E. 需要产生缓释作用时

64. 制备乳剂的方法有（　　）
A. 相转移乳化法
B. 相分离乳化法
C. 两相交替法
D. 油中乳化法
E. 水中乳化法

65. 制备混悬剂的方法有（　　）
A. 物理凝聚法　B. 化学凝聚法
C. 水飞法　D. 两相交替法
E. 稀释法

66. 乳剂形成条件包括（　　）
A. 降低表面张力
B. 加入适宜乳化剂
C. 形成牢固乳化膜
D. 有适宜的相比
E. 加入助悬剂

## 四、填空题

1. 混悬剂制备常用的稳定剂为________、________和________。
2. 混悬剂加入________，ζ电位降低，絮凝出现。而加入________，ζ电位升高，絮凝消失。
3. Stoke's 公式中，混悬剂沉降速度与________成反比。
4. 混悬剂中加入非离子表面活性剂吐温的作用是________。
5. 乳剂形成条件是________、________、________及________。
6. 乳剂稳定性中，乳滴表面的乳化膜破坏导致乳滴变大的现象为________；由于微生物的作用使乳剂变质的现象为________；分散相粒子上浮或下沉的现象为________；分散相的乳滴发生可逆的聚集现象为________；乳剂的类型发生改变的现象为________。

## 五、名词解释

1. 溶液剂
2. 乳剂
3. 混悬剂
4. 内相
5. 转相
6. 分层

## 六、简答题

1. 简述增加溶解度的方法。
2. 简述减慢混悬剂的沉降速度的方法。
3. 简述乳剂的制备方法。
4. 处方分析：鱼肝油 500ml　阿拉伯胶 125g
西黄蓍胶 7g　挥发杏仁油 1ml　糖精钠 0.1g
羟苯乙酯 0.5g　蒸馏水加至 1000ml

（1）上述制剂究竟是W/O型还是O/W型乳剂?

（2）分析处方成分的作用。

（3）简述其制备工艺。

5. 处方分析：炉甘石 15g 氧化锌 5g 甘油 5ml 羧甲基纤维素钠 0.25g 蒸馏水加至 100ml

（1）上述处方药品是何种液体制剂?

（2）分析处方成分的作用。

（3）简述其制备工艺。

（刘 峰）

# 第7章 半固体制剂

学习目标

1. 掌握软膏剂定义，了解软膏剂特点、分类及质量要求，掌握软膏剂基质种类及代表，掌握软膏剂制备方法和工艺，熟悉软膏剂质量检查、包装和储存。

2. 熟悉眼膏剂定义、基质，了解眼膏剂制备，熟悉眼膏剂质量检查和实例。

3. 熟悉凝胶剂定义，掌握水性凝胶基质，了解水性凝胶剂的制备、质量检查、包装和实例。

案例7-1

张奶奶吃了海鲜之后，得了过敏性皮炎，瘙痒难受。读药剂专业的孙子小明灵机一动，给张奶奶推荐使用了复方地塞米松乳膏。张奶奶涂抹了软膏之后，感觉舒服多了。

**问题**：1. 复方地塞米松乳膏是一种什么制剂？

2. 乳膏剂如何制备？

## 第1节 软 膏 剂

### 一、软膏剂的定义

软膏剂系药物与适宜基质混合制成的均匀的具有一定稠度的半固体外用制剂。软膏剂是临床上常用的外用制剂之一，其中以乳膏剂最为常用。广义的软膏剂包含了乳膏剂、油膏剂、凝胶剂、糊剂和眼膏剂等。

### 二、软膏剂的分类

#### （一）按分散系统分类

1. 溶液型软膏剂　系药物溶解（或共熔）于基质或基质组分中制成的软膏剂，如冻疮膏系苯酚、樟脑、薄荷脑、间苯二酚的共熔混合物溶于羊毛脂、凡士林所得的软膏。

2. 混悬型软膏剂　系药物细粉均匀分散于基质中制成的软膏剂，如硫黄软膏系硫黄分散在凡士林中所得。

3. 乳剂型软膏剂　系药物溶解或分散于乳状液型基质中形成的均匀的半固体外用制剂，如醋酸氟轻松软膏等。

#### （二）按药物作用部位分类

局部作用和全身治疗作用的软膏剂。

#### （三）按基质的性质和特殊用途分类

1. 油膏剂　系药物与油类基质煎熬成膏状的制剂。

2. 乳膏剂　系药物溶解或分散于乳状液型基质中形成的均匀的半固体外用制剂。乳膏剂由于基质不同，可分为水包油型（O/W）乳膏剂和油包水（W/O）型乳膏剂。

3. 凝胶剂 系药物与能形成凝胶的辅料制成溶液、混悬液或乳状液型的稠厚液体或半固体制剂。

4. 糊剂 又称糊膏剂，系大量的固体药物粉末（一般 25%以上）均匀地分散在适宜的基质中所组成的半固体外用制剂，稠度大于软膏剂，所含大量固体多为吸水性粉末，具收敛、止痒、消炎、吸收分泌物等作用。

此外还有眼膏剂等，其中凝胶剂为较新的半固体制剂。

## 三、软膏剂的特点

软膏剂具热敏性和触变性的特点。热敏性是指遇热融化而流动；触变性是指施加外力时黏度下降，静止时黏度增加，从而使其能长时间地紧贴、黏附或铺展在用药部位发挥治疗作用。

软膏剂主要起保护创面、润滑皮肤和局部治疗作用，如抗感染、消毒、止痒、止痛和麻醉等，如红霉素软膏作用于表皮起抗感染作用。也有少数软膏剂可发挥全身治疗作用，软膏剂中的药物通过皮肤吸收进入体循环，如硝酸异山梨酯乳膏。

**链接**

开发软膏剂必须进行处方前的研究工作，要对药物、剂型的物理化学性质进行研究，其中包括：①活性成分的稳定性；②附加剂的稳定性；③流变性、稠度、黏性和挤出性能；④水分及其他挥发性成分的损失；⑤物理外观变化、均匀性及分散相的颗粒大小及粒度分布，还有涂展性、油腻性、成膜性、气味及残留物清除的难易等；⑥pH；⑦微生物等。

**课堂互动**

同学们经常使用的化妆品（如护手霜、洗面奶、面霜等）与软膏剂有哪些异同点？

## 四、软膏剂的质量要求

一般软膏剂应具备下列质量要求：

1. 有良好的外观，均匀、细腻，涂于皮肤上无刺激性及粗糙感；并应具有适当的黏稠性，易涂布于皮肤或黏膜上；黏稠度随季节变化应很小。
2. 性质稳定，应无酸败、异臭、变色、变硬和油水分离等变质现象。
3. 有良好的安全性，应无刺激性、过敏性及其他不良反应。
4. 当用于大面积烧伤时，软膏剂应预先进行灭菌。眼用软膏剂的配制需在无菌条件下进行。

## 五、软膏剂的基质

软膏剂主要由药物和基质组成，软膏基质是软膏剂形成和发挥药效的重要组成部分，它不仅起赋形剂的作用，而且还能保持药物与用药部位的良好接触，对软膏剂的质量及药物的释放与吸收都有重要影响。

理想的软膏剂基质：①润滑，无刺激性，稠度适宜，易于涂布；②性质稳定，与主药和其他基质混合不发生配伍变化，久储稳定；③具有吸水性，能吸收伤口分泌物；④不影响皮肤的正常功能及伤口愈合，具有良好的释药性能；⑤易洗除，不污染衣物。但目前还没有一种基质能同时满足上述所有要求，在实际应用中往往采用几种基质混合或添加附加剂等手段，以获得较理想的软膏基质。

常用的基质可分为油脂性基质、水溶性基质和乳剂型基质三类。

### （一）油脂性基质

油脂性基质主要包括烃类、类脂类、油脂类等疏水性物质。此类基质的特点是润滑、无刺激性，涂于皮肤能形成封闭性油膜，减少水分蒸发，促进皮肤水合作用，对表皮增厚、皲裂有软化保护作用，不易长菌；性质较稳定，可与多种药物配伍。油腻性及疏水性强，释药性能差，不易用水洗除，不适用于有渗出液的创面，主要用于遇水不稳定的药物制备软膏剂。

1. 烃类　系指从石油中得到的各种烃的混合物，其中大部分属于饱和烃。

（1）凡士林：又称软石蜡，是由多种烃类组成的半固体状物，分为黄、白两种，后者由前者漂白而得，熔程为38～60℃。化学性质稳定，无毒、无刺激性，能与多数药物配伍使用，特别适用于遇水不稳定的药物（如抗生素类）。有适宜的黏稠性和涂布性，可单独用作软膏基质。但其释药性和对皮肤的穿透性能较差，仅适用于皮肤表面病变；吸水性差，仅能吸收其重量约5%的水分，故不适用于急性炎症和有大量渗出液的患处，并常加入适量羊毛脂、胆固醇或表面活性剂等物质改善其吸水性。例如，在凡士林中加入15%的羊毛脂可吸收水分达50%。

（2）石蜡：固体石蜡为固体饱和烃混合物，是无色或白色半透明块状物，无臭无味，熔程为50～65℃。液状石蜡为液状烃混合物，又称"白油"，为无色澄明油状液体，这两种基质主要用于调节其他基质的稠度。

（3）二甲基硅油：俗称硅油或硅酮，本品化学性质稳定，疏水性强，对皮肤无毒性、无刺激性，润滑且易于涂布，不妨碍皮肤的正常功能，不污染衣物，为较理想的疏水性基质。常与油脂性基质合用制成防护性软膏，用于防止水性物质如酸、碱液等对皮肤的刺激或腐蚀，也可制成乳剂型基质应用。本品成本较高，且对眼有刺激性，故不宜作为眼膏基质。

2. 类脂类　为高级脂肪酸与高级脂肪醇化合而成的酯及其混合物，有类似脂肪的物理性质，但化学性质比脂肪稳定，具有一定的表面活性作用和吸水性能。多与其他油脂性基质合用。

（1）羊毛脂：一般指无水羊毛脂，为淡棕黄色黏稠半固体。羊毛脂吸水性强，可吸收约2倍其重量的水分，熔程为36～42℃，不易酸败，其性质接近皮脂，有利于药物的透皮吸收，为优良的软膏基质。因黏稠性大，故不宜单独用作基质，常与凡士林合用，可增加凡士林的吸水性与穿透性，而凡士林亦可改善羊毛脂的黏稠性和涂展性。含水30%的羊毛脂为W/O型乳型基质，称含水羊毛脂，黏性低，便于取用。

（2）蜂蜡与鲸蜡：蜂蜡有黄、白之分，后者由前者精制而成，蜂蜡熔程为62～67℃，鲸蜡熔程为42～50℃。蜂蜡与鲸蜡均为弱的W/O型乳化剂，在O/W型乳剂基质中起增加稳定性与调节稠度的作用。

3. 油脂类　系来源于动、植物的高级脂肪酸甘油酯及其混合物，如花生油、麻油、豚油等。因分子结构中存在不饱和键，故稳定性不如烃类，受光线、温度、空气影响，储存过程中易氧化和酸败，可适当加入抗氧化剂和防腐剂以增加基质稳定性。

油脂性基质中以烃类基质凡士林为常用，固体石蜡与液状石蜡用以调节基质稠度，类脂中以羊毛脂与蜂蜡应用较多，羊毛脂可增加基质吸水性及穿透性。

### （二）水溶性基质

水溶性基质是由天然或合成的水溶性高分子物质胶溶在水中所形成的半固体状凝胶。水溶性基质释药速度快，无刺激性和油腻感，易涂布，能与水溶液混合吸收组织渗出液，多用于湿润、糜烂创面及腔道黏膜，以利于分泌物的排出。但其润滑性较差，稳定性差，基质中的水分易蒸发且易霉败，故应加保湿剂与防腐剂。目前最常用的是聚乙二醇（PEG）类。

1. 甘油明胶　由10%～30%的甘油、1%～3%的明胶与水加热制成。本品温热后易涂布，涂后形成一层保护膜，因具有弹性，故使用时较舒适，特别适合于含维生素类的营养性软膏。

2. 淀粉甘油　由 7%～10%淀粉、70%甘油和水加热制成。本品能与铜等金属盐配伍，可用作眼膏基质，由于甘油含量高，故能抑制微生物活性而较稳定。

3. 纤维素衍生物类　常用的有甲基纤维素（MC）和羧甲基纤维素钠（CMC-Na），前者溶于冷水，后者在冷水、热水中均溶解，浓度较高时呈凝胶状，以后者较常用。

4. 聚乙二醇（PEG）类　是用环氧乙烷与水或乙二醇逐步加成聚合得到的水溶性聚醚。药剂中常用的分子量在 300～6000。PEG 700 以下均是液体，PEG 1000、1500 及 1540 是半固体，PEG 2000 至 PEG 6000 是固体。固体 PEG 与液体 PEG 适当比例混合可得半固体的软膏基质，且较常用，可随时调节稠度。此类基质易溶于水，能与渗出液混合且易洗除，能耐高温，不易霉败。但由于其较强的吸水性，用于皮肤常有刺激感，且久用可引起皮肤脱水干燥，不宜用于遇水不稳定的药物的软膏，与季铵盐类、山梨醇及羟苯酯类等有配伍变化。

### （三）乳剂型基质

乳剂型基质又称乳状液型基质，系将油相和水相在乳化剂的作用下混合乳化，形成半固体的基质。乳剂型基质由油相、水相和乳化剂三部分组成，乳化剂分为 O/W 型和 W/O 型。乳剂型基质的优点是对皮肤正常功能影响小，较油脂易洗除和涂布；药物的释放、穿透作用均比油脂性基质强，适用于亚急性、慢性、无渗出液的皮肤瘙痒症，但忌用于溃烂处；其缺点为不适合遇水不稳定的药物。

1. 油相　乳剂型基质中油相多为固体物质，主要有硬脂酸、石蜡、蜂蜡、高级醇（如十六醇、十八醇）等，有时可加入液状石蜡、凡士林或植物油等调节稠度。

2. 水相　主要是纯化水或药物的水溶液、保湿剂（5%～20%甘油、丙二醇、山梨醇等）、防腐剂（羟苯甲酯类、三氯叔丁醇、山梨酸等）及亲水性乳化剂等。

3. 乳化剂　是乳剂型基质的重要组成部分，在其形成、稳定性及发挥药效等方面起重要作用。

**链 接**　不同新生皂对乳剂型基质的影响

以新生钠皂为乳化剂制成的乳剂型基质较硬。而新生钾皂有软皂之称，以钾皂为乳化剂制成的成品也较软。新生有机胺皂作为乳剂型基质，较为细腻、光亮美观。因此后者常与前二者合用或单独用作乳化剂。新生皂作为乳化剂形成的基质应避免用于酸、碱类药物制备软膏。特别是其忌与含钙、镁离子类药物配方。

（1）肥皂类

1）O/W 型乳剂型基质：外观色白如雪，有“雪花膏”之称，能与大量水混合，基质含水量较高，无油腻性，易洗除。O/W 型乳剂基质外相含水较多，故储存中可能出现霉败，以及由于水分蒸发而变硬、变干的现象，故储存时应注意，当 O/W 型乳剂型基质用于分泌物较多的皮肤病如湿润性湿疹时，其所吸收的分泌物可重新进入皮肤而使炎症恶化。

常用的 O/W 型乳剂型基质乳化剂有一价皂（钠皂、钾皂、有机胺皂）、硫化物类（常用十二烷基硫酸钠）、聚山梨酯类（吐温类）、乳化剂 OP、平平加 O 等。

有时也合用乳化能力较弱的相反类型 W/O 型乳剂型基质乳化剂，如十六醇（鲸蜡醇）、十八醇（硬脂醇）、单甘油酯、单硬脂酸甘油酯等，在 O/W 型乳剂型基质中起辅助作用，调节稠度。

2）W/O 型乳剂型基质：外观似护肤脂，较不含水的油脂性基质油腻性小，易涂布，且使用后水分从皮肤蒸发时有和缓的冷却作用，故有“冷霜”之称，其稳定性、润滑性、保护性较 O/W 型好；但吸水量少，不能与水混合。

常用的 W/O 型乳剂型基质乳化剂有羊毛脂、胆固醇、司盘类、多价皂等。

## 六、软膏剂的制备

**课堂互动**

日常生活中经常使用的护肤品，如润肤霜、护手霜、美容霜等，按其形态分类大多属于半固体制剂，同学们知道它们是如何制备的吗？

软膏剂的制备方法有研合法、熔合法、乳化法三种，溶液型或混悬型软膏剂多采用研合法和熔合法，乳膏剂采用乳化法。往往需要根据软膏剂的类型、制备量等选择不同的制备方法。

### （一）基质的处理

基质的处理主要针对油脂性基质，具体方法为先加热熔融后用数层细布或七号筛趁热滤过，除去杂质。继续加热至 150℃约 1 小时进行灭菌，并除去水分。

### （二）药物加入的方法

为了减少软膏对皮肤的刺激性，提高疗效，制剂必须均匀细腻，不含固体粗粒。药物的加入方法主要由药物的性质决定，以分散均匀为目的。

1. 可溶性药物的加入　先用适宜的溶剂溶解，再与相应的基质混匀；若药物能溶于基质，可用熔化基质将药物溶解。

2. 难溶性固体药物的加入　难溶性固体药物及糊剂的固体成分，均应预先用适宜的方法粉碎成细粉，使粒度符合规定。若用研合法制备，通常将药物粉末与适宜液体成分如液状石蜡、植物油、甘油等研匀至糊状，再逐渐递加其余基质并研匀。

3. 中药提取液的加入　中药提取液可浓缩成稠浸膏，再与基质混合。如为固体浸膏，则可加少量水或稀醇等研成糊状后，再与基质混匀。

4. 共熔成分的加入　共熔成分如樟脑、薄荷脑、麝香草酚等并存时，可先研磨使共熔后，再与冷却至 40℃左右的基质混匀。

5. 挥发性或热敏性药物的加入　挥发性或热敏性药物应在熔融基质冷却降温至 40℃左右时再混合。

6. 半固体黏稠性药物的加入　半固体黏稠性药物如鱼石脂等有一定极性，不易与凡士林混匀，可先与等量蓖麻油或羊毛脂混合后，再加入到凡士林等油脂性基质中。

### （三）制备方法

1. 研合法（图 7-1）　系将药物的各组分与基质在常温下研匀混合的方法。适用的基质主要是半固体的油脂性基质。此法适用于小量软膏及不耐热的药物制备，可在软膏板上或乳钵中进行。

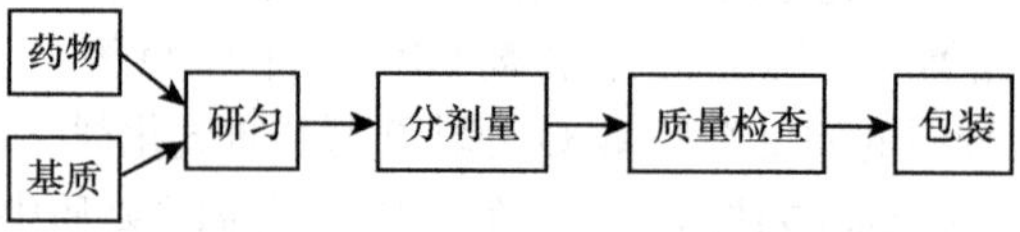


图 7-1　软膏剂研合法制备工艺流程

制备方法：先取药物与少量基质研磨成糊状，按等量递加法将其余基质和混合物研匀。大量生产用研磨机或电动研钵进行，或选用滚筒研合机。

2. 熔合法（图7-2）　系将软膏中部分或全部组分熔化混合，不断搅拌，直至冷凝。适用于大量生产油脂性软膏基质，以及基质和组分熔点（熔程）不同，基质各组分及药物在常温下不能均匀混合的软膏基质。

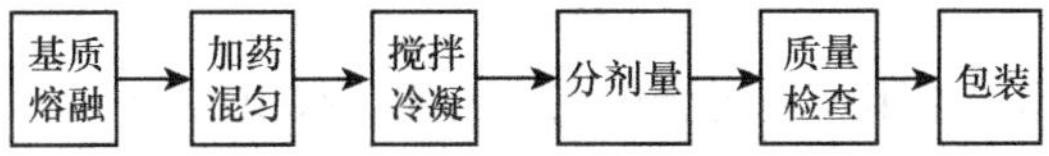


图7-2　软膏剂熔合法制备工艺流程

制备方法：先将熔点高的基质加热熔化，再按熔点高低顺序逐步加入其余基质，全部熔化后，再将药物细粉加入基质中，搅拌至冷凝成膏状即得。常用三滚筒研合机进行操作。

采用该法制备软膏剂应注意：①为防止基质过热，基质大部分熔化后停止加热，利用余热将全部基质熔化；②冷凝速度不可过快，以防基质中高熔点组分呈块状析出；③冷凝成膏状后应立即停止搅拌，防止带入过多的气泡。

3. 乳化法　系专用于制备乳剂型基质软膏剂的方法。制备流程见图7-3。

制备方法：加热处方中油脂性或油溶性成分使其熔化，作为油相；另将水溶性成分溶于水，作为水相，加热至与油相相同温度，或略高于油相温度；将油、水两相混合，边加边搅拌，至乳化完全，室温下搅拌至冷凝成膏状物即可。

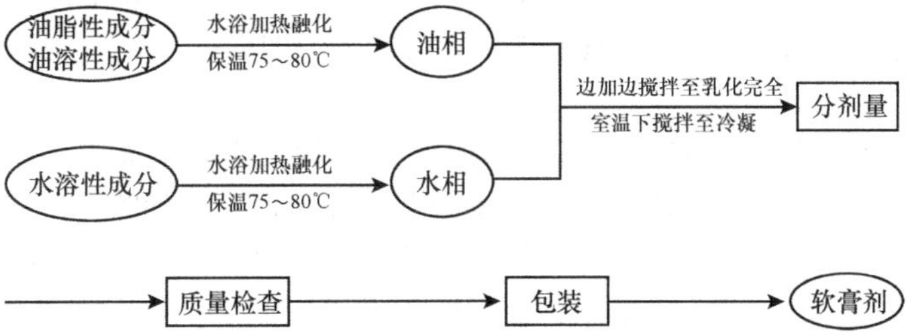


图7-3　软膏剂乳化法制备工艺流程

注意事项：

（1）乳化法中油、水两相的混合方法：①两相同时混合，适用于连续的或大批量的操作；②分散相加到连续相中，适用于含少量分散相的乳剂系统；③连续相加到分散相中，适用于多数乳剂系统，在混合过程中可引起乳剂的转型，从而产生更为细小的分散相粒子。

（2）将油、水两相中不溶解的组分粉碎过筛，最后加入混合。

（3）两相混合后沿同一方向搅拌至乳化。

（4）控制好加热的温度，保持油相温度在75～80℃。

（5）若有油、水两相中均不溶的药物组分，则最后加入并混合均匀。

## 七、软膏剂的实例

### （一）油脂性基质软膏处方实例

**实例7-1：清凉油**

**【处方】** 樟脑160g　薄荷脑160g　薄荷油100g　桉叶油100g　石蜡210g　蜂蜡90g　氨溶液（10%）6.0ml　凡士林200g

**【制备】**

（1）先将樟脑、薄荷脑混合研磨使其共熔，然后与薄荷油、桉叶油混合均匀。

（2）另将石蜡、蜂蜡和凡士林加热至 110℃（除去水分），必要时滤过，放冷至 70℃，加入芳香油等，搅拌。

（3）最后加入氨溶液，混匀即得。

【分析】

（1）本品有止痛止痒的作用，适用于伤风、头痛、蚊虫叮咬。

（2）本品较一般油性软膏稠度大些，接近固态，熔程在 46～49℃。

（3）处方中石蜡、蜂蜡、凡士林三者用量配比应随原料的熔点不同加以调整。

### （二）乳剂型基质软膏处方实例

**实例 7-2：水杨酸乳膏**

【处方】 水杨酸 50g 硬脂酸甘油酯 70g 硬脂酸 100g 白凡士林 120g 液状石蜡 100g 甘油 120g 十二烷基硫酸钠 10g 羟苯乙酯 1g 蒸馏水 480ml

【制备】

（1）将水杨酸研细后过 60 目筛，备用。

（2）取硬脂酸甘油酯、硬脂酸、白凡士林及液状石蜡，加热熔化为油相。

（3）另将甘油及蒸馏水加热至 90℃，再加入十二烷基硫酸钠及羟苯乙酯溶解为水相。

（4）然后将水相缓缓倒入油相中，边加边搅拌，直至冷凝，即得乳剂型基质。

（5）最后将过筛的水杨酸加入上述基质中，搅拌均匀即得。

【分析】

（1）本品用于治疗手足癣及体股癣，禁用于糜烂或继发性感染部位。

（2）本品为 O/W 型乳膏，采用十二烷基硫酸钠及单硬脂酸甘油酯（1∶7）为混合乳化剂，其 HLB 值为 11，接近本处方中油相所需的 HLB 值 12.7。制得的乳膏剂稳定性较好。

（3）O/W 型乳膏中加入白凡士林可以克服应用上述基质时有干燥的缺点，且有润滑作用。

（4）加入水杨酸时，水杨酸不稳定，故而基质温度宜低，并避免与铁或其他重金属器具接触，防止水杨酸氧化变色。

**实例 7-3：水杨酸软膏（水溶性）**

【处方】 水杨酸 2.0g 羧甲基纤维素钠 2.4g 甘油 4.0g 苯甲酸钠 0.2g 乙醇 3ml 蒸馏水 40ml

【制备】

（1）加入处方量羧甲基纤维素钠，滴加乙醇 3ml，充分研匀。

（2）加入处方量甘油后，继续研匀，得膏状物。

（3）加入苯甲酸钠和蒸馏水混匀后，加入水杨酸研匀，即得成品。

【分析】

（1）本品用于治疗手足癣及体股癣，禁用于糜烂或继发性感染部位。

（2）处方中水杨酸作为主药，羧甲基纤维素钠作为水溶性基质，甘油作为保湿剂，苯甲酸钠作为防腐剂。

## 八、软膏剂的质量检查

《中国药典》中规定，软膏剂应做粒度、装量、微生物限度和无菌等项目检查。此外还有主药含量、物理性质、刺激性、稳定性的检测和软膏剂中药物的释放、穿透及吸收等项目的评定。

1. 粒度检查 软膏剂应均匀、细腻，涂于皮肤或黏膜上无刺激性。除另有规定外，混悬型软膏剂取适量的供试品，涂成薄层，薄层面积相当于盖玻片面积，共涂三片，不得检出大于180μm的粒子。

2. 装量检查 按照最低装量检查法（《中国药典》（2015年版）四部通则0942）检查，应符合规定。

3. 微生物限度检查 除另有规定外，按照微生物限度检查法（《中国药典》（2015年版）四部通则1105）检查，应符合规定。

4. 无菌检查 除另有规定外，软膏剂用于大面积烧伤及严重损伤的皮肤时，按照无菌检查法检查，应符合规定。

### 九、软膏剂的包装与储存

一般多采用软管包装，常用的有锡管、铝管或塑料管等。包装材料不能与药物或基质发生理化作用，包装的密闭性好。

除另有规定外，软膏剂、糊剂一般在常温下避光、密闭条件储存，乳膏剂应避光密封，置于25℃以下保存，不得冷冻。储存过程中不得有酸败、异臭、变色、变硬现象，乳膏剂不得有油水分离及胀气现象，以免影响制剂的均匀性及疗效。

## 第2节 眼 膏 剂

### 一、概 述

#### （一）眼膏剂的定义

眼膏剂系药物与适宜基质均匀混合，制成无菌溶液型、混悬型或乳剂型膏状的眼用半固体制剂。眼膏剂应属于无菌制剂，常用于眼部损伤及眼部手术后。

#### （二）眼膏剂的特点

1. 眼膏剂由于用于眼部，药物必须极细，基质必须纯净，使用时易涂布，无刺激性且无菌。不溶性眼膏剂基质和药物应通过九号筛。

2. 眼膏剂较其他眼用制剂，在眼内滞留时间长，疗效持久，能减轻眼睑对眼球的摩擦，有助于角膜损伤的愈合。

3. 为保证药效持久，眼膏剂常用凡士林与羊毛脂等混合油性基质，导致使用后有油腻感，可造成视物模糊，故多以睡觉前使用为主。

#### （三）眼膏剂的质量要求

1. 眼用软膏应均匀、细腻，易于涂布，且无刺激性。

2. 无微生物污染，成品不得检验出金黄色葡萄球菌和铜绿假单胞菌。

3. 用于眼部手术或创伤的眼膏剂不得加入抑菌剂或抗氧化剂。眼膏剂所用原料药要求纯度高，且不得有菌。

### 二、眼膏剂的基质

眼膏剂的常用基质为黄凡士林、液状石蜡和羊毛脂的混合物，其用量比例为8∶1∶1。根据气温可适当增减液状石蜡的用量，以调节眼膏剂的软硬度。基质中羊毛脂有表面活性作用，具有较强的吸水性和黏附性，使眼膏与泪液容易混合，并易附着于眼黏膜上，基质中药物容易穿透眼膜。基质加热熔合后用绢布等适当滤材保温滤过，并于150℃干热灭菌1～2小时，备用。也可将各组分分别灭菌供配制用。用于眼部手术或创伤的眼膏剂应进行灭菌或无菌操作，且不添加抑菌剂或抗氧化剂。保证基质纯净、细腻，对眼部无刺激性。

## 三、眼膏剂的制备

眼膏剂的制备与软膏剂的制备基本相同，但必须在净化的条件下进行，防止微生物的污染。所用基质、药物、容器与包装材料等均应采用安全可靠的灭菌方法灭菌后再用。配制用具可用70%～75%乙醇擦洗消毒，或用水洗净后再经150℃干热灭菌至少1小时。包装材料如软膏管洗净后用75%乙醇或1%～2%苯酚浸泡，临用前再用纯化水冲洗干净，烘干即可，也可用紫外线灯照射进行灭菌，其制备工艺流程见图7-4。

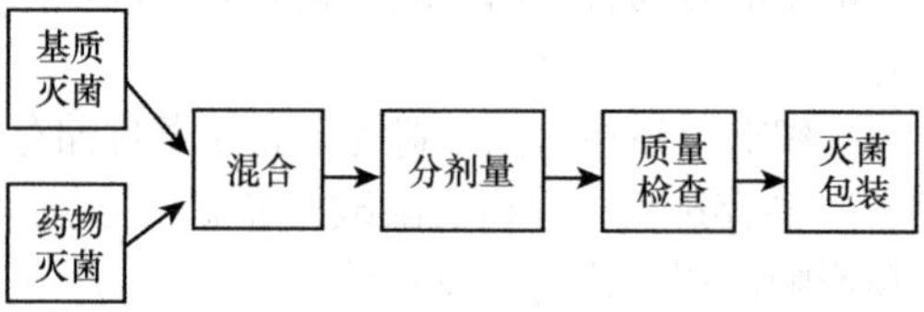


图7-4 眼膏剂的制备工艺流程

眼膏剂中所用的药物，能溶于基质或基质组分者可制成溶液型眼膏剂，不溶性药物应预先粉碎成可通过九号筛的极细粉末，将药粉与少量基质或液状石蜡研成糊状，再与基质混合制成混悬型眼膏剂。

## 四、眼膏剂的实例

**实例7-4：复方碘苷眼膏（复方疱疹净眼膏）**

**【处方】** 碘苷5.0g 硫酸新霉素 5.0g（新霉素 500万U） 无菌注射用水20ml 眼膏基质加至1000g

**【制备】**

（1）取碘苷、硫酸新霉素，置灭菌乳钵中，加灭菌注射用水研成细腻糊状。

（2）再分次递加眼膏基质使成全量，研匀，无菌分装，即得。

**【分析】** 本品为抗病毒药及抗生素类药，用于纯疱疹性角膜炎、牛痘病毒性角膜炎及其他病毒、细菌感染。

**课堂互动**

**红霉素眼膏的制备**

**【处方】** 红霉素50万U 灭菌液状石蜡适量 眼膏基质加至100g

**【制备】** 取红霉素加少量灭菌液状石蜡研成细腻的糊状物，然后加少量灭菌眼膏基质研匀，再分次递加剩余的基质，研匀，无菌分装即得。

**问题：** 处方中灭菌液状石蜡的作用是什么？

## 五、眼膏剂的质量检查

眼用软膏应均匀、细腻、易于涂布眼部，便于药物分散和吸收，对眼部无刺激性。

1. 金属性异物检查　取 10 个供试品，含金属性异物超过 8 粒者，不得超过 1 个，且其总数不得超过 50 粒。

2. 粒度检查　涂片中大于 50μm 粒子不得超过 2 个，不得检出大于 90μm 的粒子。

3. 无菌检查　用于眼部创伤及手术的眼膏剂应进行无菌检查。

4. 装量检查、微生物限度检查　应符合《中国药典》（2015 年版）四部中相应要求。

## 六、眼膏剂的储存

眼膏剂应遮光密封储存，眼用制剂在启用后最多可使用 4 周。

# 第 3 节　凝　胶　剂

## 一、概　　述

### （一）凝胶剂的定义

凝胶剂系药物与适宜辅料制成溶液、混悬液或乳状液型的稠厚液体或半固体制剂，可供内服或外用，主要是外用于皮肤和体腔。

### （二）凝胶剂的分类和特点

凝胶剂有单相凝胶和双相凝胶之分。双相凝胶是由小分子无机药物胶体小粒以网状结构存在于液体中，具有触变性，如氢氧化铝凝胶。局部应用的由有机化合物形成的凝胶剂系指单相凝胶，又分为水性凝胶和油性凝胶。此外乳状液型凝胶剂又称乳胶剂。

水性凝胶基质一般由西黄蓍胶、明胶、淀粉、纤维素衍生物和海藻酸钠等加水、甘油或丙二醇等制成；油性凝胶基质常由液状石蜡与聚氧乙烯或脂肪油与胶体硅或铝皂、锌皂构成。

在临床上应用较多的是以水性凝胶为基质的凝胶剂。

### （三）凝胶剂的质量要求

凝胶剂应满足以下质量要求。

1. 凝胶剂应均匀、细腻，常温时保持胶状，不干涸或液化。

2. 混悬型凝胶剂中的胶粒应分散均匀，不应下沉结块。

3. 根据需要，凝胶剂中可加入保湿剂、防腐剂、抗氧化剂、乳化剂、增稠剂和透皮吸收促进剂等。

4. 凝胶剂基质不应与药物发生相互作用。

5. 除另有规定外，凝胶剂应遮光密封，置于 25℃以下储存，并应防冻。

## 二、水性凝胶基质

水性凝胶基质大多在水中溶胀成水性凝胶而不溶解。本类基质一般易涂展和洗除，无油腻感，能吸收组织渗出液，不妨碍皮肤正常功能。还由于黏滞度较小而有利于药物，特别是水溶性药物的释放。水性凝胶基质易失水和霉变，故而常添加保湿剂和防腐剂。常用的水性凝胶基质有以下几种。

1. 卡波姆　系丙烯酸与丙烯基蔗糖交联的高分子聚合物，又名聚羧乙烯。本品是一种吸湿性很强的白色松散粉末。按黏度不同常分为 934、940、941 等规格。卡波姆分子结构中的羧酸基团使其水分散液呈酸性，1%水分散液的 pH 约为 3.11，黏度较低。当用碱中和时，随着大分子逐渐溶解，黏度也逐渐上升，在低浓度时形成澄明溶液，在浓度较大时形成半透明状的凝胶。

在 pH 6～11 时有最大的黏稠度。本品制成的基质无油腻感，涂用润滑舒适，特别适宜于治疗脂溢性皮肤病。盐类电解质可使卡波姆凝胶的黏性下降，碱土金属离子、阳离子聚合物及强酸等在配伍时必须避免。

2. 纤维素衍生物　纤维素经衍生化后成为在水中可溶胀或溶解的胶性物。调节适宜的稠度可形成水溶性软膏基质。常用的品种有甲基纤维素（MC）和羧甲基纤维素钠（CMC-Na），两者常用的浓度为 2%～6%。此类基质有一定的黏度，随分子量增大，稠度改变。CMC-Na 基质中不宜加硝酸苯汞或其他重金属盐作为防腐剂，也不宜与阳离子型药物配伍，否则会与 CMC-Na 形成不溶性沉淀物，从而影响防腐效果或药效，对基质稠度也会有影响。

3. 其他水性凝胶基质　西黄蓍胶、明胶、淀粉、纤维素衍生物、海藻酸钠、交联型聚丙烯酸钠（SDB-L-400）等。

## 三、水性凝胶剂的制备

水性凝胶剂的一般制法（图 7-5）：首先将药物溶于部分水或甘油中，可进行加热，其余处方成分制成水性凝胶基质，再与药物溶液混匀加水至足量，搅匀即得。若为难溶性药物时，可先用少量水或甘油研细，混匀分散后，再与水凝胶基质搅匀即得。

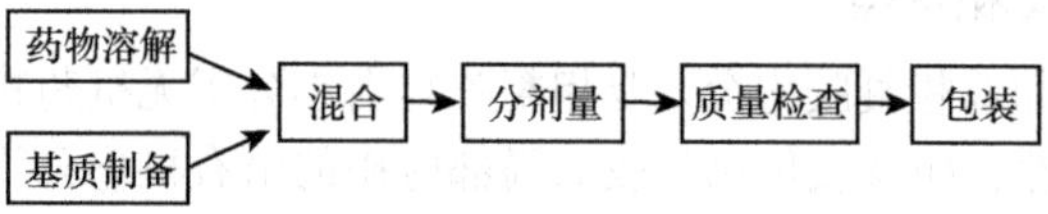


图 7-5　水性凝胶剂制备工艺流程

## 四、水性凝胶剂的实例

**实例 7-5：卡波姆水性凝胶基质**

【处方】 卡波姆 940 10g　乙醇 50g　甘油 50g　聚山梨酯 80 20g　羟苯乙酯 1g　氢氧化钠 4g　蒸馏水加至 1000g

【制备】

（1）将卡波姆 940、聚山梨酯 80、甘油及 300ml 蒸馏水混合，氢氧化钠溶于 100ml 蒸馏水后加入上液搅匀。

（2）再将羟苯乙酯溶于乙醇后逐渐加入上液搅匀，即得透明凝胶。

【分析】 加入氢氧化钠提高黏度，甘油为保湿剂，羟苯乙酯为防腐剂。

## 五、凝胶剂的质量检查

《中国药典》中规定，凝胶剂需做外观、粒度、最低装量及微生物限度等检查。

## 六、凝胶剂的包装与储存

凝胶剂所用的内包装材料不应与药物或基质发生理化作用。除另有规定外，凝胶剂应置于避光密闭容器中，于 25℃以下的阴凉处储存，并防止结冰。

## 自测题

一、最佳选择题

1. 下列关于软膏剂概念的正确叙述是（　　）
   A. 软膏剂系指药物与适宜基质混合制成的固体外用制剂
   B. 软膏剂系指药物与适宜基质混合制成的半固体外用制剂
   C. 软膏剂系指药物与适宜基质混合制成的半固体内服和外用制剂
   D. 软膏剂系指药物制成的半固体外用制剂
   E. 软膏剂系指药物与适宜基质混合制成的半固体内服制剂
2. 可单独作为软膏基质的是（　　）
   A. 植物油　B. 液状石蜡
   C. 固体石蜡　D. 凡士林
   E. 鲸蜡
3. 下列哪种物料可改善凡士林吸水性（　　）
   A. 植物油　B. 液状石蜡
   C. 鲸蜡　D. 羊毛脂
   E. 海藻酸钠
4. 可用于O/W型乳剂型基质的乳化剂的是（　　）
   A. 硬脂酸钙　B. 羊毛脂
   C. 月桂醇硫酸钠　D. 十八醇
   E. 单硬脂酸甘油酯
5. 可用于W/O型乳剂型基质的乳化剂的是（　　）
   A. 司盘类　B. 吐温类
   C. 月桂醇硫酸钠　D. 卖泽类
   E. 泊洛沙姆
6. 乳剂型软膏基质中常加入羟苯酯类（尼泊金类），其作用为（　　）
   A. 增稠剂　B. 稳定剂
   C. 防腐剂　D. 吸收促进剂
   E. 乳化剂
7. 下列关于眼膏剂的叙述错误的是（　　）
   A. 色泽均匀一致，质地细腻，无粗糙感，无污物
   B. 对眼部无刺激，无微生物污染
   C. 眼用软膏剂不得检出任何微生物
   D. 眼膏剂的稠度适宜，易于涂抹
   E. 眼膏剂的基质主要是黄凡士林8份、液状石蜡1份和羊毛脂1份
8. 难溶性药物应通过（　　）号筛，才能用其制备混悬型眼膏剂。
   A. 一号筛　B. 三号筛
   C. 五号筛　D. 七号筛
   E. 九号筛
9. 下列哪项不是一般眼膏剂的质量检查项目（　　）
   A. 装量　B. 无菌
   C. 粒度　D. 金属性异物
   E. 微生物限度
10. 下列哪项不宜作为眼膏基质成分（　　）
    A. 液状石蜡　B. 羊毛脂
    C. 白凡士林　D. 甘油
    E. 卡波姆
11. 下列关于软膏基质的叙述错误的是（　　）
    A. 液状石蜡主要用于调节软膏稠度
    B. 水溶性基质释药快，无刺激性
    C. 水溶性基质由水溶性高分子物质加水组成，需加防腐剂而不需加保湿剂
    D. 凡士林中加入羊毛脂可增加吸水性
    E. 硬脂醇是W/O型乳化剂，但常用在O/W型乳剂型基质中
12. 对软膏剂的质量要求，错误的叙述是（　　）
    A. 均匀细腻、无粗糙感
    B. 软膏剂是半固体制剂，药物与基质必须是互溶的
    C. 软膏剂稠度应适宜，易于涂布
    D. 应符合微生物限度检查要求
    E. 无不良刺激性
13. 糊剂一般固体粉末含量在多少以上（　　）
    A. 5%　B. 10%　C. 15%
    D. 20%　E. 25%
14. 药物在以下哪种基质中穿透性最强（　　）
    A. 液状石蜡
    B. 羊毛脂
    C. O/W型乳剂型基质
    D. W/O型乳剂型基质
    E. 聚乙二醇
15. 下列关于软膏剂说法错误的是（　　）
    A. 软膏剂是药物与适宜基质混合制成均匀半固体外用制剂
    B. 软膏剂多用于慢性皮肤病，对皮肤起到保护、润滑和局部治疗作用
    C. 软膏剂可用于皮肤急性损伤，不需要做无菌

检查

D. 软膏剂可以通过透皮吸收，也可用于全身治疗

E. 其按照分散系统分为溶液型、混悬型和乳剂型

16. 软膏剂检查项目不包括（　　）

A. 粒度　　B. 装量

C. 微生物限度　　D. 无菌

E. 热原

17. 软膏剂中的二甲基硅油作为（　　）

A. 润湿剂　　B. 溶剂

C. 防腐剂　　D. 表面活性剂

E. 防水剂

18. 下列属于烃类软膏基质的是（　　）

A. 凡士林　　B. 羊毛脂

C. 蜂蜡　　D. 十二烷基硫酸钠

E. 甘油明胶

19. 下列可单独作为软膏剂基质的是（　　）

A. 植物油　　B. 液状石蜡

C. 固体石蜡　　D. 蜂蜡

E. 凡士林

20. 对凡士林的叙述错误的是（　　）

A. 又称软石蜡，有黄、白两种

B. 有适宜的黏稠性与涂展性，可单独作基质

C. 对皮肤有保护作用，适合用于有多量渗出液的患处

D. 性质稳定，适用于遇水不稳定的药物

E. 在乳剂基质中可作为油相

21. 下列属于油溶性软膏基质的是（　　）

A. 甲基纤维素

B. 卡波姆

C. 二甲基硅油

D. 甘油明胶

E. 海藻酸钠

22. 加入下列哪种材料可以改善凡士林吸水性（　　）

A. 植物油　　B. 液状石蜡

C. 固体石蜡　　D. 羊毛脂

E. 海藻酸钠

23. 常用作 O/W 型乳剂型基质的是（　　）

A. 三乙醇胺皂　　B. 羊毛脂

C. 硬脂酸钙　　D. 司盘类

E. 胆固醇

24. 下列属于软膏剂水溶性基质的是（　　）

A. 植物油　　B. 卡波姆

C. 羊毛脂　　D. 凡士林

E. 硬脂酸钠

25. 下列不得添加抑菌剂的是（　　）

A. 用于全身治疗的栓剂

B. 用于局部治疗的软膏剂

C. 用于创伤治疗的眼膏剂

D. 用于全身治疗的软膏剂

E. 用于局部治疗的凝胶剂

26. 在乳剂型软膏基质中常加入甘油，其作用为（　　）

A. 增稠剂　　B. 稳定剂

C. 保湿剂　　D. 吸收促进剂

E. 乳化剂

27. 乳剂型软膏剂的制法是（　　）

A. 研磨法　　B. 熔合法

C. 乳化法　　D. 分散法

E. 聚合法

28. 下列关于眼膏剂说法错误的是（　　）

A. 眼膏剂具有疗效持续，能减轻眼睑对眼球摩擦的特点

B. 用于眼外伤的眼膏剂不得加入抑菌剂

C. 眼膏剂成品中不得检验出金黄色葡萄球菌和铜绿假单胞菌

D. 制备眼膏剂所用容器和包装材料需要严格灭菌

E. 不溶性药物应先研磨通过一号筛，再制备混悬眼膏剂

## 二、配伍选择题

【29～33 题共用选项】

A. 软膏剂　　B. 乳膏剂

C. 糊剂　　D. 凝胶剂

E. 眼膏剂　　F. 栓剂

29. 含 25%以上药物的半固体制剂（　　）

30. 药物与适宜基质混合制成均匀半固体外用制剂（　　）

31. 药物与适宜的辅料制成的均一、混悬或乳剂型的乳胶稠厚液体或半固体制剂（　　）

32. 基质是乳剂型基质的半固体制剂（　　）

33. 供眼用的灭菌半固体制剂（　　）

【34～38 题共用选项】

A. 凡士林　　B. 羊毛脂

C. 甘油明胶　　D. 三乙醇胺皂

E. 氢氧化钙

34. W/O 型乳剂型基质（　　）

35. O/W 型乳剂型基质（　　）
36. 可以改善水的吸收和渗透基质（　　）
37. 可单独使用的烃类基质（　　）
38. 水溶性基质（　　）

【39～43 题共用选项】
A. 凡士林　B. 羊毛脂
C. 羧甲基纤维素钠　D. 硬脂酸钠
E. 司盘 80

39. W/O 型乳剂型基质（　　）
40. 烃类基质（　　）
41. 类脂类基质（　　）
42. O/W 型乳剂型基质（　　）
43. 水溶性基质（　　）

【44～46 题共用选项】
A. 吐温类表面活性剂
B. 司盘类表面活性剂
C. 防腐剂
D. 皂化剂
E. 润滑剂

处方：单硬脂酸甘油酯 120g，蜂蜡 50g，石蜡 50g，白凡士林 50g，液状石蜡 250g，油酸山梨坦 20g，聚山梨酯 80 10g，羟苯乙酯 1g，蒸馏水加至 1000ml。

44. 油酸山梨坦为（　　）
45. 羟苯乙酯为（　　）
46. 聚山梨酯 80 为（　　）

【47～50 题共用选项】
A. 硬脂酸甘油酯　B. 甘油
C. 白凡士林　D. 十二烷基硫酸钠
E. 对羟基苯甲酸乙酯

上述辅料在软膏剂中的作用：

47. 辅助乳化剂（　　）
48. 保湿剂（　　）
49. 油溶性基质（　　）
50. 乳化剂（　　）

【51～55 题共用选项】
A. 白凡士林 300g　B. 十二烷基硫酸钠 10g
C. 尼泊金乙酯 1g　D. 甘油 120g
E. 纯化水加至 1000g

分析上述乳剂基质的处方

51. 油相（　　）
52. 水相（　　）
53. 乳化剂（　　）
54. 保湿剂（　　）
55. 防腐剂（　　）

## 三、多项选择题

56. 软膏剂的类脂类基质有（　　）
A. 凡士林　B. 羊毛脂
C. 石蜡　D. 蜂蜡
E. 二甲基硅油

57. 软膏剂制备方法有（　　）
A. 乳化法　B. 溶解法
C. 研合法　D. 熔合法
E. 复凝聚法

58. 下列哪项是凝胶剂水性凝胶基质（　　）
A. 卡波姆　B. MC
C. 泊洛沙姆　D. PVA
E. 丙二醇

59. 下列辅料中作为软膏剂的保湿剂的有（　　）
A. 甘油　B. 山梨醇
C. 丙二醇　D. 固体石蜡
E. 羊毛脂

60. 下列关于眼膏剂说法正确的是（　　）
A. 应细腻、均匀，宜于涂布
B. 无刺激性，无微生物污染
C. 不得检出金黄色葡萄球菌和铜绿假单胞菌
D. 在眼部手术或创伤治疗的眼膏剂中添加抑菌剂以保证无菌效果
E. 黄凡士林可以用作眼膏剂的基质

61. 下列关于软膏剂叙述正确的是（　　）
A. 药物与油脂性或水溶性（适宜）基质混合制成均匀半固体外用制剂
B. 多用于慢性皮肤病，对皮肤和黏膜起保护、润滑和局部治疗作用
C. 一般不用于急性创伤，用于创面的软膏需要做无菌检查
D. 常用软膏剂的包装采用锡箔管和塑料管
E. 软膏剂可以在常温条件下储存，不用避光

62. 下列属于软膏剂水溶性基质的有（　　）
A. 羊毛脂　B. 西黄蓍胶　C. 淀粉明胶
D. CMC-Na　E. PEG

63. 软膏剂的 O/W 型乳剂型基质有（　　）
A. 三乙醇胺皂　B. 硬脂酸钠　C. 吐温
D. 氢氧化钙　E. 十二烷基硫酸钠

64. 软膏剂的 W/O 型乳剂型基质有（　　）
A. 氢氧化钙　B. 氢氧化铝　C. 司盘
D. 吐温　E. 十二烷基硫酸钠

65. 抗氧化剂有（　　）
A. BHA　B. BHT　C. 维生素 E
D. 维生素 C　E. 苯酚

四、填空题

1. 乳剂型基质由_______、_______和_______组成。
2. 软膏剂处方中羟苯乙酯为________剂，丙二醇为________剂。
3. 常用的眼膏剂的基质组成为________、______和_________，各组成比例为_________，并在________℃干热灭菌_______小时，放冷备用。
4. 软膏剂按照分散系统分为________、________和_______。
5. 软膏剂基质分为_______、_______和_______。
6. 软膏剂基质制备方法为_____、_______和_______。其中乳膏剂多采用________，溶液型和混悬型软膏剂多采用_______和_______。

五、名词解释

1. 软膏剂
2. 眼膏剂
3. 糊剂
4. 凝胶剂
5. 水溶性基质
6. 乳剂型基质

六、简答题

1. 软膏剂的基质分为哪几类？各有何特点？
2. 简述制备软膏剂时药物的加入方法。
3. 处方分析：硬脂酸 120g　羊毛脂 50g　甘油 50g　单硬脂酸甘油酯 35g　液状石蜡 60g　三乙醇胺 4g　凡士林 10g　羟苯乙酯 5g　纯化水加至 1000g

（1）写出处方中各组分的作用。

（2）此软膏剂基质为何类型？

（3）写出制备方法。

（周　琳）

# 第8章 无菌制剂

## 学习目标

1. 掌握注射剂与滴眼剂的定义、处方组成、生产工艺流程、制备步骤及注意事项、质量检查项目和要求，热原的性质和除去方法。

2. 熟悉注射剂的溶剂及附加剂，热原的组成、污染途径、检查，各种灭菌方法的特点及适应范围，输液剂、注射用无菌粉末的定义、制备及实例。

3. 了解营养输液、血浆代用液种类及滴眼剂的附加剂。

4. 熟练掌握注射剂、输液剂的制备工艺与管理，学会解决输液剂生产过程中出现的问题。

**案例 8-1**

2008年10月6日，云南食品药品监督管理局报告，云南省某医院多名患者使用黑龙江某制药厂生产的刺五加注射液之后出现了严重不良反应，其中3例患者死亡。10月7日，国家食品药品监督管理局发出紧急通知，暂停销售、使用该注射液。11月19日，国家食品药品监督管理局发布《关于开展刺五加注射液药品生产企业整顿工作的通知》，中国药品生物制品检定所组织河北、江苏、广东等地药品检验所对辖区内经营和使用单位的刺五加注射液进行了抽样检验，结果发现刺五加注射液样品无菌检验不合格情况较为严重，于是要求刺五加注射液药品生产企业开展整顿，并将有关药品生产企业整顿情况和工艺、质量标准研究工作进展上报国家食品药品监督管理局，整顿及研究工作未完成前，暂不恢复刺五加注射液的生产。

**问题：** 1. 为什么此厂生产的刺五加注射剂会导致很多不良反应，甚至出现患者死亡呢？如何避免注射剂的不良反应？

2. 注射剂的生产工艺流程是什么？

3. 注射剂质量检查项目和要求有哪些？

## 第1节 热原与灭菌

### 一、热　原

#### （一）热原的定义与特点

1. 定义　热原是指由微生物产生的能引起恒温动物体温异常升高的致热性物质。

2. 特点　热原是微生物产生的一种内毒素，微生物中致热能力最强的是革兰氏阴性杆菌，其次是革兰氏阳性杆菌、革兰氏阳性球菌，再就是真菌、酵母菌、病毒。这种内毒素是由磷脂、脂多糖和蛋白质组成的复合物，其中脂多糖是内毒素的主要成分。其分子量为$1\times10^6$左右，致热作用随分子量的增加而增强。故而一般可视为热原≈脂多糖≈内毒素。

3. 热原反应　极微量热原注入人体内（1μg/kg体重），大约半小时后体就会出现发冷、寒战、体温升高、恶心、呕吐等症状，有时体温可升至40℃以上，严重者出现昏迷、虚脱，甚至有生命危险。临床上把这种现象称为热原反应。

课堂互动

同学们见过输液反应吗?输液反应会出现哪些症状?

### （二）热原的性质

1. 水溶性　因为其结构中含有多糖成分，所以热原能溶于水。

2. 不挥发性　热原本身不挥发，但在蒸馏时，可随水蒸气的雾滴夹带入蒸馏水中，故蒸馏器需要设有除沫装置，且应防止暴沸。

3. 耐热性　热原在60℃加热1小时不受影响，100℃加热也不降解，但120℃加热4小时可被灭活98%左右。在180～200℃干热2小时、250℃干热45分钟、650℃干热1分钟条件下，均可使热原彻底被破坏。常用的热压灭菌法不能破坏热原。

4. 过滤性　热原体积小，为1～5nm，一般的滤器，不能截留，要除去绝大部分甚至全部热原需用孔径小于1nm的超滤膜过滤。

5. 吸附性　热原能被药用炭、硅藻土、白陶土等吸附，也可被离子交换树脂交换吸附而除去。

6. 其他　不耐强酸、强碱、强氧化剂和超声波，故可用强酸、强碱、强氧化剂来处理带热原的容器。

### （三）热原污染的途径

1. 溶剂　注射用水是注射剂热原污染的主要来源。蒸馏器结构不合理、操作不当、容器不洁、放置时间过长等都会引入热原污染。配制注射剂必须使用新鲜的灭菌注射用水。

2. 原辅料　药物和辅料著制备不洁、包装不当、储存过久易滋生微生物，特别是中药提取物与含蔗糖、蛋白质、脂肪等制品。

3. 容器、用具、管道和设备　若容器、用具、管道和设备未彻底清洁，常会带来热原污染，故须严格按操作规程清洁。

4. 生产过程　在注射剂的生产操作过程中洁净度差、时间过长、产品未及时灭菌，均会产生微生物污染。故应严格净化程序，如空气净化、环境净化、人员净化、物料净化等。

5. 输液器具　有时可能因输液的器具、配药器具污染而引起热原反应。

6. 储存和操作　久置，或未能在严格无菌条件下操作都会引入热原。

### （四）除去热原的方法

1. 吸附法　常用的吸附剂为药用炭。药用炭对热原有较强的吸附作用，同时有助滤和脱色作用，广泛应用于注射剂生产中，常用量为0.1%～0.5%，可联合白陶土使用。

2. 酸碱法　玻璃容器、用具用重铬酸钾硫酸清洗液或稀氢氧化钠液处理，可将热原破坏。

3. 高温法　能经受高温加热的容器、用具，如针头、针筒或其他玻璃器皿，洗净后，于250℃加热45分钟以上，可破坏热原。

4. 离子交换法　离子交换树脂具有较大表面积和表面电荷，因而具有吸附和交换作用。常用的弱碱性阴离子交换树脂、弱酸性阳离子交换树脂，均可除去丙种胎盘球蛋白注射液中的热原。

5. 凝胶过滤法　热原是大分子复合物，可用凝胶（分子筛）过滤除去。例如，用二乙氨基乙基葡聚糖凝胶（分子筛）制备无热原去离子水。

6. 超滤法　用小于1nm超滤膜可除去热原。

7. 反渗透法　用三醋酸纤维膜通过反渗透法除去热原。

### （五）检查热原的方法

1. 热原检查法　又称家兔试验法，是将一定剂量的供试品，经静脉注入家兔体内，在规定时间内观察家兔体温升高的情况，以判定供试品中所含热原的限度是否符合规定（图 8-1）。本法是我国药典规定的检测热原的主要方法。试验用家兔应根据《中国药典》要求进行筛选，按药典规定方法进行试验和结果判定。本法检查结果的准确性和一致性取决于试验动物的状况、试验室条件和操作的规范性。家兔试验法检测内毒素的灵敏度为 0.001μg/ml，试验结果接近人体真实情况，但操作烦琐费时，不能用于注射剂生产过程中的质量监控。

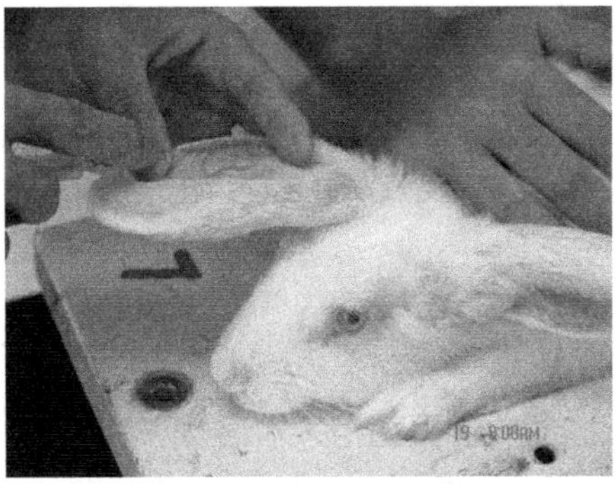

图 8-1　家兔试验法测定热原

2. 鲎试验法　又称细菌内毒素检查法，系利用鲎试剂来检测或量化由革兰氏阴性菌产生的细菌内毒素，以判断供试品中细菌内毒素的限量是否符合规定的一种方法。细菌内毒素检查包括两种方法，即凝胶法和光度测定法，后者包括浊度法和显色基质法。供试品检测时，可使用其中任何一种方法进行试验。当测定结果有争议时，除另有规定外，以凝胶法结果为准（图 8-2）。

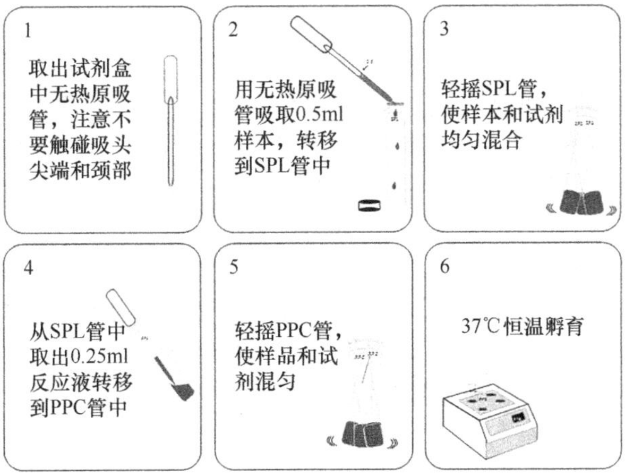


图 8-2　细菌内毒素检查法简要实验步骤（凝胶法）

鲎试验法检查内毒素的灵敏度为 0.0001μg/ml，比家兔试验法灵敏 10 倍，操作简单易行，试验费用低，结果迅速可靠，适用于注射剂生产过程中的热原控制和某些不能用家兔进行热原检测的品种（如放射性制剂、肿瘤抑制剂等），因为这些制剂具有细胞毒性，并具有一定的生物效应，不宜用家患试验检测。

鲎试验法易出现"假阳性"，因其对革兰氏阴性菌以外的内毒素不灵敏，故尚不能完全代替家兔试验法。

图 8-3　鲎的形态

**链接**　鲎　试　剂

鲎（图 8-3）血液是淡蓝色的。这种淡蓝色的血液中含铜量很高，而且一遇到细菌就会凝固。利用鲎血液的这种特殊反应，对它进行处理，可以制成一种特殊的检验试剂——"鲎试剂”。鲎试剂可以准确、快速地检测人体内部组织是否因细菌感染而致病。

鲎试剂是用鲎的血细胞溶解物制得的，其可与细菌内毒素产生凝胶反应。机制是鲎的血细胞中含有凝固蛋白原和凝固酶原，凝固酶原经内毒素激活，转化成具有活性的凝固酶，凝固酶使凝固蛋白原酶解，转变成凝固蛋白，凝固蛋白又在交联酶的作用下，相互凝集而形成凝胶。

## 二、灭　菌

### （一）灭菌相关术语

1. 灭菌和灭菌法

（1）灭菌：系采用物理或化学方法杀灭或除去所有致病和非致病微生物繁殖体和芽孢，以获得无菌状态的过程。

（2）灭菌法：系用适当的物理或化学方法将物品中活的微生物杀灭或除去，从而使物品残存活微生物的概率下降至预期无菌水平的方法。

2. 无菌和无菌操作法

（1）无菌：系在任一指定物体、介质或环境中，不得存在任何活的微生物。

（2）无菌操作法：系在整个操作过程中利用或控制一定条件，使产品避免被微生物污染的一种操作方法或技术。

### （二）灭菌方法

微生物包括细菌、真菌和病毒等，微生物种类不同，灭菌方法不同，灭菌效果也不同。细菌的芽孢具有较强的抗热力，不易被杀死，故灭菌效果应以杀死芽孢为标准。应根据药物的性质，选择适宜的灭菌方法，做到既杀灭或除去微生物，达到灭菌目的，又能保证药物治疗作用与稳定性。

灭菌方法分为两大类：物理灭菌法和化学灭菌法。物理灭菌法包括湿热灭菌法、干热灭菌法、射线灭菌法和过滤除菌法等。化学灭菌法包括气体灭菌法和化学药剂杀菌法等。

1. 物理灭菌法　系采用加热、干燥、辐射、声波等物理手段达到灭菌目的的方法。

（1）湿热灭菌法：将物品置于灭菌柜内，利用高压饱和蒸汽、过热水喷淋等手段使微生物中的蛋白质、核酸发生变性而杀灭微生物的方法。

本法蒸汽潜热大，穿透力强，容易使蛋白质变性或凝固，而且作用可靠，操作简便，是制剂生产中应用最广泛的灭菌方法。药品、容器、培养基、无菌衣、胶塞等遇高温和湿热不发生变化或损坏的物品，均可采用本法灭菌。本法包括热压灭菌法、流通蒸汽灭菌法、煮沸灭菌法、低温间歇灭菌法和巴氏灭菌法。

1）热压灭菌法：系在密闭的热压灭菌器内，以高压饱和蒸汽杀灭微生物的方法。该法灭菌能力强，能杀灭所有的细菌繁殖体和芽孢，为热力灭菌中可靠、最有效、应用最广泛的灭菌方法。本法适用于能耐高压蒸汽的所有药物制剂、玻璃容器、金属容器、瓷器、橡胶塞、滤膜过滤器等。

灭菌条件通常采用126℃ 15分钟、121℃ 30分钟、116℃ 40分钟的程序，特殊情况可调整，必须确保被灭菌产品达到无菌保证要求。

常用的热压灭菌器有手提式热压灭菌器（图8-4）、直立式热压灭菌器（图8-5）、卧式热压灭菌（图8-6）等。凡热压灭菌器均应密封耐压，具排气口、安全阀、压力表和温度计等构件。目前国内生产的最新型的热压灭菌器，已实现灭菌温度与时间程序控制，并具有冷却水喷淋装置。

图 8-4 手提式热压灭菌器

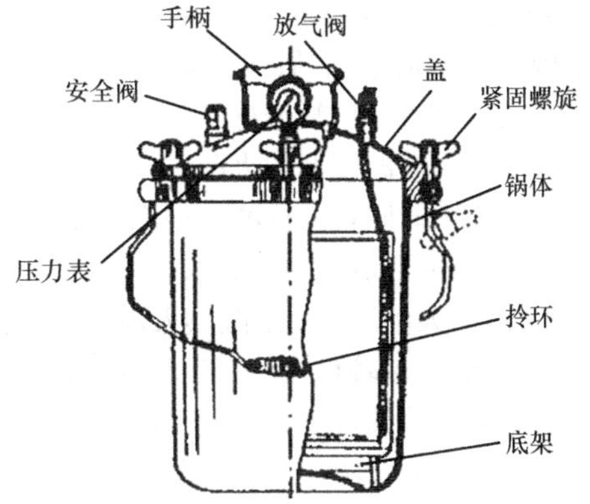


图 8-5 手提式热压灭菌器示意图

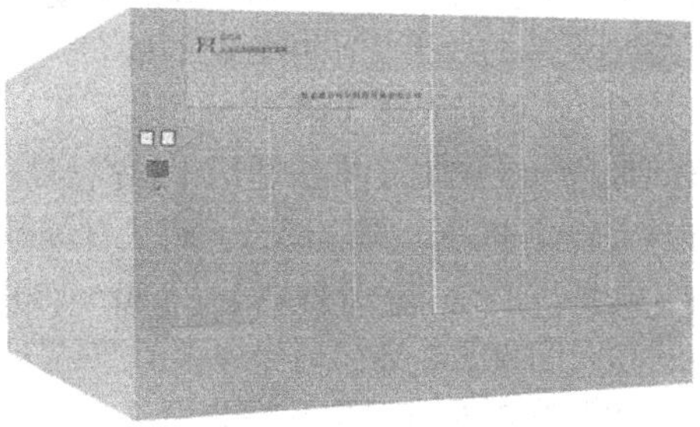

图 8-6 卧式热压灭菌柜

热压灭菌器的使用操作过程：①先将蒸汽通入夹层中加热 10 分钟，当夹套压力上升至所需压力时，将待灭菌物品置于金属编织篮中，排列于格车架上，推入柜室，关闭柜门，并将门闸旋紧；②待夹层加热完成后，将加热蒸汽通入柜内，同时打开排气阀排净空气；③当温度上升至规定温度时，开始计时（灭菌开始时间），柜内压力应固定在规定压力；④灭菌完成后，先关闭蒸汽阀，打开放气阀和安全阀，排气至压力表降至“0”点，缓缓开启柜门，取出灭菌物品。

热压灭菌器的操作注意事项：①应先进行灭菌条件验证，确保灭菌效果，灭菌器的构造及被灭菌物体积、数量、排布均对灭菌的温度有一定影响；②必须使用饱和蒸汽，饱和蒸汽中不含有细微水滴，蒸汽含热量高，穿透力强，灭菌效果好；③使用前必须将灭菌器内的空气排尽，如果灭菌器内有空气存在，则压力表上的压力是蒸汽与空气二者的总压而并非纯蒸汽压，温度达不到规定值；④灭菌时间应以全部药物温度达到要求温度时开始计时，并维持规定时间，一般先预热 15～20 分钟，再升压和升温，达到预定压力和温度后开始计时；⑤灭菌完毕后停止加热，必须使压力逐渐降到 0 后，才能放出锅内蒸汽，使锅内压力和大气压相等后，稍稍打开灭菌锅，等待 10～15 分钟，再全部打开，以免锅内外压力差和温度差太大，造成被灭菌物品冲出、玻璃炸裂而酿成伤害事故。

2）流通蒸汽灭菌法：系在常压条件下，于未封闭容器内，采用 100℃流通蒸汽加热杀灭微生物的方法。灭菌时间为 30～60 分钟。本法可杀死细菌的营养体，但不能保证杀灭所有芽孢（如破伤风等厌氧菌的芽孢）是非可靠的消毒方法。

3）煮沸灭菌法：是把待灭菌物品放入沸水中加热灭菌的方法，煮沸时间一般为 30～60 分钟。此法灭菌效果差，必要时须加入适量抑菌剂，如甲酚、氯甲酚、苯酚等，以提高灭菌效果。本法常用于注射器、注射针等器皿的消毒。

4）低温间歇灭菌法：是将待灭菌的制剂或药品先在 60～80℃条件下加热 1 小时，将其中的细菌繁殖体杀死，然后在室温或 37℃恒温箱中放置 24 小时，让其中的芽孢发育成为繁殖体，再次加热、放置，反复进行 3～5 次，直至消灭芽孢的灭菌方法。本法适用于必须用加热法灭菌但又不耐高温的制剂的灭菌。

本法灭菌时间长，且消灭芽孢的效果不够完全。用本法灭菌的制剂或药品，除本身具有抑菌能力外，还须加适量抑菌剂，以增加灭菌效力。

5）巴氏灭菌法：就是湿热灭菌。此法有两种方式：①经典的低温维持法，在 61.7～62.8℃维持 30 分钟；②较现代的高温瞬时法，在 71.6℃或略高温度下维持 15 分钟。主要用于牛奶、啤酒、果酒或酱油等不宜进行高温灭菌的液态风味食品或调料的低温消毒。

（2）干热灭菌法：系利用火焰或干热空气达到杀灭微生物或消除热原物质的方法。包括干热空气灭菌法、火焰灭菌法，其中主要采用的是干热空气灭菌法。因干热空气穿透力低，故采用干热灭菌法时，为保证灭菌的有效性和均一性，需较高的温度和较长时间，且被灭菌物品不能排列过密。在同一温度下湿热灭菌的效果比干热灭菌的好。

1）干热空气灭菌法：系将物品置于干热灭菌柜、干热隧道灭菌烘箱等设备中，利用干热空气达到杀灭微生物或消除热原物质的方法。本法适用于耐高温但不宜用湿热灭菌法灭菌的物品，如玻璃器具、金属制容器、纤维制品、固体试药、液状石蜡等。

本法的灭菌条件一般为 160～170℃ 120 分钟以上、170～180℃ 60 分钟以上或 250℃ 45 分钟以上，也可采用其他温度和时间参数，必须确保被灭菌产品达到无菌要求。250℃ 45 分钟的干热灭菌也可除去无菌产品包装容器及有关生产灌装用具中的热原物质。

常用灭菌设备有干热灭菌柜（图 8-7）和干热隧道式灭菌烘箱（图 8-8）。干热灭菌柜为批量式（间歇式）灭菌设备，一侧在一般生产区，一侧在洁净区，用于金属器具、设备部件的灭菌除热原；干热隧道式灭菌烘箱为连续型灭菌设备，前段与洗瓶机相连，后端设在无菌区，出口至灌装机之间的传送带均在 A 级层流保护下，用于安瓿或西林瓶的灭菌。

图 8-7　干热灭菌柜

图 8-8　干热隧道式灭菌烘箱

2）火焰灭菌法：系直接在火焰中烧灼微生物而达到灭菌的方法。该法灭菌迅速、可靠、简便，适用于耐火材质的物品，如金属、玻璃及瓷器等用具的灭菌，不适合用药品的灭菌。

（3）射线灭菌法：系采用紫外线、辐射、微波杀死微生物和芽孢的方法，包括紫外线灭菌法、辐射灭菌法和微波灭菌法。

1）紫外线灭菌法：系用紫外线照射杀灭微生物的方法。用于灭菌的紫外线波长一般为 200～300nm，灭菌力最强的紫外线波长为 254nm。该法适用于空气和物体表面灭菌。

紫外线对人体有害，照射过久易发生结膜炎、红斑及皮肤烧灼等伤害，容易导致皮肤癌，故一般在生产操作前开启 1～2 小时，生产操作时关闭，或在生产结束人员离开后开启；如必须在生产操作过程中照射时，对操作者的皮肤和眼睛应采取适当的防护措施。

紫外灭菌法的设备主要是紫外灭菌灯（图8-9）。紫外线是以直线传播，可被不同的表面反射或吸收，穿透力微弱，普通玻璃即可吸收紫外线，因此，装于容器中的药物也不能用紫外线灭菌。

图8-9 紫外灭菌灯

2）辐射灭菌法：系将物品置于适宜放射源辐射的 γ 射线或适宜的电子加速器发生的电子束中进行电离辐射而杀灭微生物的方法。适用于医疗器械、容器、生产辅助用品、不受辐射破坏的原料药及成品等。

本法具有不升高产品温度、穿透力强、灭菌效率高的特点。最终产品、原料药、某些医疗器材应尽可能采用低辐射剂量灭菌。某些药物（特别是溶液型）经辐射灭菌后，可能产生药效降低或产生毒性物质和发热物质等，要慎重选择，可通过试验测定辐射载荷量。需注意生产安全防护，如生产人员穿铅服，防止辐射伤害。

3）微波灭菌法：系采用微波（频率为300MHz至300GHz）照射产生的热能杀死微生物和芽孢的方法。微波可穿透到介质的深部，具有升温迅速、加热均匀的特点，灭菌作用可靠。本法适用于有一定含水量的物品的灭菌，对固体物料有干燥作用。

（4）过滤除菌法：系利用细菌不能通过致密具孔滤材的原理以除去气体或液体中微生物的方法。该法适合于气体、对热不稳定的药品溶液或原料的除菌。

所用器械称为除菌过滤器，应有较高的过滤效率，能有效地除尽物料中的微生物，过滤器不得对被滤过成分有吸附作用，也不能释放、脱落物质。除菌过滤器采用孔径分布均匀的微孔滤膜作过滤材料，微孔滤膜分亲水性和疏水性两种。除菌滤膜孔径一般不超过0.22μm。常用的除菌过滤器有0.22μm的微孔滤膜滤器（图8-10）和G6（号）垂熔玻璃滤器（图8-11）。

滤器和滤膜在使用前应进行清洁处理，并用高压蒸汽进行灭菌或做在线灭菌。更换品种和批次应先清洗滤器，再更换滤芯或滤膜或直接更换滤器。在每一次过滤除菌前后均应做滤器的完整性试验，即气泡点试验或压力维持试验或气体扩散流量试验，确认滤膜在除菌过滤过程中的有效性和完整性。除菌过滤器的使用时间一般不超过一个工作日。通过过滤除菌法达到无菌的产品应严密监控其生产环境的洁净度，应在无菌环境下进行过滤操作。相关的设备、包装容器、塞子及其他物品应采用适当的方法进行灭菌，并防止再污染。

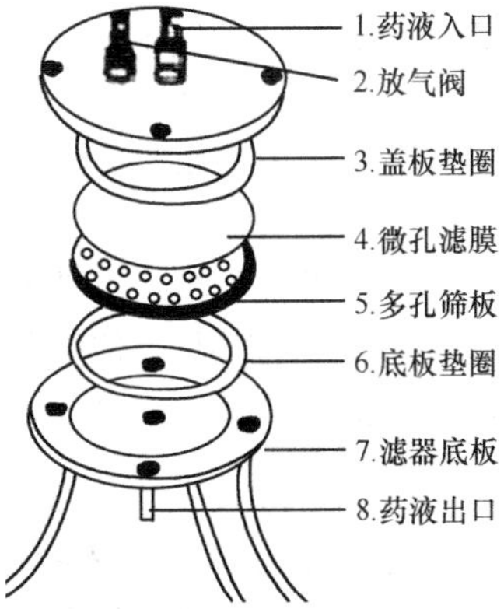

图8-10 平板微孔滤膜滤器

图8-11 垂熔玻璃滤器

2. 化学灭菌法　系用化学药品直接作用于微生物而将其杀灭的方法。

（1）气体灭菌法：是指用化学消毒剂形成的气体杀灭微生物的方法。本法适用于在气体中稳定的物品的灭菌。常用的化学消毒剂有环氧乙烷、过氧化氢、甲醛蒸气、臭氧（$O_3$）等。

1）环氧乙烷：是气体灭菌法中最常用的气体，一般与 80%～90%的惰性气体混合使用，在充有灭菌气体的高压腔室内进行。可用于医疗器械、塑料制品等不能采用高温灭菌的物品灭菌，是原来医疗机构和药物制备中最常用的灭菌气体。含氯的物品及能吸附环氧乙烷的物品则不宜使用本法灭菌。

环氧乙烷具有毒性，与空气以一定比例混合时有爆炸危险，所以对灭菌过程的控制有一定难度，整个灭菌过程应在专业人员的监督下进行，灭菌完毕后应采取适当措施使残留的环氧乙烷消散除去。由于环氧乙烷对许多物品具有很好的吸附性，而且有遗传毒性、致癌作用，以及对神经系统的危害、变态反应，并且对环境保护有不良影响，因此国际上已经开始废止环氧乙烷灭菌法。

2）甲醛蒸气：灭菌较彻底，是常用的灭菌气体之一，但其穿透力差，只能用于空气杀菌，且甲醛有毒性。一般采用气体发生装置，40%甲醛溶液用量为 20～30ml/$m^3$。采用蒸汽加热夹层锅，加热后产生甲醛蒸气，经蒸汽出口送入总进风道。本法适用于无菌室内空气灭菌，灭菌后注意残留气体的处理。

3）其他灭菌气体：丙二醇、乳酸也具有杀菌作用，杀菌力虽不及甲醛，但安全无害。灭菌时将丙二醇置于蒸发器中，放入无菌操作室内，加热后丙二醇发生气化，丙二醇用量为 1ml/$m^3$。乳酸用量为 2ml/$m^3$。此外，臭氧是一种氧化剂，不稳定，易分解，但被认为是一种高效广谱的杀菌剂，主要用于空气杀菌。

（2）化学药剂杀菌法：系采用杀菌剂溶液进行灭菌的方法。本法可作为其他灭菌法的辅助措施，适合于皮肤、无菌器具和设备的消毒。常用的有 0.1%～0.2%苯扎溴铵溶液、70%～75%乙醇、0.1%高锰酸钾溶液等。由于化学杀菌剂常施用于物体表面，也要注意浓度不要过高，以防其化学腐蚀作用。

在制药工业上应用化学杀菌剂，其目的在于减少微生物的数目，以控制无菌状况至一定水平。化学杀菌剂并不能杀死芽孢，仅对繁殖体有效。化学杀菌剂的效果，依赖于微生物的种类及数目，物体表面光滑或多孔与否，以及化学杀菌剂的性质。

### （三）无菌操作

无菌操作是整个过程控制在无菌条件下进行的一种操作方法，在技术上并非灭菌操作。适用于一些不耐热药物的注射剂、眼用制剂、皮试液、海绵剂和创伤制剂的制备。按无菌操作法制备的产品，一般最终不再灭菌，可直接使用。但某些特殊（耐热）品种亦可进行再灭菌（如青霉素等）。只要产品允许，应尽可能选用最终灭菌法灭菌。此外无菌操作还包括穿无菌服、戴无菌手套等。

无菌操作场所为无菌操作室、层流洁净工作台（图 8-12）、无菌操作柜。小量无菌制剂的制备，普遍采用层流洁净工作台进行无菌操作，该设备具有良好的无菌环境，使用方便，效果可靠。大量生产在无菌室内进行。无菌分装及无菌冻干是最常见的无菌生产工艺。

### （四）空气净化技术

1. 无菌药品生产过程的环境要求　无菌药品生产及生产不同阶段对生产环境的要求不同，2010 年版 GMP 将无菌药品生产所需的洁净环境分为 A、B、C、D 四个级别，各级别空气悬浮粒子和微生物限度标准见表 8-1、表 8-2。

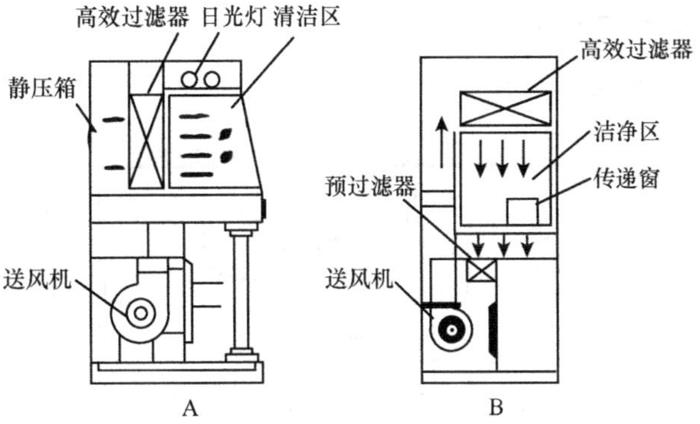


图 8-12 层流洁净工作台示意图

A. 水平层流洁净工作台；B. 垂直层流洁净工作台

**表 8-1 各洁净级别空气悬浮粒子的标准规定表**

| 洁净度级别 | 悬浮粒子最大允许数/$m^3$ | | | |
|---|---|---|---|---|
| | 静态 | | 动态 | |
| | ≥0.5μm | ≥5.0μm | ≥0.5μm | ≥5.0μm |
| A 级 | 3 520 | 20 | 3 520 | 20 |
| B 级 | 3 520 | 29 | 352 000 | 2 900 |
| C 级 | 352 000 | 2 900 | 352 000 | 29 000 |
| D 级 | 3 520 000 | 29 000 | 不作规定 | 不作规定 |

注：静态指所有生产设备均已安装设备，但没有生产活动且无操作人员在场的状态；动态指生产设备按预定的工艺模式运行并有规定数量的操作人员在现场操作的状态。

**表 8-2 各洁净级别微生物监测的动态标准**

| 洁净度级别 | 表面微生物 | | | |
|---|---|---|---|---|
| | 浮游菌 cfu/$m^3$ | 沉降碟（Φ 90mm）cfu/4 小时 | 接触碟（Φ55mm）cfu/碟 | 5 指手套 cfu/手套 |
| A 级 | <1 | <1 | <1 | <1 |
| B 级 | 10 | 5 | 5 | 5 |
| C 级 | 100 | 50 | 25 | — |
| D 级 | 200 | 100 | 50 | — |

注：①表中的各数据均为平均值；②单个沉降碟的暴露时间少于 4 小时，同一位置可使用多个沉降碟连续进行监测并累计计数。

A 级：高风险操作区，如灌装区、放置胶塞桶、与无菌制剂直接接触的敞口包装容器的区域及无菌装配或连接操作的区域，应当用单向流操作台（罩）维持该区的环境状态（图 8-13）。单向流系统在其工作区域必须均匀送风，应当有数据证明单向流的状态并经过验证。

在密闭的隔离操作器或手套箱内，可使用较低的风速（0.36～0.54m/s）。

B 级：指无菌配制和灌装等高风险操作 A 级洁净区所处的背景区域。

C 级和 D 级：指无菌药品生产过程中重要程度较低操作环节的洁净区。

无菌药品按其最终除去微生物的方法的不同，分为最终灭菌产品和非最终灭菌产品。其生产环境示例见表 8-3、表 8-4。

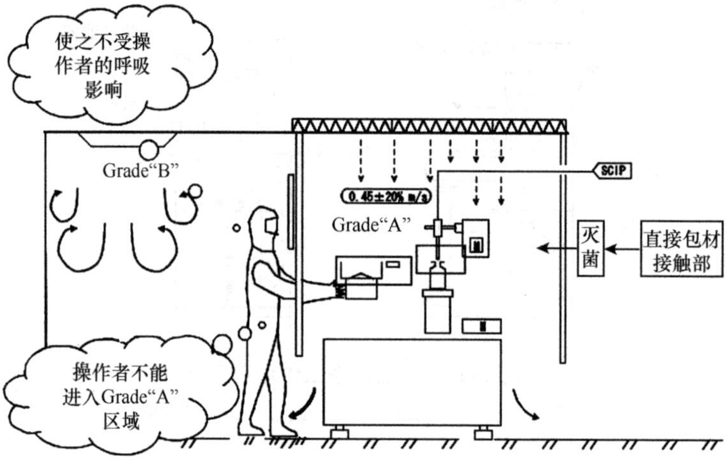


图 8-13 关键操作区气流方向示例

注：图中 Grade“A”指 A 级洁净度区域；Grade“B”指 B 级洁净度区域

**表 8-3 最终灭菌产品生产操作环境示例**

| 洁净度级别 | 最终灭菌产品生产操作示例 |
| --- | --- |
| C 级背景下的局部 A 级 | 高污染风险[①]的产品灌装（或灌封） |
| C 级 | 1. 产品灌装（或灌封）<br>2. 高污染风险[②]产品的配制和过滤<br>3. 眼用制剂、无菌软膏剂、无菌混悬剂等的配制、灌装（或灌封）<br>4. 直接接触药品的包装材料和器具最终清洗后的处理 |
| D 级 | 1. 轧盖<br>2. 灌装前物料的准备<br>3. 产品配制（指浓配或采用密闭系统的配制）和过滤<br>4. 直接接触药品的包装材料和器具的最终清洗 |

注：①此处的高污染风险是指产品容易长菌、灌装速度慢、灌装用容器为广口瓶、容器须暴露数秒后方可密封等状况；②此处的高污染风险是指产品容易长菌、配制后需等待较长时间方可灭菌或不在密闭系统中配制等状况。

**表 8-4 非最终灭菌产品生产操作环境示例**

| 洁净度级别 | 非最终灭菌产品生产操作示例 |
| --- | --- |
| B 级背景下的局部 A 级 | 1. 处于未完全密封[①]状态下产品的操作和转运，如产品灌装（或灌封）、分装、压塞、轧盖[②]等<br>2. 灌装前无法除菌过滤的药液或产品的配制<br>3. 直接接触药品的包装材料、器具灭菌后的装配以及处于未完全密封状态下的转运和存放<br>4. 无菌原料药的粉碎、过筛、混合、分装 |
| B 级 | 1. 处于未完全密封[①]状态下的产品置于完全密封容器内的转运<br>2. 直接接触药品的包装材料、器具灭菌后处于密闭容器内的转运和存放 |
| C 级 | 1. 灌装前可除菌过滤的药液或产品的配制<br>2. 产品的过滤 |
| D 级 | 直接接触药品的包装材料、器具的最终清洗、装配或包装、灭菌 |

注：①轧盖前产品视为处于未完全密封状态；②根据已压塞产品的密封性、轧盖设备的设计、铝盖的特性等因素，轧盖操作可选择在 C 级或 D 级背景下的 A 级送风环境中进行。A 级送风环境应当至少符合 A 级区的静态要求。

2. 无菌室空气的净化　是指以创造洁净空气为目的的空气调节措施，分工业净化（去除尘埃粒子）和生物净化（去除尘埃粒子和微生物）。无菌药品生产的环境空气必须经过生物净化，使室内空气的洁净度达到无菌药品生产标准的级别。

# 第2节 注 射 剂

## 一、注射剂概述

### （一）注射剂的定义与特点

注射剂系药物与适宜的溶剂或分散介质制成的供注入体内的灭菌溶液、乳状液或混悬液，以及供临用前配制或稀释成溶液或混悬液的粉末或浓溶液的无菌制剂。

**链接** 无菌制剂和非无菌制剂

按给药途径，制剂分为无菌制剂和非无菌制剂（即限菌制剂）。

无菌制剂：指采用灭菌法或无菌操作技术制备的不含任何活的微生物繁殖体和芽孢的一类药物制剂（不得检出活菌）。

非无菌制剂：指允许一定限量的微生物存在，但不得有规定控制菌存在的药物制剂（限制染菌的种类和数量）。

注射剂是目前临床应用最广泛的剂型之一，其主要优点有：

1. 药效迅速、作用可靠　注射剂将药物直接注入体内组织或血管中，无或几乎无吸收过程，作用迅速。不经胃肠道，不受消化液、食物的影响，作用可靠，剂量准确。尤其是静脉注射，药物直接进入血管，更适用于抢救危重病患者。例如，地西泮注射剂可用于癫痫大发作。

2. 适用于不能口服给药的患者　用于昏迷、不能吞咽、严重呕吐、术后禁食等不能口服给药的患者。例如，重症患者，可给予肠外营养支持治疗。

3. 适用于不宜口服的药物给药　某些药物不易被胃肠道吸收，具有刺激性或易被消化液破坏而不能口服给药，只能制成注射剂，才能发挥应有的疗效，如青霉素、胰岛素等。

4. 可以产生局部作用　通过局部注射可产生局部定位作用，如局部麻醉药、注射封闭疗法、穴位注射等。

注射剂存在的缺点：①不如口服给药安全，容易引起血栓，注入人体后作用快，不良反应发生快且严重；②用药不方便，需专业护理技术人员给药，注射时疼痛；③制备过程复杂，质量控制严格，生产成本高。

### （二）注射剂的分类和给药途径

1. 注射剂的分类　按照分散系统可分为四类。

（1）溶液型注射剂：包括水溶液和油溶液，对于易溶于水而且在水溶液中稳定存在的药物，则制成溶液型注射剂，如葡萄糖注射液、氯化钠注射液等。

（2）乳剂型注射剂：难溶于水的液体药物可按需要制成乳剂型注射剂，要求分散相球粒的粒度 90%应在 1μm 以下，并不得有大于 5μm 微粒，如静脉注射脂肪乳剂等。

（3）混悬型注射剂：水难溶性药物或注射后要求延长作用时间的药物，可制成水或油的混悬液，要求药物粒度应控制在 15μm 以下，此类注射剂一般仅供肌内注射，如醋酸可的松注射液。

（4）注射用无菌粉末：又称粉针剂，是将供注射用的无菌粉末状药物装入安瓿或其他适宜容器中，临用前用适当的溶剂溶解或使混悬而成的制剂，如注射用青霉素、注射用奥美拉唑等。

2. 注射剂的给药途径

（1）皮内注射（i.d.）：注射于表皮与真皮之间，一次剂量在 0.2ml 以下，常用于过敏性试验或疾病诊断，如青霉素皮试。

（2）皮下注射（i.h.）：注射于真皮与肌肉之间的软组织内，一般用量为 1～2ml，进针角度约为 45°。皮下注射剂主要是水溶液，药物吸收速度稍慢。皮下注射和皮内注射都可用于疫苗接种。

（3）肌内注射（i.m.）：注射部位大多为臀肌及上臂三角肌的肌肉组织中，一次剂量为 1～5ml。水溶液、油溶液、混悬液及乳浊液均可作肌内注射。

（4）静脉注射（i.v.）：分静脉推注和静脉滴注，前者一般用量为 5～50ml，后者可多达数千毫升。静脉注射多为水溶液，乳浊液也可用于静脉注射，但油溶液和混悬液易引起毛细血管栓塞，不宜静脉注射。凡能导致红细胞溶解或使蛋白质沉淀的药物，均不宜静脉给药。

（5）脊椎腔注射：又称椎管注射，每次注射量不得超过 10ml，且由于脊椎腔神经比较敏感，脑脊液循环慢，故此类注射剂必须与脑脊液等渗，pH 应与脑脊液相当，不得添加抑菌剂。

此外还有穴位注射、关节腔注射、腹腔注射等。近年来随着抗癌药物研究的新进展，还出现了靶向部位注射。

### （三）注射剂的质量要求

1. 无菌　注射剂成品中不得含有任何活的微生物和芽孢。按《中国药典》（2015 年版）四部 1101 无菌检查法检查，应符合规定。

2. 无热原　对于注射量大、供静脉注射和脊椎腔注射的注射剂必须符合无热原的质量要求。按《中国药典》（2015 年版）四部 1143 细菌内毒素检查法或 1142 热原检查法检查，应符合规定。

3. 可见异物　不得有肉眼可见的混浊或异物。微粒注入人体后，较大者可造成局部血管堵塞引起血栓，以致供血不足或因缺氧而产生水肿或静脉炎，异物微粒侵入组织也可引起肉芽肿，还有可能引起过敏和热原样反应。因此严格控制注射剂的可见异物十分重要。

4. pH　注射剂的 pH 要求与血液相等或接近，一般应控制在 pH 4～9 的范围内。

5. 渗透压　注射剂要有一定的渗透压。供静脉注射和脊椎腔注射的注射剂应当与血浆渗透压相等或接近。

6. 安全性　注射剂所用的原辅料应从来源及工艺等生产环节进行严格控制并应符合注射用的质量要求。注射剂所用溶剂和附加剂必须安全无害，不得影响疗效和质量。还需要对降解物质进行检查，必须符合规定，保证用药安全。

7. 稳定性　注射剂按要求具有一定的物理稳定性、化学稳定性与生物学稳定性。

8. 其他　注射剂中有效成分含量、杂质限量和装量差异限度检查等应符合规定，确保用药安全。

## 二、注射剂的溶剂

注射剂的溶剂分为水性溶剂和非水性溶剂两大类。水性溶剂主要为注射用水，非水性溶剂又分为注射用植物油及其他非水性溶剂。

### （一）注射用水

注射用水为纯化水经蒸馏所得的水，是配制注射剂用的溶剂，其 pH 为 5.0～7.0，氨、硝酸盐、亚硝酸盐、不挥发物、重金属、电导率和总有机碳、细菌内毒素、微生物限度等应符合《中国药典》规定。

注射用水生产流程：饮用水→过滤→电透析或反渗透装置→阳离子树脂床→脱气塔→阴离子树脂塔→混合树脂床→多效蒸馏水机→热储水器→注射用水。注射用水可采用70℃以上保温循环存放，配制注射剂应采用新鲜注射用水，储存不得超过12小时。

**链接** 制药用水及分类

饮用水系经自来水厂工艺所得，符合《生活饮用水卫生标准》（GB 5749-2006）的水。

纯化水系饮用水经蒸馏法、离子交换法、反渗透法或其他适宜方法制得的供药用的水，纯化水可作为配制普通制剂的溶剂或试验用水，不得用于注射剂的配制。

注射用水系纯化水经蒸馏所得的水，再蒸馏是为了除去热原，注射用水为配制注射剂用的溶剂。

灭菌注射用水系注射用水经灭菌所得的水，灭菌注射用水用于注射用灭菌粉末的溶剂或注射液的稀释剂等。

制药用水是饮用水、纯化水、注射用水和灭菌注射用水的统称。

### （二）注射用油

注射用油是指精制的植物油，主要有大豆油、芝麻油、茶油、花生油、菜籽油等，其质量应符合注射用油的要求：应无臭或几乎无臭、无酸败味；色泽不得深于黄色6号标准比色液，碘值为79～128；皂化值为185～200；酸值应不大于0.56，并检查过氧化物、不皂化物、重金属、水分、碱性杂质、脂肪酸组成、微生物限度等。

### （三）其他注射用溶剂

1. 乙醇　本品与水、甘油等可任意混合，可供静脉注射或肌内注射。采用乙醇为注射溶剂浓度可达50%，如氢化可的松注射液。但乙醇浓度超过10%时可能会有溶血作用或疼痛感。

2. 甘油　本品与水、乙醇可以任意比例混合。一般不能单独作为注射用溶剂。对许多药物有较大溶解度，由于黏度大、刺激性强，常与乙醇、丙二醇、水等混合应用，常用浓度为1%～50%。

3. 丙二醇　供注射用的为1，2-丙二醇，本品可与水、乙醇、甘油混溶，溶解范围极广。常用浓度为1%～50%，可供静脉注射或肌内注射。如用40%丙二醇制备苯妥英钠注射液。

4. 聚乙二醇（PEG）　本品能与水、乙醇混合，为无色黏稠液体。一般常用PEG400。常用浓度为1%～50%。

5. 二甲基乙酰胺（DMA）　本品能与水、乙醇混溶，连续使用时，注意慢性毒性。常用浓度为0.01%。

6. 二甲基亚砜（DMSO）　本品溶解范围广，具有良好的防冻作用，可用于肌内注射或皮下注射。

## 三、注射剂的附加剂

配制注射剂时，可根据药物的性质加入适宜的附加剂。常用的附加剂有渗透压调节剂、抑菌剂、pH 调节剂、抗氧化剂、增溶剂、助溶剂、局部止痛剂、乳化剂、助悬剂等。所用附加剂应不影响药物疗效，避免对检验产生干扰，使用浓度不得引起毒性或过度的刺激。

### （一）渗透压调节剂

1. 等渗溶液的定义　系与血浆、泪液等体液具有相等渗透压的溶液。注射液的渗透压应调整与血浆渗透压相等。例如，0.9%氯化钠溶液、5.0%葡萄糖溶液与血浆具有相同的渗透压，属于等渗溶液。特殊情况下可使用高渗溶液，如20%甘露醇、50%葡萄糖注射液等。

2. 调节等渗的计算方法　常用的等渗调节剂有氯化钠、葡萄糖等。常用的计算方法有冰点降低数据法和氯化钠等渗当量法。

（1）冰点降低数据法：根据物理化学原理，冰点相同的稀溶液具有相等的渗透压。通常人血浆和泪液的冰点值为−0.52℃，因此只要将溶液的冰点调节至−0.52℃，即与体液等渗。

表 8-5 列出了常用药物 1%水溶液的冰点降低数据。根据公式可以计算所需要加入渗透压调节剂的量，计算公式如下：

$$W = \frac{0.52 - a}{b}$$

式中，$W$ 表示配制 100ml 等渗溶液需加入的等渗调节剂的克数；$a$ 表示调节前药物溶液的冰点降低值，若溶液中含有两种或两种以上的物质时，则 $a$ 为各物质冰点降低值的和；$b$ 表示 1%（g/ml）等渗调节剂的冰点降低值。

例 8-1：配制 2%盐酸普鲁卡因溶液 200ml，需加多少克氯化钠，使之配成等渗溶液？

查表 8-5，得 $b$=0.578（1%氯化钠溶液的冰点降低值），$a$=0.122×2（1%盐酸普鲁卡因溶液的冰点降低值为 0.122），代入公式：

$$W = \frac{0.52 - 0.122 \times 2}{0.578} \approx 0.48$$

总量=0.48×2=0.96g

即配制 2%盐酸普鲁卡因溶液 200ml 需加入氯化钠 0.96g。

（2）氯化钠等渗当量法：系能与 1g 药物呈等渗效应的氯化钠质量，一般用 $E$ 表示。等渗氯化钠加入质量，计算公式如下：

$$X = 0.009V - EW$$

式中，$X$ 表示配成 $V$ml 等渗溶液需加入的氯化钠质量（g）；$V$ 表示欲配制溶液的体积（ml）；$E$ 表示药物的氯化钠等渗当量（可由表 8-5 查得或测定）；$W$ 表示药物的质量（g）；0.009 为每 1ml 等渗氯化钠溶液中所含氯化钠的质量（g）。

例 8-2：配制 2%盐酸丁卡因溶液 200ml，需加入多少克氯化钠，使之成为等渗溶液？

查表 8-5，得 $E$=0.18，$W$=2%×200，代入公式：

$$X = 0.009V - EW = 0.009 \times 200 - 0.18 \times 2\% \times 200 = 1.08\ (\text{g})$$

即配制 2%盐酸丁卡因溶液 200ml，需加入氯化钠 1.08g。

**表 8-5　部分药物水溶液的冰点降低值与氯化钠等渗当量**

| 药物名称 | 1%（g/ml）药物水溶液的冰点降低值 | 1g 药物的氯化钠等渗当量（$E$） |
|---|---|---|
| 硼酸 | 0.28 | 0.47 |
| 盐酸乙基吗啡 | 0.19 | 0.16 |
| 硫酸阿托品 | 0.08 | 0.10 |
| 盐酸可待因 | 0.09 | 0.14 |
| 氯霉素 | 0.06 | |
| 依地酸钙钠 | 0.15 | 0.21 |
| 盐酸麻黄碱 | 0.16 | 0.28 |
| 无水葡萄糖 | 0.10 | 0.18 |
| 葡萄糖（$H_2O$） | 0.091 | 0.16 |
| 氢溴酸后马托品 | 0.097 | 0.17 |

续表

| 药物名称 | 1%（g/ml）药物水溶液的冰点降低值 | 1g药物的氯化钠等渗当量（*E*） |
|---|---|---|
| 盐酸吗啡 | 0.086 | 0.15 |
| 碳酸氢钠 | 0.381 | |
| 氯化钠 | 0.578 | |
| 青霉素钾 | | 0.16 |
| 硝酸毛果芸香碱 | 0.133 | 0.22 |
| 聚山梨酯80 | 0.01 | 0.02 |
| 盐酸普鲁卡因 | 0.122 | 0.18 |
| 盐酸丁卡因 | 0.109 | 0.18 |
| 尿素 | 0.341 | 0.55 |
| 维生素C | 0.105 | 0.18 |
| 枸橼酸钠 | 0.185 | 0.30 |
| 苯甲酸钠咖啡因 | 0.15 | 0.27 |
| 甘露醇 | 0.10 | 0.18 |
| 硫酸锌 | 0.085 | 0.12 |

**课堂互动**

1. 配制1%盐酸可卡因溶液1500ml，需加入多少克氯化钠，可配成等渗溶液？（采用上述两种方法计算）

2. 配制2000ml葡萄糖等渗溶液，需加入无水葡萄糖多少克？

### （二）pH调节剂

注射剂需调节pH于适宜范围，使药物稳定，保证用药安全。一般注射剂的pH应控制在4～9，大剂量注射剂应尽量接近人体血液的pH。例如，维生素C中加入碳酸氢钠调节pH，可有利于药物稳定性。

常用pH调节剂有盐酸、枸橼酸及其盐、氢氧化钠、碳酸氢钠、磷酸氢二钠、磷酸二氢钠等。也可使用缓冲，对如枸橼酸–枸橼酸钠、碳酸钠–碳酸氢钠等，维持药液的pH。

### （三）抑菌剂

凡采用低温灭菌、滤过除菌或无菌操作法制备的注射剂和多剂量装的注射剂，均应加入适宜的抑菌剂，以确保使用安全。但是供静脉输液与脑池内、硬膜外、脊椎腔内用的注射剂，均不得添加抑菌剂。除另有规定外，一次注射量超过5ml的注射剂也不得加入抑菌剂。抑菌剂的正确应用能抑制注射液中微生物的生长，并对人体无毒、无害。加有抑菌剂的注射剂，仍要用适宜的方法灭菌，并在标签或说明书上注明抑菌剂的名称和用量。常用的注射剂抑菌剂见表8-6。

**表8-6 常用抑菌剂**

| 抑菌剂 | 应用范围 |
|---|---|
| 苯酚 | 适用于偏酸性药液 |
| 甲酚 | 适用于偏酸性药液 |
| 三氯叔丁醇 | 适用于偏酸性药液 |
| 羟苯酯类（尼泊金酯） | 在酸性药液中作用强，在碱性药液中作用弱 |

### （四）其他附加剂

1. 抗氧化剂、金属络合剂与惰性气体　抗氧化剂、金属络合剂及惰性气体均可防止或延缓注射剂中药物的氧化。根据药物性质，三者可单独使用，也可联合使用。

（1）抗氧化剂：性质是还原剂，为极易被氧化的物质，当其与药物共存时，可保护药物不易被氧化。使用时应注意氧化产物的影响。常用抗氧化剂见表 8-7。

**表 8-7　常用抗氧化剂**

| 抗氧化剂名称 | 水/油溶性 | 属性及范围 |
| --- | --- | --- |
| 焦亚硫酸钠 | 水溶性 | 水溶液呈酸性，适用于偏酸性药液 |
| 维生素 C | 水溶性 | 水溶液呈酸性，适用于 pH 4.5～7.0 药液 |
| 亚硫酸氢钠 | 水溶性 | 水溶液呈酸性，适用于弱酸药液 |
| 亚硫酸钠 | 水溶性 | 水溶液呈碱性，适用于弱碱药液 |
| 硫代硫酸钠 | 水溶性 | 水溶液呈中性或弱碱性，适用于中性或弱碱性药液 |
| 丁基羟基茴香醚（BHA） | 油溶性 | 对热较稳定，在弱碱条件下也不容易被破坏，因此有一种良好的持久抗氧化能力 |
| 二丁基羟基甲苯（BHT） | 油溶性 | 化学稳定性好，对热相当稳定，抗氧化能力强，与金属离子反应不着色 |
| 维生素 E（生育酚） | 油溶性 | 是目前国际上唯一大量生产的天然抗氧化剂 |

（2）金属络合剂：可与从原辅料、溶剂、容器及生产过程中引入注射液中的微量金属离子形成稳定的络合物，从而消除金属离子对药物氧化的催化作用。常用的金属络合剂有依地酸二钠（EDTA-2Na）、依地酸钙钠，其浓度为 0.01%～0.05%。一般可与抗氧化剂合用防止氧化。

（3）惰性气体：注射剂中通入惰性气体可驱除注射用水中溶解的氧和容器空间的氧，防止药物氧化。常用惰性气体有 $N_2$ 和 $CO_2$，使用 $CO_2$ 时应注意可能改变某些药液的 pH，并易使安瓿破裂。惰性气体须净化后使用。

2. 增溶剂和助溶剂　增溶剂系具有增溶能力的表面活性剂。注射剂中常用的增溶剂是聚山梨酯 80，主要用于小剂量注射剂和中药注射剂中；用于静脉注射剂的增溶剂有卵磷脂、泊洛沙姆等。助溶剂可与溶解度小的药物形成可溶性复合物，如安钠咖注射液，其中苯甲酸钠为助溶剂。

3. 局部止痛剂　有些注射剂在皮下和肌内注射时，对组织产生刺激而引起疼痛，可考虑加入适量的局部止痛剂。常用的局部止痛剂有 0.3%～0.5%三氯叔丁醇、1%苯甲醇、0.2%盐酸普鲁卡因和利多卡因等。

**链接**　苯甲醇可能导致的不良反应——儿童臀肌挛缩症

苯甲醇是简单的芳香醇之一，可看作是苯基取代的甲醇。苯甲醇在自然界中多数以酯的形式存在于香精油中，如茉莉花油、风信子油和秘鲁香脂中都含有此成分。苯甲醇临床上多用于局部麻醉和消毒防腐，20 世纪后期广泛用作青霉素钾盐的注射溶媒，以减轻注射部位疼痛，目前在部分地区仍有使用。国家药品不良反应监测中心收集到大量有关苯甲醇做溶媒肌内注射引起儿童臀肌挛缩症的报道。其中湖北某医院仅 1983～1988 年收治的有关患儿就达到 78 例；山东某山村居民 968 人中发现臀肌挛缩症患儿 22 人；2000 年国家药品不良反应监测中心派人到陕西省某村调研一所仅有 240 名学生的小学就发现患儿 28 例。

流行病学调查研究表明臀肌挛缩症患者大多数都是出生在使用苯甲醇作为青霉素钾盐溶媒的时期；该病发病的地区差异，亦显示与不同地区是否使用苯甲醇作为注射溶媒存在明显的相关性。实验研究亦证明苯甲醇作青霉素溶媒肌内注射确可致实验性肌肉痉挛症。

臀肌挛缩症患儿的主要临床表现为步态异常，单侧臀肌挛缩呈跛行，双侧并列呈八字行，不能跷“二郎腿”。站立时双下肢轻度外旋，不能完全并拢。下蹲受限，双髋呈外展、外旋姿态。双膝分开呈“蛙形腿”。体检可见臀部注射部位皮肤凹陷或臀部正常外形消失。臀肌萎缩可触及与臀大肌纤维走向一致的索状硬块，可移动或稍有压痛感。髋关节屈曲，内收、内旋时束状带更加明显。

4. 乳化剂与助悬剂　注射剂中常用的乳化剂有卵磷脂、豆磷脂和泊洛沙姆等。常用的混悬剂有羟丙甲基纤维素。

此外还有延效剂等，如聚维酮（PVP）。

## 四、注射剂的制备

注射剂的一般生产过程：①注射用水的制备；②安瓿的洗涤、干燥与灭菌；③原辅料的准备、配制、滤过、灌装、封口；④灭菌、质量检查、印字、包装等步骤。

注射剂的生产工艺流程：原辅料的准备→配制→滤过→灌封→灭菌→检漏→质检→包装，见图8-14。

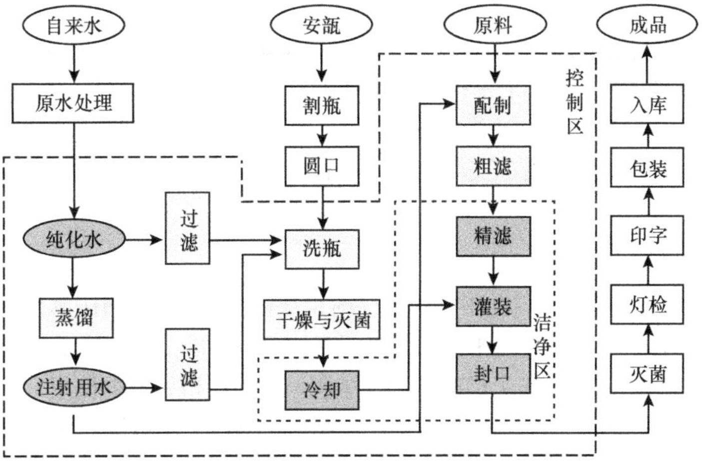


图8-14　注射剂生产工艺流程

### （一）注射剂的容器和处理方法

1. 注射剂容器的种类和式样　注射剂常用容器有玻璃安瓿、西林瓶、玻璃输液瓶、塑料输液瓶（袋）等。容器的密封性，须用适宜的方法测试。除另有规定外，容器应符合有关注射用玻璃容器和塑料容器的国家标准规定。

（1）玻璃安瓿：安瓿的容积通常有1ml、2ml、5ml、10ml、20ml等几种规格。规定使用曲颈易折安瓿，即在安瓿曲颈上方涂有色点、色环或刻痕，使用时不用锉刀就能折断，可避免玻璃屑对药液的污染。目前使用的安瓿多为无色，有利于灯检药液的澄明度。对光敏感的药物可采用琥珀色玻璃安瓿。

（2）西林瓶：常用容积为10ml、20ml两种，配有丁基胶塞，外加铝塑盖压紧，常用作抗生素装量。

2. 安瓿的洗涤　安瓿要求保证清洁无菌，安瓿的洁净程度直接关系到注射剂的质量和安全。

目前国内药厂使用的安瓿洗涤方法有：①甩水洗涤法，用滤净水洗涤后，再用甩水机甩出，反复操作三次，本法适用于溶积在5ml以下的安瓿的清洗；②加压喷射气水洗涤法，该法特别适于大安瓿和曲颈安瓿的洗涤，是目前注射剂常用的洗涤方法，冲洗顺序为气—水—气—水—气，一般反复冲洗8次；③超声波洗涤法，此法运用的是超声波安瓿瓶清洗机，利用安瓿和液体接触界面处于强烈振动清洁污垢。其是实现连续生产的安瓿清洗设备（图 8-15）。所有洗涤方法中的最后一次洗涤用水，必须是通过微孔滤膜滤过的注射用水。

图 8-15 超声波安瓿瓶清洗机

3. 安瓿的干燥与灭菌 安瓿洗涤后，一般置于烘箱内120～140℃干燥2小时以上。需无菌操作或低温灭菌的安瓿在180℃干热灭菌1.5小时以上。生产中多采用干热隧道式无菌烘箱，主要由红外线发射装置和安瓿自动传送装置两部分组成，隧道内温度为200℃左右，有利于安瓿的烘干、灭菌连续化。灭菌后的安瓿应存放于有净化空气保护的存放柜中，安瓿存放时间不能超过24小时。

### （二）注射剂的配制

1. 原辅料的准备 所有原料药必须达到注射用规格，符合《中国药典》所规定的各项杂质检查与含量限度。辅料也应符合《中国药典》规定的药用标准，并应选用注射用规格。药用炭必须使用注射剂用炭。原辅料在生产前需小样试制，检验合格后方可使用。

称量时应细心准确无误，两人核对签名。配制前，应按处方正确计算原辅料的用量，若原料与处方规定的药物规格不同时，如含量不同、含有结晶水等，要进行换算。原辅料经精确称量，并且经过两人核对后，才能投料。

投料量的计算公式如下：

$$原料的实际用量=\frac{原料的理论用量\times相当标示量的百分比(\%)}{原料的实际含量}$$

$$原料理论用量=实际配液量\times成品含量$$

$$实际配液量=实际灌装量+灌注时损耗量$$

$$实际灌装量=（每支装量+装量增加量）\times灌注支数$$

2. 配制用具的选择与处理 大量生产常用不锈钢夹层配液锅，同时配有搅拌器以便溶解药物，夹层配液锅可通蒸汽加热，也可通冷水冷却。配制前用新鲜注射用水洗涤或灭菌后备用。每次配液后，一定立即将所有配制用具清洗干净，干燥灭菌后方可供下次使用。常用配制用具的材料有玻璃、不锈钢、耐酸碱搪瓷、聚乙烯或聚氯乙烯塑料等。配制浓的盐溶液时不宜选用不锈钢容器。

使用前需用洗涤剂或硫酸清洁液处理，临用前用注射用水洗涤。玻璃容器可用硫酸清洁液和70%～75%乙醇保洁，胶皮管用纯化水反复冲洗保洁。

3. 注射液的配制　配制药液的方法有浓配法和稀配法。配制注射液时应在洁净环境中进行，以减少污染。

（1）浓配法：系将全部原料药物加入部分溶剂中配成浓溶液，滤过后再稀释至所需浓度灌装的方法。此法可滤除溶解度小的杂质。对于不易澄清的药液，可加 0.1%～0.3%药用炭处理，其有吸附、助滤作用。但要注意药用炭可能对药物有吸附作用而使药物含量下降。药用炭一般在酸性条件下吸附能力强。

（2）稀配法：系将原料药加入全量溶剂中一次配成所需浓度，滤过后灌装的方法。稀配法适用于优质原料或不易带来可见异物的原料。

（3）配制油性注射液：其器具必须充分干燥，一般先将注射用油在 150～160℃灭菌 1～2 小时，冷却至适宜温度后配制。

### （三）注射液的滤过

滤过是借助多孔材料将固体微粒拦截阻留而使液体通过，将固体微粒与液体分离的过程，还可除去部分微生物。

1. 影响滤过因素　主要有滤过介质两侧压力差；药液的性质；滤过介质的阻率；滤饼的阻力。

2. 滤过装置

（1）板框式压滤器：系由多个中空滤框和实心滤板交替排列在支架上组成，在加压下间歇操作的过滤设备。板框式压滤器的优点是过滤面积大、截留的固体量多、经济耐用。适用于黏性大、滤饼可压缩的过滤。缺点是装配和清洗麻烦，容易漏滤。在注射剂生产过程中，可用于预滤和粗滤。

（2）砂滤棒：根据其自然滤速快慢可分为粗号、中号、细号。注射剂生产常用中号，常做粗滤操作。砂滤棒价廉易得，滤速快。但砂滤棒易于脱砂，对药液吸附性强，难清洗，且有改变药液 pH 现象。

（3）垂熔玻璃滤器：系用硬质中性玻璃细粉烧结而成。常用的有垂熔玻璃漏斗、垂熔玻璃滤球及垂熔玻璃滤棒三种（图 8-16），按滤板的孔径分为 1～6 号，1～2 号多用于常压滤过，3～4 号可用于减压或加压滤过，可作为注射剂生产中精滤，6 号垂熔玻璃可做无菌滤过。垂熔玻璃滤器在注射剂生产中，化学性质稳定，吸附少，一般不影响药液 pH，且易于清洗，常用作精滤或滤膜滤器前的预滤。

（4）微孔滤膜滤器：是用高分子材料制成薄膜过滤介质。常用醋酸纤维素膜、硝酸纤维素膜、醋酸纤维素和硝酸纤维素混合酯膜、聚碳酸酯膜等。在薄膜上分布有大量的穿透性微孔，孔径从 0.025～14μm，分成多种规格。0.45～0.8μm 的滤膜用于注射液的精滤，0.22μm 的滤膜常用于精滤及除菌。

3. 滤过的方法　注射剂生产中的滤过，一般采用先粗滤（预滤）再精滤相结合的方法，如板框压滤机→垂熔玻璃滤器→微孔滤膜滤器。常用的滤过方法有以下几种。

（1）常压滤过法：系利用滤液自身液位差所形成压力推动的滤过方法。此法压力稳定，滤过质量好，但流速稍慢。

（2）加压滤过法：系利用泵使药液压过滤器而滤过的方法。此法滤过速度快，压力稳定，质量好，适于药厂大量生产。

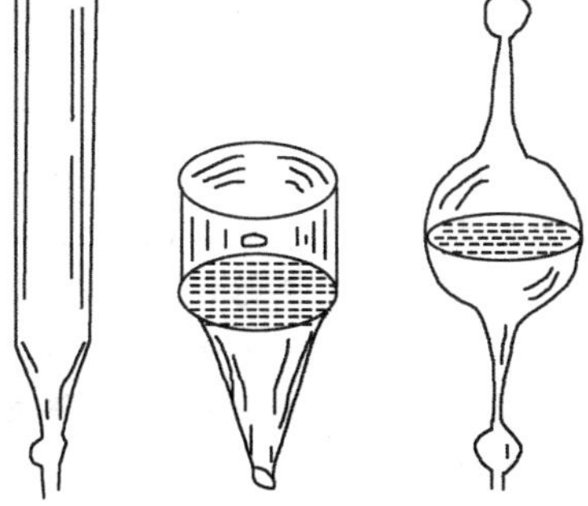


图 8-16　垂熔玻璃滤棒（A）、垂熔玻璃漏斗（B）、垂熔玻璃滤球（C）

（3）减压滤过法：系利用真空泵在过滤系统形成负压抽滤药液的方法。

### （四）注射液的灌封

灌封包括灌注药液和封口两步，即灌装和熔封，应在一台设备上完成，在同一操作室内进行。注射剂灌注后立即封口，以免污染。

1. 灌装药液　应注意剂量准确。灌装标示量小于 50ml 的注射剂，应按《中国药典》四部通则中要求适当增加药液量，以抵偿在给药时由于瓶壁黏附、注射器及针头的吸留而造成的损失，保证注射用量不少于标示量。洁净度符合标准（C 级背景下局部 A 级操作），注射剂增加装量见表 8-8。

**表 8-8　注射剂增加装量表**

| | | 标示装量（ml） | | | | | | |
|---|---|---|---|---|---|---|---|---|
| | | 0.5 | 1.0 | 2.0 | 5.0 | 10.0 | 20.0 | 50.0 |
| 增加量(ml) | 易流动液体 | 0.10 | 0.10 | 0.15 | 0.30 | 0.50 | 0.60 | 1.0 |
| | 黏稠液体 | 0.12 | 0.15 | 0.25 | 0.50 | 0.70 | 0.90 | 1.5 |

2. 通入惰性气体　对接触空气易氧化变质的药物，在灌装过程中，应排除容器内的空气，可通入 $N_2$ 和 $CO_2$ 等气体，立即熔封或严封。碱性药液或钙制剂不能使用 $CO_2$。

3. 安瓿封口　要求不漏气、颈端圆整光滑，无尖头和小泡。封口的方法有拉封和顶封两种。目前规定安瓿拉丝灌封机必须采用直立（或倾斜）拉封封口方法。

**链 接**　安瓿灌封中常见问题及解决方法

注射剂安瓿的封口一般包括拉封和顶封两种方法，前法生产的成品具有顶部光滑、结实、严密等优点，在实际应用过程中，许多因素都会影响灌封后安瓿的质量，因此有必要对灌封操作进行探讨。现就应用 1～2ml 拉丝灌封机，进行 2 ml 注射剂灌装中的常见问题、产生原因、解决或改进方法的分述。

1. 灌封后安瓿外观质量问题

（1）扁头：即安瓿顶部被夹扁但未被拉丝。产生原因：预热火焰与拉丝火焰均太小；压安瓿轴承转动不灵活或压力太小；个别安瓿壁太厚。解决方法：加强前后两组火焰火力；更换新轴承或调整安瓿压架内弹簧，加强压力，使安瓿能正常转动，形成拉丝；清除不合格安瓿。

（2）尖头：即熔封后的安瓿顶部带尖。产生原因：拉丝火焰太小；安瓿拉丝后回火时间太短；拉丝夹底端高于火焰水平中心线距离太大；个别安瓿壁太厚。解决方法：加强拉丝火焰强度；调节控制火头凸轮，延长回火时间；调节拉丝夹底端至稍高于火焰水平中心线 1 mm 左右的距离（机械正常位置）；清除不合格安瓿。

（3）泡头：即熔封后安瓿顶部形成明显大泡，容易破碎。产生原因：拉丝火焰太强；安瓿拉丝后回火时间过长；拉丝夹底部稍低于火焰水平中心线，虽能熔封但易形成小泡头。解决方法：减弱拉丝火焰强度；缩短拉丝后安瓿的回火时间；调节拉丝夹与火焰水平中心线到正常距离。

（4）瘪头：即熔封后安瓿顶部形成凹陷。产生原因：安瓿在拉丝过程中先形成泡头后冷却收缩所致；加热火焰过小不能烤干安瓿壁上的一些微量水汽，这些低温水汽使新形成的安瓿顶部圆弧受冷收缩而形成瘪头。解决方法：按解决泡头的方法进行处理；加强加热火焰，使安瓿颈部全面受热，使微量水汽尽早挥发。

（5）断头：指安瓿顶部未封住。产生原因：机械原因；过度泡头；过度瘪头。解决方法：调整拉丝夹与火焰水平中心线到正常距离；按泡头和瘪头方法进行处理。

2. 安瓿焦头问题　焦头系指安瓿颈部药液在熔封过程中被烧焦形成焦化斑点，灯检时被剔除。安瓿颈部黏有药液产生的原因：针头位置不正；针头在退出安瓿时，针头余滴黏到颈壁上；针头进入安瓿内位置太深或太浅，导致灌药时药液溅到或反喷到颈壁上；针头灌药时行程不正确。解决或改进方法：调整针头固定螺栓，使针头在灌药时处于安瓿口正中央位置；在进药管路上并联一缓冲球，一端用八通与药管连接，另一端封闭，球内存 2/3 体积药液，或在进药管路上夹一个可调夹，对进药量进行控制，从而避免针头余滴现象；针头最尖端改成三孔或两孔出药并在灌药时伸至安瓿曲颈下 1～2 mm 即可。用此方法，既可克服灌药时药液四溅，又可减少针头余滴现象；调整灌药凸轮，在针头伸到安瓿曲颈处时开始灌注，在针头提起前停止灌注，避免针头在运动过程中药液对颈壁的黏附。

另外的处理方法就是利用变频器把速度调慢，本法适用于浓度较高或黏性大的药液。

3. 装量问题　常见问题：装量不稳定，且调整装量螺母也不起作用。产生原因：灌药器芯与外套不严密；弹簧弹力不均匀；灌药器在套筒内不固定。解决方法：更换配套且严密的灌药器；更换新弹簧；在灌药器与套筒接触处加垫圈或包上胶布，使灌药器在套筒内固定；经常检查调整装量螺母是否松动，并及时清除螺母底部杂物。

### （五）注射剂的灭菌与检漏

1. 注射剂的灭菌　注射剂在灌封后应立即灭菌，以保证产品的无菌，从配液到灭菌不得超过 8 小时。根据具体药物性质，选择不同的灭菌方法和时间。原则是既要保证成品无菌，又要不影响注射剂的稳定性与疗效。对热不稳定的注射剂，一般 1～5ml 安瓿，可采用流通蒸汽 100℃ 30 分钟灭菌，10～20ml 安瓿采用 100℃ 45 分钟灭菌；耐热的产品宜采用 115℃ 30 分钟热压灭菌。灭菌时间可根据具体情况适当延长或缩短。

2. 注射剂的检漏　灭菌完毕立即进行检漏。可采用灭菌检漏两用灭菌器。灭菌完毕后，待温度稍降，抽气减压至真空度达到 85.3～90.6kPa 后，停止抽气，将有色溶液（亚甲蓝等）吸入灭菌锅中至浸没安瓿后，放入空气，有色溶液便可进入安瓿内；也可在灭菌后，趁热立即于灭菌锅内放入有色水，安瓿遇冷内部压力收缩，观察到有色水从漏气的毛细孔进入而被检出。

## 五、注射剂的质量检查

注射剂质量检查包括装量、装量差异、渗透压、可见异物、无菌、不溶性微粒、热原等项目。

1. 装量检查　注射液及注射用浓溶液的装量，应符合下列规定。标示装量为小于等于 2ml 者取供试品 5 支，2ml 以上至 50ml 者取供试品 3 支；开启时注意避免损失，将内容物分别用相应体积的干燥注射器及注射针抽尽，然后注入经标化的量具内（量具的大小应使待测体积至少占其额定体积的 40%），在室温下检视。测定油溶液或混悬液的装量时，应先加热摇匀，再用干燥注射器及注射针抽尽后，同前法操作，放冷，检视，每支的装量均不得少于其标示量。

标示装量为 50ml 以上的注射液及注射用浓溶液照《中国药典》最低装量检查法检查，应符合规定。

2. 可见异物检查　是指存在于注射剂和滴眼剂中，在规定条件下目视可以观测到的任何不溶性物质，其粒径和长度通常大于 50μm。除另有规定外，照《中国药典》可见异物检查法检查，应符合规定。

3. 无菌检查　注射剂在灭菌后，均应抽取一定数量的样品进行无菌检查，通过无菌操作制备的成品更应检查其无菌情况。具体方法参照《中国药典》。

4. 不溶性微粒检查　本法是在可见异物检查符合规定后，用于检查静脉用注射剂，包括溶液型注射液、注射用无菌粉末和注射用浓溶液，以及供静脉注射用无菌原料中不溶性微粒的大小及数量。除另有规定外，照《中国药典》不溶性微粒检查法检查，应符合规定。

5. 细菌内毒素或热原检查　除另有规定外，静脉用注射剂按各品种项下的规定，照《中国药典》细菌内毒素检查法或热原检查法检查，应符合规定。

此外，有的注射剂还需进行渗透压摩尔浓度、有关物质、降压物检查、异常毒性检查、pH测定、刺激性、过敏试验及抽针试验等。

## 六、注射剂的印字与包装

注射剂的印字包装进程包括安瓿印字、装盒、加说明书、贴标签及捆扎等内容。目前我国多采用半机械化安瓿印包生产线，由开盒机、印字机、贴签机和捆扎机组成流水线使用。印字内容包括注射剂的名称、规格及批号。印字后的安瓿即可放入纸盒内，盒外应贴标签。标签应标明注射剂名称、内装支数、每支装量及主药含量、附加剂名称及含量、批号、制造日期与有效期、制造厂家名称及商标、批准文号、适应证或应用范围、用法用量、不良反应及禁忌证、储藏方法等。盒内应附详细的说明书，以利于使用者参考。

## 七、注射剂的实例

**实例 8-1：维生素 C 注射液**

**【处方】** 维生素 C 104g　碳酸氢钠 49g　依地酸二钠 0.05g　亚硫酸氢钠 2g　注射用水加至 1000ml

**【制备】**

（1）在配制容器中，加注射用水约 800ml，通二氧化碳至饱和，加维生素 C 溶解后，分次缓缓加入碳酸氢钠，搅拌使完全溶解。

（2）另将依地酸二钠溶液和亚硫酸氢钠溶于适量注射用水中。

（3）将上述（1）（2）步两溶液合并，搅拌均匀，调节药液 pH 为 6.0～6.2，加二氧化碳饱和的注射用水至足量，测定含量。

（4）用垂熔玻璃滤器与微孔膜滤器过滤，并在二氧化碳或氮气气流下灌封，用 100℃流通蒸汽灭菌 15 分钟。

**【分析】**

（1）维生素 C 具有较强还原性，可用于治疗维生素 C 缺乏症。

（2）维生素 C 分子中有烯二醇结构，显强酸性，注射时刺激性大，会产生疼痛感，故加入碳酸氢钠或碳酸钠，使维生素 C 部分中和成钠盐，以避免刺激性疼痛。同时碳酸氢钠起调节溶液 pH 的作用，增强本品的稳定性。

（3）维牛素 C 的水溶液与空气中氧气接触，自动氧化成脱氢抗坏血酸。脱氢抗坏血酸再经水解生成 2，3-二酮-L-古罗糖酸即失去治疗作用，此化合物再被氧化成草酸及 L-丁糖酸。成品分解后呈黄色。

（4）为防止维生素 C 氧化，除加入抗氧化剂亚硫酸氢钠外，配液和灌封时通入惰性气体驱除溶液中溶解的氧和空气中的氧气，加入依地酸二钠作络合剂，以减少金属离子的催化作用。本品的原辅料质量要严格控制以保证产品的质量。

（5）本品的稳定性与温度有关。实验证明用 100℃灭菌 30 分钟，含量减少 3%；而 100℃灭菌 15 分钟，含量减少 2%，故以 100℃灭菌 15 分钟为好。操作过程应尽量在避菌条件下进行，以防污染。

**实例 8-2：己烯雌酚注射液**

**【处方】** 己烯雌酚 0.5g　苯甲醇 0.5g　注射用油 1000ml

【制法】

（1）于适量注射用油中加入己烯雌酚和苯甲醇，搅拌溶解。

（2）上述油溶液加入注射用油至足量后搅匀，滤过（干燥的垂熔玻璃漏斗）→分装于中性安瓿→封口→灭菌（干热灭菌 150℃ 1小时）。

【分析】

（1）本品为人工合成雌激素，微溶于水，可溶于油-注射用油溶液。

（2）处方中苯甲醇作为抑菌剂。

（3）如有固体沉淀，热水保湿溶解，摇匀。

# 第3节 输 液 剂

## 一、概 述

### （一）输液剂的定义

输液剂是指由静脉滴注输入人体的大剂量注射剂（除另有规定外，一般≥100ml），又称静脉输液。通常包装在玻璃或塑料的输液瓶或袋中，不含防腐剂或抑菌剂。由于输液用量大而且直接进入血液，故质量要求高，生产工艺等亦与小容量注射剂有一定差异。输液剂成品见图8-17。

图8-17 输液剂成品

**课堂互动**

构成人体的营养物质有哪些呢？人体是通过哪些途径摄取呢？

### （二）输液剂的种类

1. 电解质输液 用以补充体内水分、电解质，保证体内酸碱平衡等，如氯化钠注射液、碳酸氢钠注射液、乳酸钠注射液等。

2. 营养输液 用于不能口服吸收营养的患者，为患者提供营养成分。营养输液有糖类输液、氨基酸输液、脂肪乳输液等。糖类输液最常用的为葡萄糖注射液，其他如静脉注射用脂肪乳、复方氨基酸注射液 18AA 等。

3. 血浆代用液 代替血浆的作用，但不能代替全血，如中药血浆代用液。多为胶体溶液，用于调节体内渗透压。胶体输液有多糖类、明胶类、高分子聚合物等，如右旋糖酐注射液、羟乙基淀粉注射液、氟碳注射液、缩合葡萄糖氯化钠注射液（409代血浆）等。

4. 含药输液 含有药物的输液，如甲硝唑注射液、左氧氟沙星注射液等。

### （三）输液剂的特点

1. 输液剂能够补充营养、热量和水分，纠正体内电解质代谢紊乱。

2. 维持血容量以防治休克。

3. 可调节体液酸碱平衡。

4. 解毒，用以稀释毒素，促使毒物排泄。

5. 抗生素、强心药、升压药等药物的注射液加入输液剂中静脉滴注，起效迅速，疗效好，且可避免高浓度药液静脉推注对血管的刺激。

### （四）输液剂的质量要求

输液的质量要求与注射剂基本上是一致的，但由于输液一次注射量较大，故对无菌、无热原及澄明度的要求更为严格，pH 尽量与血浆接近，渗透压应等渗或稍偏高渗，含量、色泽也应合乎要求，不引起血常规的异常变化，不得有产生变态反应的异性蛋白及降压物质，不得添加任何抑菌剂。

注射用乳剂还必须符合下列要求：液滴直径 80%≤1μm，不得有大于 5μm 的液滴，且大小均匀；成品耐受热压灭菌；无副作用，无抗原性，无降压作用与溶血作用。

## 二、输液剂的制备

### （一）输液剂包装材料

1. 输液剂的容器　常用的有塑料输液瓶、塑料输液袋、玻璃输液瓶等。目前使用较多的是塑料包装，其具有体积小、重量轻、破损率低、便于运输保管等优点。

（1）玻璃输液瓶：由硬质中性玻璃制成，物理化学性质较为稳定。输液瓶处理常用碱洗法。碱洗法是用 2%氢氧化钠溶液或 1%～3%碳酸钠溶液（40～60℃）冲洗，时间不宜过长（数秒内完成 4～5 次）。也可使用超声波洗瓶机进行处理。其外观、规格、理化性能、外观质量、清洁度均应符合国家标准。

（2）塑料输液瓶：常用的为聚丙烯塑料瓶（PP）或聚乙烯塑料瓶（PE），具有耐水耐腐蚀、化学稳定性强、耐热、抗摔等优点。缺点是透明度差，不利于灯检；高温灭菌时瓶子会变形，故不能用高温灭菌；水氧透过率高，不适合灌装氨基酸类大输液药品。

（3）塑料输液袋：主要采用无毒的聚氯乙烯（PVC）和乙烯-乙酸乙烯共聚物（EVA），具有重量轻、耐压、运输方便、制造简便等优点。为较为新型的输液器包装，但在临床使用中也常常发生一些问题，如湿气和空气可透过塑料袋，久储影响药液质量、透光度等。

2. 丁基胶塞　主要原料为溴（氯）化丁基橡胶，化学结构为活性氯（溴）原子和丁烯-异戊二烯共聚物，加入了硫化剂、填充剂、防老化剂、着色剂等，经过切胶、密炼、混炼、压模、胶化、干燥等工序制得。使用前需要清洗：粗洗 5 分钟（40℃）→纯化水洗涤 10 分钟，2 次（40℃）→注射用水洗涤 10 分钟，2 次（85℃）→质量检查→烘干→冷却。

丁基胶塞的质量要求：①富于弹性及柔软性；②针头刺入和拔出后应立即闭合，能耐受多次穿刺而无碎屑脱落；③具耐溶性，不增加药液中的杂质；④可耐受高温灭菌；⑤有高度的化学稳定性；⑥对药液中的药物或附加剂的作用应达最低限度；⑦无毒，无溶血作用。

### （二）输液剂的制备

1. 输液剂的配制　原辅料质量对输液成品的质量影响很大。输液剂常用浓配法，优质原料或不易带来可见异物的原料，可用稀配法。配液必须用新鲜注射用水，并严格控制热原、pH 和铵盐。

配制输液时，通常加入符合《中国药典》标准的药用炭，应注意：

（1）活性炭用量为浓配液总量的0.1%～1%。

（2）应调pH为酸性（3～5），因为在酸性溶液中药用炭吸附力强，碱性溶液中易出现溶胶现象。

（3）加热煮沸后冷至45～50℃（临界吸附温度）时再进行滤过除炭。

（4）吸附时间以20～30分钟为宜。

（5）一般分次吸附比一次吸附效果好。

**课堂互动**

请思考一下，注射剂制备中，药用炭的作用有哪些？

2. 输液剂的滤过　输液剂的滤过方法、装置与注射剂基本相同，常用的有板框式过滤器、砂滤棒、微孔滤膜器、垂熔玻璃滤器，生产时常用加压过滤法。

输液的滤过常采用加压三级滤过装置，先用板框式过滤器（或砂滤棒）进行预滤或初滤，再用微孔滤膜器（孔径0.65μm或0.8μm）和垂熔玻璃滤器进行精滤。加压滤过既可以提高滤过速度，又可以防止滤过过程中产生的杂质或碎屑污染滤液。对高黏度药液可采用较高温滤过。滤过后，进行半成品检查，应符合规定。

3. 输液剂的灌封　输液剂灌封区的洁净度应在C级背景下的局部A级完成。玻璃瓶输液的灌封由药液灌注、压丁基胶塞、轧铝盖三步连续完成。目前药厂多采用旋转式自动灌封机（图8-18）、自动压塞机、自动落盖轧口机完成整个灌封过程；灌封后应进行检查，剔除轧口松动的产品，再进行灭菌处理。

4. 输液的灭菌　输液灌封后应立即灭菌，从配制到灭菌一般不超过4小时。输液瓶一般容量为500ml或250ml，且玻璃瓶壁较厚，因此，灭菌时需要较长预热时间（一般预热20～30分钟），以保证瓶的内外均达到灭菌温度，也不会因骤然升温而使输液瓶炸裂。玻璃包装的输液剂灭菌条件为115℃ 30分钟。对于塑料输液袋，灭菌条件为109℃ 45分钟，并应有加压措施防止输液袋膨胀破裂。由于灭菌温度较低，生产过程更应注意防止污染。

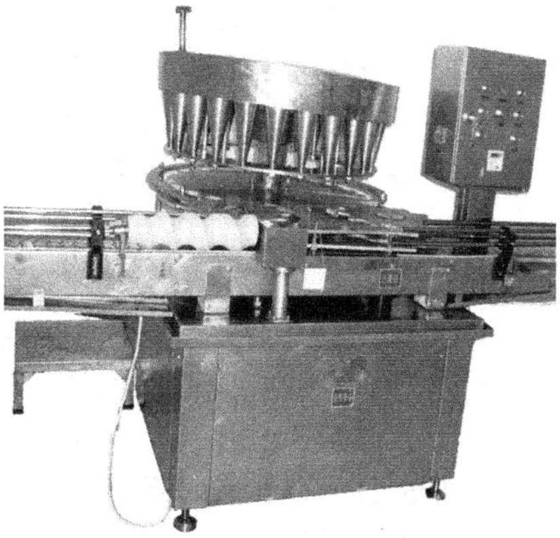

图8-18　旋转式自动灌封机

**链接**　灭菌参数介绍

灭菌设备的验证是通过有关参数对灭菌方法进行可靠性验证的。

1. $D$值　是指在一定温度下，杀灭90%微生物（或残存率为10%）所需的灭菌时间。在一定灭菌条件下，不同微生物具有不同的$D$值；同一微生物在不同灭菌条件下，$D$值亦不相同。因此$D$值随微生物的种类、环境和灭菌温度变化而异。

2. $Z$值　是指灭菌时间减少到原来的1/10所需升高的温度或在相同灭菌时间内，杀灭99%的微生物所需提高的温度。

3. $F$值　为在一定温度（$T$）下，给定$Z$值所产生的灭菌效果与在参比温度（$T_0$）下给定$Z$值所产生的灭菌效果相同时，所相当的灭菌时间，以分钟为单位。$F$值常用于干热灭菌。

4. $F_0$值　为一定灭菌温度（$T$）下、$Z$为10℃时所产生的灭菌效果与121℃、$Z$值为10℃所产生的灭菌效果相同时所相当的时间（分钟）。也就是说，不管温度如何变化，$t$分钟内的灭菌效果相当于在121℃下灭菌$F_0$分钟的效果。$F_0$仅应用于湿热灭菌。

## 三、输液剂的质量检查

输液剂的质量检查项目与一般注射液基本相同，其含量、pH、可见异物、无菌检查及各产品的特殊检查项目，均应符合药品标准。并应检查细菌内毒素或热原、不溶性微粒。

1. 细菌内毒素或热原检查　执行《中国药典》规定，除另有规定外，静脉用注射剂按各品种项下的规定，参照细菌内毒素检查法或热原检查法检查。

2. 不溶性微粒检查　除另有规定外，溶液型静脉用注射液、注射用无菌粉末及注射用浓溶液参照《中国药典》不溶性微粒检查法检查。其中有光阻法和显微镜计数法，具体见表 8-9。

**表 8-9　输液剂不溶性微粒检查**

| 方法 | 光阻法（微粒检查仪） | | 显微镜计数法（0.45μm 滤膜，100 倍） | |
|---|---|---|---|---|
| | ≥10μm | ≥25μm | ≥10μm | ≥25μm |
| 100ml 以上输液剂，每 1ml | ≤25 | ≤3 | ≤12 | ≤2 |
| 100ml 以下输液剂，每瓶 | ≤6000 | ≤600 | ≤3000 | ≤300 |

## 四、输液剂的实例

**实例 8-3：葡萄糖注射液**

**【处方】**　葡萄糖 50g　注射用水加至 1000ml

**【制备】**

（1）取注射用水适量，加热煮沸，加入葡萄糖搅拌溶解，使其成为 50%～70%浓溶液。

（2）用 1%盐酸调节 pH 为 3.8～4.0。

（3）加入 0.1%～1%（g/ml）的药用炭，搅匀，煮沸约 30 分钟，趁热过滤脱炭。

（4）滤液加注射用水至全量，测 pH 及含量，合格后精滤至澄明，灌封。

（5）116℃ 40 分钟热压灭菌。

**【分析】**

（1）本品为葡萄糖或无水葡萄糖的灭菌水溶液。含葡萄糖应为标示量的 95.0%～105.0%。

（2）葡萄糖注射液有时会产生云雾状沉淀，主要是未完全糖化的糊精或少量杂质引起的。解决办法：浓配法，用 1%盐酸调节 pH 以中和胶粒上的电荷，或加热煮沸使糊精水解、蛋白质凝聚，同时加入药用炭吸附，滤过除去。

（3）葡萄糖注射液加热温度过高、加热时间过长均会产生 5-羟甲基糠醛，5-羟甲基糠醛再分解为乙酰丙酸和甲酸，同时形成一种有色物质（一般认为是 5-羟甲基糠醛的聚合物）。因此，为避免溶液变色，要严格控制灭菌温度与时间，同时 pH 应控制在 3.8～4.0。

# 第 4 节　注射用无菌粉末

**课堂互动**

为什么青霉素不是用小针剂或大输液瓶（袋），而是用的粉针剂？

## 一、概　　述

### （一）注射用无菌粉末概念

注射用无菌粉末又称“粉针剂”，系药物制成的供临用前用适宜的无菌溶液配制成澄清溶液或均匀混悬液的无菌粉末或无菌块状物。可用适宜的注射用溶剂配制后注射，也可用静脉输液配制后静脉滴注。注射用无菌粉末适用于在水溶液中不稳定的药物，特别是一些对湿热非常敏感的抗生素类药物及酶或血浆等生物制品，如青霉素的钾盐和钠盐及一些医用酶制剂（胰蛋白酶、辅酶 A、辅酶 Q），适宜制成注射用无菌粉末，以保证其稳定性。

### （二）注射用无菌粉末分类

注射用无菌粉末根据生产工艺不同，可分为注射用无菌分装制品和注射用冻干制品两种。注射用无菌分装制品是将原料药精制成无菌药物粉末，在无菌条件下直接分装制得，常见于抗生素药品，如青霉素。注射用冻干制品是将药物配成无菌溶液或混悬液，又将药液无菌灌装至安瓿，再进行冷冻干燥后，在无菌生产条件下封口而得，常见于生物制品，如辅酶类。

### （三）冷冻干燥的特点

1. 冷冻干燥的优点

（1）药物不被热破坏，不改变性质，适用于热敏性的药物，如酶、激素、核酸、血液和免疫产品，药物不会发生变性或失去生物活力。

（2）产品质地疏松多孔，呈海绵状，加水后溶解迅速而完全。

（3）药液经过除菌过滤，杂质微粒少。

（4）含水量低，经真空干燥、密封，稳定性好。

（5）通过液体定量分装，剂量准确。

2. 冷冻干燥的缺点　生产设备贵、能源消耗大、生产时间长、工艺控制要求高。

### （四）注射用无菌粉末的质量要求

注射用无菌粉末属于非最终灭菌产品，其生产工艺必须严格控制。除应符合《中国药典》的规定外，还应符合下列要求：粉末无异物，配成溶液或混悬液后澄明度检查合格；粉末细度或结晶度应适宜，便于分装；无菌、无热原。

## 二、注射用无菌粉末的制备

### （一）注射用无菌分装制品的制备

1. 工艺流程　注射用无菌分装制品的工艺流程见图 8-19。

图 8-19　注射用无菌分装制品工艺流程

2. 制备工艺

（1）原材料准备：为确定合理的生产工艺，应首先了解药物的理化性质，主要测定物料的热稳定性、物料的临界相对湿度、物料的粉末晶型与松密度等，使之适于分装。无菌原料可用灭菌结晶法或喷雾干燥法制备，必要时需进行粉碎、过筛等操作，在无菌条件下制得符合注射要求的无菌粉末。

包装材料有西林瓶、安瓿、丁基胶塞和铝塑盖。首先用纯化水冲洗包装，再用新鲜的注射用水冲洗，125℃、2.5 小时干燥灭菌。灭菌空瓶的存放柜应通净化空气保护，存放时间不超过 24 小时。

（2）分装：包括药物的分装、压塞及安瓿的封口分装，应在 B 级背景下局部 A 级条件下进行，分装后小瓶应立即加塞轧铝盖密封（图 8-20）。目前分装的机械设备有插管分装机、螺旋自动分装机（图 8-21）、真空吸粉分装机等。抗生素等特殊性质药物不得轮换生产，防止交叉污染。

图 8-20 滚压式抗生素玻璃瓶轧盖机

图 8-21 单头高速螺杆分装机

（3）灭菌及异物检查：对于耐热的品种，如青霉素可进行补充灭菌，以保证用药安全。对于不耐热品种，如生物酶制品必须严格无菌操作。异物检查一般为在传送带上灯检。

（4）印字包装。

### （二）注射用冻干制品的制备

1. 工艺流程 注射用冻干制品的生产工艺流程详见图 8-22。

2. 关键制备工艺

（1）原材料准备：冻干前的原辅料、安瓿等按适宜的方法处理，然后进行配液、滤过和灌装等操作，将无菌溶液灌注入安瓿后，进行下列操作。

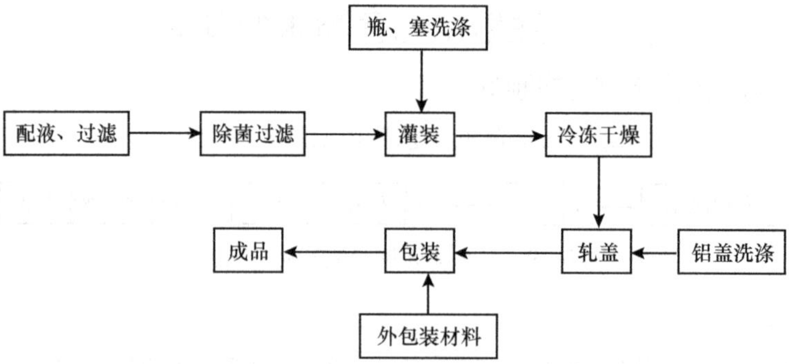


图 8-22 注射用冻干制品的生产工艺流程

（2）预冻：制品在干燥前必须先预冻成固体，预冻是恒压降温过程，随着温度下降药液形成固体，预冻温度降至产品共熔点 10～20℃以下，以保证彻底冷冻，否则会在减压过程中发生沸腾而导致制品表面凹凸不平。

（3）升华干燥：首先是恒温减压过程，然后是在抽气条件下，恒压升温，使固态水升华逸去。升华干燥法分为两种：一种是一次升华法，适用于共熔点为-20～-10℃的制品，且溶液黏度不大。另一种是反复冷冻升华法，该法的减压和加热升华过程与一次升华法相同，只是预冻过程须在共熔点与共熔点-20℃之间反复升降预冻。本法常用于结构较复杂、稠度大及熔点较低的制品。

（4）再干燥：升华完成后，在减压条件下，根据药物性质，温度升高至0℃或室温再干燥，并保持一定的时间，除去残留水分。再干燥可保证冻干制品含水量＜1%，并有防止回潮作用。

（5）封口：冷冻干燥完毕应立即加塞封口。国外有些设备已设计自动加塞装置，广口小玻璃瓶从冻干机中取出之前，能自动压塞，避免污染。

### （三）注射用无菌粉末的质量检查

注射用无菌粉末除应符合注射剂项下有关规定外，还应进行可见异物、装量差异、细菌内毒素等检查，另外还有颜色、水分、酸碱度等检查。

1. 可见异物　注射用无菌粉末溶液的可见异物检查（混悬型除外），按《中国药典》可见异物检查法中规定的适宜方法进行，应符合规定。

2. 装量差异　注射用无菌粉末的装量差异为一项重要质量指标，按《中国药典》装量差异的规定检查，应符合规定，见表8-10。

注射用无菌粉末凡规定检查含量均匀度，一般不再进行装量差异检查。

**表8-10　注射用无菌粉末的装量差异限度**

| 平均装量 | 装量差异限度 |
|---|---|
| 0.05g及0.05g以下 | ±15% |
| 0.05g以上至0.15g | ±10% |
| 0.15g以上至0.5g | ±7% |
| 0.5g以上 | ±5% |

## 三、注射用无菌粉末的实例

**实例8-4：注射用细胞色素c**

【处方】　细胞色素c 15mg　葡萄糖15mg　亚硫酸钠2.5mg　亚硫酸氢钠2.5mg　注射用水0.7ml

【制备】

（1）在无菌操作室中，称取细胞色素c、葡萄糖，置适当的容器中，加注射用水，在氮气流下加热（75℃以下），搅拌使溶解。

（2）再加入亚硫酸钠与亚硫酸氢钠使溶解，用2mol/L氢氧化钠溶液调节pH为7.0～7.2。

（3）然后加配制量0.1%～0.2%的药用炭，搅拌数分钟，过滤。

（4）测定含量与pH，合格后精滤，分装。

（5）低温冷冻干燥约34小时，压丁基胶塞、轧铝塑盖即得。

【用法与用量】　静脉注射或滴注：一次15～30mg，视病情轻重一日1～2次，每日30～60mg。静脉注射时，加25%葡萄糖溶液20ml混匀后缓慢注射。也可用5%～10%葡萄糖溶液或0.9%氯化钠注射液稀释后静脉滴注。

【分析】

（1）为细胞代谢改善药。用于各种组织缺氧急救的辅助治疗。

（2）本品是用细胞色素c加适量的赋形剂与抗氧化剂，经冷冻干燥制得的无菌制品为桃红色的冻干块状物，易溶于水。细胞色素c含量应为标示量的90.0%～115.0%。

（3）细胞色素c为含卟啉铁的结合蛋白质，溶于水，易溶于酸性溶液，其氧化型水溶液呈深红色，其还原型水溶液呈桃红色。

# 第5节 滴 眼 剂

## 一、概 述

### （一）滴眼剂定义和特点

滴眼剂系药物制成供滴眼用的澄明溶液或混悬液，用以防治或诊断眼部疾病的无菌制剂，属于眼用制剂。它们大部分属于真溶液或胶体溶液，少数为混悬液或油溶液。

滴眼剂主要通过角膜和结膜吸收，亲脂性药物主要通过角膜途径吸收：药物→角膜→房水→虹膜、睫状肌→局部血管网→局部作用；亲水性药物和生物大分子药物主要通过结膜途径吸收：药物→结膜→巩膜→眼球后部→结膜血管网→体循环→局部和全身作用。

**链 接** 眼用制剂

眼用制剂系直接用于眼部发挥治疗作用的无菌制剂。眼用制剂可分为眼用液体制剂（滴眼剂、洗眼剂、眼内注射溶液）、眼用半固体制剂（眼膏剂、眼用乳膏剂、眼用凝胶剂）、眼用固体制剂（眼膜剂、眼丸剂、眼内插入剂）等。眼用液体制剂也可以固态形式包装，另备溶剂，在临用前配成溶液或混悬液。

洗眼剂是指由药物制成的无菌澄明水溶液，供冲洗眼部异物或分泌液、中和外来化学物质的滴眼剂，如生理盐水、2%硼酸溶液等。

眼内注射溶液是指由药物与适宜辅料制成的无菌澄明溶液，供眼周围组织（包括球结膜下、筋膜下及球后）或眼内注射（包括前房注射、前房冲洗、玻璃体内注射、玻璃体内灌注等）的无菌滴眼剂。

### （二）滴眼剂质量要求

1. pH　pH应控制在5.0～9.0。因pH不当引起的刺激性可增加泪液分泌，导致药物流失，甚至损伤角膜。

2. 渗透压　除另有规定外，滴眼剂应与泪液等渗。眼球能适应的渗透压范围相当于浓度为0.6%～1.5%的氯化钠溶液。

3. 无菌　一般滴眼剂要求无致病菌，尤其不得有铜绿假单胞菌和金黄色葡萄球菌，可酌加抑菌剂。其中用于眼外伤的滴眼剂、眼内注射溶液及眼部手术后应用的滴眼剂要求绝对无菌，且不得添加抑菌剂与抗氧化剂，需采用单剂量包装。

4. 可见异物　与混悬微粒细度溶液型滴眼剂应澄明，混悬液型滴眼剂应均匀、细腻。

5. 黏度　一般在4.0～5.0cPa・s。适当增加滴眼剂的黏度，可使药物在眼内的停留时间延长、刺激性减少，有利于增强药物的作用。

6. 装量　无特殊规定，一般滴眼剂装量≤10ml。

## 二、滴眼剂的附加剂

滴眼剂中可加入调节渗透压、pH、黏度的辅料，以及增加药物溶解度和制剂稳定的辅料，并可加入适宜的抑菌剂和抗氧化剂。所用辅料不应降低药效或产生局部刺激性。常用附加剂主要有以下几种。

### （一）抑菌剂

滴眼剂是一种多剂量制剂，使用过程中无法始终保持无菌，因此必须添加适当的抑菌剂。一般滴眼剂的抑菌剂要求作用迅速（即在 1～2 小时达到无菌）。外伤眼用制剂要求绝对无菌，均不得添加抑菌剂，且应包装于无菌容器内供一次性使用。非外伤滴眼剂可加抑菌剂，且满足实验条件下 1 小时内，能对铜绿假单胞菌和金黄色葡萄球菌杀灭。常用的抑菌剂有。

1. 尼泊金类　国内滴眼剂中使用最广泛的是尼泊金酯，如即对羟基苯甲酸乙酯、对羟基苯甲酸甲酯、对羟基苯甲酸丙酯。

2. 醇类　常用的有苯甲醇、乙醇、苯乙醇、三氯叔丁醇、苯氧乙醇等。

3. 有机酸类　常用的有苯甲酸、山梨酸、脱氢乙酸等。

4. 季铵盐类　常用的有苯扎溴铵、苯扎氯铵等。

5. 有机汞类　常用的有硝酸苯汞、硫柳汞、乙酸苯汞等。

其中苯扎氯铵需要联合 EDTA-2Na，或三氯叔丁醇，苯氧乙醇需加入尼泊金酯。

### （二）pH 调节剂

滴眼剂pH不当可引起刺激流泪，甚至损伤角膜。正常眼可耐受pH范围在5.0～9.0，pH 6.0～8.0 无不适感，pH＜5.0 或＞11.4 有明显不适感觉。碱性时更易损伤角膜。结合药物的溶解度、稳定性和刺激性等多方面因素考虑，为避免刺激性和使药物稳定，常选用适当的缓冲液作为溶剂，使 pH 稳定在一定的范围内。常用缓冲溶液有：

1. 磷酸盐缓冲液　为磷酸二氢钠和磷酸氢二钠混合溶液，pH 5.9～8.0，适用于阿托品、麻黄碱、毛果芸香碱、东莨菪碱等药物的滴眼剂。

2. 硼酸盐缓冲液　为硼酸和硼砂按比例进行混合的溶液，pH 6.7～9.1，适用于磺胺类药物，其可使磺胺类药物钠盐溶液稳定而不析出结晶。

3. 硼酸缓冲液　为 1.9%硼酸溶液，pH 5.0，适用于盐酸可卡因、盐酸丁卡因、盐酸普鲁卡因、水杨酸毒扁豆碱等药物的滴眼剂。

### （三）渗透压调节剂

滴眼剂要与泪液等渗，渗透压过高或过低对眼睛都有刺激性。眼球能适应的渗透压范围相当于浓度为 0.6%～1.5%的氯化钠溶液，超过耐受范围就有明显的不适。常用的渗透压调节剂有氯化钠、硼砂、葡萄糖、硼酸。

### （四）增稠剂

适当增加滴眼剂的稠度（黏度），既可延长药物与作用部位的接触时间，又能降低药物对眼睛的刺激性，有利于发挥药物的作用，合适的黏度在 4.0～5.0cPa·s。常用的增稠剂有甲基纤维素（MC）、聚乙烯醇（PVA）、聚维酮（PVP）、聚乙二醇（PEG）、羟丙基甲基纤维素（HPMC）等。

### （五）其他附加剂

根据滴眼剂中主药的性质，对于不稳定药物可加入抗氧化剂；溶解度小的药物可加入增溶剂或助溶剂。

## 三、滴眼剂的制备

此滴眼剂的生产工艺适用于药物性质稳定者，对于不耐热的主药，全部制备过程需采用无菌法操作。用于眼外伤或眼部手术的制剂，需制成单剂量包装，保证完全无菌。洗眼液用输液瓶包装，按输液工艺处理。

1. 容器洗涤与灭菌　滴眼剂的容器有玻璃瓶与塑料瓶两种。中性玻璃对药液的影响小，配有滴管并封以铝盖的小瓶，可使滴眼剂保存较长时间，故对氧敏感药物多用玻璃瓶。遇光不稳定药物可选用茶色瓶。塑料瓶由聚烯烃吹塑制成，不易污染且价廉、质轻、不易碎裂，较常用，但塑料瓶有一定的透气性，不适宜盛装对氧敏感的药物溶液。无论哪种容器选用时要注意瓶与药液之间是否存在物质交换反应。灭菌方法与注射剂容器材质相关，玻璃瓶可用干热灭菌，塑料瓶可用气体灭菌。

2. 配液　称取药物和附加剂，用适量溶剂溶解，必要时加活性炭（0.05%～0.30%）处理。

3. 过滤　可用微孔滤膜、垂熔玻璃滤球或砂滤棒过滤药液至澄明。

4. 灌装　目前生产上普遍采用减压灌装法，灌装方法随瓶的类型和生产量的大小而改变。

5. 灯检　逐瓶目检，再抽检。操作时拿得稳、翻得轻、不重放、不夹双排。

6. 其他　经质量检验合格后，印字包装。

## 四、滴眼剂质量检查和储存

滴眼剂按照规定需要做 pH、含量检查，并需进行以下质量检查。

1. 可见异物　除另有规定外，滴眼剂须按照《中国药典》可见异物检查法中滴眼剂项下的方法检查，应符合规定；眼内注射溶液按可见异物检查法中注射剂项下的方法检查，应符合规定。

2. 粒度　混悬型滴眼剂应做粒度检查：取供试品，强烈振摇，立即量取适量（相当于含主药 10μg）置于载玻片上，按照《中国药典》粒度和粒度分布测定法检查，大于 50μm 的粒子不得过 2 个，且不得检出大于 90μm 的粒子。

3. 沉降容积比　混悬型滴眼剂应做沉降容积比检查，应不低于 0.90，其沉淀物经振摇易再分散。

4. 装量　按照《中国药典》最低装量检查法检查，应符合规定。

5. 无菌　供角膜穿透、手术用的滴眼剂或眼内注射溶液，按照《中国药典》无菌检查法检查，应符合规定。

滴眼剂应遮光密封储存，开启后最多可使用 4 周。

## 五、滴眼剂的实例

**实例 8-5：氯霉素滴眼液**

**【处方】** 氯霉素 0.25g　氯化钠 0.9g　尼泊金甲酯 0.023g　尼泊金丙酯 0.011g　注射用水加至 100ml

**【制备】** 取尼泊金甲酯、尼泊金丙酯，加沸注射用水溶解，于 60℃时溶入处方量氯霉素和氯化钠，过滤，加注射用水至足量，100℃、30 分钟灭菌，灌装。

**【分析】**

（1）用于治疗沙眼、急慢性结膜炎、睑缘炎、睑腺炎、角膜炎等。

（2）氯霉素在水中的溶解度为 1∶400，处方中用量已达饱和，故需加热溶解。

# 自测题

一、最佳选择题

1. 对于易溶于水，在水溶液中不稳定的药物，可制成的注射剂类型是（　　）
A. 注射用无菌粉末　B. 溶液型注射剂
C. 混悬型注射剂　D. 乳剂型注射剂
E. 溶胶剂注射剂

2. 对于不允许湿气穿透的油脂类和耐高温的粉末化学药品灭菌可以选择（　　）
A. 热压灭菌法　B. 流通蒸汽灭菌法
C. 干热灭菌法　D. 紫外线灭菌法
E. 气体灭菌法

3. 适合无人情况下空气和物体表面消毒的是（　　）
A. 热压灭菌法　B. 流通蒸汽灭菌法
C. 干热灭菌法　D. 紫外线灭菌法
E. 气体灭菌法

4. 下列有关灭菌方法说法正确的是（　　）
A. 射线灭菌法可用于制剂金属和玻璃容器灭菌
B. 维生素C流通蒸汽灭菌法加热灭菌30分钟
C. 热压灭菌法温度为121℃，压力正常
D. 干热灭菌法可以透过基质加热灭菌
E. 热原能用0.22μm的微孔滤膜器和G6垂熔玻璃滤器过滤消除

5. 注射剂除菌滤过的滤器为（　　）
A. 硅藻土滤器　B. 多孔微孔滤膜器
C. 压滤器　D. 0.8μm微孔滤膜器
E. G6垂熔玻璃滤器

6. 注射用抗生素粉末分装室洁净度要求是（　　）
A. A级　B. B级　C. C级
D. D级　E. B级或者C级

7. 防止百级净化环境微粒沉积的方法是（　　）
A. 空调净化　B. 紊流技术
C. 静电除尘　D. 层流净化
E. 空气滤过

8. 下列有关热原叙述错误的是（　　）
A. 微生物代谢产物，使人体体温升高
B. 主要毒性来自于革兰氏阴性杆菌内毒素
C. 其主要成分为磷脂和蛋白质
D. 具有耐热性、过滤性
E. 主要是由于细菌破坏后内毒素溢出

9. 热原是微生物产生内毒素，致热活性中心是（　　）
A. 蛋白质　B. 多糖　C. 磷脂
D. 脂多糖　E. 核糖核酸

10. 下列不属于热原性质的是（　　）
A. 耐热性　B. 可溶性　C. 滤过性
D. 挥发性　E. 可吸附性

11. 下列关于除去热原方法正确的是（　　）
A. 可采用100℃进行破坏
B. 可通过G6垂熔玻璃滤器过滤方式除去
C. 可利用蒸发除去
D. 可用活性炭吸附
E. 0.22μm微孔滤膜器滤除

12. 热原检测方法有（　　）
A. 鲎试验法　B. 家兔试验法　C. A+B
D. 冰点降低法　E. 热熔法

13. 下列除去葡萄糖注射液中热原的方法有（　　）
A. 高温法　B. 微孔滤膜滤过法
C. 酸碱法　D. 吸附法
E. 离子交换法

14. 注射剂生产过程中细菌产生原因不正确的是（　　）
A. 生产过程中污染
B. 灭菌不彻底
C. 没有加入抑菌剂
D. 活性炭杂质含量多
E. 灭菌不完全

15. 流通蒸汽灭菌法的温度和气压是（　　）
A. 100℃　常压　B. 115℃　97kPa
C. 105℃　67kPa　D. 121℃　134kPa
E. 80℃　10kPa

16. 用压力大于常压的饱和蒸汽加热杀死所有细菌繁殖体和芽孢的灭菌方法为（　）
A. 流通蒸汽灭菌法　B. 干热空气灭菌法
C. 煮沸灭菌法　D. 热压灭菌法
E. 微波灭菌法

17. 下列不属于物理灭菌方法的是（　　）
A. 紫外线灭菌法　B. 环氧乙烷灭菌
C. γ射线灭菌　D. 微波灭菌
E. 干热灭菌

18. 主要用于诊断和皮试的注射方式为（　　）
A. 静脉注射　B. 脊椎腔注射
C. 肌内注射　D. 皮下注射
E. 皮内注射

19. 一般注射剂 pH 为（　　）
A. 3～8　　B. 3～10
C. 4～9　　D. 5～10
E. 5～9
20. 一般滴眼剂 pH 为（　　）
A. 3～8　　B. 3～10
C. 4～9　　D. 5～10
E. 5～9
21. 注射用水和纯化水的区别是（　　）
A. 酸碱度　　B. 热原
C. 氯化物　　D. 氮
E. 硫酸盐
22. 注射剂的抑菌剂可选择（　　）
A. 三氯叔丁醇　　B. 苯甲酸钠
C. 新洁尔灭　　D. 酒石酸钠
E. 环氧乙烷
23. 注射液中加入焦亚硫酸钠的作用是（　　）
A. 抑菌剂　　B. 抗氧化剂
C. 止痛剂　　D. 乳化剂
E. 等渗调节剂
24. 维生素 C 注射液中依地酸二钠的作用为（　　）
A. pH 调节剂　　B. 抗氧化剂
C. 防腐剂　　D. 金属螯合剂
E. 渗透压调节剂
25. 醋酸可的松混悬型注射剂中加入硫柳汞的作用是（　　）
A. 增溶剂　　B. 等渗剂
C. 助悬剂　　D. 抗氧化剂
E. 抑菌剂
26. 注射剂加入吐温 80 的作用是（　　）
A. 增溶剂　　B. 等渗剂
C. 助悬剂　　D. 抗氧化剂
E. 抑菌剂
27. 注射剂中采用氯化钠的作用是（　　）
A. pH 调节剂　　B. 抗氧化剂
C. 防腐剂　　D. 金属螯合剂
E. 渗透压调节剂
28. 关于注射用油质量要求叙述中不正确的是（　　）
A. 色泽不得超过 6 号标准比色液
B. 在 10℃时应当保持澄明
C. 酸值说明油中游离脂肪酸多少，酸值不得大于 0.56
D. 碘值说明不饱和键多少，碘值高适合注射剂用
E. 常用芝麻油、大豆油和茶油等
29. 注射剂制备流程为（　　）
A. 原辅料的准备→配制→滤过→灌封→灭菌→检漏→质检→包装
B. 原辅料的准备→配制→灌封→滤过→灭菌→检漏→质检→包装
C. 原辅料的准备→配制→灭菌→滤过→灌封→检漏→质检→包装
D. 原辅料的准备→配制→滤过→灌封→检漏→灭菌→质检→包装
E. 原辅料的准备→滤过→配制→灌封→灭菌→检漏→质检→包装
30. 下列关于维生素 C 注射液错误的表述是（　　）
A. 可采用亚硫酸氢钠作抗氧化剂
B. 处方中采用碳酸氢钠避免氧化
C. 可采用依地酸二钠络合金属离子，增加维生素 C 稳定性
D. 配制注射用水充入二氧化碳饱和
E. 采用 100℃流通蒸汽 15 分钟灭菌
31. 氯化钠注射液属于（　　）
A. 胶体输液　　B. 糖类输液
C. 电解质输液　　D. 氨基酸注射液
E. 脂肪输液
32. 下列属于血浆代用品的是（　　）
A. 氯化钠注射液　　B. 羟乙基淀粉
C. 氨基酸注射液　　D. 脂肪乳注射液
E. 葡萄糖注射液
33. 下列注射液不能用作血浆代用液的是（　　）
A. 右旋糖酐铁　　B. 羟乙基淀粉
C. 氟碳乳剂　　D. 409 代血浆
E. 复方氨基酸
34. 关于血浆代用液说法错误的是（　　）
A. 血浆代用液在机体中可以代替全血作用
B. 代血浆不妨碍血型试验
C. 不妨碍红细胞的携氧功能
D. 在血液循环系统可保留较长时间，易被机体吸收
E. 不得在组织进行蓄积
35. 有关滴眼剂叙述错误的是（　　）
A. 滴眼剂是直接用于眼部外用制剂
B. 正常眼可耐受 pH 为 5.0～9.0
C. 混悬型滴眼剂中不得检出色块、纤毛等可见异物

D. 滴入眼中的药物首先进入角膜中，通过角膜至前房再进入虹膜
E. 增加滴眼液的黏度，使得药物吸收减慢，不利于药物吸收

36. 下面关于滴眼剂质量要求叙述错误的是（ ）
A. 滴眼剂应调节至等渗
B. 滴眼剂应调节适宜的 pH
C. 滴眼剂不做无菌检查
D. 滴眼剂应做澄明度检查
E. 滴眼剂不做热原检查

37. 不能作为滴眼剂抑菌剂的是（ ）
A. 三氯叔丁醇 B. 苯扎氯铵
C. 硫柳汞 D. 碘化钾
E. 羟苯乙酯

38. 下面不是滴眼剂的附加剂的是（ ）
A. 等渗调节剂 B. 抑菌剂
C. 增稠剂 D. pH 调节剂
E. 润滑剂

39. 注射用青霉素钠，临用前加入（ ）
A. 注射用水 B. 蒸馏水
C. 纯化水 D. 灭菌注射用水
E. 消毒注射用水

40. 青霉素制成粉针剂的目的是（ ）
A. 免除微生物污染 B. 防止水解
C. 防止氧化分解 D. 携带方便
E. 宜于保存

41. 氯化钠等渗当量是指（ ）
A. 与 100g 药物呈等渗的氯化钠的量
B. 与 10g 药物呈等渗的氯化钠的量
C. 与 1g 药物呈等渗的氯化钠的量
D. 与 10g 氯化钠呈等渗的药物的量
E. 与 100g 氯化钠呈等渗的药物的量

42. 输液剂的生产从配液到灭菌时间尽量缩短，一般不超过（ ）
A. 4 小时 B. 6 小时 C. 8 小时
D. 10 小时 E. 12 小时

43. 注射剂的质量要求不包括（ ）
A. 无菌 B. 无热原
C. 可见异物 D. 融变时限
E. 渗透压

44. 亚硫酸氢钠作为常用的抗氧化剂，最适用于（ ）
A. 强酸溶液 B. 强酸溶液
C. 偏酸性溶液 D. 偏碱性溶液
E. 中性溶液

45. 输液剂的配液常用（ ）
A. 等量递加法 B. 化学反应法
C. 浸出法 D. 浓配法
E. 稀配法

## 二、配伍选择题

【46～50 题共用选项】
A. 火焰灭菌法 B. 干热空气灭菌法
C. 流通蒸汽灭菌法 D. 热压灭菌法
E. 紫外线灭菌法 F. 化学灭菌法
G. 辐射灭菌法

46. 维生素 C 注射液灭菌采用（ ）
47. 葡萄糖注射液灭菌采用（ ）
48. 无菌室空气灭菌采用（ ）
49. 采用环氧乙烷灭菌属于（ ）
50. 采用 γ 射线灭菌属于（ ）

【51～53 题共用选项】
A. A 级 B. B 级
C. C 级 D. D 级

51. 口服等常规制剂制备环境（ ）
52. 注射剂生产、灌封环境（ ）
53. 药品内包装拆除环境（ ）

【54～57 题共用选项】
A. 高温破坏性 B. 能溶于水中
C. 不具备挥发性 D. 容易被吸附
E. 能被氧化剂氧化

下列对应采取措施除去热原对应的热原性质是

54. 蒸馏水制备注射用水（ ）
55. 用活性炭处理（ ）
56. 加入高锰酸钾（ ）
57. 玻璃容器采用 180℃加热 3～4 小时（ ）

【58～62 题共用选项】
A. G4 垂熔玻璃滤器 B. G6 垂熔玻璃滤器
C. 砂滤棒 D. 0.6～0.8μm 微孔滤膜器
E. 3～15nm 微孔滤膜器

58. 注射剂除菌滤过采用（ ）
59. 粗滤采用（ ）
60. 热原超滤采用（ ）
61. 精滤采用（ ）
62. 溶液精滤前预滤采用（ ）

【63～66 题共用选项】
A. 溶液型 B. 混悬型
C. 乳剂型 D. 注射用无菌粉末
E. 胶体

下列按照分散系统属于

63. 注射用头孢唑林（ ）

64. 乳酸环丙沙星注射液（　　）
65. 醋酸泼尼松龙注射液（　　）
66. 静脉脂肪乳注射液（　　）

【67～70 题共用选项】

A. 静脉注射　　B. 脊椎腔注射
C. 肌内注射　　D. 皮下注射
E. 皮内注射

67. 用于皮试，剂量在 0.2ml 以下（　　）
68. 可为水溶液、油溶液、混悬液及中药注射液，体积在 5ml 以下（　　）
69. 可为水溶液，急救首选，剂量在 5ml 到几千毫升（　　）
70. 注射于表皮和肌肉之间，剂量一般在 1～2ml（　　）

【71～74 题共用选项】

A. 醋酸氢化可的松微晶　25g
B. 氯化钠　3g
C. 聚山梨酯 80　1.5g
D. 羧甲基纤维素钠　5g
E. 硫柳汞　0.01g 制成 1000ml

71. 防腐剂是（　　）
72. 助悬剂是（　　）
73. 渗透压调节剂是（　　）
74. 润湿剂是（　　）

三、多项选择题

75. 下列关于灭菌方法叙述错误的是（　　）
   A. 辐射灭菌法特别适用于一些不耐热的药物的灭菌
   B. 滤过灭菌法主要用于含热稳定性物质的培养基、试液或溶液药物的灭菌
   C. 灭菌法是杀灭或除去所有微生物的方法
   D. 煮沸灭菌法是化学灭菌法的一种
   E. 热压灭菌法可使得葡萄糖注射液 pH 下降
76. 下列属于物理灭菌法的是（　　）
   A. 干热灭菌法　　B. 湿热灭菌法
   C. γ 射线灭菌　　D. 滤过灭菌法
   E. 环氧乙烷灭菌
77. 下列关于热原性质说法不正确的是（　　）
   A. 具有一定耐热性、不挥发性
   B. 具有一定耐热性、难溶于水
   C. 具有挥发性
   D. 耐强酸、强碱和强氧化剂
   E. 溶于水但可被吸附
78. 除去热原的方法有（　　）
   A. 180℃ 加热 3～4 小时
   B. 采用强酸、强碱破坏
   C. 用活性炭和白陶土吸附
   D. 用 3～15nm 超滤膜过滤
   E. 采用二乙氨基乙基葡聚糖凝胶和交联葡聚糖进行过滤
79. 热原带入的途径有（　　）
   A. 从注射用水带入
   B. 从其他原辅料带入
   C. 从容器、用具、管道和设备等带入
   D. 从制备环境中带入
   E. 从包装中带入
80. 在制备注射剂过程中加入适量活性炭的目的是（　　）
   A. 除去热原　　B. 增加药物的稳定性
   C. 助滤　　D. 脱色
   E. 提高澄明度
81. 关于热原叙述正确的是（　　）
   A. 热原致热活性中心是脂多糖
   B. 一般滤器不能截留热原
   C. 热原是微生物的代谢产物
   D. 热原可以在灭菌过程中被完全破坏
   E. 活性炭可以吸附色素，但是不能吸附热原
82. 可以除菌的滤过滤器有（　　）
   A. 0.22μm 微孔滤膜器
   B. 0.45μm 微孔滤膜器
   C. 0.8μm 微孔滤膜器
   D. G4 垂熔玻璃滤器
   E. G6 垂熔玻璃滤器
83. 热原组成为（　　）
   A. 磷脂　　B. 胆固醇
   C. 脂多糖　　D. 核酸
   E. 蛋白质
84. 注射剂包括（　　）
   A. 溶液型注射剂　　B. 混悬型注射剂
   C. 乳剂型注射剂　　D. 注射用无菌粉末
   E. 高分子型注射剂
85. 注射剂质量检查项目有（　　）
   A. 热原　　B. 澄明度　　C. 氨
   D. 氯化物　　E. 渗透压
86. 常用作注射剂等渗调节剂的有（　　）
   A. 碳酸氢钠　　B. 氯化钠
   C. 葡萄糖　　D. 苯甲醇
   E. 硫代硫酸钠

87. 营养输液包括（　　）

A. 右旋糖酐铁注射液

B. 糖类输液

C. 氨基酸输液

D. 维生素输液

E. 脂肪乳注射液

88. 下面属于代血浆的有（　　）

A. 右旋糖酐铁注射液 B. 409 代血浆

C. 706 代血浆 D. 脂肪乳注射剂

E. 羟乙基淀粉

89. 输液中微粒污染的途径有（　　）

A. 工艺操作中的问题

B. 橡胶塞与输液瓶质量不好

C. 原辅料存在质量问题

D. 医院输液操作不当

E. 采用 0.22μm 微孔滤膜器精滤

四、填空题

1. 热原的主要成分是________，其余组成成分是________和________。主要来源于革兰氏阴性杆菌的________。

2. 灭菌方法分为_______、_______和_______。物理灭菌法分为_______、_______和_______。无菌室空气表面灭菌采用________。滤过灭菌主要采用________和________。

3. 注射剂配制药液方法有_______和_______。

4. 热原检测方法有________和________。其中《中国药典》规定采用________对热原进行检测。除去热原的方法有________、________、________、________和________等。

五、名词解释

1. 注射剂

2. 滴眼剂

3. 等渗溶液

4. 输液剂

六、简答题

1. 简述热原的性质。

2. 简述注射剂制备流程。

3. 简述注射剂质量检查要求。

4. 常用的灭菌方法有哪些？

5. 醋酸可的松滴眼液处方分析：醋酸可的松 5g；吐温 80 0.8g；硝酸苯汞 0.02g；硼酸 20g；羧甲基纤维素钠 2g；蒸馏水加至 1000ml。

（蒋金来）

# 第9章 其他剂型

学习目标

1. 掌握栓剂的定义、基质、附加剂、包装、储存条件、制备方法和工艺；中药丸剂的制备和质量检查；滴丸剂定义、基质和冷凝液；膜剂的成膜材料；气雾剂的定义和组成。

2. 熟悉栓剂质量检查；丸剂定义；滴丸剂制备；膜剂定义、分类和特点；气雾剂特点和质量要求。

3. 了解中药丸剂包装和储存条件；滴丸剂质量检查；气雾剂的制备，吸入喷雾剂和吸入粉雾剂。

4. 熟练掌握制备栓剂、丸剂和膜剂的基本技能。

## 第1节 栓　　剂

**案例 7-1**

王先生因长期便秘、饮酒、进食大量刺激性食物和久坐不立，引起大肠热盛所致的大便出血、血色鲜红、肛门灼热疼痛。经医师诊断小明患有痔疮，建议使用麝香痔疮栓，经直肠给药。

**问题**：1. 栓剂与治疗痔疮的内服药物有什么区别?

2. 栓剂如何给药?

3. 如何制备栓剂?

### 一、概　　述

#### （一）栓剂的概念

栓剂系药物与适宜基质制成供腔道给药的固状外用制剂（图9-1）。栓剂在常温下为固体，塞入腔道后，在体温下能迅速软化、熔融或溶解于分泌液中，逐渐释放药物而产生局部或全身作用。

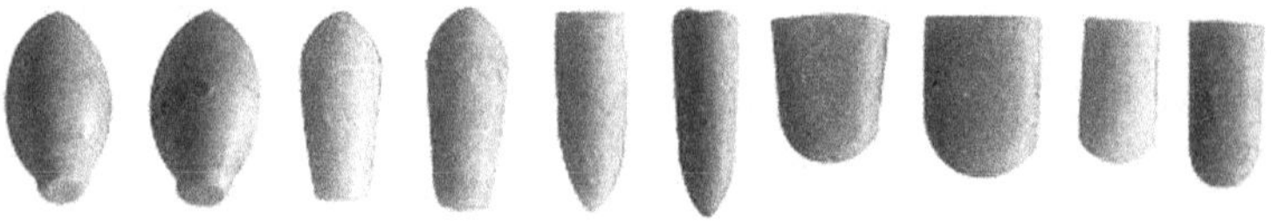

图9-1　栓剂形态

#### （二）栓剂的分类

1. 根据作用部位不同分为局部作用栓剂和全身作用栓剂。

2. 根据药物释放速度不同分为普通栓和持续释药的缓释栓。

3. 根据给药腔道不同可分为直肠栓、阴道栓、尿道栓、鼻用栓、耳用栓等，最常用的是直肠栓和阴道栓。为适应机体的应用部位，栓剂的形状各不相同，直肠栓形状有鱼雷形、圆锥形、圆柱形等；阴道栓形状有鸭嘴形、球形、卵形等；尿道栓一般为笔状。

**链接** 直肠给药简介

直肠给药是指通过肛门将药物送入肠管，药物通过直肠黏膜的迅速吸收进入大循环，发挥药效以治疗全身或局部疾病的给药方法。直肠给药的主要方法有三种：保留灌肠法、直肠点滴法、栓剂塞入法。

1. 药物直肠吸收的影响因素　吸收途径、生理因素、药物的理化性质、基质对药物吸收的影响。

2. 药物直肠吸收途径　①塞入直肠（距肛门≥5cm），药物主要经上直肠静脉入门静脉，经肝脏代谢后再进入血液循环；②塞入（距肛门约 2cm 处），药物主要经中下直肠静脉进入下腔静脉，可避免肝脏首过效应，直接进入血液循环；③药物经直肠黏膜进入淋巴系统。

### （三）栓剂的特点

1. 药物不受或少受胃肠道 pH 或酶的破坏。

2. 避免药物对胃黏膜的刺激性，可避免肝脏首过效应。

3. 适宜于不能或不愿口服给药的患者，以及不宜口服的药物。

4. 可在腔道起局部润滑、抗菌、杀虫、收敛、止痛、止痒等作用。

### （四）栓剂的质量要求

栓剂的制备到使用过程中，有以下质量要求。

1. 药物与基质应混合均匀，外形应完整光滑，应无刺激性。

2. 应有适宜的硬度，塞入腔道后，应能融化、软化或溶解，并与分泌液混合，逐渐释放出药物，产生局部或全身作用。

3. 油脂性基质栓应在 30 分钟内全部融化、软化，或触压无硬芯；水溶性基质栓应在 60 分钟内全部溶解。

4. 供制栓剂用的固体药物，除另有规定外，应预先用适宜方法制成细粉，并全部通过六号筛。

## 二、栓剂的基质及附加剂

栓剂的基质为栓剂的形态的赋形剂。

### （一）栓剂基质的基本要求

栓剂基质应符合下列要求。

1. 室温时应有适当的硬度，当塞入腔道时不变形、不碎裂，在体温下易软化、熔化或溶解，熔点和凝点之差要小。

2. 不与主药起反应，不影响主药的含量测定。

3. 对黏膜无刺激性、无毒性、无过敏性。

4. 具有润湿及乳化的性质，能混入较多的水。

5. 理化性质稳定，在储藏过程中不易霉变，不影响药物生物利用度等。

### （二）栓剂的基质分类

栓剂的基质按物理性质可分为两类：油脂性基质和水溶性基质。

1. 油脂性基质

（1）可可豆脂：系梧桐科植物可可树种仁中提取精炼得到的一种固体脂肪，主要为含硬脂酸、棕榈酸、油酸、亚油酸和月桂酸的甘油酯。可可豆脂为白色或淡黄色脆性蜡状固体，可塑性好。有 α、β、β′、γ 4 种晶型，其中以 β 型最稳定，熔点为 34℃。

（2）半合成或全合成脂肪酸甘油酯：目前国内常用的品种有椰油酯、棕榈油酯、硬脂酸丙二醇酯等，现逐渐替代天然的油脂成为较理想的栓剂的基质。其为白色或类白色的块状物，化学性质稳定，可塑性好，具有保湿性和适宜熔点（35～40℃），不易酸败。

2. 水溶性基质

（1）甘油明胶：系将明胶、甘油、水按一定的比例制得的基质。具有较好的弹性，不易折断，在体温下不熔化但能软化，缓慢溶于分泌液中，并缓慢释放药物等特点。常用水：明胶：甘油=10：20：70 的配比，甘油与水的含量越高则越容易溶解。甘油能防止栓剂干燥变硬，水分过多则成品变软。以甘油明胶为基质制备的栓剂需加入抑菌剂，如羟苯烷类，避免储藏过程中真菌污染。本品多用作阴道栓的基质。

（2）聚乙二醇：为结晶性载体，易溶于水，熔点较低，多用熔融法制备，为难溶性药物的常用载体。在体温时不熔化，但能缓缓溶于体液中，释放药物作用持久，常作为阴道栓的基质。

（3）非离子型表面活性剂类：包括吐温 61、聚氧乙烯 40（S-40）、泊洛沙姆 188。

### （三）栓剂的附加剂

1. 硬化剂　增加栓剂的硬度，主要材料有白蜡、鲸蜡醇、硬脂酸、巴西棕榈蜡等，其中白蜡最常用。

2. 增稠剂　主要用于调节栓剂基质的稠度，主要包括硬脂酸铝、氢化蓖麻油、单硬脂酸甘油酯。

3. 吸收促进剂　包括月桂氮䓬酮、水杨酸等。

4. 润滑剂　主要用于栓剂制备时方便脱模的材料，灌模前模型应先涂润滑剂。常用的润滑剂有两类：①水溶性基质涂油溶性润滑剂，如液状石蜡、植物油等；②油溶性基质涂水溶性润滑剂，如由软肥皂、甘油各一份与 95%乙醇五份混合而成的肥皂醑。有的基质不粘模，如可可豆脂或聚乙二醇，无须涂润滑剂。

此外还有抗氧化剂、防腐剂（参见软膏剂）。

## 三、栓剂的制备

栓剂的基本制备方法有两种，即热熔法和冷压法。

### （一）热熔法

取适量基质置水浴中加热熔化，然后加入药物混合分散于基质中，倾倒入涂有润滑剂的栓剂模具中，冷却，待完全凝固后，削去溢出部分，开启模具取出，即得成品，是应用较广泛的制栓方法。其工艺流程见图 9-2。

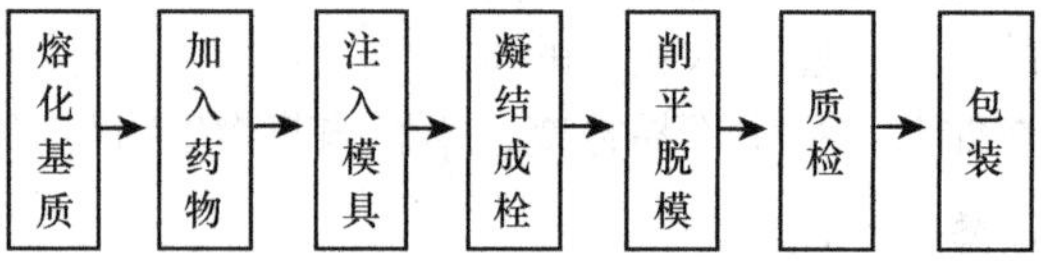


图 9-2　栓剂热熔法制备工艺流程

其制备要点为：

1. 熔化基质　宜将计算量的基质在水浴上加热熔化，避免局部过热。

2. 加入药物　将药物粉末与等量的熔融的基质混合，溶解或分散于基质中。油溶性药物可直接加入油脂性基质溶解，加入量过大时宜加入适量蜂蜡、石蜡等调节熔距；水溶性药物可加少量水制成浓溶液，以适量羊毛脂吸收后再与其他基质混合。栓剂固体药物应进行粉碎，全部通过六号筛。

3. 成型　将药物与基质的混合物温度降至 40℃左右，一次倾入模具（图 9-3）至稍溢出模孔，冷却后削去溢出部分，开模，取栓即得成品。

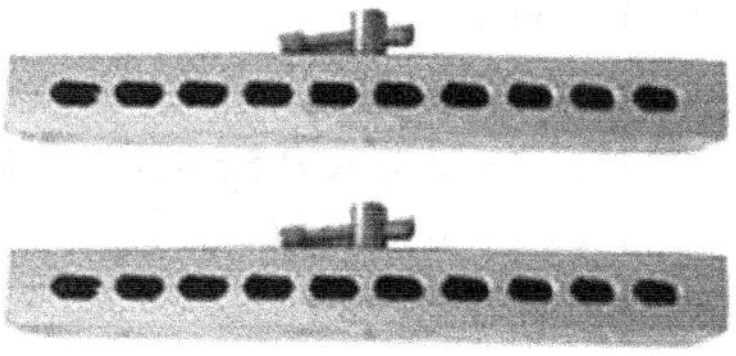

图 9-3　栓剂的模具

**链接**　置换价

置换价系用以计算栓剂基质用量的参数，一定体积药物的重量与同体积基质重量之比称为该药物对某基质的置换价。

为了使栓剂含药量准确，必须测定置换价，从而准确计算基质用量。用测定的置换值可以方便地计算出该种含药栓所需基质的重量 $X$。$X=(G-W/f)\times n$，式中，栓剂平均重量为 $G$，每粒平均含药量为 $W$，栓剂基质的置换价为 $f$，$n$ 表示制备栓剂的数量。

### （二）冷压法

冷压法系将药物与基质的粉末置于冷却的容器内混合均匀，后加入压栓机内制备而成的方法，主要适用于油脂性基质和热敏性药物，但生产效率不高，故较少使用。

## 四、栓剂的质量检查

栓剂应根据《中国药典》进行以下检查：外形、安全性、含量测定、体内体外吸收、熔点、融变时限、重量差异和微生物限度等。

### （一）融变时限

取供试品 3 粒，在室温放置 1 小时后，照《中国药典》融变时限检查法检查。除另有规定外，脂肪性基质的栓剂应在 30 分钟内全部融化、软化或触压时无硬心；水溶性基质的栓剂应在 60 分钟内全部溶解。如有 1 粒不符合规定，应另取 3 粒复试，均应符合规定。

### （二）重量差异

取供试品 10 粒，精密称定总重量，求得平均粒重后，再分别精密称定各粒的重量。每粒重量与平均粒重相比较，超出重量差异限度的药粒不得多于 1 粒，并不得超出限度 1 倍。重量差异限度标准见表 9-1。

**表 9-1　栓剂重量差异限度**

| 平均重量 | 重量差异限度 |
|---|---|
| 1.0g 及 1.0g 以下 | ±10.0% |
| 1.0g 以上至 3.0g | ±7.5% |
| 3.0g 以上 | ±5% |

## 五、栓剂的实例

**实例 9-1：阿司匹林栓剂**

**【处方】**　阿司匹林 0.5g　半合成脂肪酸酯 1g　酒石酸或枸橼酸（占处方总量的 1.0%～1.5%）　制直肠栓 8 粒

【制备】

（1）称取处方量半合成脂肪酸酯适量，置于容器中，在水浴上加热熔融。

（2）称量加入0.5g阿司匹林细粉（过六号筛），搅匀，倾入涂有肥皂酊的栓模中。

（3）待冷却后削平，取出包装即得。

【分析】

（1）本品用于感冒发热，缓解轻中度疼痛。

（2）本品经直肠给药，可以适量加入水杨酸，1.0%～1.5%酒石酸作为稳定剂。

## 六、栓剂的包装和储存

栓剂所用包装材料或容器应无毒性，并不得与药物或基质发生理化作用。原则上要求每个栓剂都要包裹，不得外露，以防栓剂互相挤压变形。常用的包装材料有铝箔或塑料等。

除另有规定外，应在30℃以下密闭储存，既要防止因受热、受潮而软化变形、发霉变质，又要避免因干燥而失水变硬。油脂性基质的栓剂应避免高温，最好放在冰箱中（–2～2℃）保存；甘油明胶类水溶性基质的栓剂，应密闭，低温储存。

# 第2节　丸剂制备技术

## 一、概　　述

### （一）丸剂的定义

丸剂系药材细粉或提取物加适宜的黏合剂或其他辅料制成的球形或类球形制剂，主要供内服。

### （二）丸剂的特点

1. 丸剂的体积较大或剂量较大，可填充、吸附和吸收较多的固体、半固体或液体药物。

2. 制备较简便，生产设备简单，价格低廉。

3. 药效发挥具综合性，且作用缓和持久，毒副作用较轻，可以掩盖不良味道，并提高药物的稳定性。

4. 丸剂经由饮片粉碎或提取、浓缩等步骤加工而成，工艺流程长，易受微生物污染而发生霉变。

5. 用药剂量大，儿童和昏迷患者无法吞服，丸粒内药物在体内释放缓慢且不完全，生物利用度较差。

### （三）丸剂的类型

1. 按辅料不同分类　可分为蜜丸、水丸、水蜜丸、糊丸、浓缩丸、蜡丸和微丸等。

（1）蜜丸：为药物细粉用炼蜜作为黏合剂制成的丸剂（图 9-4）。根据药丸的大小不同，可分为大蜜丸、小蜜丸，大蜜丸每丸重量在3～9g，小蜜丸每丸重量在0.5g以下，常见如安宫牛黄丸等。

（2）水丸：系将药物细粉用水、药汁或其他液体作为黏合剂制成的丸剂（图 9-5），其中黏合剂包括黄酒、醋或糖液。由于其黏合剂为水溶性的，黏结性不牢，服用后在胃肠道中易润湿崩解，奏效迅速。常见如防风通圣丸等。

（3）水蜜丸：系药物细粉以蜂蜜和水作为黏合剂制成的丸剂。这类丸剂体积较小，兼有蜜丸和水丸的一些特点。常见如乌鸡白凤丸。

（4）糊丸：系药物细粉以米糊或面糊等作为黏合剂制得的丸剂，常用于毒性药物、刺激性药物或需延效的药物。常见如人丹。

图9-4 蜜丸

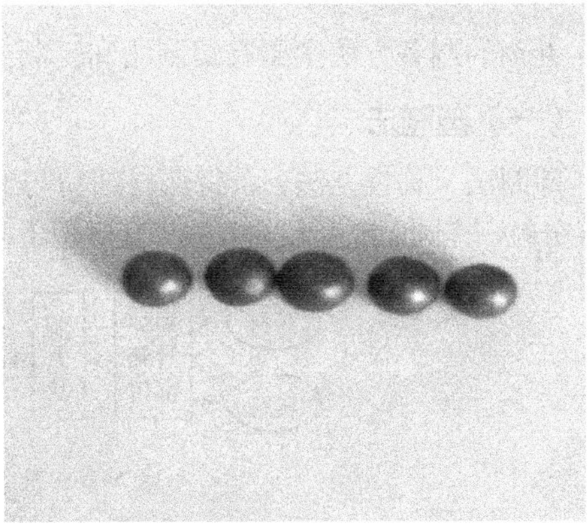

图9-5 水丸

（5）浓缩丸：系将部分中药材的提取液浓缩成清膏与其余药物的细粉，以水、蜂蜜或蜂蜜和水为黏合剂制成的丸剂。其特点主要有体积小、剂量小、有效成分含量高，但吸湿性较强等。常见如归脾丸。

（6）蜡丸：系药物细粉以蜂蜡为黏合剂制成的丸剂。常见如三黄宝蜡丸。

（7）微丸：系直径小于2.5mm的小丸。常见如六神丸。

2. 按制备方法分类

（1）塑制丸：如蜜丸、蜡丸等。

（2）泛制丸：如水丸、水蜜丸、糊丸、浓缩丸等。

## 二、丸剂常用的辅料

丸剂的辅料主要有润湿剂、黏合剂和吸收剂等。

1. 润湿剂　当药材细粉本身具有黏性时，只需加润湿剂即可诱发其黏性以便于制成丸剂。常用的润湿剂有水、水蜜、药汁、酒、醋等。水是泛丸中应用最广、最主要的赋形剂。

2. 黏合剂　当药材细粉本身不具有黏性时，需加黏合剂以便于制成丸剂。常用的黏合剂有蜂蜜、米糊、面糊、药材清膏、糖浆等。

**链接**　炼　蜜

炼蜜的目的：除去杂质、破坏酶类、杀灭微生物、降低水分含量和增加黏合力。

炼蜜可制成嫩蜜、中蜜、老蜜。

1. 嫩蜜　系蜂蜜加热至105～115℃而得的制品。嫩蜜含水量在20%以上，色泽无明显变化，稍有黏性。嫩蜜适用于黏性较强的药物制丸。

2. 中蜜　系蜂蜜加热至116～118℃，满锅出现均匀淡黄色细气泡的制品。炼蜜含水量为10%～13%，用手指捻之多有黏性，但两手指分开时无长白丝出现。中蜜适用于黏性适中的药物制丸。

3. 老蜜　系蜂蜜加热至119～122℃，出现有较大的红棕色气泡时的制品。老蜜含水量为4%以下，黏性强，两手指捻之出现白丝，滴入冷水中呈边缘清楚的团状。老蜜多用于黏性差的矿物或纤维较重的药物制丸。

3. 吸收剂　可用氢氧化铝凝胶粉、碳酸钙、氧化镁、碳酸镁或甘油磷酸钙等作吸收剂，淀粉、糊精、乳糖等也是较好的吸收剂。

## 三、丸剂的制备

丸剂的制备方法主要有塑制法和泛制法。

### （一）塑制法

塑制法又称搓丸法，系将药材细粉与适宜的辅料混合制成可塑性较大的丸块后，再经制丸条、分粒、搓圆而成丸粒的方法。其适用于蜜丸、糊丸、浓缩丸的制备。其制备工艺流程见图 9-6。

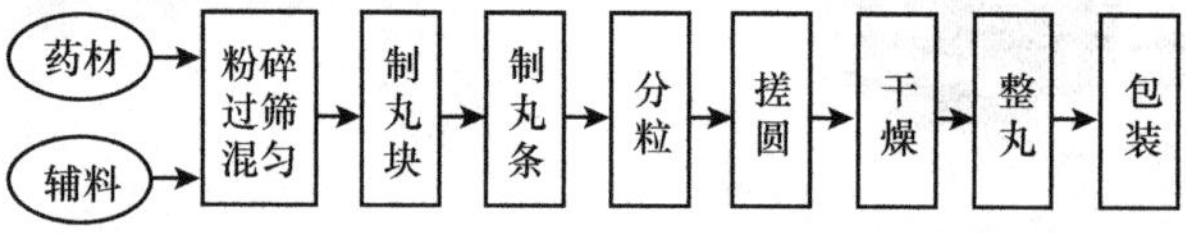


图 9-6　丸剂塑制法制备工艺流程

图 9-7　中药制丸机

1. 药材的处理　制备前将药材洗净、干燥、粉碎、过筛、混合成均匀细粉或最细粉。

2. 制丸块　又称合药，将混匀的药粉与适宜的炼蜜混合成软硬适宜、可塑性较大的丸块的操作。其是塑制法的关键工序，其软硬程度及黏稠度影响丸粒成型与储存后是否变形。

3. 制丸条　丸块制备后，用炼蜜充分润湿药粉，再将其搓成粗细适当的丸条。该步骤要求丸条粗细均匀一致，表面光滑，内部充实而无空隙。

4. 分粒、搓圆　小量生产时，可将丸条等量割切后用搓丸板使丸剂搓圆。大规模生产时，采用滚筒式制丸机、中药自动制丸机（图 9-7）等，可以直接将丸块制成丸粒。

5. 干燥、整丸　蜜丸一般制成丸后可立即分装，无须干燥，而水蜜丸含水量高，必须干燥，否则容易发霉。

### （二）泛制法

泛制法又称泛丸法，系在转动的适宜容器或机械中将药材细粉与适宜辅料交替润湿、撒布、不断翻滚、逐渐增大的一种制丸方法，如水丸、水蜜丸、糊丸、浓缩丸等的制备。泛制法制备工艺流程见图 9-8，其中起模是关键的一步。

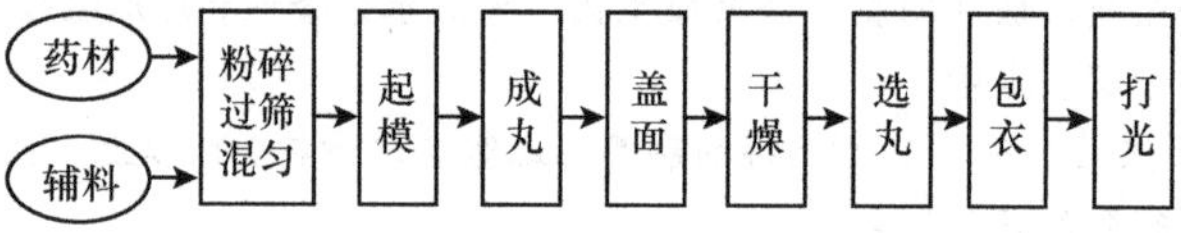


图 9-8　丸剂泛制法制备工艺流程

1. 原料准备　将处方中各种药材按要求加工炮制合格后进行粉碎，过五号筛或六号筛，并混合均匀，备用。

2. 起模　系将部分药粉制成大小适宜丸模的操作过程，是制备水丸的关键步骤。有手工起模和机械起模两种方法。

3. 成丸　又称成型，系将已经筛选均匀的球形丸模，逐步加大至丸粒逐渐增大，直到形成坚实致密、大小适合的丸剂。

4. 盖面　系将已经加大、筛选后的均匀丸粒，再用适当材料继续操作至成品表面圆整致密、光洁、色泽一致的操作。其具体操作是将筛选好的丸粒置于包衣锅内转动，加入留出的药材细粉（过六号筛）或清水或清浆继续滚动至丸模光洁、色泽一致、外形圆整，常用的方法有干粉盖面、清水盖面和清浆盖面三种。

5. 干燥　因水丸含水量较大，易发霉，应及时干燥，使水丸含水量控制在9%以内。干燥时应注意一般干燥温度为80℃，当含有芳香挥发性成分或热敏成分时，应不超过60℃。

6. 选丸　泛制丸通常有大小差异或形状畸形，为确保用药剂量准确，取形状圆整、大小均匀的小丸。手工筛选的工具一般用手摇选丸筛，大量生产时用振动筛、滚筒筛、检丸筛等。

7. 包衣　在丸剂的表面包裹一层物质使其与外界相隔绝的过程称包衣。包衣后的丸剂称为包衣丸剂。包衣材料可参见第3章片剂。

8. 打光　将包衣好的丸粒放入转动的包衣锅内，让丸粒不断滚动，互相撞击摩擦，并加入适量的虫蜡粉，继续转动30分钟，将丸粒表面打磨得既光且亮，即可。

## 四、丸剂的质量检查

根据《中国药典》的制剂通则规定，丸剂应检查：

1. 外观　应圆整均匀、色泽一致，蜜丸应细腻滋润、软硬适中，无可见的纤维和变色点。蜡丸表面应光滑无裂纹，丸内不得有蜡点和颗粒。

2. 水分　除另有规定外，蜜丸和浓缩蜜丸中所含水分不得过15.0%；水蜜丸和浓缩水蜜丸不得过12.0%；水丸、糊丸和浓缩水丸不得过9.0%。

3. 重量差异

（1）一般丸剂：取供试品10份（普通的10丸一份，丸重≥1.5g的1丸1份），分别称出重量，再与标示总量比较，应符合表9-2中规定，其中超出重量差异限度的不得多于2份，且不得有1份超出重量差异限度1倍。

（2）包糖衣的丸剂：应在包衣前，按表9-2检查丸芯的重量差异，包糖衣后不再检查重量差异。

4. 装量差异限度　取供试品10袋（瓶），分别称定每袋（瓶）内容物的重量，每袋（瓶）装量与标示装量相比较，应符合表9-3规定。超出装量差异限度的不得多于2袋（瓶），并不得有1袋（瓶）超出装量差异限度1倍。

**表9-2　按丸数服用的丸剂重量差异限度表**

| 每丸的标示重量 | 重量差异限度 |
|---|---|
| ≤0.05g | ±12% |
| 0.05g以上至0.1g | ±11% |
| 0.1g以上至0.3g | ±10% |
| 0.3g以上至1.5g | ±9% |
| 1.5g以上至3g | ±8% |
| 3g以上至6g | ±7% |
| 6g以上至9g | ±6% |
| 9g以上 | ±5% |

**表9-3　丸剂装量差异限度表**

| 每丸的标示重量 | 重量差异限度 |
|---|---|
| ≤0.5g | ±12% |
| 0.5g以上至1g | ±11% |
| 1g以上至2g | ±10% |
| 2g以上至3g | ±8% |
| 3g以上至6g | ±6% |
| 6g以上至9g | ±5% |
| 9g以上 | ±4% |

5. 溶散时限　除另有规定外，取供试品6丸，选择适当孔径筛网的吊篮，按片剂项下的崩

解时限检查方法加挡板进行检查。小蜜丸、水蜜丸和水丸应在1小时内全部溶散；浓缩丸和糊丸应在2小时内全部溶散。如操作过程中丸剂黏附挡板妨碍检查时，应另取供试品6丸，不加挡板按规定检查，在规定时间内应全部溶散。上述检查应在规定时间内全部通过筛网，如有细小颗粒状物未通过筛网，但已软化无硬芯者可作合格论处。

蜡丸按照崩解时限检查法项下的肠溶衣片检查法检查，应符合规定。除另有规定外，大蜜丸及需研碎、嚼碎等或用开水、黄酒等分散后服用的丸剂不检查溶散时限。

6. 微生物限度　按《中国药典》的规定执行。

## 五、丸剂的实例

**实例9-2：乌鸡白凤丸**

【处方】 乌鸡（去毛、爪、肠）640g　鹿角胶128g　鳖甲（制）64g　牡蛎（煅）48g　桑螵蛸48g　人参128g　黄芪32g　当归144g　白芍128g　香附（醋制）128g　天冬64g　甘草32g　地黄256g　熟地黄256g　川芎64g　银柴胡26g　丹参128g　山药128g　芡实（炒）64g　鹿角霜48g

【制备】

（1）以上二十味，熟地黄、地黄、川芎、鹿角霜、银柴胡、芡实、山药、丹参八味粉碎成粗粉，其余乌鸡等十二味，分别酌予碎断，置罐中，另加黄酒1500g，加盖封闭，隔水炖至酒尽，取出，与上述粗粉掺匀，低温干燥，再粉碎成细粉，过筛，混匀。

（2）每100g粉末加炼蜜30～40g与适量的水，泛丸，干燥，制成水蜜丸；或加炼蜜90～120g制成小蜜丸或大蜜丸，即得。

【分析】 本品为补益剂，具有补气养血，调经止带之功效。用于气血两虚，身体瘦弱，腰膝酸软，月经不调，崩漏带下。

**实例9-3：六味地黄丸**

【处方】 熟地黄160g　酒萸肉80g　牡丹皮60g　山药80g　茯苓60g　泽泻60g

【制备】

（1）将上述处方量药材研磨成细粉，过筛，混匀。

（2）每100g粉末加炼蜜35～50g与适量水，泛丸，干燥，制成水蜜丸，或加炼蜜80～110g采用搓丸法制成蜜丸。

【分析】 本品具有滋阴补肾之功效。用于肾阴亏损，头晕耳鸣，腰膝酸软，骨蒸潮热，盗汗遗精，消渴。

## 六、丸剂的包装和储存

### （一）包装

1. 大蜜丸的包装　目前凡含芳香性药物或名贵药物、疗效好、受气候影响大的大蜜丸一般多选用蜡壳包封来包装。

2. 小丸的包装　小蜜丸、水丸、糊丸、浓缩丸及水蜜丸等，如为按粒服用的，应按数量分装；如为按重量服用的，应按重量分装。水丸、糊丸可用纸袋、塑料袋包装；小蜜丸及易变质失效的药物应采用玻璃瓶或玻璃管密封；含芳香挥发药物或含贵重药物的微丸可采用瓷制的小瓶密封。

### （二）储存

除另有规定外，丸剂应密封储藏于阴凉、通风、干燥处，以防止吸潮、微生物污染及丸剂中所含的挥发性成分损失。

# 第3节 滴 丸 剂

## 一、概 述

### （一）滴丸剂的定义

滴丸剂系将固体或液体药物与适宜的基质加热熔化混匀后，滴入互不相混溶的冷凝液中，由表面张力作用收缩冷凝而制成的小丸状制剂，主要供口服使用，亦可供外用和局部（如耳鼻、直肠、阴道）使用。

### （二）滴丸剂的特点

1. 设备简单、操作方便、利于劳动保护，工艺周期短、生产效率高。
2. 质量稳定，剂量准确，工艺条件易于控制。
3. 受热时间短，易氧化及具挥发性的药物溶于基质后，可增加其稳定性。
4. 基质容纳液态药物量大，故可使液态药物固化，如芸香油滴丸。
5. 可改善药物溶出和吸收，提高生物利用度高，如灰黄霉素滴丸、速效救心丸，此外还发展了耳科、眼科用药新剂型。五官科制剂多为液态或半固态剂型，作用时间不持久，做成滴丸可起到延效作用。

**链接** 滴丸剂的发展

1933年丹麦药厂率先使用滴制法制备维生素AD滴丸。滴丸在我国生产始于20世纪70年代。近年来，合成、半合成基质及固体分散技术的应用使滴丸剂得到了迅速发展。复方丹参滴丸（图9-9）已经开始走向国际医药市场，已在FDA通过Ⅲ期临床试验。复方丹参滴丸是复方丹参片的升级换代产品，克服了中药制剂起效慢、药效低的不足，具有剂量小、服用方便、生物利用度高、速效、高效及副作用少等优点。同时滴丸是传统中药现代化的发展形式之一。

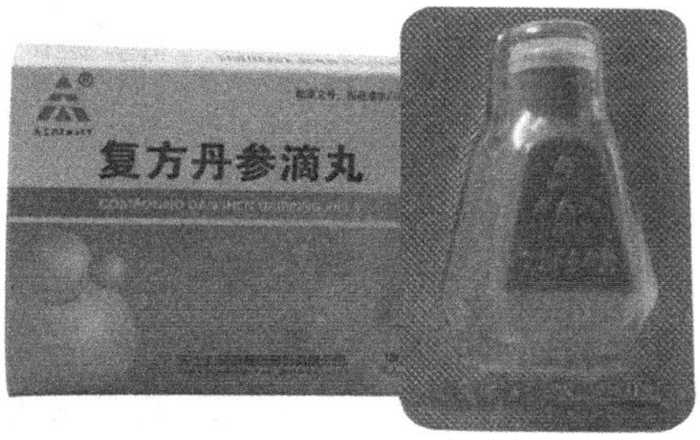

图9-9 复方丹参滴丸

## 二、滴丸剂常用基质与冷凝液

### （一）基质

基质系滴丸剂中除主药以外的赋形剂，其是滴丸成形的关键，常用的有水溶性和脂溶性两大类。

1. 水溶性基质 常用的有PEG类，如PEG4000、PEG6000及肥皂类如硬脂酸钠和甘油明胶，以及泊洛沙姆等。

2. 脂溶性基质 常用的有硬脂酸、单硬脂酸甘油酯、十六醇、十八醇、虫蜡、氢化植物油等。

### （二）冷凝液

冷凝液系用来冷却滴出液，使之收缩、冷凝制成丸的液体。通常根据主药和基质的性质来选择冷凝液，主药与基质均应不溶于冷凝液，冷凝液化学性质稳定，且有适当稠度和密度。

脂溶性基质常用的冷凝液有水或不同浓度的乙醇溶液；水溶性基质常用的冷凝液有液状石蜡、二甲基硅油和植物油等。

滴丸剂基质和对应冷凝液见表 9-4。

**表 9-4　滴丸剂基质和冷凝液**

| 基质 | | 冷凝液 | |
|---|---|---|---|
| 水溶性基质 | 脂溶性基质 | 水溶性基质冷凝液 | 脂溶性基质冷凝液 |
| PEG | 硬脂酸 | 液状石蜡 | 水 |
| 硬脂酸钠 | 单硬脂酸甘油酯 | 植物油 | 乙醇 |
| 泊洛沙姆 | 氢化植物油 | 二甲基硅油 | |
| 甘油明胶 | 虫蜡 | | |
| | 十六醇、十八醇 | | |

## 三、滴丸剂的制备

### （一）滴丸剂工艺流程

滴丸剂一般采用滴制法经滴丸机制备。滴制法系将药物均匀分散在熔融的基质中，再滴入不相混溶的冷凝液里，冷凝收缩成丸的方法。滴丸剂制备工艺流程见图 9-10。

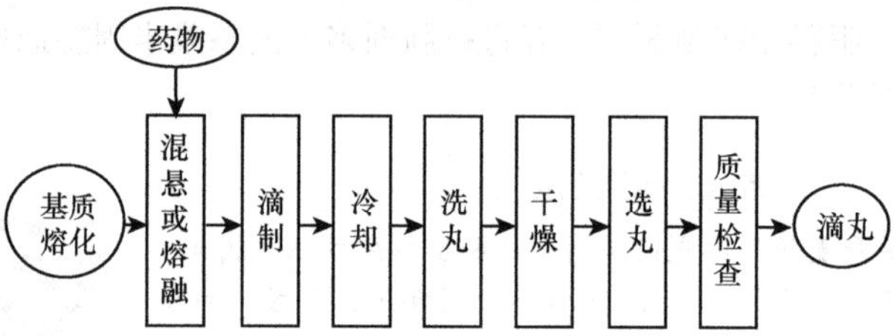


图 9-10　滴丸剂制备工艺流程

1. 先将药物和基质混合制备成溶液型、混悬型、乳剂型药液。
2. 将药液加入加液漏斗，加热，药液温度 80～90℃。
3. 选择合适冷凝液，加入冷凝柱中。
4. 调节阀门，将第 2 步中药液滴入冷凝液中，冷凝成型，收集后选丸得成品。
5. 进行干燥和质量检查。

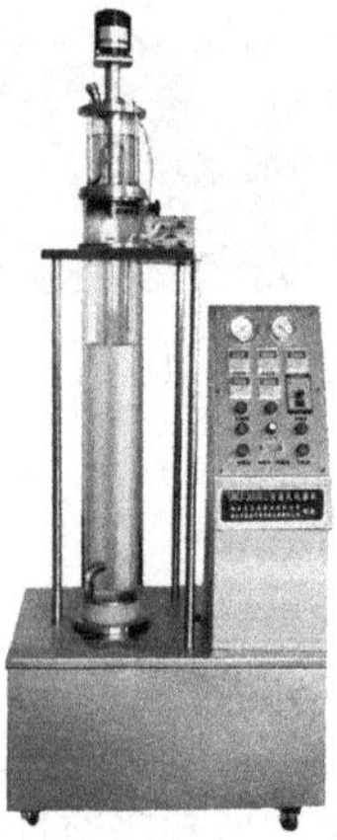

图 9-11　滴丸机设备

### （二）生产设备

生产滴丸的设备主要是滴丸机，其主要部件有滴管系统（滴头和定量控制器）、保温设备（带加热恒温装置的储液槽）、控制冷凝液温度的设备（冷凝柱）及滴丸收集器等。其型号规格多样，有单、双滴头和多至 20 个滴头的，可根据情况选用。实验室用的滴丸机设备见图 9-11。

## 四、滴丸剂的质量检查

根据《中国药典》滴丸剂项下的质量要求检查。

1. 外观　大小均匀，色泽一致，无粘连现象，且无残留冷凝液。

2. 重量差异 除另有规定外，滴丸剂照下述方法检查应符合规定（表9-5）。

检查方法：取供试品20丸，精密称定总重量，求得平均丸重后，再分别精密称定每丸的重量，每丸重量与平均丸重相比较，超出限度的不得多于2丸，并不得有1丸超出限度1倍。

表9-5 不同滴丸剂重量差异限度

| 平均丸重 | 重量差异限度 |
| --- | --- |
| 0.03g及0.03g以下 | ±15% |
| 0.03g以上至0.1g | ±12% |
| 0.1g以上至0.3g | ±10% |
| 0.3g以上 | ±7.5% |

包糖衣滴丸应在包衣前检查丸芯的重量差异，符合表9-5规定后，方可包衣，包衣后不再检查重量差异。凡进行装量差异检查的单剂量包装滴丸剂，不再检查重量差异。

3. 装量差异 单剂量包装的滴丸剂，按照下述方法检查应符合规定（参见表9-2）。

检查方法：取供试品10袋（瓶），分别称定每袋（瓶）内容物的重量，每袋（瓶）的重量与标示装量相比较（凡无标示装量应与平均装量相比较），超出限度的不得多于2袋（瓶），并不得有1袋（瓶）超出限度1倍。

4. 溶散时限 按崩解时限检查法检查，除另有规定外，应符合《中国药典》规定。

5. 微生物限度 照微生物限度检查法检查，应符合《中国药典》规定。

### 五、滴丸剂的实例

**实例9-4：灰黄霉素滴丸**

**【处方】** 灰黄霉素1份 PEG6000 9份

**【制备】**

（1）取PEG6000在油浴上加热至约135℃，加入灰黄霉素细粉，不断搅拌使全部熔融，趁热过滤，置储液瓶中；135℃以下保温。

（2）用管口内径9.0mm、外径9.8mm的滴管滴制，滴速为80滴/分，滴入含43%煤油的液状石蜡冷却液中，冷凝成丸。

（3）以液状石蜡洗丸至无煤油味，用毛边纸吸去黏附的液状石蜡，即得。

**【分析】**

（1）本品为抗真菌药，适用于各种癣病的治疗，包括头癣、须癣、体癣、股癣、足癣和甲癣等。

（2）灰黄霉素极微溶于水，对热稳定；以1∶9比例混合，在135℃时可以形成两者的固态溶液。因此，在135℃以下保温、滴制、骤冷，可形成简单的低共熔混合物，使95%灰黄霉素均为粒径2μm以下的微晶分散，因而有较高的生物利用度，其剂量仅为微粉的1/2。

## 第4节 膜 剂

### 一、概 述

#### （一）膜剂的定义

膜剂（图9-12）系药物与适宜的成膜材料经加工制成的膜状制剂。其适用于口服、舌下、眼结膜囊内、口腔、阴道、体内植入、皮肤和黏膜创伤、烧伤或炎症表面等各种途径和方法给药，以发挥局部或全身作用。一般膜剂的厚度为0.1～0.2mm，面积为1$cm^2$的可供口服或黏膜用，面积为0.5$cm^2$的蜂胶口腔膜清热止痛，用于复发性口疮。

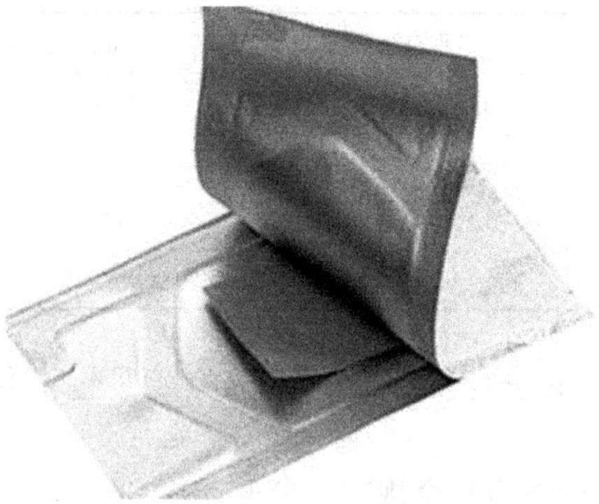

图 9-12 膜剂

（二）膜剂的分类

1. 按剂型特点分类　单层膜剂、多层膜剂（复合膜剂）、夹心膜剂。

2. 按给药途径分类　口服膜剂、口腔膜剂、眼用膜剂、阴道用膜剂、皮肤黏膜用膜剂。涂膜剂是外用膜剂。

3. 按成膜材料分类　速释、缓释和控释膜剂。

（三）膜剂的特点

1. 生产工艺简单，易于自动化和无菌生产，生产中没有粉末飞扬。

2. 药物含量准确，质量稳定。

3. 使用方便，适于多种给药途径。

4. 可制成不同释药速度的制剂。

5. 制成多层膜剂可避免配伍禁忌。

6. 体积小，重量轻，便于携带、运输和储存。

7. 缺点是载药量小。

（四）膜剂的质量要求

膜剂所用的包装材料应无毒性，易于防止污染，方便使用，且不能与药物或成膜材料发生理化作用。除另有规定外，膜剂宜密封保存，防止受潮发霉、变质，并应符合微生物限度检查的要求。

## 二、膜剂的成膜材料

膜剂一般由药物、成膜材料、附加剂等成分组成。

（一）成膜材料

常用的膜剂成膜材料有两类：天然高分子材料、合成高分子材料。

1. 天然高分子材料　常见如明胶、淀粉、糊精、琼脂、阿拉伯胶、海藻酸等，该类成分容易降解，但成膜性较差，常需与其他成膜材料合用。

2. 合成高分子材料　常见如聚乙烯醇（PVA）、乙烯–乙酸乙烯共聚物（EVA）、纤维素衍生物（如 HPMC、CMC-Na）、聚乙烯吡咯烷酮（PVP）等。此类成膜材料安全性高、无刺激性、性质稳定、成膜性好，现在逐步替代了天然高分子成膜材料。经验证明成膜材料中在成膜性能、膜的抗拉强度、柔韧性、吸湿性和水溶性等方面均以 PVA 为最好，其是目前国内常用的成膜材料。

（二）附加剂

膜剂制备时可根据需要添加一些附加剂，主要有增塑剂如甘油、丙二醇、山梨醇等；着色剂和矫味剂，参见第 2 章散剂；遮光剂如二氧化钛（$TiO_2$）；表面活性剂如吐温 80、十二烷基硫酸钠等；填充剂如淀粉、二氧化硅、碳酸钙等。

## 三、膜剂的制备

膜剂的制备方法有匀浆制膜法、热塑制膜法与复合制膜法。

1. 匀浆制膜法　又称涂膜法，本法常用于以 PVA 为成膜材料的膜剂制备。操作：将成膜材料溶于水，加入主药，充分搅拌溶解；若难溶于水的主药应先制成微晶或细粉，用搅拌或研磨等方法均匀分散于浆液中。小量制备时在平板玻璃上涂层，大量生产可用涂膜机涂膜。烘干后根据主药含量计算单剂量膜的面积，剪切型即得成品。

匀浆制模法中应注意：材料需要形成胶浆，滤过，以及在制备静置时应去除气泡。

2. 热塑制膜法　将药物细粉和成膜材料（如EVA颗粒）相混合，用橡皮滚筒混炼，热压成膜；或将成膜材料（如聚乳酸、聚乙醇酸等）在热熔状态下加入药物细粉，使溶入或均匀混合，涂膜，在冷却过程中成膜。

3. 复合制膜法　以难溶性的热塑成膜材料（如 EVA）为外膜，分别制成具有凹穴的底外膜带和上外膜带。另用水溶性成膜材料（如PVA）用匀浆制膜法制成含药的内膜带，剪切后置于底外膜带凹穴中。也可用挥发性溶剂制成含药匀浆，以间隙定量注入的方法注入底外膜带的凹穴中。经吹风干燥后，盖上外膜带，热封即成。这种方法一般用机械设备制作。此法一般用于缓释膜的制备。

## 四、膜剂的质量要求

膜剂可供口服或黏膜外用，除控制主药含量合格外，应符合下列质量要求。

1. 外观　应完整光洁，厚度一致，色泽均匀，无明显气泡。

2. 微生物限度　除另有规定外，膜剂宜密封保存，防止受潮、发霉、变质，并应符合微生物限度检查要求。

3. 重量差异　按《中国药典》四部所述方法检查，应符合规定。检查方法取供试品 20 片，精密称定，求得平均重量，再分别精密称定。按表 9-6 规定，超过重量差异限度不得多于 2 片，并不得有 1 片超出限度 1 倍。

**表 9-6　膜剂的重量差异限度**

| 平均重量 | 重量差异限度 |
|---|---|
| ≤0.02g | ±15% |
| 0.02g 以上至 0.2g | ±10% |
| 0.2g 以上 | ±7.5% |

## 五、膜剂的实例

**实例 9-5：复方替硝唑口腔膜剂**

【处方】　替硝唑 0.2g　聚乙烯醇（PVA17-88）3.0g　甘油 2.5g　氧氟沙星 0.5g　羧甲基纤维素钠 1.5g　糖精钠 0.05g　蒸馏水加至 100g

【制备】　先将聚乙烯醇、羧甲基纤维素钠分别浸泡过夜、溶解。将替硝唑溶于 15ml 热蒸馏水中，氧氟沙星加适量稀乙酸溶解后加入，加入糖精钠，加蒸馏水补至足量。放置，待气泡除尽后，涂膜，干燥分格，每格含替硝唑 0.5mg、氧氟沙星 1.0mg。

【分析】　本品用于抗生素联合治疗口腔溃疡。

# 第 5 节　气雾剂、粉雾剂与喷雾剂

## 一、气　雾　剂

### （一）气雾剂的概念

气雾剂系药物与适宜抛射剂封装于具有特制阀门系统的耐压容器中制成的制剂。使用时，借助抛射剂的压力将内容物以定量或非定量喷出，药物喷出多为雾状气溶胶，其雾滴一般小于 50μm。气雾剂可在呼吸道、皮肤或其他腔道起局部或全身作用。

### （二）气雾剂的特点

1. 可直接作用于用药部位，具有速效和定位作用。

2. 药物密闭于容器内能保持药物清洁无菌，且由于容器不透明，避光且不与空气中的氧或水分直接接触，增加了药物的稳定性。

3. 使用方便，药物可避免胃肠道的破坏和肝脏首过效应。

4. 精确剂量，可以用定量阀门准确控制剂量。

5. 需要耐压容器、阀门系统和特殊的生产设备，生产成本高。

6. 抛射剂有高度挥发性，因而具有致冷效应，多次使用于受伤皮肤上可引起不适与刺激。

7. 由于含有氟利昂等气体，不能用于心血管系统疾病治疗。

### （三）气雾剂的分类

1. 按分散系统分类

（1）溶液型气雾剂：系药物溶解在抛射剂中，形成均匀溶液，喷出后抛射剂挥发，药物以固体或液体微粒状态达到作用部位。

（2）混悬型气雾剂：系药物以微粒状态分散在抛射剂中形成混悬液，喷出后抛射剂挥发，药物以固体微粒状态达到作用部位。此类气雾剂又称为粉末气雾剂。

（3）乳剂型气雾剂：药物水溶液和抛射剂按一定比例混合，形成 O/W 型或 W/O 型乳剂。O/W 型乳剂以泡沫状态喷出，又称为泡沫气雾剂。

2. 按气雾剂组成分类　可分为二相和三相气雾剂两类。二相气雾剂为溶液型气雾剂，三相气雾剂为混悬型、乳剂型气雾剂。

3. 按医疗用途分类

（1）呼吸道吸入用气雾剂：系药物与抛射剂呈雾状喷出时随呼吸吸入肺部的制剂，可发挥局部或全身治疗作用。

（2）皮肤和黏膜用气雾剂：皮肤用气雾剂主要起保护创面、清洁消毒、局部麻醉及止血等作用；阴道黏膜用的气雾剂，常用 O/W 型泡沫气雾剂。

（3）空间消毒用气雾剂：主要用于杀虫、驱蚊及室内空气消毒。喷出的粒子极细（直径不超过 50μm），一般在 10μm 以下，能在空气中悬浮较长时间。

4. 按释药类型分类　可分为定量和非定量气雾剂。

### （四）气雾剂的组成

气雾剂是由药物与附加剂、抛射剂、耐压容器和阀门系统所组成。

1. 药物与附加剂　液体、固体药物均可制备气雾剂，为制备质量稳定的溶液型、混悬型或乳剂型气雾剂应加入附加剂，如潜溶剂、润湿剂、乳化剂、稳定剂，必要时还须添加矫味剂、防腐剂等。

2. 抛射剂　是气雾剂喷射药物的动力系统，并兼有药物的溶剂作用。抛射剂需装入耐压容器内，由阀门系统控制。在阀门开启时，借抛射剂的压力将容器内药液以雾状喷出达到用药部位。对抛射剂的要求：①在常温下的蒸气压大于大气压；②无毒、无致敏反应和刺激性；③理化性质呈惰性，不与药物等发生反应；④性质稳定，不易燃、不易爆；⑤无色、无臭、无味；⑥价廉易得。

抛射剂一般可分为氟碳烷烃类、压缩气体、二甲醚类、碳氢化合物等。①氟碳烷烃类化合物：常用的有四氟乙烷、二氯二氟甲烷等；②压缩气体：常见的有 $CO_2$ 和 $N_2$；③二甲醚类：如二甲醚（DME）；④碳氢化合物：丙烷、正丁烷、异丁烷。

抛射剂以前以氟氯烷烃类（又称氟利昂）最为常用，因其可破坏大气臭氧层产生温室效应，国际有关组织已经要求停用，我国也已经全面停止生产和使用。目前新型抛射剂如七氟丙烷被认为是最合适的氟利昂替代品。

3. 耐压容器　气雾剂的容器不能与药物和抛射剂起作用，且耐压、轻便、价廉等。耐压容器有以下几类。

（1）玻璃容器：由中性硬质玻璃制成，化学性质稳定，价廉易得，但耐压和耐撞击性差。

（2）金属容器：包括铝、不锈钢和马口铁等材质容器，耐压性强，但生产成本高，对药液不稳定，需内涂聚乙烯或环氧树脂等，以增强其防腐蚀性。

（3）塑料容器：一般由热塑性好的聚丁烯对苯三甲酸树脂和乙缩醛共聚树脂等制成。质轻、牢固、耐压，具有良好的抗撞击和抗腐蚀性。

4. 阀门系统　系控制气雾剂药物和抛射剂从容器喷出的主要部件（图 9-13）。其中设有供吸入用的定量阀门，或供腔道或皮肤等外用的泡沫阀门等特殊阀门系统，该部件可以直接影响喷出物形态和粒度。阀门系统坚固、耐用和结构稳定与否，直接影响到制剂的质量。

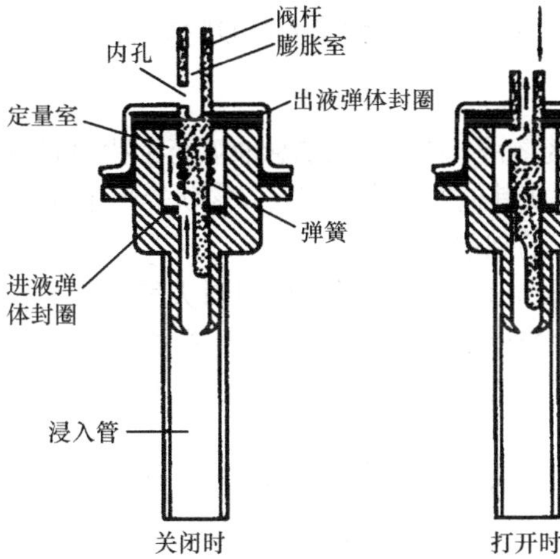


图 9-13　气雾剂的阀门系统

## （五）气雾剂的制备

气雾剂的生产环境中空气洁净度级别最低要求为 C 级及以上，灌装室必须安装空气过滤器。各类器具应清洁灭菌，并注意避免微生物的污染。气雾剂的制备主要包括药物的配制和灌装。

1. 药物的配制　药液的配制系按照处方组成及所要求的气雾剂类型进行配制。配制好的药液经检查合格后，定量分装于容器内，安装阀门后轧紧。

2. 药液的灌装　药物和抛射剂配制后的灌装操作是气雾剂制备过程中最关键的工序，有压灌法和冷灌法两种。

（1）压灌法：先将配制好的药液在室温下灌入容器内，再将阀门装上并轧紧，然后通过压装机压入定量的抛射剂（最好先将容器内空气抽出）。

（2）冷灌法：药液借助冷却装置冷却至-20℃左右，抛射剂冷却至沸点以下至少 5℃。先将冷却的药液灌入容器中，随后灌入已冷却的抛射剂（亦可两者同时灌入）。立即将阀门装上并轧紧，操作必须迅速完成，防止抛射剂损失。

### （六）气雾剂的实例

**实例 9-6：异丙托溴铵气雾剂**

**【处方】** 异丙托溴铵 0.374g　无水乙醇 150.000g　四氟乙烷 844.586g　枸橼酸 0.040g　蒸馏水 5.000g　共制 1000g

**【制备】**

（1）将处方量异丙托溴铵、枸橼酸和水溶解于乙醇中制成溶液，过滤。

（2）将上述药液分装于气雾剂容器中，容器事先进行准备和安装，用 $N_2$ 或四氟乙烷蒸气填充并用阀门密封，轧紧封帽。

（3）通过压装机压入适量 HFA134a 抛射剂，密封即可。

**【分析】**

（1）本品用于治疗支气管哮喘。

（2）四氟乙烷作为抛射剂，代号为 HFA134a。

## 二、喷雾剂与粉雾剂

### （一）喷雾剂

1. 定义　喷雾剂系将含药溶液、乳状液或混悬液填充于特制的装置中，使用时借助手动泵的压力、高压气体、超声振动或其他方法将内容物以雾状等形态释出，用于肺部吸入或直接喷至腔道黏膜、皮肤及空间消毒的制剂。

2. 喷雾剂的特点　其优点在于其不含抛射剂，且对大气环境无影响，可作为氟氯烷烃类气雾剂的主要替代途径之一；生产设备较气雾剂简单，生产成本低。但由于喷雾剂的雾粒粒径较大，不适用于肺部吸入，多用于舌下、鼻腔黏膜给药，且与外界隔绝效果不如气雾剂。

3. 喷雾剂的分类

（1）按使用方法分类：单剂量、多剂量喷雾剂和非定量喷雾剂。

（2）按分散系统分类：溶液型、乳剂型和混悬型喷雾剂。

（3）按给药途径分类：吸入型、非吸入型和外用型喷雾剂。

4. 喷雾剂的质量要求

（1）根据需要加入溶剂、助溶剂、抗氧化剂、防腐剂和表面活性剂等附加剂，且附加剂须无毒无害。

（2）喷雾剂装置中各组成部件均应无毒、无刺激性、性质稳定、不与药物起作用。

（3）吸入喷雾剂的雾滴（粒）大小应控制在 10μm 以下，其中大多数应在 5μm 以下。

（4）烧伤、创伤用喷雾剂应采用无菌操作或灭菌。

（5）喷雾剂应置阴凉处储存，防止吸潮。

5. 喷雾剂的制备和质量检查　其制备工艺流程：配液→灌装→装上手动泵，参见本章气雾剂内容。

喷雾剂的质量检查包括总喷次数、装量、主药含量、微生物限度等项目。

### （二）粉雾剂

1. 定义　粉雾剂系一种或一种以上的药物粉末，装填于特殊的给药装置中，以干粉形式将药物喷雾于给药部位，发挥全身或局部治疗作用的一种给药系统。

2. 分类　粉雾剂按用途可分为吸入粉雾剂、非吸入粉雾剂和外用粉雾剂三种。

（1）吸入粉雾剂：系微粉化药物或与载体以胶囊、泡囊或多剂量储库形式，采用特制的干粉吸入装置，由患者主动吸入雾化药物至肺部的制剂。

（2）非吸入粉雾剂：系药物或与载体以胶囊或泡囊形式，采用特制的干粉给药装置，将雾化药物喷至腔道黏膜的制剂。

（3）外用粉雾剂：系药物或适宜的附加剂灌装于特制的干粉给药器具中，使用时借助外力将药物喷至皮肤或黏膜的制剂。

3. 特点

（1）该剂型吸收好、起效快，无肝脏首过效应。

（2）无胃肠道刺激或降解作用，适合胃肠道难以吸收的水溶性大分子药物或小分子药物。

（3）药物呈固体粉状，稳定性高，特别适用于多肽、蛋白质类药物。

（4）剂量准确，起局部作用的药物给药剂量明显降低，毒副作用小。

（5）装置较为复杂，生产成本较高。

## 自 测 题

### 一、最佳选择题

1. 下列属于栓剂水溶性基质的是（　　）
   A. 可可豆脂
   B. 甘油明胶
   C. 硬脂酸丙二醇
   D. 半合成脂肪酸甘油酯
   E. 羊毛脂

2. 可可豆脂共有四种晶型，其中最稳定的是(　　)
   A. α　B. β　C. β′
   D. γ　E. α′

3. 栓剂油溶性基质为（　　）
   A. 蜂蜡　B. 羊毛脂
   C. 甘油明胶　D. 可可豆脂
   E. 凡士林

4. 栓剂理想油溶性基质为（　　）
   A. 蜂蜡
   B. 可可豆脂
   C. 甘油明胶
   D. 半合成脂肪酸甘油酯
   E. 凡士林

5. 下列可用于阴道栓基质的为（　　）
   A. 可可豆脂
   B. 甘油明胶
   C. 硬脂酸丙二醇
   D. 半合成脂肪酸甘油酯
   E. 泊洛沙姆

6. 热熔法制备栓剂的流程为（　　）
   A. 融化基质—加入药物—注入模具—凝结—削平—脱模—质检—包装
   B. 融化基质—加入药物—注入模具—削平—凝结—脱模—质检—包装
   C. 融化基质—加入药物—注入模具—削平—凝结—质检—脱模—包装
   D. 融化基质—加入药物—注入模具—凝结—削平—质检—脱模—包装
   E. 融化基质—加入药物—凝结—注入模具—削平—质检—脱模—包装

7. 全身栓剂应用时应塞入距肛门口多少为宜（　　）
   A. 2cm　B. 4cm　C. 20cm
   D. 8cm　E. 10cm

8. 下列关于丸剂制备说法错误的是（　　）
   A. 丸剂制备采用冷压法和热熔法
   B. 丸剂炼蜜目的是除去其中杂质，蒸发部分水分，破坏酵素，杀灭微生物，增强黏性作用
   C. 嫩蜜适用于黏性较强的药物制备
   D. 老蜜适用于黏性差矿物或纤维较重的药物制丸
   E. 泛制法主要用于水丸、水蜜丸、糊丸、浓缩丸和微丸的制备

9. 下列属于塑制法（搓丸法）制备丸剂流程的为（　　）
   A. 混合—制块—制丸条—分割—搓圆—干燥—质检—包装
   B. 混合—制丸条—制块—分割—搓圆—干燥—质检—包装
   C. 混合—起膜—成丸—盖面—干燥—选丸—包衣—质检—包装
   D. 混合—起膜—盖面—成丸—干燥—选丸—包

衣—质检—包装

E. 混合—起膜—盖面—干燥—成丸—选丸—包衣—质检—包装

10. 下列属于泛制法（泛丸法）制备丸剂流程的为（　　）

A. 混合—制块—制丸条—分割—搓圆—干燥—质检—包装

B. 混合—制丸条—制块—分割—搓圆—干燥—质检—包装

C. 混合—起膜—成丸—盖面—干燥—选丸—包衣—质检—包装

D. 混合—起膜—盖面—成丸—干燥—选丸—包衣—质检—包装

E. 混合—制丸条—制块—搓圆—分割—干燥—质检—包装

11. 下列不属于炼蜜目的的是（　　）

A. 除去其中杂质　　B. 蒸馏部分水分

C. 破坏酵素　　D. 抗氧化

E. 增加黏合性

12. 下列关于膜剂说法错误的是（　　）

A. 膜剂就是涂膜剂

B. 膜剂可供口服或舌下给药

C. 工艺简单，粉尘多

D. PVA 是目前国内最常用的成膜材料

E. EVA 可制成不同释放速度的膜剂

13. 最常用的膜剂成膜材料是（　　）

A. 聚维酮　　B. 甲基纤维素

C. 聚乙二醇　　D. 聚乙烯醇

E. 山梨醇

14. 膜剂中加入甘油和山梨醇作为（　　）

A. 遮光剂　　B. 抗氧化剂

C. 增塑剂　　D. 着色剂

E. 脱膜剂

15. 制备滴丸剂水溶性基质是（　　）

A. PEG6000　　B. 水

C. 液状石蜡　　D. 硬脂酸

E. 石油醚

16. 制备滴丸剂水溶性基质的冷凝液是（　　）

A. 水与醇的混合液

B. 乙醇与甘油的混合液

C. 液状石蜡

D. 液状石蜡与乙醇的混合液

E. 以上都不是

17. 下列有关气雾剂说法错误的是（　　）

A. 气雾剂由抛射剂、附加剂、耐压容器和阀门组成

B. 抛射剂一般沸点低，使用最多的为氟利昂，心脏病患者应当尽量避免使用

C. 药物在溶液中分类分为溶液型气雾剂、混悬型气雾剂、泡沫气雾剂

D. 一般加入丙二醇和乙醇作为助溶剂

E. 一般采用铝罐作为耐压容器

18. 下列关于气雾剂说法错误的是（　　）

A. 具有速效定位作用

B. 由于容器不透光、不透水，故而稳定性好

C. 药物可以避免肝脏首过效应

D. 可以采用阀门准确定量

E. 由于起效快，适合心脏病患者

19. 溶液型气雾剂的组成不包括（　　）

A. 抛射剂　　B. 潜溶剂

C. 耐压容器　　D. 阀门系统

E. 润湿剂

20. 下列不是滴丸剂优点的是（　　）

A. 每丸含药量较大

B. 可以增加药物稳定性

C. 减小胃肠道刺激

D. 可以掩盖药物不良气味

E. 为高效、速效剂型

21. 吸入气雾剂微粒直径大小控制在（　　）

A. 1μm　　B. 5μm　　C. 10μm

D. 20μm　　E. 30μm

22. 栓剂制备中，液状石蜡适用于作哪种基质模具的润滑剂（　　）

A. 甘油明胶　　B. 可可豆脂

C. 椰油酯　　D. 聚乙二醇

E. 硬脂酸丙二醇酯

## 二、配伍选择题

【23～26 题共用选项】

A. 可可豆脂　　B. 半合成脂肪酸甘油酯

C. 甘油明胶　　D. S-40

E. PEG

23. β 型最稳定的油脂栓剂基质为（　　）

24. 取代天然油性理想栓剂基质为（　　）

25. 阴道栓常用基质为（　　）

26. 液状石蜡适用于作哪种基质模具的润滑剂（　　）

【27～31 题共用选项】

A. 油脂性软膏基质　　B. 水溶性基质

C. 栓剂基质　　D. 乳化剂
E. 气雾剂抛射剂
27. 可可豆脂（　　）
28. 二甲基硅油（　　）
29. 氟氯烷烃（　　）
30. 蜂蜡（　　）
31. 凡士林（　　）
【32～34 题共用选项】
A. 挥发时限　　B. 絮凝度、沉降容积比
C. 融变时限　　D. 浊度
E. 溶出度、崩解时限
32. 栓剂检查项目（　　）
33. 片剂检查项目（　）
34. 混悬剂检查项目（　　）
【35～38 题共用选项】
A. 沸腾制粒法　　B. 滴制法
C. 研合法　　D. 匀浆制模法
E. 热融法
35. 制备软胶囊（　　）
36. 制备滴丸（　　）
37. 制备膜剂（　　）
38. 制备微丸（　　）
【39～42 题共用选项】
A. PEG6000　　B. 水
C. 液状石蜡　　D. 硬脂酸
E. 石油醚
39. 制备水溶性滴丸冷凝液（　　）
40. 制备油溶性滴丸冷凝液（　　）
41. 滴丸水溶性基质（　　）
42. 滴丸脂溶性基质（　　）
【43～46 题共用选项】
A. 成膜材料　　B. 着色剂
C. 表面活性剂　　D. 填充剂
E. 增塑剂
以上膜剂处方有效成分作用
43. PVA（　　）
44. 甘油（　　）
45. 聚山梨酯 80（　　）
46. 淀粉（　　）
【47～49 题共用选项】
A. 氟氯烷烃　　B. 丙二醇
C. PVP　　D. 枸橼酸钠
E. PVA
47. 气雾剂的抛射剂（　　）
48. 气雾剂的潜溶剂（　）
49. 膜剂的成膜材料（　　）

三、项选择题

50. 关于栓剂下列说法正确的是（　　）
A. 药物与适宜基质制成腔道给药的半固体制剂
B. 栓剂包括直肠栓、阴道栓、尿道栓、耳道栓等
C. 作用于全身的直肠栓最宜插入距肛门 2cm
D. 制备方法包括冷压法和热熔法
E. 质量检查中融变时限在 37℃情况下，检查 3 粒，不得超限
51. 下列属于栓剂油脂性基质的有（　　）
A. 可可豆脂　　B. 硬脂酸丙二醇酯
C. 聚乙二醇　　D. 半合成山苍子油脂
E. 泊洛沙姆
52. 下列属于成膜材料的是（　　）
A. 明胶　　B. PVA
C. EVA　　D. 硬脂醇
E. 甘油
53. 下列属于丸剂的制备方法的有（　　）
A. 匀浆制模法　　B. 搓丸法
C. 热塑制模法　　D. 泛制法
E. 复合制膜法
54. 下列属于膜剂制备方法的有（　　）
A. 匀浆制模法　　B. 乳化制模法
C. 热塑制模法　　D. 凝聚制模法
E. 复合制膜法
55. 气雾剂的组成包括（　　）
A. 抛射剂　　B. 药物与附加剂
C. 灌装器　　D. 阀门系统
E. 耐压容器
56. 塑制法制备丸剂的工艺流程主要包括（　　）
A. 药物粉末+辅料　　B. 起膜
C. 制丸块　　D. 制丸条
E. 分割、搓圆
57. 栓剂的一般质量要求有（　　）
A. 栓剂中药物与适宜基质应均匀混合，栓剂外形要完整光滑
B. 栓剂塞入人体腔道后，应无刺激
C. 栓剂应能熔化、软化或溶化，并与分泌液混合，逐渐释放药物，产生局部或全身作用
D. 栓剂应该绝对无菌
E. 栓剂应当有适宜的硬度，以免包装、储存使用时变形

四、填空题

1. 可可豆脂是________栓剂基质，共分四种晶型，其中________型最为稳定。
2. 气雾剂由________、________、________和________组成。
3. 栓剂制备方法有________和________。栓剂储存条件是________。
4. 中药丸剂制备方法有________和________。
5. 膜剂制备方法有________、________、________。

五、名词解释

1. 栓剂
2. 滴丸剂
3. 中药丸剂
4. 气雾剂

六、简答题

1. 简述栓剂热熔法制备工艺流程。
2. 简述中药丸剂塑制法（塑丸法）工艺流程。
3. 简述气雾剂定义和组成。
4. 炼蜜的目的有哪些？
5. 丸剂的特点是什么？

（蒋金来）

# 第10章 药物制剂稳定性

学习目标

1. 掌握药物制剂稳定性的研究意义和研究范围，掌握影响药物制剂稳定性的主要因素和提高稳定性的方法。

2. 熟悉考察药物制剂稳定性的主要检查项目。

3. 了解常见物理和化学配伍变化及其处理原则与方法。

4. 初步学会分析处方中可能的配伍变化。

## 第1节 概 述

**案例 10-1**

小明的爷爷头痛头昏、呼吸困难、咳嗽咳痰，送医院就诊，诊断为“慢性阻塞性肺疾病和慢性支气管炎伴感染”，医生开具以下处方：注射用青霉素钠 800 万 U，10%葡萄糖注射液 100ml i.v.gtt q.d.；氨茶碱注射液 0.5g iv.gtt q.d.。

**问题**：1. 青霉素注射液配制是否合理？用葡萄糖配制青霉素注射液会发生什么情况呢？

2. 氨茶碱与青霉素是否存在配伍问题？

### 一、研究药物制剂稳定性的意义

药物制剂稳定性系药物制剂从制备到使用期间质量发生变化的速度和程度，主要是指药物在体外的稳定性，是评价药物制剂质量的重要指标。药物制剂的基本要求是安全、有效、稳定。药物制剂在生产、储存、使用过程中，会因各种因素的影响发生分解变质，从而导致药物疗效降低或副作用增加，有些药物甚至产生有毒物质，也可能造成较大的经济损失。通过对药物制剂稳定性的研究，考察影响药物制剂稳定性的因素及增加稳定性的各种措施、判断药物制剂的有效期，从而既保证制剂产品的质量，又减少由于制剂不稳定而导致的经济损失，故而，研究药物稳定性是保证用药安全、有效的重要措施。

### 二、药物制剂稳定性的研究范围

药物制剂稳定性研究内容一般包括物理、化学、生物学三个方面。

1. 物理稳定性　系药物制剂的物理性质发生变化，如混悬剂的结块及结晶生长；乳剂的分层、破裂、转相等；胶体的老化等。

2. 化学稳定性　系药物由于发生水解、氧化、脱羧、异构化等化学反应，使药物含量（或效价）降低，色泽产生变化，如乳剂的腐败。

3. 生物学稳定性　系药物制剂受到微生物污染而发生变质、腐败，如中药材的霉变。

## 三、药物制剂稳定性的重点考察项目

各种药物制剂稳定性重点考察项目见表 10-1。

**表 10-1 原料药及药物制剂稳定性重点考察项目**

| 原料药或剂型 | 稳定性重点考察项目 |
| --- | --- |
| 原料药 | 性状、熔点、含量、有关物质、吸湿性及根据品种性质选定的考察项目 |
| 片剂 | 性状、含量、有关物质、崩解时限或溶出度或释放度 |
| 胶囊剂 | 外观、含量、有关物质、崩解时限或溶出度或释放度、水分，软胶囊要检查内容物有无沉淀 |
| 注射剂 | 性状、含量、pH、可见异物、有关物质，应考察无菌情况 |
| 栓剂 | 性状、含量、融变时限、有关物质 |
| 软膏剂 | 性状、均匀性、含量、粒度、有关物质 |
| 乳膏剂 | 性状、均匀性、含量、粒度、有关物质、分层现象 |
| 丸剂 | 性状、含量、有关物质、溶散时限 |
| 糖浆剂 | 性状、含量、澄清度、相对密度、有关物质、pH |
| 滴眼剂 | 如为溶液，应考察性状、澄明度、含量、pH、有关物质；如为混悬型，还应考察粒度、再分散性 |
| 口服溶液剂 | 性状、含量、澄清度、有关物质 |
| 口服乳剂 | 性状、含量、分层现象、有关物质 |
| 口服混悬剂 | 性状、含量、沉降容积比、有关物质、再分散性 |
| 散剂 | 性状、含量、粒度、有关物质、外观均匀度 |
| 气雾剂 | 泄漏率、每瓶主药含量、有关物质、每瓶总揿次、每揿主药含量、雾滴分布 |
| 喷雾剂 | 每瓶总吸次、每吸喷量、每吸主药含量、有关物质、雾滴分布 |
| 颗粒剂 | 性状、含量、粒度、有关物质、溶化性或溶出度或释放度 |
| 贴剂（透皮贴剂） | 性状、含量、有关物质、释放度、黏附力 |
| 耳用制剂 | 性状、含量、有关物质、耳用散剂、喷雾剂与半固体制剂分别按相关剂型要求检查 |
| 鼻用制剂 | 性状、pH、含量、有关物质、鼻用散剂、喷雾剂与半固体制剂分别按相关剂型要求检查 |

注：有关物质（含降解产物及其他变化所生成的产物）应说明其生成产物的数目及量的变化。如有可能应说明有关物质中何者为原料中的中间体，何者为降解产物。稳定性试验重点考察降解产物。

# 第 2 节 药物制剂稳定性影响因素

## 一、制剂中药物的化学降解途径

药物由于化学结构不同，其降解反应的途径也不相同。药物降解的途径有水解、氧化、异构化、聚合、脱羧等，主要途径是水解和氧化。有时一种药物可能同时产生两种或两种以上的降解反应。

### （一）水解反应

水解是药物降解的主要途径之一，易发生水解的药物有以下几类。

1. 酯类药物的水解 含有酯键的药物在水溶液中或吸收水分后很易发生水解，生成相应的酸和醇，常见的酯类药物有阿司匹林、盐酸普鲁卡因、硝酸甘油、盐酸可卡因、硫酸阿托品；内酯类药物有红霉素、硝酸毛果芸香碱等。

2. 酰胺类药物的水解　酰胺类药物一般情况下比酯类药物稳定。其水解后生成相应的胺和酸，有内酰胺环状结构的药物，水解后易开环而失效。这类药物常见的有氯霉素、青霉素、头孢曲松、苯巴比妥、地西泮、对乙酰氨基酚等。

3. 其他药物的水解　如苷类中的阿糖胞苷、洋地黄、链霉素等药物的降解，主要是水解反应。

### （二）氧化反应

药物的氧化系在空气中氧的影响下自动发生的缓慢的氧化过程。药物的氧化过程与化学结构有关。药物氧化后，可能会引起药物颜色加深，产生沉淀、不良气味，影响药品质量，使药效下降，甚至成为有毒药品。常见易发生氧化反应的药物有以下几类。

1. 酚类　例如肾上腺素、左旋多巴、吗啡、己烯雌酚、维生素 E 等均有酚羟基，易被氧化。例如，肾上腺素氧化后生成棕红色聚合物或黑色物质。

2. 烯醇类　维生素 C 分子结构中含有连二烯醇基，易被氧化，氧化过程较复杂。例如，维生素 C 片易被氧化而变黄。

3. 其他类　例如芳胺类的磺胺嘧啶钠等；吡唑酮类的氨基比林、安乃近等；噻嗪类的盐酸氯丙嗪、盐酸异丙嗪等；含有烯基和炔基类药物如维生素 A 等；含有巯基的药物如丙硫氧嘧啶等。

### （三）其他反应

药物的其他降解反应有异构化、聚合、脱羧等。

1. 异构化反应　可分为光学异构化和几何异构化。例如，肾上腺素在加热时发生消旋即属于光学异构化，维生素 A 会发生顺反异构化。

2. 聚合反应　主要是同种药物分子相互结合成为大分子的反应，如 β-内酰胺类抗生素可发生聚合反应。

3. 脱羧反应　系药物分子失去羧基，释放二氧化碳的反应，如对氨基水杨酸钠可发生脱羧反应。

## 二、影响药物制剂稳定性的因素及稳定化方法

影响制剂稳定性的因素包括处方因素、外界因素。

### （一）处方因素及稳定化方法

制备任一种制剂，首先要进行处方设计。药物制剂的处方中除主药外，还需加入各种辅料，处方设计对制剂的稳定性影响很大。处方因素主要包括 pH、广义酸碱催化、溶剂、表面活性剂、离子强度、辅料等，其都能影响药物制剂的稳定性。

1. pH　被 $H^+$ 和 $OH^-$ 催化的反应，其反应速度在很大程度上随 pH 而改变，pH 较低时，主要是酸的催化作用；pH 较高时，主要是碱的催化作用；pH 为中性时，降解反应速度可以与 pH 无关或由酸碱共同催化。许多药物的水解反应或氧化反应均受 pH 的影响。

酯类药物在碱性条件下水解比较完全，其水解速度主要由 pH 决定，在酸性条件下影响较小，如盐酸普鲁卡因溶液，pH 在 3.4～4.0 时最稳定，pH 升高水解速度加快。所以，酯类药物通常在中性或弱酸性时比较稳定。

除水解外，药物的氧化反应与溶液的 pH 也有密切关系，当 pH 增大时，氧化反应易于进行，pH 较低时药物比较稳定。

很多药物的降解反应都可被 $H^+$ 或 $OH^-$ 催化，其溶液的稳定只是在一定的 pH 范围内，所以在配制药物溶液，特别是配制注射液时，就要慎重考虑 pH 的调节问题，以延缓药物水解、氧

化等，增加药物的稳定性。一般是通过试验得到药物最稳定的pH，以pHm表示，再用适当的试剂和方法将溶液调节到pHm。

pH 调节剂通常有盐酸、氢氧化钠、磷酸、有机酸及缓冲溶液（如酒石酸、枸橼酸、乙酸及其盐类组成的缓冲系统）、与药物本身相同的酸或碱（如氨茶碱用乙二胺，硫酸卡那霉素用硫酸），但是使用这些酸时要考虑广义酸碱催化剂的影响。

2. 溶剂　溶剂主要通过溶剂化和解离、活化能方式影响制剂稳定性。一般需要通过试验来确定，可采用非水溶剂（甘油、乙醇、丙二醇等），增加其稳定性。例如，用介电常数较低的丙二醇（60%）制成的苯巴比妥钠注射液，稳定性提高，有效期可达一年；氯霉素的水解产物极性较小，其水溶液的稳定性比丙二醇溶液好。

3. 表面活性剂　某些易水解的药物，加入表面活性剂后，水解速度降低，稳定性增加，如苯佐卡因易受 $OH^-$ 催化水解，当加入5%月桂醇硫酸钠后，其半衰期增加18倍，半衰期可增至1150分钟。这是由于胶团起到了“屏障”作用，阻止了催化离子的接近和进入；但也有一些表面活性剂会使某些药物的分解加快，如吐温80使维生素 $D_3$ 稳定性下降，故应通过试验来正确选择表面活性剂。

4. 离子强度　制剂处方中常加入一些无机盐或缓冲对，如加电解质调节等渗、加缓冲剂调节 pH、加入抗氧化剂防止氧化等。这些物质的加入使离子强度发生改变，从而影响药物的降解速度。例如，加入碳酸钠–碳酸氢钠缓冲对等。

5. 辅料　一些制剂处方中的辅料对药物的稳定性影响很大，要选择不与主药发生反应的辅料。例如，制备阿司匹林片剂时，不宜加入硬脂酸镁作为润滑剂，是由于其带有金属离子，可加速阿司匹林水解，而应用滑石粉替代。一些半固体制剂，如软膏剂中药物的稳定性与制剂处方的基质有关，如用聚乙二醇做氢化可的松软膏的基质，可加速药物的降解，有效期只有6个月。维生素U片采用糖粉、淀粉作为赋形剂。

### （二）外界因素及稳定化方法

影响制剂稳定性的外界因素主要包括温度、空气（氧）、光线、金属离子、湿度（水分）、包装材料等。上述外界因素对于产品生产工艺和包装都有重要影响。其中空气（氧）、光线、金属离子对易氧化药物影响大；湿度（水分）主要影响固体制剂和易水解药物的稳定性；温度、包装材料是各种产品均应考虑的问题。

1. 温度　一般温度升高，反应速度加快。根据 Van't Hoff 规则，温度每升高10℃，反应速度增加2～4倍。药物制剂在制备过程中，加热、溶解、灭菌、干燥等操作过程一般都有温度升高，应考虑温度对药物稳定性的影响，制订合理的工艺条件。例如，维生素C注射剂的灭菌采用100℃流通蒸汽灭菌15分钟；再如抗生素注射剂的冷冻干燥。

2. 光线　有些药物分子受光辐射作用，分子活化而发生降解，这种反应称为光化降解，易被光降解的物质称光敏感物质。其光解速度与系统温度无关。

药物结构与光敏感性有一定关系，如酚类、二氢吡啶类、吩噻嗪类药物对光比较敏感。对光敏感的药物制剂，在生产与储存过程中应考虑光线的影响。常见对光敏感的药物有硝苯地平、硝普钠、氯丙嗪、左氧氟沙星、利血平、异丙嗪、维生素 $B_2$、氢化可的松、泼尼松、叶酸、维生素A等。如左氧氟沙星注射液生产过程中需要避光，以减少光线对制剂影响，在储存时应当用黑色包装遮光，在输注时应当用避光输液器。

3. 空气（氧气）　空气中的氧气是引起药物制剂氧化的主要因素。各种制剂几乎都有和氧气接触的机会，只要有少量的氧存在，药物制剂就有可能发生氧化反应。影响氧化的因素有氧气、光线、pH、金属离子等。

防止药物制剂氧化的方法有：①减少与空气的接触，除去氧气是防止其氧化的根本措施。可通入惰性气体 $CO_2$ 或 $N_2$，驱除其中氧气，也可采用真空包装等。②避光，制备过程中要避光操作，选择有滤过紫外线功能的棕色玻璃瓶，或包装容器内衬垫黑纸，避光储存。③调节 pH。④添加抗氧化剂，可以添加抗氧协同剂，如酒石酸、枸橼酸、磷酸等。⑤添加金属络合剂，如 EDTA-2Na。

常用的抗氧化剂有两类：①水溶性抗氧化剂，如亚硫酸钠、焦亚硫酸钠、硫代硫酸钠、硫脲、维生素 C 等；②油溶性抗氧化剂，如叔丁基对羟基茴香醚（BHA）、二丁甲苯酚（BHT）、维生素 E 等。

4. 金属离子的影响　制剂中微量金属离子主要来自原辅料、溶剂、容器及操作过程中使用的工具等。金属离子对药物的氧化、水解等反应有显著的催化作用，故而避免金属离子的影响非常重要。

要避免金属离子的影响，应在生产工艺过程中规避金属离子引入，以及在生产过程中不选用金属器具，同时加入金属络合剂（金属离子螯合剂），如加入 0.005%依地酸二钠、依地酸钙钠等，或酒石酸、枸橼酸、磷酸等附加剂，以提高药物制剂的稳定性。

5. 湿度（水分）影响　空气的湿度和物料中的水分对一些药物制剂的稳定性影响很大。水是化学反应的媒介，微量的水可以加速阿司匹林、氨苄西林、青霉素钠等药物的分解。

药物是否容易吸湿，取决于其临界相对湿度（CRH）的大小，一般临界相对湿度越大，越不易吸湿。原料药的水分含量须特别注意，水分含量在 1% 左右比较稳定。在生产过程中应密切监测环境相对湿度，必要时使用除湿机。

**链 接**　临界相对湿度

水溶性药物在相对湿度较低的环境下，几乎不吸湿，而当相对湿度增大到一定值时，吸湿量急剧增加，一般把这个吸湿量开始急剧增加的相对湿度称为临界相对湿度（critical relative humidity，CRH）。临界相对湿度是水溶性药物的固有特征，是衡量药物吸湿性大小的指标。药物的临界相对湿度越小越易吸湿，越大吸湿性越小。

在药物制剂的处方中多数为两种或两种以上的药物或辅料的混合物。水溶性物质的混合物吸湿性更强，根据 Elder 假说，水溶性药物混合物的 CRH 约等于各成分 CRH 的乘积，而与各成分的量无关。即

$$CRH_{AB}=CRH_A \times CRH_B$$

如：将 CRH 为 78%的水杨酸钠 80g 与 CRH 为 88%的苯甲酸 20g 混合，混合物的 CRH 为多少？按照混合物 CRH 的计算方法 78%×88%=68.64%，约为 69%。

6. 包装材料的影响　药物储藏于室温环境中，主要受热、光、湿度及空气（氧气）的影响，药品包装设计就是要排除这些因素的干扰，同时要注意包装材料与药物制剂的相互作用。

常用的包装材料有玻璃、塑料、橡胶及金属等。不同的包装材料由于材质不同，常含不同的附加剂，可能会影响制剂的稳定性。在产品的试制过程中要进行“装样试验”，对各种包装材料进行认真选择。

玻璃一般密封性好，且理化性质稳定，不易与药物发生相互作用，但是容易碎裂残渣，且不适合盛放碱性药物。塑料主要包括化学性质稳定的 PVC、PE、PP 等高分子聚合物。

### （三）制剂稳定化的其他方法

1. 改进剂型和生产工艺

（1）制成固体制剂：但凡在水溶液中不稳定的药物，一般可以制成固体制剂。供口服的可以制成片剂、胶囊剂、颗粒剂等。供注射用的可制成粉针剂，如青霉素制成注射用青霉素钠。

（2）制成微囊或包合物：某些药物制成微囊或包合物后，可增加其稳定性，如维生素 A、

维生素 C、硫酸亚铁等制成微囊，提高了稳定性。苯佐卡因制成环糊精包合物后，减少了水解而使其稳定性明显提高。

（3）采用直接压片或包衣工艺：一些对湿热不稳定的药物，可采用粉末直接压片或干法制粒压片，如阿司匹林等可以采用干法制粒压片法；包衣也可改善药物对光线、湿度、温度等的稳定性，是解决片剂稳定性的常规方法之一，如氯丙嗪、异丙嗪、对氨基水杨酸钠等均可做成包衣片。

2. 制成稳定衍生物　对不稳定的药物可进行结构改造。一般药物水溶性越小，稳定性越好，因此可将药物制成难溶性盐、酯类、酰胺等。例如，青霉素可以制成溶解度小的普鲁卡因青霉素，稳定性显著提高，或制备成前药。

3. 加入干燥剂及改善包装　加入干燥剂吸收水分，可提高易水解或易吸湿药物的稳定性，如用二氧化硅、五氧化二磷等干燥剂可提高药物的稳定性。

4. 防止微生物污染　可以用灭菌、添加防腐剂等措施控制制剂中微生物限度，同时在操作时采用无菌技术和洁净环境等。

## 三、药物稳定性试验方法

稳定性实验的目的是考察原料药或药物制剂在温度、湿度、光线的影响下随时间变化的规律，为药品生产、包装、储存、运输条件提供科学依据，同时通过试验确定药品的有效期。

### （一）影响因素试验

影响因素试验又称强化试验，系在比加速试验更为剧烈的条件下进行的试验。一般将原料药供试品置适宜的开口容器中（如称量瓶或培养皿），摊成≤5mm 厚的薄层，疏松原料药摊成≤10mm 厚的薄层进行试验。对于口服固体制剂产品，一般采用除去内包装的最小制剂单位，分散为单层置适宜的条件下进行。如试验结果不明确，应加试两个批号的样品。

1. 高温试验　供试品开口置适宜的洁净容器中，在 60℃条件下放置 10 日，于第 5 日和第 10 日取样，检测有关指标。如供试品发生显著变化，则在 40℃下同法进行试验。如 60℃无显著变化，则不必进行 40℃试验。

2. 高湿度试验　供试品置恒湿密闭容器中，于25℃并分别于相对湿度75%±5%及90%±5%条件下放置 10 日，在第 5 日、第 10 日取样检测。检测项目应包括吸湿增重项。液体制剂可不进行此项试验。

恒湿条件可采用恒温恒湿箱或通过在密闭容器下部放置饱和盐溶液来实现。根据不同的湿度要求，选择氯化钠饱和溶液（15.5～60.0℃，相对湿度 75%±1%）或硝酸钾饱和溶液（25℃，相对湿度 92.5%）。

3. 强光照射试验　供试品开口放在装有日光灯的光照装置内，于照度为（4500±500）lx 的条件下放置 10 日，于第 5 日和第 10 日取样，按稳定性重点考察项目检测，特别注意供试品的外观变化。

### （二）加速试验

其目的是通过加速药物的化学或物理变化，探讨药物的稳定性，为制剂设计、生产、包装、运输及储存提供必要的资料。供试品要求 3 批，按市售包装在温度 40℃±2℃、相对湿度 75%±5%的条件下放置 6 个月。所用设备应能控制温度±2℃，相对湿度±5%，并能对真实温度与湿度进行监测。在试验期间第 1 个月、第 2 个月、第 3 个月、第 6 个月末分别取样一次，按稳定性重点考察项目检测。在上述条件下，如 6 个月内供试品经检测不符合制订的质量标准，则应在中间条件下即在温度 30℃±2℃，相对湿度 65%±5%的情况下（可用 $Na_2CrO_4$ 饱和溶液，30℃、相对湿度 64.8%）进行加速试验，时间仍为 6 个月。加速试验，建议采用隔水式电热恒温培养箱（20～60℃）。箱内放置具有一定相对湿度饱和盐溶液的干燥器，设备应能控制所需的温度，且设备内各部分温度应该均匀，并适合长期使用。也可采用恒湿恒温箱或其他适宜设备。

对温度特别敏感的药物，预计只能在冰箱中（4～8℃）保存，此种药物的加速试验，可在温度 25℃±2℃、相对湿度 60%±10%的条件下进行，时间为 6 个月。

### （三）长期试验

长期试验是在接近药物的实际储存条件下进行，其目的是为制订药物的有效期提供依据。供试品 3 批，市售包装，在温度 25℃±2℃、相对湿度 60%±10%的条件下放置 12 个月，或在温度 30℃±2℃、相对湿度 65%±5%的条件下放置 12 个月，这是从我国南方与北方气候的差异考虑的，至于上述两种条件选择哪一种由试验者自定。每 3 个月取样一次，分别于 0 个月、3 个月、6 个月、9 个月、12 个月取样，按稳定性重点考察项目进行检测。12 个月以后，仍需继续考察，分别于 18 个月、24 个月、36 个月取样进行检测。将结果与 0 个月比较，以确定药物的有效期。由于实验数据的分散性，一般应按 95%可信区间进行统计分析，得出合理的有效期。如 3 批统计分析结果差别较小则取其平均值为有效期。若差别较大，则取其最短的为有效期。如果数据表明，测定结果变化很小，表明药物是很稳定的，则不作统计分析。

对温度特别敏感的药物，长期试验可在温度 6℃±2℃的条件下放置 12 个月，按上述时间要求进行检测，12 个月以后，仍需按规定继续考察，制订在低温储存条件下的有效期。

# 第 3 节　药物制剂的配伍变化

药物相互作用系两种或两种以上的药物合并或先后序贯使用，所引起的药物作用和效应的变化。药物相互作用是双向的，既可能产生对患者有益的结果，使疗效协同或毒性降低；也可能产生对患者有害的结果，使疗效降低或毒性增强，有时会产生严重的后果，甚至危及生命。

## 一、药物配伍变化

### （一）概述

在药物临床使用过程中，常采用两种及两种以上的药物联合使用，以提高疗效和减少不良反应。而多种药物配合在一起（配伍），由于它们的物理、化学和药理性质相互影响，会产生各种各样的变化，这些变化统称为配伍变化。配伍变化符合用药目的和治疗需要的，称为合理性配伍变化。达不到预期目的，可引起作用减弱或消失，甚至增大不良反应的配伍变化，称为不合理性配伍变化。不合理性配伍变化能设法纠正的称为配伍困难，不能纠正的称为配伍禁忌。属于配伍禁忌的药物是不能配合使用的。

**链接**　配伍变化的类型

1. 合理性配伍变化　如青霉素和丙磺舒的联合用药，丙磺舒可以抑制青霉素的排泄；如复方新诺明是由磺胺甲噁唑和 TMP 构成；如利尿剂复方制剂氯沙坦和氢氯噻嗪联合组方。

2. 配伍困难　地塞米松与吲哚美辛合用会增强对消化道的刺激性，如将两药间隔给药，并加服胃黏膜保护药氢氧化铝凝胶即可克服；乳酸钠和四环素注射液合用，可产生四环素沉淀。

3. 配伍禁忌　青霉素和葡萄糖合用可能会出现沉淀；泼尼松与氢氯噻嗪合用，会出现严重的低钾血症。

研究药物配伍变化的目的是根据药物和制剂成分的理化性质与药理作用，设计合理的处方，探讨配伍变化产生的原因和正确的处理方法或防止方法。对可能发生的配伍变化应有一定的预见性，以保证用药的安全和有效，防止医疗事故和生产事故的发生。

### （二）药物配伍变化的分类

药物配伍变化按产生原因分为物理配伍变化、化学配伍变化和药理配伍变化。

1. 物理配伍变化　药物相互配合时，可能发生分散状态或其他物理性质的改变。常见的配伍变化有沉淀、潮解、液化和结块、分散状态或粒径变化等。例如，氯霉素注射液（含乙醇、甘油或丙二醇等）加入 5%葡萄糖注射液中时往往会析出氯霉素；麝香草酚和樟脑形成低共熔物；散剂、颗粒剂吸湿后干燥结块；乳剂、混悬剂分散相粒径变粗；含结晶水的中药干浸膏、颗粒、酶、无机盐吸湿和潮解。

2. 化学配伍变化　药物配伍使用时发生化学反应，产生新物质。化学配伍变化原因复杂，可能是由于化学沉淀、变色、产气、爆炸、氧化、水解、聚合等反应。化学配伍变化使药物制剂的疗效发生改变，或产生毒副作用。例如，青霉素钠和葡萄糖的配伍产生沉淀；维生素 C 和烟酰胺、多巴胺和碳酸氢钠、氨茶碱/异烟肼和乳糖产生变色；高锰酸钾和甘油配伍会发生爆炸；朱砂和溴化钾配伍产生毒性物质。

3. 药理配伍变化　又称为疗效配伍变化，系药物配伍使用后，它们的体内过程相互影响，造成其药理作用的性质、强度、不良反应、毒性等方面有所变化，属于药物在体内的配伍变化。有些药物配伍使用可以使药效增强，如阿莫西林与克拉维酸联合用药，氢氯噻嗪和氯沙坦联合用药；有些药物配伍使用后使毒副作用增强，如异烟肼与麻黄碱合用，降脂药辛伐他汀和非诺贝特合用。

## 二、配伍变化的处理

### （一）配伍变化处方的处理原则

配伍变化处方的处理原则是，了解医师的用药意图，发挥制剂应有的疗效，确保用药的安全。

在审查处方时，首先应了解患者的年龄、性别、病情，并与医师联系，明确对象、给药途径及用药意图等，再结合药物的物理、化学和药理等性质来分析可能产生的不利因素和作用，对处方成分、剂量、发出量和服用方法等各方面要加以全面审查，确定克服毒副作用的方法，必要时还须与医师联系，共同确定解决的方法。凡有配伍变化的注射剂应分别注射；凡注射剂与输液配伍使用者，注射剂应先稀释后混合，严格注意混合的顺序和配合量；有配伍禁忌的药物不得配伍使用。

### （二）配伍变化处方的处理方法

1. 改变储存条件　有些药物制剂在使用过程中，温度、空气、水、二氧化碳、光线等储存条件可能会加速某些药物制剂的沉淀、变色或降解，故这些制剂应在密闭及避光条件下储存于棕色瓶中，每次发出的剂量也不宜多。一些易水解的临时调配制剂，应储存于 5℃以下，以延缓其效价下降，发出量也应尽量少。

2. 改变混合顺序　在很多溶液中，调配次序能影响成品的质量。改变调配次序，可克服一些不应产生的配伍变化。例如，苯甲醇和三氯叔丁醇各 0.5%在水中配伍时，三氯叔丁醇溶解很慢，若先将三氯叔丁醇和苯甲醇混合则极易溶解，然后再加入注射用水。

3. 改变溶剂或添加助溶剂　改变溶剂指改变溶剂容量或使用混合溶剂，此法常用于防止或延缓溶剂析出沉淀或分层。例如，芳香水剂制成的盐类制剂，常析出挥发油，但将芳香水剂稀释后可避免析出。

4. 调整溶液 pH　氢离子浓度的改变能影响很多微溶性药物溶液的稳定性。阴离子型药物，如芳香有机酸盐、青霉素盐、阴离子表面活性剂等，在氢离子浓度增加到一定程度时能析出溶解度较小的游离酸。阳离子型药物，如生物碱、碱性维生素、碱性局麻药等，当氢离子浓度降低到一定程度时能析出溶解度较小的游离碱。对于上述类型药物，特别是注射用药，应精确控制氢离子浓度。

5. 改变有效成分或改变剂型　在征得医师同意的前提下，可改变有效成分，但改换的药物应力求与原成分类似，用法也与原方尽量一致。例如，制备 0.5%硫酸锌滴眼剂时，加入 2%硼砂可析出碱式硼酸锌或氢氧化锌沉淀，所以用硼酸替换硼砂。

## 三、注射剂的配伍变化

临床常用的输液有 5%葡萄糖注射液、0.9%氯化钠注射液、复方氯化钠注射液、葡萄糖氯化钠注射液、右旋糖酐注射液、转化糖注射液及各种含乳酸钠的制剂等，这些单糖、盐、高分子化合物的溶液一般都比较稳定，常与注射剂配伍。

### （一）不适合与其他注射剂配伍的注射剂

有些注射剂由于自身特殊性质，而不适合与某些注射剂配伍，见表 10-2。

**表 10-2　不适合与其他注射剂配伍的注射剂**

| 注射剂名称 | 不宜配伍原因 |
| --- | --- |
| 血液 | 血液不透明，产生沉淀或混浊时不易观察。另外，血液成分复杂，与药物的注射液混合后可能引起溶血、血细胞凝聚等现象 |
| 甘露醇注射液 | 20%甘露醇注射液为过饱和溶液，当加入某些药物如氯化钠、氯化钾溶液时，能引起甘露醇结晶析出 |
| 静脉注射用脂肪乳剂 | 这种制剂要求油的分散程度很细，油相粒子直径在几微米以下，有些药物加入后可以破坏乳剂的稳定性，使乳剂分层、絮凝、合并与乳裂等 |

### （二）注射剂配伍变化发生的主要原因

1. 溶剂组成改变　有些含非水溶剂（如乙醇、丙二醇、甘油等）的制剂与注射剂配伍时，可因溶剂改变使药物析出。例如，氯霉素注射液的溶剂主要为丙二醇，当加入 5%葡萄糖注射液时由于溶剂改变而析出氯霉素。

2. pH 的改变　pH 是注射剂一个重要质控指标，对药物稳定性影响极大，pH 改变会加速药物的分解，产生沉淀或发生变色反应。例如，偏酸性的诺氟沙星与偏碱性的氨苄西林钠混合后，立即出现沉淀；磺胺嘧啶钠、氨茶碱等碱性较强的注射液可使去甲肾上腺素变色。一般而言，两者的 pH 差距越大，发生配伍变化的可能性越大。

输液本身的 pH 范围也是配伍变化的重要因素。例如，青霉素在 pH 为 6～7 时较稳定，当与 pH 为 4.5 的葡萄糖注射液混合后，4 小时效价损失 10%；在 pH 为 3.6 时，4 小时效价损失 40%。

3. 离子作用　有些离子能加速药物的水解反应。例如，乳酸根离子能加速氨苄西林和青霉素钠的水解，氨苄西林在含乳酸钠的复方氯化钠输液中，4 小时后损失 20%。

4. 直接反应　某些药物可直接与输液中的成分反应。例如，四环素在中性或碱性条件下，会与含钙盐的输液形成络合物而产生沉淀；头孢类抗生素遇钙离子、镁离子等会产生沉淀。

5. 盐析作用　两性霉素B注射液为胶体分散系统，只能加到5%葡萄糖注射液中静脉滴注，若加入到氯化钠、氯化钾等电解质的注射液中，可破坏胶粒电荷，发生盐析，使胶体粒子聚集沉淀。

6. 混合顺序　药物制剂配伍时的混合顺序极为重要，某些药物配伍时产生沉淀的现象可通过改变混合顺序的方法来克服。例如，氨茶碱与烟酸配合，先将氨茶碱用注射液稀释，再慢慢加入烟酸可得到澄明溶液，如果将两种药物先混合再稀释则会析出沉淀。在药物制剂配伍时应坚持先稀释后混合，逐步提高浓度的方法。

7. 反应时间　许多药物在溶液中的反应很慢，个别注射液混合几小时后才出现沉淀，所以在短时间内使用是完全可以的。例如，磺胺嘧啶钠注射液与葡萄糖注射液混合后，约在2小时出现沉淀。因此，注射液与注射液配伍应先做试验，如数小时不影响药效，在使用时应在规定时间内完成。若输入量较大，应分次输入，每次新配制。

8. 配合量　配合量的多少会影响到药物浓度，药物在一定浓度下才出现沉淀。当两种具有配伍变化的注射剂在高浓度、等量混合时，易出现可见性的配伍变化。若将注射剂稀释后再混合，则不易出现配伍变化。

9. 其他因素　氧与二氧化碳、光敏感性、成分的纯度也会影响注射剂的稳定性。

## 自 测 题

### 一、最佳选择题

1. 下列不属于药物稳定处方因素的是（　　）
   A. pH的影响　B. 溶剂的影响
   C. 表面活性剂的影响　D. 金属离子
   E. 辅料的影响
2. 下列不属于药物稳定外界因素的是（　　）
   A. 温度　B. 空气（氧气）
   C. 光线　D. 水分
   E. 溶剂的影响
3. 青霉素在葡萄糖溶液中容易水解是因为（　　）
   A. pH的影响　B. 溶剂的影响
   C. 离子强度的影响　D. 表面活性剂的影响
   E. 辅料的影响
4. 吐温80加入使得维生素D更加稳定，是因为（　　）
   A. pH的影响　B. 溶剂的影响
   C. 表面活性剂的影响　D. 离子强度的影响
   E. 辅料的影响
5. 加入丙二醇防止苯巴比妥水解的处方影响因素是（　　）
   A. pH的影响　B. 离子强度的影响
   C. 表面活性剂的影响　D. 溶剂的影响
   E. 辅料的影响
6. 防止氧化加入的金属络合剂是（　　）
   A. 二氧化碳　B. BHA
   C. BHT　D. EDTA
   E. 硫柳汞
7. 青霉素制成粉针剂的主要原因是（　　）
   A. 防止药物氧化　B. 防止微生物污染
   C. 防止药物水解　D. 便于分剂量
   E. 便于包装
8. 盐酸普鲁卡因不稳定的主要原因是（　　）
   A. 水解　B. 光学异构化
   C. 氧化　D. 聚合
   E. 脱羧
9. 下列属于化学配伍变化的是（　　）
   A. 变色　B. 液化
   C. 结块　D. 潮解
   E. 粒径变化
10. 药物化学降解的主要途径是（　　）
    A. 聚合　B. 脱羧　C. 异构化
    D. 分解　E. 水解与氧化

### 二、配伍选择题

【11～13题共用选项】
A. 降低介电常数使得注射剂稳定
B. 防止药物水解
C. 防止药物氧化
D. 防止金属离子的影响

E. 防止药物聚合
11. 巴比妥类药物加入60%丙二醇（　　）
12. 维生素C加入依地酸二钠（　）
13. 青霉素做成粉针剂（　　）
【14～18题共用选项】
A. 60℃ 放10日
B. 25℃ 相对湿度90% 放10日
C. 4500lx±500lx 放10日
D. 40℃相对湿度75% 放6个月
E. 25℃相对湿度60% 放12个月
稳定性试验条件：
14. 长期试验（　　）
15. 加速试验（　　）
16. 高温试验（　　）
17. 高湿度试验（　　）
18. 强光照射试验（　　）

三、多项选择题

19. 下列属于药物制剂稳定性的处方因素的是（　　）
A. pH的影响　B. 温度
C. 金属离子　D. 包装材料
E. 离子强度的影响
20. 药物稳定性影响因素实验法包括（　　）
A. 高温试验　B. 高湿度试验
C. 空气干热试验　D. 强光试验
E. 室温留样试验
21. 下列药物容易发生水解的有（　　）
A. 酯类药物　B. 酚类药物
C. 酰胺类药物　D. 烯醇类药物
E. 芳胺类药物
22. 下列主要通过氧化途径降解的药物有（　　）
A. 酯类　B. 酚类　C. 烯醇类
D. 酰胺类　E. 芳胺类
23. 防止氧化的措施有（　　）
A. 驱氧　B. 避光
C. 加入抗氧化剂　D. 加入金属螯合剂
E. 改变溶剂
24. 下列属于物理配伍变化的是（　　）
A. 变色
B. 溶剂性质不同的溶剂相互配伍使用时，析出沉淀
C. 磺胺嘧啶钠注射液在酸性溶液中，析出沉淀
D. 潮解、液化和结块
E. 粒径变化
25. 影响药物制剂稳定性的外界因素有（　　）
A. 空气　B. 温度
C. 金属离子　D. 溶剂
E. 包装材料

四、名词解释

1. 药物制剂稳定性
2. 配伍禁忌

五、简答题

1. 简述影响药物制剂稳定性的因素。
2. 影响药物水解的因素有哪些？如何解决？
3. 影响药物稳定性因素的研究范围包括哪些方面？

（刘小莉）

# 第 11 章　药物制剂新技术

**学习目标**

1. 掌握常见缓控释制剂技术类型，靶向制剂定义和分类，经皮制剂定义。

2. 熟悉固体分散技术、包合技术、微囊、微球和微丸、纳米囊和纳米球、纳米乳技术，脂质体技术定义、制备、材料和质量检查，经皮制剂特点、分类和制备。

3. 了解常用生物制剂技术。

4. 说出缓释、控释制剂的优缺点，描述单凝聚法制备微囊的方法。

## 第 1 节　药物制剂新技术

**案例 11-1**

传统的注射用两性霉素 B 用于治疗真菌感染，但是毒性较大，可有发热、寒战、头痛、食欲不振、恶心、呕吐等反应，静脉用药可引起血栓性静脉炎，鞘内注射可引起背部及下肢疼痛，且对肝脏和肾脏有损害作用。现采用新技术将其制成注射用两性霉素 B 脂质体，可以大幅度降低副作用。

其制备工艺为薄膜–超声法。精密称定一定量的卵磷脂或胆固醇，用氯仿溶液配制成 20mg/ml 的溶液；准确称取一定量的两性霉素 B，用二甲基亚砜溶解配制成 25mg/ml 的溶液备用。按筛选的处方分别取 10ml 卵磷脂、2.5ml 胆固醇的氯仿溶液置容器中，于 35℃水浴中减压旋转蒸发除去溶剂，使脂质在瓶内壁均匀成膜，抽干。向其中加入 10ml 用 $N_2$ 饱和的注射用水和 1ml 两性霉素 B 溶液，充 $N_2$ 后加塞，瓶口密封，旋涡混合 5 分钟，使脂质膜全部从瓶壁上转移入水相，磁力搅拌 15 分钟，使充分溶胀、水合，再于超声下作用 30 分钟，即得粒径小于 100nm 的小单室脂质体。将脂质体溶液倾入透析袋中 12～24 小时，即得成品。

**问题**：脂质体技术运用在哪些药物制剂中？

### 一、固体分散技术

#### （一）概述

固体分散技术系将难溶性药物高度分散在另一种固体载体中的新技术。通过固体分散技术所得到的混合物称为固体分散体，亦称固体分散物。难溶性药物通常是以分子、胶态、微晶或无定形状态等均匀分散在某一固态载体物质中形成分散体系。目前国内利用固体分散技术生产并已上市的产品有吲哚美辛分散片、硝苯地平固体分散颗粒剂等制剂。固体分散体可看作中间体，可以根据需要制成颗粒剂、胶囊剂、片剂、微丸、软膏剂、栓剂和注射剂等。

#### （二）固体分散技术应用特点

1. 增加难溶性药物的溶解度和溶出速率，从而提高药物的生物利用度。
2. 延缓或控制药物释放；或控制药物于小肠释放。
3. 可延缓药物的水解和氧化。
4. 掩盖药物的不良嗅味，减小刺激性。

5. 使液体药物固体化等。

固体分散体的主要缺点是药物的分散状态稳定性不高，久储易产生老化现象。

### （三）常用的载体材料

固体分散体的溶出速率很大程度上取决于选用载体材料的性质，载体材料应具备下列条件：无毒、无致癌性、不与药物发生化学变化、不影响主药的化学稳定性、不影响药物的药效与含量检测、能使药物保持最佳的分散状态、价廉易得。目前常用载体材料可分为水溶性、难溶性和肠溶性三大类。

1. 水溶性载体材料

（1）聚乙二醇类（PEG）：最常用的是PEG4000或PEG6000，它们的熔点低（50～63℃），毒性较小，化学性质稳定，能够显著增加药物的溶出速率，提高药物的生物利用度，能与多种药物配伍。

（2）聚维酮类（PVP）：为无定形高分子聚合物，易溶于水和多种有机溶剂，熔点高于265℃，无毒，对热稳定性好（但150℃变色）。但成品在潮湿环境中的稳定性较差，储存过程中易吸湿而析出药物结晶。

（3）表面活性剂类：作为载体材料的表面活性剂大多含有聚氧乙烯基，可溶于水和有机溶剂，载药量大，在蒸发过程中可阻滞药物产生结晶，是理想的速效载体材料。常用的为泊洛沙姆188和卖泽类。其增加药物溶出的作用明显大于PEG类载体。

（4）有机酸类：如枸橼酸、酒石酸、琥珀酸、胆酸及去氧胆酸等载体，该类载体材料的分子量较小，易溶于水而不溶于有机溶剂，此类载体不适于对酸敏感的药物。

（5）糖类与醇类：常用的糖类载体材料有右旋糖酐、半乳糖和蔗糖等；醇类载体材料包括甘露醇、山梨醇和木糖醇等。它们的水溶性强，毒性小，因分子中有多个羟基，可与药物以氢键结合生成固体分散体。适用于剂量小、熔点高的药物，尤以甘露醇最为理想。

（6）纤维素类：常用的有羟丙基纤维素（HPC）和羟丙基甲基纤维素（HPMC）等。

2. 难溶性载体材料

（1）纤维素类：常用乙基纤维素（EC），其特点是无毒，无药理活性，溶于有机溶剂，有较大的黏性，作为载体材料其载药量大、稳定性好且不易老化，是一种理想的水不溶性载体材料。

（2）聚丙烯酸树脂类：此类产品在胃液中可溶胀，在肠液中不溶，不能被吸收，对人体无害，广泛用于制备缓释性的固体分散体，使用时可适量加入PEG和PVP。

（3）脂质类：常用的有胆固醇、β-谷甾醇、棕榈酸甘油酯、胆固醇硬脂酸酯、巴西棕榈蜡及蓖麻油蜡等脂质材料，均可用于制备缓释性固体分散体的载体。

3. 肠溶性载体材料

（1）纤维素类：常用的有邻苯二甲酸乙酸纤维素（CAP）、羟丙基甲纤维素钛酸酯（HPMCP）等，均能溶于肠液中。可用于制备在胃中不稳定的药物在肠道释放和吸收的固体分散体，亦可作为结肠定位给药固体分散体的载体。

（2）聚丙烯酸树脂类：国产Ⅱ号及Ⅲ号聚丙烯酸树脂。前者在pH 6以上的介质中溶解，后者在pH 7以上的介质中溶解，有时两者联合使用，可制成缓释速率较理想的固体分散体。

### （四）固体分散体的类型与释药原理

1. 固体分散体的类型

（1）简单低共熔混合物：药物与载体材料共熔后，骤冷固化，形成简单的低共熔混合物。此时药物以微晶状态分散在载体材料中形成物理混合物，即药物与载体在冷却过程中同时生成晶核，由于高度分散，两种分子在扩散过程中互相阻拦，晶核不易长大，而是共同析出微晶，并以微晶状态存在。

（2）固态溶液：药物以分子状态分散在载体材料中形成的均相体系称为固态溶液。按照药物与材料互溶情况分为互溶和部分互溶；按照晶体结构分为置换型和填充型。同液体溶液一样，都是分子分散状态，只是固体溶质（药物）分散在固体溶剂（载体）中。由于固态溶液中的药物具有很高的分散度，其溶出很快，有利于药物的吸收和提高药物的生物利用度。

（3）共沉淀物：系由药物与载体材料两者以恰当比例混合，形成的非结晶性无定形物，有时称玻璃态固熔体。

固体分散体的类型往往是由于载体材料不同。另外，有些药物的固体分散体可能同时存在上述三种材料的复合类型。

2. 固体分散体的释药原理

（1）速释原理

1）药物的分散状态：药物在固体分散体中所处的状态是影响药物溶出速率的重要因素。药物所处状态主要为药物分散状态和药物形成高能态对药物溶出度的影响。药物以分子状态、胶体状态、微晶态高度分散状态存在于载体材料中，有利于药物的溶出与吸收。

2）载体材料对药物溶出的促进作用：载体材料可提高药物的可润湿性；载体材料对药物有抑晶性；载体材料可阻止已分散的药物再聚集粗化。

（2）缓释原理：载体材料形成的骨架延缓了药物扩散、溶出的速率，其释药速率受载体种类、黏度、用量、制备工艺等诸多因素影响。

### （五）固体分散体的制备

采用固体分散技术制备药物的固体分散体的方法主要有：

1. 熔融法　将药物与载体材料混匀，加热至熔融状态，在剧烈搅拌下迅速冷却成固体，或将熔融物倾倒在不锈钢板上形成薄层，用冷空气或冰水使其骤冷变成固体，再将此固体在一定温度下放置变脆成易碎物。此法适用于对热稳定的药物，多用熔点低、不溶于有机溶剂的载体材料，如 PEG 类、泊洛沙姆、枸橼酸、糖类等，但不耐热的药物和载体不宜用此法。也可将熔融物滴入冷凝液中使之迅速收缩、凝固成丸，这样可以利用固体分散体技术制备滴丸，提高药物的生物利用度。

2. 溶剂法　又称共沉淀法，将药物与载体材料共同溶解于有机溶剂中，蒸去有机溶剂后使药物与载体材料同时析出，即可得到药物与载体材料混合而成的共沉淀物，经干燥即得。常用的有机溶剂有氯仿、无水乙醇、丙酮等。本法的优点为避免高热，适用于对热不稳定或易挥发的药物，缺点在于制备时有机溶剂有时难以除尽。具载体材料多选用如 PVP 类、半乳糖、甘露糖、胆酸类等。

3. 溶剂–熔融法　将药物用适当的溶剂溶解后，与熔融的载体混合均匀，蒸去有机溶剂，冷却固化而得。本法适用于液态药物，如鱼肝油，维生素 A、维生素 D、维生素 E 等。但只适用于剂量小于 50mg 的药物。凡适用于熔融法的载体材料均可采用。

4. 溶剂–喷雾（冷冻）干燥法　将药物与载体材料共溶于溶剂中，然后喷雾或冷冻干燥，除尽溶剂即得。溶剂–喷雾干燥法可连续生产，溶剂常用 $C_1$～$C_4$ 的低级醇或其混合物。而溶剂冷冻干燥法适用于易分解或氧化、对热不稳定的药物，如酮洛芬、红霉素、双香豆素等。此法污染少，产品含水量可低于 0.5%。常用的载体材料为 PVP 类、PEG 类、β-环糊精、甘露醇、乳糖、水解明胶、纤维素类、聚丙烯酸树脂类等。例如，布洛芬或酮洛芬与 50%～70%PVP 的乙醇溶液通过溶剂–喷雾干燥法，可得稳定的无定形固体分散体。又例如，双氯芬酸钠、乙基纤维素与壳聚糖（重量比 10∶2.5∶0.02）通过喷雾干燥法制备固体分散体，药物可缓慢释放，累积释放曲线符合 Higuchi 方程。

5. 研磨法　将药物与较大比例的载体材料混合后，强力持久地研磨一定时间，不需加溶剂而借助机械力降低药物的粒度，或使药物与载体材料以氢键相结合，形成固体分散体。常用的载体材料有微晶纤维素、乳糖、PVP 类、PEG 类等。

6. 双螺旋挤压法　本法系将药物与载体材料置于双螺旋挤压机内，经混合、捏制而形成固体分散体，无须有机溶剂，同时可用两种以上的载体材料，制备温度可低于药物熔点和载体材料的软化点，因此药物不易破坏，制得的固体分散体稳定。例如，硝苯地平与 HPMCP 制得黄色透明固体分散体，经 X 射线衍射与差式扫描量热分析（DSC）检测显示硝苯地平以无定形存在于固体分散体中。

采用固体分散技术制备固体分散体应注意如下问题：①适用于剂量小的药物，即固体分散体中药物含量不应太高，如占 5%～20%。液态药物在固体分散体中所占比例一般不宜超过 10%，否则不易固化成坚脆物，难以进一步粉碎。②固体分散体在储存过程中会逐渐老化。储存时固体分散体的硬度变大、析出晶体或结晶粗化，从而降低药物的生物利用度的现象称为老化。老化与药物浓度、储存条件及载体材料的性质有关，因此必须选择合适的药物浓度及载体材料。常采用混合载体材料以弥补单一载体材料的不足，积极开发新型载体材料，保持良好的储存条件，如避免较高的温度与湿度，以保持固体分散体的稳定性。

### （六）固体分散体的物相鉴定

药物与载体材料制成的固体分散体，常用的物相鉴定方法有 X 射线衍射法、红外光谱法、热分析法、核磁共振谱法等。

## 二、包合技术

### （一）包合技术的概念

包合技术系一种分子被包嵌于另一种分子空穴结构内形成包合物的技术。包合物由主分子和客分子两种组分组成，又称为“分子囊”。药物分子为客分子，包合材料分子为主分子。

### （二）包合物的主要特点

（1）增加药物的稳定性：凡容易氧化、水解、易挥发的药物制成包合物，可防止其氧化、水解，减少挥发。

（2）增加药物的溶解度：难溶性药物与 β-环糊精混合可制成水溶性的包合物。

（3）液体药物粉末化：液体药物包合使成固态粉末，便于加工成其他剂型，如片剂、胶囊、散剂、栓剂等。

（4）掩盖药物不良气味，减少药物刺激性及毒副作用。

（5）调节释药速度：中药挥发油等用 β-环糊精包合后，可控制包合物内挥发油的释放。

（6）提高药物的生物利用度。

### （三）包合材料

常用的包合材料有环糊精、胆酸、淀粉、纤维素、蛋白质、核酸等作包合材料。目前最常用的是环糊精及其衍生物。

环糊精（cyclodextrin，CYD）系指淀粉用嗜碱性芽孢杆菌经培养得到的环糊精葡萄糖转位酶作用后形成的产物，是由 6～12 个 D-葡萄糖分子以 1，4-糖苷键连接的环状低聚糖化合物，为水溶性的非还原性白色结晶状粉末，熔点为 300～305℃，安全性高，使用最广泛，结构为中空圆筒形。常见的有 α、β、γ 三种，分别由 6、7、8 个葡萄糖分子构成。三种环糊精的基本性

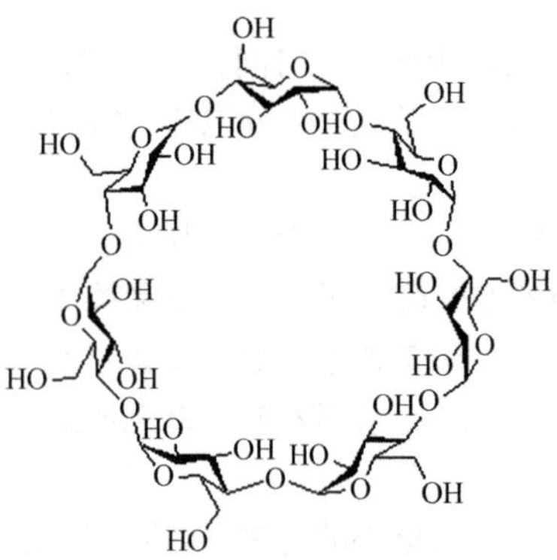
图 11-1 β-环糊精结构图

质除环状中空圆筒空穴深度相近外，其他性质均不相同。其中以β-环糊精最为常用（图 11-1）。

### （四）包合物的制备

β-环糊精包合物的制备方法有饱和水溶液法、研磨法、冷冻干燥法、中和法、共沉淀法等。

1. 饱和水溶液法　先将环糊精与水配成饱和溶液，可溶性药物直接加入环糊精饱和溶液，一般摩尔比为1∶1，搅拌，直至成为包合物为止，约 30 分钟以上；水难溶性药物，可先溶于少量有机溶剂，再注入环糊精饱和水溶液，搅拌，直至成为包合物为止；若为水难溶性液体（如挥发抽）药物，直接加入环糊精饱和水溶液中，经搅拌得到包合物。所得包合物若为固体，则滤取，水洗，再用少量适当的溶剂洗去残留药物，干燥。若包合物为水溶性的，则将其浓缩而得到固体，也可加入一种有机溶剂，促使其析出沉淀。

2. 研磨法　将环糊精与 2～5 倍量水混合研匀，加入客分子化合物（水难溶性者，先溶于少量有机溶剂中），研磨成糊状，低温干燥后，再用有机溶剂洗净，干燥即得。

3. 冷冻干燥法　将药物和环糊精混合于水中，搅拌，溶解或混悬，通过冷冻干燥除去溶剂（水），得粉末状包合物。如果其他方法制得的包合物水溶液，在干燥时易分解或变色，但又要求得到干燥包合物，改用本法，能得到理想的包合物，成品较疏松，溶解度好。

## 三、脂质体制备技术

### （一）脂质体的概念

脂质体系将药物包封于类脂质双分子层形成的薄膜中间而制得的超微型球状载体，又称类脂小球。

现脂质体广泛运用于抗癌药物中，对于淋巴癌等具有一定靶向性，且可降低毒副作用，如两性霉素 B 脂质体，此外还增加了药物的稳定性。

### （二）脂质体的结构

脂质体是以磷脂为膜材，加入胆固醇等组成。磷脂和胆固醇混合分子相互作用间隔定向排列形成双分子层，胆固醇和磷脂共同构成细胞膜和脂质体的基础物质，具有调节脂质体膜流动性的作用。当低于相变温度时，胆固醇可使膜减少有序排列，而增加流动性；高于相变温度时，可增加膜的有序排列以减少膜的流动性。

### （三）脂质体的分类

1. 按照结构和所包含的双层磷脂膜层数分类　分为单室脂质体、多室脂质体（图 11-2，图 11-3）。

（1）单室脂质体：系指由一层类脂质双分子层构成的脂质体，它又分为大单室脂质体（粒径 0.1～1μm）和小单室脂质体（粒径 0.02～0.08μm，可称为纳米脂质体）。单室脂质体中水溶性药物的溶液只被一层类脂质双分子所包封，脂溶性药物则分散于双分子层中。

（2）多室脂质体：系指由多层类脂质双分子层构成的脂质体（粒径在 1～5μm）。多室脂质体中有几层脂质双分子层将被包含的水溶性药物的水膜隔开，形成不均匀的聚合体，脂溶性药物则分散于几层双分子层中。

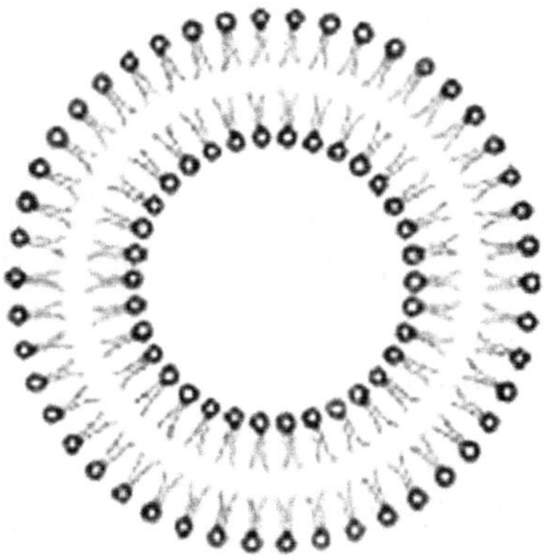

图 11-2　单室脂质体

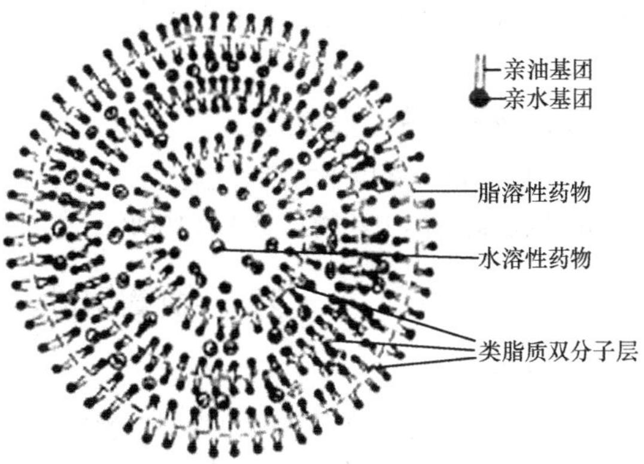


图 11-3　多室脂质体

2. 按照电荷分类　分为中性脂质体、负电荷脂质体、正电荷脂质体。

3. 按照性能分类　分为一般脂质体、特殊功效脂质体。

### （四）脂质体的特点

脂质体是一种新型的药物载体，具有包裹脂溶性药物或水溶性药物的特性。载药脂质体可起到靶向性、缓控释、降低药物毒性和提高药物稳定性的作用。

1. 靶向性和淋巴定向性　肝、脾的单核–吞噬细胞系统的被动靶向性。用于肝寄生虫病、利什曼病等单核–吞噬细胞系统疾病的防治。例如，肝利什曼原虫药锑酸葡胺脂质体，其肝中浓度比普通制剂提高了 200～700 倍。

2. 缓释作用　缓慢释放，延缓肾排泄和代谢，从而延长作用时间。

3. 降低药物毒性　如两性霉素 B 脂质体可降低心脏毒性。

4. 提高稳定性　如胰岛素脂质体、疫苗等可提高主药的稳定性。

### （五）脂质体的制备

脂质体的制备方法有注入法、薄膜分散法、冷冻干燥法、超声波分散法等。

1. 注入法　首先将磷脂与胆固醇等类脂质及脂溶性药物共溶于有机溶剂中，再将此药液缓慢注入搅拌下的 50℃磷酸盐缓冲液中，不断搅拌至气泡除尽，即制得多室脂质体。有机溶剂常用乙醚。本法所得的脂质体粒径较大，不适宜静脉注射。可再将脂质体混悬液通过高压乳匀机两次，则所得的成品大多为单室脂质体，少数为多室脂质体，粒径绝大多数在 2μm 以下。

2. 薄膜分散法　将磷脂、胆固醇等类脂质及脂溶性药物溶于氯仿或乙醚等有机溶剂中，然后将氯仿溶液在圆底烧瓶中旋转蒸发，使其在玻璃内壁上形成一层薄膜；将水溶性药物溶于磷酸盐缓冲液中，加入烧瓶中不断搅拌，即得脂质体。

3. 冷冻干燥法　将磷脂分散于缓冲对溶液中，经超声波处理与冷冻干燥，再将干燥物分散到含药物的水性介质中，即得。此法适合包封对热敏感的药物。

4. 超声波分散法　将水溶性药物溶于磷酸盐缓冲液，加至磷脂、胆固醇与脂溶性药物共溶于有机溶剂制成的溶液中，搅拌蒸发除去有机溶剂，残液经超声波处理，然后分离出脂质体，再混悬于磷酸盐缓冲液中，制得脂质体混悬型注射剂。

5. 逆相蒸发法　将磷脂等膜材溶于有机溶剂，如氯仿、乙醚等，加入待包封的药物水溶液（水溶液：有机溶剂=1：3～1：6）进行短时超声，直到形成稳定 W/O 型乳状液。然后减压蒸发除去有机溶剂，达到胶态后，滴加缓冲液，旋转使器壁上的凝胶脱落，在减压下继续蒸发，制得水性混悬液，通过凝胶色谱法或超速离心法，除去未包入的药物，即得大单层脂质体。

此外，制备脂质体的方法还有复乳法、熔融法、表面活性剂处理法、离心法、前体脂质体法和钙融合法等。

### （六）脂质体的质量控制

脂质体质量应从以下方面控制：①形态、粒径及其分布；②包封率，包封率=（脂质体中包封的药物/脂质体中药物总量）×100%；③脂质体的稳定性，包括物理稳定性和化学稳定性。

## 四、微囊和微球的制备技术

### （一）微囊

1. 概述　微囊化技术又称为微型包囊技术，简称微囊化，系指利用天然的或合成的高分子材料（囊材）作为囊膜壁壳，将固态药物或液态药物（囊心物）包裹形成药库型微型胶囊的技术。微型胶囊简称为微囊。

药物微囊化后主要可以起到以下作用：①提高药物的稳定性；②制备缓释或控释制剂；③防止药物在胃肠道内失活或减少对胃肠道的刺激性；④掩盖药物的不良嗅味；⑤使药物浓集于靶区，提高疗效，降低毒副作用；⑥使液态药物固体化，便于制剂生产和储存；⑦减少复方制剂中的配伍禁忌；⑧可将活细胞或生物活性物质包囊。

2. 微囊的组成　微囊组成主要有囊心物与囊材。

（1）囊心物：除了主药外，还可以包括提高微囊化质量而加入的附加剂，如稳定剂、稀释剂及控制释放速度的阻滞剂或促进剂等。囊心物可以是固体也可以是液体，而微囊化的方法则应根据药物的不同性质（主要指溶解性）而定。例如，采用相分离–凝聚法时，囊心物一般不应是水溶性的固体或液体药物；若采用界面聚合法时，囊心物则必须具有水溶性。

（2）囊材：指用于包囊所需的各种材料。囊材一般应符合下列要求：①性质稳定，能减少挥发性药物的损失，有适宜的释药速度；②无毒、无刺激性；③能与药物配伍，不影响药物的药理作用和含量测定；④有一定强度及可塑性，能完全包封囊心物；⑤有符合要求的黏度、渗透性、溶解性和吸湿性等。

目前常用的囊材分为三大类：

1）天然高分子材料：最常用的有明胶、阿拉伯胶、壳聚糖、海藻酸钠等。

2）半合成高分子囊材：常用的是纤维素衍生物，如羧甲基纤维素钠（CMC-Na）、邻苯二甲酸乙酸纤维素（CAP）、甲基纤维素（MC）、乙基纤维素（EC）、羟丙基甲基纤维素（HPMC）等。

3）合成高分子囊材：常用的合成高分子囊材有聚乙烯醇（PVA）、聚乙二醇、聚碳酯、聚苯乙烯、聚酰胺、聚乳酸（PLA）、聚维酮（PVP）等。其中PLA具有生物降解性。

3. 微囊的制备方法　微囊的制备方法有物理化学法、物理机械法和化学法三大类。

（1）物理化学法：又称相分离凝聚法，本法微囊化在液相中进行，囊心物与囊材在一定条件下形成新相析出。相分离凝聚法又分为单凝聚法、复凝聚法、溶剂–非溶剂法和液中干燥法等。其中单凝聚法和复凝聚法是当前对水不溶性的固体或液体药物进行微囊化最常用的方法，一般不需要特殊的生产设备。

1）单凝聚法：在高分子囊材溶液（如明胶）中加入凝聚剂（硫酸钠、硫酸铵等强亲水性电解质或乙醇、丙醇等强亲水性非电解质溶液），由于水分子和凝聚剂结合，从而降低高分子材料的溶解度而凝聚成囊的方法。单凝聚法基本原理是以一种高分子化合物为囊材，将囊心物分散在囊材的溶液中，然后加入凝聚剂，由于囊材胶粒上的水合膜中的水分子与凝聚剂结合，致使体系中囊材的溶解度降低而凝聚出来形成微囊。这种凝聚作用是可逆的，可利用这种可逆性使凝聚过程反复多次，直至制成满意的微囊。再利用囊材的某些理化性质，使形成的凝聚囊胶凝结并固化，形成稳定的微囊。

2）复凝聚法：系利用两种聚合物在不同 pH 时，生成相反的电荷，从而引起相分离–凝聚的方法。例如，用阿拉伯胶（带负电荷）和明胶（pH 在等电点以上带负电荷，在等电点以下带正电荷）作囊材，药物先与阿拉伯胶相混合，制成混悬液或乳剂，负电荷胶体为连续相，药物（囊心物）为分散相，在 50～55℃的温度下与等量的明胶溶液混合（此时明胶带负电荷或基本上带负电荷），然后用稀酸调节 pH 至 4.5 以下使明胶全部带正电荷，使其与带负电荷的阿拉伯胶交联凝聚将药物包裹（图 11-4）。同阿拉伯胶一样带负电荷可与明胶发生复凝聚作用的囊材有桃胶、果胶、杏胶、海藻酸等，合成纤维素有 CMC-Na 等。

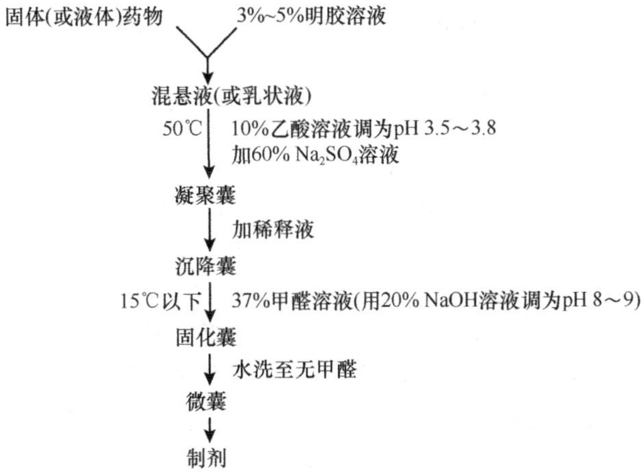


图 11-4　复凝聚法制备微囊的工艺流程图

（2）物理机械法：系将液体药物或固体药物在气相中进行微囊化的技术，主要有喷雾（冷冻）干燥法、流化床包衣法和包衣锅法等。

1）喷雾干燥法：可用于固态或液态药物的微囊化，粒径范围通常为 5～600μm。工艺流程是先将囊心物分散在囊材的溶液中，再用喷雾法将此混合物喷入惰性热气流使液滴收缩成球形，进而干燥即得微囊。

2）流化床包衣法：利用垂直强气流使囊心物悬浮在包衣室中，囊材溶液通过喷雾附着于含有囊心物的微粒表面，通过热气流将囊材溶液挥去的同时将囊心物包成膜壳型微囊。在药物微粉化包衣过程中加入适量的滑石粉或硬脂酸镁，可防止药物微粒之间的粘连。

3）包衣锅法：参见第 3 章片剂包衣。

（3）化学法：系利用液相中单体或高分子的聚合或缩合反应生成囊膜而制成微囊的方法。本法特点是不加凝聚剂，先将药物制成 W/O 型乳浊液，再利用化学反应交联固化。

### （二）微球

微球系药物与高分子材料制成的基质骨架型的球形或类球形实体。药物溶解或分散于实体中，其大小因使用目的而异，粒径通常在 1～250μm。一般制成混悬剂供注射或口服。按照制备材料可分为明胶微球、白蛋白微球；按照制备方法可分为普通注射微球、栓塞性微球、磁性微球等。

药物制成微球的主要目的：①缓慢释放,延长药效；②保护多肽、蛋白类药物，避免酶的破坏；③控制微球粒径，吸入给药可降低给药剂量，提高疗效，或静脉注射给药被肺毛细血管机械截留，使药物浓集于肺，降低全身毒副作用；④可直接注射于癌变部位或动脉栓塞部位以提高疗效，亦可利用磁性达到定位释放等。

微球制备方法同微囊。

### 五、纳米囊和纳米球的制备技术

#### （一）概述

纳米乳又称微乳，系粒径为 1～100nm 的乳滴分散在另一种液体中形成的热力学稳定的胶体分散系统，其乳滴多为大小比较均匀的球形，透明或半透明。纳米粒分为骨架实体型的纳米球和膜壳药库型的纳米囊。

亚纳米乳曾称亚微乳，粒径在 100～1000nm，外观不透明，呈混浊或乳状，稳定性介于纳米乳与普通乳（乳滴大小为 1～100μm）之间。亚纳米乳虽可热压灭菌，但加热时间太长或数次加热会分层。

纳米乳与亚纳米乳都可以作为药物的载体，但目前在药剂学中的应用还不太多。

#### （二）纳米乳的制备

1. 需要大量乳化剂　纳米乳中乳化剂的用量一般为油量的 20%～30%，而普通乳剂中乳化剂的用量多低于油量的 10%。因纳米乳的乳滴小，表面积大，需要更多的乳化剂才能乳化。

2. 需要加入辅助乳化剂　辅助乳化剂可调节乳化剂的 HLB 值。辅助乳化剂既可提高膜的牢固性和柔顺性，又可增大乳化剂的溶解度，进一步降低表面张力，有利于纳米乳的稳定。

3. 确定处方　处方中的必需成分通常是油、水、乳化剂和辅助乳化剂。当油、乳化剂和辅助乳化剂确定之后，可通过某种方法找出纳米乳区域，从而确定它们的用量。

4. 纳米乳的制备　将亲水性乳化剂同辅助乳化剂按要求的比例混合，在一定的温度下搅拌，再加一定量的油相，混合搅拌后，用水滴定至澄明，即得。纳米乳中的油、水仅在一定的比例范围内互溶，在水较多的某一范围内形成 O/W 型纳米乳，在油较多的某一范围内形成 W/O 型纳米乳。

#### （三）亚纳米乳的制备

亚纳米乳的制备，通常要求亚纳米乳的粒径应比微血管小才不会发生栓塞。一般亚纳米乳要使用两步高压乳匀机将粗乳捣碎，并滤去粗乳滴与碎片。

## 第 2 节　缓释、控释制剂及靶向制剂

### 一、缓释与控释制剂

#### （一）概念

1. 缓释制剂　系用药后能在较长时间内持续释放药物以达到长效作用的制剂。一般对于注射剂，药物释放可持续数日至数月；口服剂型可持续数小时。

2. 控释制剂　系药物能在预定的时间内自动以预定速度释放，使血药浓度长时间恒定持续在有效浓度范围的制剂。

缓释制剂是按时间变化先多后少地非恒速释放，而控释制剂是按零级释放规律释放，即其释药是不受时间影响的恒速释放，可以得到更为平稳的血药浓度，峰谷波动小，甚至吸收基本完全。目前，国内外关于缓控释制剂没有严格区分，主要是由于工艺还达不到药物完全恒定速率释放。缓释、控释制剂包括口服普通制剂，也包括眼用、鼻腔、耳道、阴道、直肠、口腔或牙用、透皮或皮下、肌内注射液及皮下植入，使药物缓慢释放吸收。

### （二）缓释、控释制剂的特点

1. 对于半衰期短或需要频繁给药的药物，可减少给药次数，且使用方便，可提高患者的顺应性。特别适用于需要长期服药的慢性疾病（如心血管疾病、心绞痛、高血压、哮喘等）患者。例如，硝苯地平制成缓控释制剂，可以减少给药次数。

2. 使血药浓度保持平稳，避免或减少峰谷现象，有利于降低药物的毒副作用。

3. 可以减少用药的总剂量，以最小剂量达到最大药效。

4. 避免某些药物对胃肠道的刺激性。

5. 缓释、控释制剂也有其不足：①临床上应用会降低调节给药剂量的灵活性，如遇到某种特殊情况，往往不能立刻停止治疗；②缓释、控释制剂的设计以健康人群的药物动力学依据，当药物在疾病状态的体内动力学特征有所改变时，临床上难以灵活调节给药方案；③工艺复杂，设备昂贵，产品成本较高，价格较贵。

### （三）缓释、控释制剂的机制

根据释药机制，可将缓释、控释制剂分为骨架型、膜控型和渗透泵型三大类。

1. 骨架型缓释、控释制剂

（1）不溶性骨架片：以不溶于水或水溶性极小的高分子聚合物或无毒塑料为材料制成的片剂。在胃肠道中不崩解，胃肠液渗入骨架空隙后，药物溶解并通过骨架中的极细通道缓慢向外扩散，药物释放后完整骨架随粪便排出体外。主要材料有聚乙烯、聚氯乙烯、甲基丙烯酸–丙烯酸甲酯共聚物、乙基纤维素。

（2）溶蚀性骨架片：又称蜡质类骨架片，系将药物包埋于溶蚀性骨架材料中制成的骨架片。此类骨架是通过孔道扩散与溶蚀控制释放，部分被蜡质包裹，可加入表面活性剂。主要材料有巴西棕榈蜡、硬脂醇、氢化蓖麻油、聚乙二醇单硬脂酸酯、三酰甘油等。

（3）亲水凝胶骨架片：将药物包埋于亲水性高分子材料骨架中制成。其机制为骨架遇水后形成亲水凝胶层，由凝胶屏障控制药物释放，且保护片芯内部不受溶出溶剂的影响而发生崩解。水溶性药物主要以药物通过凝胶层的扩散为主；难溶性药物则以凝胶层的逐步溶蚀为主。主要骨架材料为羟丙甲基纤维素。

2. 膜控型缓释、控释制剂　主要适用于水溶性药物，用适宜的包衣液，采用一定的工艺制成厚度均一的包衣膜，达到缓释、控释目的。其包衣液由包衣材料、增塑剂和溶剂（或分散介质）组成，根据膜的性质和需要可加入致孔剂、着色剂、抗黏剂和遮光剂等。目前大部分将水不溶性包衣材料用水制成混悬型或乳剂型或胶体型液体，进行包衣。膜控、缓释制剂包括以下几种。

（1）微孔膜包衣缓控释制剂：通常是利用胃不溶性聚合物作为包衣材料，并在包衣液中加入少量致孔剂调节药物的释放速度。口服后致孔剂遇水部分溶解或脱落，在包衣膜上形成无数微孔，通过微孔控制药物的释放速度。例如，乙酸纤维素（CAP）、乙烯-乙酸乙烯共聚物（EVA）、聚丙烯酸树脂等。

（2）膜控释小片：系将药物与辅料按常规方法制粒，压制成小片，其直径为 2～3mm，用缓释膜包衣后装入硬胶囊使用的制剂。每粒胶囊壳装入数片至 20 片不等，同一胶囊内的小片可包上不同缓释作用的包衣或不同厚度的包衣。此类制剂特点在于无论在体内外皆可获得恒定的释药速率，是一种较理想的口服控释剂型；其生产工艺也较控释小丸简便，质量也易于控制；生物利用度高。

（3）肠溶膜控释片：此类控释片是药物片芯外包肠溶衣，再包上含药的糖衣层而制得。含药糖衣层在胃液中释药，当肠溶衣片芯进入肠道后，衣膜溶解，片芯中的药物释出，因而延长了释药时间。肠溶衣材料可用羟丙基纤维素钛酸酯，也可与不溶于胃肠液的膜材料，如乙基纤维素混合包衣制成在肠管中释药的微孔膜包衣片，在肠管中肠溶衣溶解，在包衣膜上形成微孔，纤维素微孔膜控制片芯内药物的释放。

（4）膜控释小丸：由丸芯与控释薄膜衣两部分组成。丸芯含药物和稀释剂、黏合剂等辅料，所用辅料与片剂的辅料大致相同，包衣膜亦有亲水薄膜衣、不溶性薄膜衣、微孔膜衣和肠溶衣。微孔膜包衣的阿司匹林缓释小丸是以 40 目左右的蔗糖粒子为芯核，以含适量乙醇的糖浆为黏合剂，在滚动下撒入 100 目的药物细粉，制成药物与糖芯重量比为 1∶1 的药芯小丸，干燥后，包以含致孔剂 PEG6000、增塑剂邻苯二甲酸二乙酯的乙基纤维素膜（丙酮/乙醇为溶剂）得直径为 1mm 左右的小丸。包衣增重 30%。此包衣小丸经新西兰白兔体内血药浓度测定，表明具明显的缓释作用。

3. 渗透泵型控释制剂　系利用渗透压原理制备的控释制剂，能恒速地释放药物，可制成片剂、胶囊剂与栓剂等剂型。其主要由药物、半透膜材料、渗透压活性物质和推动剂等组成。例如，渗透泵片是由药物、渗透压活性物质和助推剂等制成片芯，在片芯外包一层半透明性的聚合物衣膜，再用激光在片剂衣膜层上开一个或多个适宜大小的释药小孔制成。

（1）常用的半透膜材料：系无活性并在胃肠道中不溶解的成膜聚合物，仅能透过水分子，不能透过其他物质，常用的有乙酸纤维素、乙基纤维素、乙烯–乙酸乙烯共聚物等。

（2）渗透压活性物质：起调节药室内渗透压的作用，常用乳糖、果糖、葡萄糖、甘露糖的不同混合物。

（3）推动剂：亦称为促渗透聚合物或助渗剂，能吸水膨胀，产生推动力，将药物层的药物推出释药小孔，常用的有聚羟甲基丙烯酸烷基酯（分子量 3 万～500 万）、PVP（分子量 1 万～36 万）等。

## 二、靶 向 制 剂

### （一）概念

靶向制剂又称靶向给药系统（TDS），系载体将药物通过局部或全身血液循环而选择性地浓集定位于靶组织、靶器官、靶细胞或细胞内的给药系统。理想的靶向制剂应具备定位浓集、控制释药、无毒、可生物降解等要求。

### （二）靶向制剂特点

1. 既能最大限度地发挥药物疗效，又能降低对其他正常器官、组织及全身的毒副作用。

2. 还可以提高药品的稳定性，减少药物的用量。

3. 提高患者用药的顺应性，同时具有缓释、控释的性质，目前被认为是抗癌药物的首选剂型。

4. 可以提高制剂的安全性和有效性。

**链接**　靶向制剂研究历史

靶向制剂概念是 Ehrlich P.在 1906 年提出的。但由于长期对疾病认识的局限和未能在细胞水平和分子水平上了解药物的作用，以及靶向制剂的材料和制备方面的困难，直到分子生物学、细胞生物学和材料科学等方面飞速进步后，才给靶向制剂的发展开辟了新天地。自 20 世纪 70 年代末至 80 年代初，人们开始比较全面地研究靶向制剂，包括它们的制备、性质、体内分布、靶向性评价及药效与毒理。1993 年 Florence·AT 创办了 *Journal of Drug Targeting*，其专门刊载靶向制剂的研究论文，促进了医药界对靶向制剂的重视和深入研究。

### （三）靶向制剂的分类

按作用方式分类，靶向制剂大体可分为以下三类。

（1）被动靶向制剂：即自然靶向制剂，是利用药物载体，使药物被机体生理过程自然吞噬而实现靶向的制剂，药物选择性地浓集于病变部位而产生特定的体内分布特征。乳剂、脂质体、微球和纳米粒都可以作为被动靶向制剂的载体。

（2）主动靶向制剂：系指利用修饰的药物载体作为"导弹"，将药物定向地运送到靶区浓集发挥药效。

主动靶向制剂包括经过修饰的药物载体和前体药物两大类制剂。修饰的药物载体有修饰的脂质体、修饰的纳米乳、修饰的微球、修饰的纳米球等。前体药物是活性药物衍生而成的药理惰性物质，能在体内经化学反应或酶反应，使活性的母体药物再生而发挥其治疗作用。前体药物包括抗癌药前体药物、脑部靶向前体药物和结肠靶向前体药物。

（3）物理化学靶向制剂：系指应用某些物理化学方法使药物在特定部位发挥药效的靶向制剂。物理化学靶向制剂包括磁性靶向制剂、栓塞靶向制剂、热敏靶向制剂、pH 敏感靶向制剂等。

### （四）靶向制剂的评价

主要是从相对摄取率、靶向效率、峰浓度比值进行靶向评价。

# 第 3 节　经皮吸收制剂

## 一、概　　念

经皮吸收制剂，又称经皮给药系统（transdermal drug delivery system，TDDS），系经皮肤给药的制剂。主要采用敷贴，药物穿过角质层，进入真皮和皮下脂肪达到局部治疗作用，或由毛细血管和淋巴管吸入体循环产生全身治疗作用的过程。TDDS 既可局部发挥治疗作用，也可发挥全身治疗作用。常用的剂型为贴剂，广义的经皮给药制剂还包括软膏剂、硬膏剂、涂剂和气雾剂等。

## 二、经皮吸收制剂的特点

经皮给药制剂与常用普通剂型，如口服片剂、胶囊剂或注射剂等比较具有以下优点。

1. 可避免口服弊端，即避免肝脏的首过效应和胃肠道对药物的降解灭活。
2. 可维持恒定的血药浓度，避免口服给药引起的峰谷现象，降低毒副作用。
3. 延长药物的作用时间，减少用药次数。
4. 使用方便，方便患者自主给药，可随时停药，适宜人群广泛。

TDDS 也有如下缺点：

1. 起效较慢，是由于药物吸收进入体内需要透过皮肤生理屏障，且多数药物不能达到有效治疗浓度。
2. TDDS 的剂量较小，一般认为每日用量超过 5mg 的药物就不能制成理想的 TDDS。
3. 对皮肤有刺激性和过敏性的药物不宜设计成 TDDS。
4. TDDS 生产工艺和条件也较复杂，价格昂贵。

## 三、经皮吸收制剂的组成

经皮吸收制剂的基本组成分为背衬层、药物储库、控释膜或骨架材料、含药压敏胶层及保护层（图 11-5）。

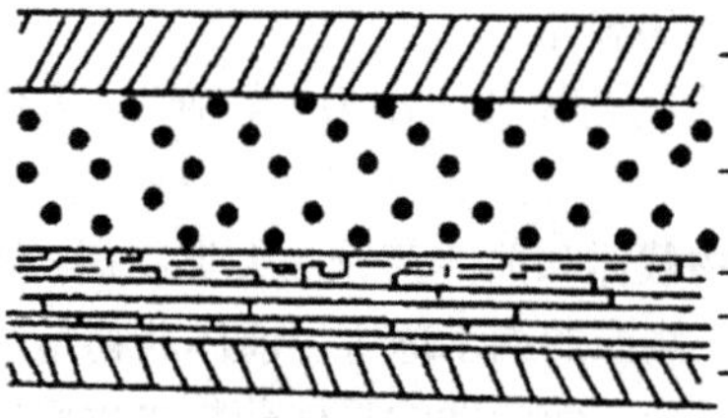


图 11-5 TDDS 的组成

1. 背衬层　系用于支持药库或压敏胶的薄膜。要求封闭性强，对药物、辅料、水分和空气均无透过性、易于与控释膜复合，背面方便印刷商标、药名和剂量等文字。常用的有软铝塑材料、聚苯乙烯、聚乙烯等。

2. 药物储库　经皮吸收制剂通过扩散而起作用，药物从储库中扩散直接进入皮肤和血液循环。药物储库有骨架型或控释膜型。药物储库由药物、高分子基质材料、透皮促进剂等组成。高分子基质材料包括卡波姆、HPMC、PVA。

3. 控释膜或骨架材料　常用控释膜材料主要有乙烯–乙酸乙烯共聚物（EVA）；常用骨架材料有 PVA 和 CAP。

4. 含药压敏胶层　又称黏胶层。常见的有聚异丁烯类、丙烯酸类和硅橡胶压敏胶等。

5. 保护层　起防黏和保护制剂的作用。通常为防黏纸、塑料或金属材料，当除去时，应不会引起储库和粘贴层等的剥离。

## 四、经皮吸收制剂的分类

经皮吸收制剂基本上可分成两大类，即膜控释型和骨架扩散型。膜控释型经皮吸收制剂是指药物被控释膜或控释材料包裹成储库，由控释膜式控释材料的性质控制药物的释放速率。骨架扩散型经皮吸收制剂是药物溶解或均匀分散在聚合物骨架中，由骨架的组成成分控制药物的释放。膜控释型可再分为复合膜控释型、充填封闭型、微储库型；骨架扩散型可再分为骨架扩散型、黏胶分散型。

1. 充填封闭型 TDDS　背衬层常以铝塑材料或塑料薄膜制备，要求封闭性强，易于与控释膜复合；药物储库是以液体或软膏和凝胶等半固体充填被封闭于背衬层与控释膜之间；控释膜是以乙烯–乙酸乙烯共聚物制得的均质膜；黏胶层常用的压敏胶是硅橡胶类和丙烯酸酯类。

2. 复合膜控释型 TDDS　背衬层常为铝塑膜；药物储库是将药物分散在聚异丁烯等压敏胶中，加入液状石蜡作为增黏剂；控释膜常为聚丙烯微孔膜，膜的厚度、微孔大小、孔率等及充填微孔的介质都可以控制药物的释放速率；黏胶层是用聚异丁烯压敏胶，加入药物作负荷剂量，使药物较快达到治疗的血药浓度。

3. 黏胶分散型 TDDS　系膜控释型 TDDS 的一个变型，是将药物直接分散于压敏胶再涂于背衬层上作为药物储库。

4. 聚合物骨架型 TDDS　系将药物均匀分散或溶解在疏水或亲水的骨架材料中，然后将这种含药聚合物膜制成具有一定面积和厚度的药膜，即药物储库；再把药物膜贴在背层上，外周涂上压敏胶，加保护膜即成。

5. 微储库型　系将药物分散于水溶性聚合物中，将此混悬液均匀分散在疏水聚合物中，形成微小的球状储库；再把这种含微型药库的骨架制成具有一定面积和厚度的药膜，把药膜贴在背衬层上，外周涂上压敏胶，加保护膜即得。

### 五、常用经皮吸收促进剂

经皮吸收促进剂系能够降低药物通过皮肤阻力，加速药物穿透皮肤的物质。经皮吸收制剂中一般需加入透皮吸收促进剂，否则药物难以通过皮肤被吸收。理想的药物吸收促进剂应对皮肤无害、无刺激性、无药理活性、无过敏性、理化性质稳定。常用的透皮吸收促进剂有以下几类。

1. 表面活性剂　可渗入皮肤，与皮肤成分相互作用，改变其透过性质，应用较多的有十二烷基硫酸钠，其余见第 4 章表面活性剂。

2. 二甲基亚砜（DMSO）及其类似物　DMSO 是应用较早的一种经皮吸收促进剂，有较强的吸收促进作用。其促进吸收机制主要是与角质层脂质相互作用和对药物增溶。其缺点是具有皮肤刺激性和恶臭，长时间及大量使用可导致皮肤严重刺激性，甚至能引起肝损害和神经毒性等。

3. 氮酮类化合物　月桂氮酮对亲水性药物的吸收促进作用强于亲脂性药物，与其他吸收促进剂合用效果更好，如与丙二醇、油酸等均可配伍使用。其化学性质稳定，无刺激性，无毒性，有很强的穿透促进作用，是一种比较理想的吸收促进剂。此类吸收促进剂用量较大时对皮肤有红肿、疼痛等刺激作用。

4. 醇类化合物　包括乙醇、丁醇、丙二醇、甘油及聚乙二醇等，单独应用效果不佳，常与其他吸收促进剂合用，可增加药物及吸收促进剂溶解度，发挥协同作用。

5. 其他吸收促进剂　还有挥发油，如薄荷油、桉叶油、松节油等；氨基酸及其衍生物；磷脂及油酸等。

### 六、经皮吸收制剂制备方法

1. 涂膜复合工艺　将药物分散在高分子材料如压敏胶溶液中，涂布于背衬膜上，加热烘干使溶解高分子材料的有机溶剂蒸发，可以进行第二层或多层膜的涂布，最后覆盖上保护膜，亦可以制成含药物的高分子材料膜，再与各层膜叠合或黏合。

2. 充填热合工艺　在定型机械中，于背衬膜与控释膜之间定量充填药物储库材料，热合封闭，覆盖上涂有黏胶层的保护膜。

3. 骨架黏合工艺　在骨架材料溶液中加入药物，浇铸冷却成形，切割成小圆片粘贴于背衬上，加保护膜而成。

## 第 4 节　生物技术药物制剂

生物技术，也称生物工程，系在适宜条件下，应用生物体（包括微生物、动物及植物细胞）或其组成部分（细胞器和酶），在最适宜条件下，生产有价值的产物或进行有益过程的技术。现代生物工程主要包括基因工程、细胞工程、酶工程、发酵工程（微生物工程）和生化工程等。

生物技术药物制剂系采用现代生物技术，借助某些微生物、植物或动物生产所得的药品，包括采用 DNA 重组技术或其他生物新技术研制的蛋白质或核酸类药物。

生物技术药物多为蛋白质类和多肽类，其结构相当复杂，性质很不稳定，极易变质。因此，如何将这类药物制成安全、有效、稳定的制剂，正是药学工作者应该着力解决的问题。常见的有干扰素、人生长激素、人促红细胞生成素（EPO）、环孢素、单克隆抗体等。

## 自 测 题

一、最佳选择题

1. 下列有关脂质体说法错误的是（　　）
   A. 药物包封于类脂质单分子层薄膜中制成的超微球载体
   B. 其成分主要是卵磷脂和蛋白质，两性离子表面活性剂可制备脂质体
   C. 脂质体亲水基团朝外，接触水相
   D. 脂质体内侧为两条疏水烃链，接触药物
   E. 两性霉素 B 脂质体注射剂降低了肝毒性
2. 下列不属于靶向制剂的是（　　）
   A. 脂质体　B. 微囊　C. 胶囊
   D. 微球　E. 纳米粒
3. 下列哪项不是脂质体的制备方法（　　）
   A. 共沉淀法　B. 注入法
   C. 超声波分散法　D. 薄膜分散法
   E. 冷冻干燥法
4. 下列不能作为脂质体材料的是（　　）
   A. 卵磷脂　B. PEG
   C. 大豆磷脂　D. 胆固醇
   E. 脑磷脂
5. 下列属于固体分散体制备方法的是（　　）
   A. 相分离凝聚法　B. 研磨法
   C. 熔融法　D. 注入法
   E. 冷冻干燥法
6. 下列属于物理靶向制剂的是（　　）
   A. 脂质体　B. 栓塞靶向制剂
   C. 微球　D. TDDS
   E. 复乳
7. 关于缓控释制剂特点，叙述错误的是（　　）
   A. 可以克服血药浓度的峰谷现象
   B. 可以减少给药次数
   C. 可以减少给药总量
   D. 缓控释制剂的毒副作用一般较大
   E. 释药率和吸收率往往不易一致
8. 关于 TDDS 特点，叙述错误的是（　　）
   A. 主要起局部作用
   B. 给药方便
   C. 药物利用率低
   D. 可以减少给药次数
   E. 可消除或减小血药浓度峰谷现象
9. 不能作固体分散体的材料的是（　　）
   A. PEG 类　B. 微晶纤维素
   C. 聚维酮　D. 甘露醇
   E. 泊洛沙姆
10. 下列关于包合物的叙述错误的为（　　）
   A. 一种分子被包嵌于另一种分子的空穴结构内形成包合物
   B. 包合过程是化学过程
   C. 主分子具有较大的空穴结构
   D. 客分子必须和主分子的空穴形状和大小相适应
   E. 包合物为客分子被包嵌于主分子的空穴结构内形成的分子囊
11. β-环糊精是由几个葡萄糖分子环合的（　　）
   A. 5 个　B. 6 个　C. 7 个
   D. 8 个　E. 9 个
12. β-环糊精与挥发油制成的固体粉末为（　　）
   A. 共沉淀物　B. 低共熔混合物
   C. 微囊　D. 物理混合物
   E. 包合物
13. 下列作为水溶性固体分散体载体材料的是（　　）
   A. 乙基纤维素　B. 微晶纤维素
   C. 聚维酮　D. 丙烯酸树脂 RL 型
   E. HPMCP
14. 关于药物微囊化的特点叙述错误的是（　　）
   A. 掩盖药物的不良气味及味道
   B. 提高药物的释放速率
   C. 缓释或控释药物
   D. 使药物浓集于靶区
   E. 防止药物在胃内失活或减少对胃的刺激性
15. 脂质体的骨架材料为（　　）
   A. 吐温 80，胆固醇
   B. 磷脂，胆固醇
   C. 司盘 80，磷脂
   D. 司盘 80，胆固醇
   E. 磷脂，吐温 80
16. 脂质体的制备方法不包括（　　）

A. 注入法　　B. 薄膜分散法
C. 复凝聚法　　D. 逆相蒸发法
E. 冷冻干燥法

17. 复凝聚法制备微囊的最基本条件是（　　）
A. 在一定条件下，两种成囊材料带有相同电荷
B. 在一定条件下，两种成囊材料带有丰富的相反电荷
C. 在一定条件下，两种成囊材料能发生聚合
D. 在一定条件下，两种成囊材料能发生脱水凝聚
E. 在一定条件下，两种成囊材料能生成溶解度小的化合物

18. 将大蒜素制成微囊是为了（　　）
A. 提高药物的稳定性
B. 掩盖药物的不良嗅味
C. 防止药物在胃内失活或减少对胃的刺激性
D. 控制药物释放速率
E. 使药物浓集于靶区

19. 下列属于天然高分子材料的囊材是（　　）
A. 明胶　　B. 羧甲基纤维素
C. 乙基纤维素　　D. 聚维酮
E. 聚乳酸

20. 单凝聚法制备微囊时，加入的硫酸钠水溶液或丙酮的作用是（　　）
A. 凝聚剂　　B. 稳定剂
C. 阻滞剂　　D. 增塑剂
E. 稀释剂

## 二、配伍选择题

【21～23 题共用选项】
A. 饱和水溶液法　　B. 熔融法
C. 注入法　　D. 复凝聚法
E. 结晶法
下列最适宜的制备方法为
21. 制备环糊精包合物的方法（　　）
22. 制备固体分散物的方法（　　）
23. 制备微囊的方法（　　）

【24～26 题共用选项】
A. 共沉淀法　　B. 交联剂固化法
C. 饱和水溶液法　　D. 注入法
E. 重结晶法
下列最适宜的制备方法为
24. 脂质体（　　）
25. β-环糊精包合物（　　）
26. 固体分散体（　　）

【27～30 题共用选项】
A. 固体分散体　　B. 微囊
C. 包合物　　D. 微球
E. 脂质体
27. 主分子和客分子构成分子胶囊的是（　　）
28. 将药物利用高分子材料包裹起来形成微小胶囊的是（　　）
29. 药物以分子、胶态、微晶或无定型状态分散于固体载体中的是（　　）
30. 具有双分子层结构的是（　　）

【31～33 题共用选项】
A. 脂质体　　B. 磁靶向制剂
C. 修饰的乳剂　　D. 胶囊
上述制剂属于
31. 主动靶向制剂（　　）
32. 物理化学靶向制剂（　　）
33. 被动靶向制剂（　　）

## 三、多项选择题

34. 下列哪些制剂具有靶向性（　　）
A. 微囊　　B. 固体分散体
C. 包合物　　D. 脂质体
E. 纳米乳

35. 下列哪些制剂可作为缓控释制剂（　　）
A. 微囊　　B. 固体分散体
C. 包合物　　D. 脂质体
E. 纳米乳

36. 下列属于物理化学靶向制剂的是（　　）
A. 乳剂　　B. 修饰的脂质体
C. 磁靶向制剂　　D. 栓塞靶向制剂
E. 热敏靶向制剂

37. 下列关于缓释制剂的叙述正确的是（　　）
A. 缓释制剂要求缓慢恒速释放药物
B. 缓释制剂可减少给药总量
C. 缓释制剂可减少血药浓度的峰谷现象
D. 将半衰期长的药物制备或缓释制剂
E. 释药率与吸收率往往不一致

38. 对 β-环糊精包合物作用特点叙述正确的是（　　）
A. 增加药物溶解度　　B. 提高药物稳定性
C. 液体药物粉末化　　D. 遮盖药物不良气味
E. 减少给药剂量

39. 亚纳米乳作为胃肠外给药载体，特点包括（　　）
A. 提高体内或经皮吸收
B. 提高药物稳定性
C. 液体药物固体化

D. 降低毒副作用

E. 使药物缓控释或具有靶向性

四、填空题

1. 脂质体组成分为________和________。其_____朝向外侧的水相，________朝向内侧。
2. 包合技术主要采用________作为骨架材料。其制备方法有________、________、________和________。
3. 靶向制剂分为________、________和________。
4. 经皮吸收英文缩写________，穿过角质层，进入________和皮下脂肪达到局部治疗作用，或由毛细血管和淋巴管吸入体循环产生全身治疗作用的过程。

五、名词解释

1. 固体分散体
2. 包合技术
3. 经皮吸收制剂

六、简答题

1. 简述缓控释制剂的优缺点（特点）。
2. 药物制剂的新技术有哪些？
3. 单凝聚法制备微囊的方法原理是什么？

（刘小莉）

# 第12章　生物药剂学简介

**学习目标**

1. 理解吸收、分布、代谢、排泄的概念。
2. 了解药物吸收，剂型因素与吸收关系。
3. 了解药物ADME过程。

**案例12-1**

王大爷3岁的孙子乐乐因感冒患上了支气管炎，并出现了发热（体温升高至39.5℃），可把王大爷急坏了。住院治疗后，医生开具了抗感染药、解热镇痛药、镇咳祛痰药等药品，给药方法有口服、静脉滴注，还有雾化吸入和栓剂（直肠给药），一天要给药多次。老人担心孙子吃不消，又觉得麻烦，质疑大夫为何不能采用一种给药方法，每天就给药一次。

**问题**：1. 药物吸收经过哪几个过程？

2. 为什么给药要用不同的给药方式？王大爷的想法正确吗？

3. 有哪些因素可能导致药物在体内蓄积中毒？

## 一、概　　述

生物药剂学系研究药物及其剂型在体内的吸收、分布、代谢与排泄过程，阐明药物的剂型因素和人体生物因素与药效的关系的一门科学，是20世纪60年代发展起来的一门新的分支学科。它的研究目的主要是正确评价药剂质量，设计合理的剂型及制剂工艺，为临床合理用药提供科学依据，保证用药的安全性与有效性。生物药剂学作为一门体内的药剂学，它与医药学的其他一些学科，如药理学、生物化学，有着密切的联系，在内容上互相渗透，共同研究药物及其他生理有效物质、药物与机体的关系。

## 二、药物在体内的过程

药物自进入机体到从机体消除的全过程为药物的体内过程，一般包括吸收、分布、生物转化和排泄四个过程。

### （一）吸收

药物从给药部位进入血液循环的过程为吸收。药物吸收的快慢和多少，直接影响药物呈现作用的快慢和强弱。影响药物吸收的主要因素有给药途径、吸收环境、药物的理化性质和药物的剂型与制剂。

1. 给药途径　主要有口服给药、舌下含服给药、直肠给药、注射给药、吸入给药、经皮给药等不同的方式。其中口服给药是最常用、最安全和最简便的给药途径，静脉注射药物可迅速准确地进入体循环，没有吸收过程。

不同的给药途径，吸收的快慢、多少是不同的。吸收由快到慢的顺序一般为静脉注射＞吸入给药＞舌下含服＞直肠给药＞肌内注射＞皮下注射＞口服制剂＞经皮给药。

2. 吸收环境　口服给药时，胃的排空、肠蠕动的快慢、胃肠内容物的多少及性质都可影响药物的吸收。改变吸收环境的 pH 可使药物解离，也能影响药物的吸收。

3. 药物的理化性质　一般来说，药物的分子越小、脂溶性越高、解离度越小，越容易被吸收；反之则难被吸收。

4. 药物的剂型和制剂　药物的剂型不同其吸收速度不同，一般而言，注射剂比口服剂吸收快；口服给药时，溶液剂吸收最快，散剂次之，片剂和胶囊剂较慢。注射给药时，水溶液比混悬剂、油制剂吸收快。甚至同种剂型的不同制剂，其吸收速度也有差异。同一种药物的不同剂型，其生物利用度往往不同，而导致血药浓度出现较大差异，影响药物的疗效。

不同剂型的药物常用于不同的给药途径。给药途径也可影响药物的吸收、药物作用产生的速度和维持时间。药物产生效应的速度通常是：静脉注射＞气雾吸入＞腹腔注射＞舌下含服＞肌内注射＞皮下注射＞口服给药＞皮肤给药。

一些新药物剂型及特点：肠溶制剂有肠溶衣外层，在酸性胃液中不溶解，而在碱性肠液中溶解，释出肠溶衣包裹的有效成分。肠溶阿司匹林片、肠溶胰酶片等药物可避免口服时对胃的直接刺激或在胃酸中分解失效，使用时一般需保持药物剂型的完整性。

### （二）分布

药物吸收后经过体循环到达机体组织器官的过程称为药物的分布。药物在体内的分布是不均匀的，而且药物的分布和药物的作用是相关的。影响药物分布的因素主要有：

1. 与血浆蛋白结合率　多数药物在血液中可不同程度地与血浆蛋白结合，药物与血浆蛋白的结合率是影响药物在体内分布的重要因素。药物与血浆蛋白结合具有以下特点：①结合是可逆的；②结合型的药物分子量加大，不易透出血管壁，使其不易转运，故暂时失去药理活性；③具有饱和现象；④两种以上的药物可能与同一蛋白结合而发生竞争性抑制。

2. 与组织的亲和力　有些药物与某些组织具有较高的亲和力，使药物在该组织中具有较高的浓度，如碘主要集中在甲状腺，而氯喹在肝脏中浓度较高。

3. 局部器官血流量　血流量大的组织、器官，药物分布的较多，首先在这些组织、器官中建立动态平衡，然后再向血流量少的组织转移。

4. 药物的理化性质和体液 pH　脂溶性药物或水溶性小分子药物易通过毛细血管壁，由血液分布到组织；而水溶性大分子药物或解离型药物难以透出血管壁进入组织。药物本身具有碱性。体液 pH 对药物的离子状态产生影响。非离子化的药物更容易透过细胞膜作用于受体从而产生药理作用。

5. 血脑屏障和胎盘屏障　血脑屏障是血液–脑组织、血液–脑脊液及脑脊液–脑组织三种屏障的总称。一般药物较难穿透血脑屏障，有利于中枢神经系统内环境的相对稳定。而脂溶性高、非解离型、分子量小的药物可以透过血脑屏障进入脑组织。另外在脑部有炎症时，血脑屏障的通透性可增加，药物易进入脑组织。

胎盘屏障是胎盘绒毛与子宫血窦间的屏障，其通透性与一般毛细血管无显著差别。所有药物均能从母体通过胎盘进入胎儿体内，因而在妊娠期间应禁用对胎儿生长发育有影响的药物。

### （三）代谢

药物在体内经过某些酶的作用，使其化学结构发生改变称为药物的生物转化或药物的代谢。大多数药物经生物转化后失去药理活性成为代谢产物排出体外，此为灭活；有些药物经生物转化后，其代谢产物仍然具有药理活性，也有少数药物进入机体后需要经过生物转化后才能成为有活性的药物，此为活化；而有的药物经过生物转化后甚至产生有毒的代谢产物。但多数药物经生物转化后，失去活性，并转化为极性高的水溶性代谢物，以利于排出体外。

药物在体内的生物转化可分为2个时相和4种反应类型。Ⅰ相反应：包括氧化、还原、水解反应；Ⅱ相反应：即结合反应，药物及代谢产物在酶的作用下，与内源性物质如葡糖醛酸、硫酸、乙酸等结合成无活性的、极性大的、易溶于水的代谢物从肾排泄。

大多数药物的生物转化在肝中进行，部分药物在其他组织进行。药物的生物转化需要酶的参与，体内药物代谢酶主要有两类：一类是特异性酶，如胆碱酯酶水解乙酰胆碱类；另一类是非特异性酶，主要指肝脏微粒体酶系统，此酶系统可转化数百种化合物，又称其为肝药酶，具有选择性低、个体差异明显、酶活性易受外界因素影响等特性。影响生物转化的因素有以下几中。

1. 药酶的诱导作用和药酶的抑制作用　有些药物可以改变肝药酶的活性，而影响药物代谢的速度，进而改变药物的作用强度和维持时间的长短。凡能增强药酶活性或增加药酶生成的药物为药酶诱导剂，如苯妥英钠、利福平等。药酶诱导剂可以加速某些药物和自身的转化，这是药物产生耐受性的原因。凡能降低药酶活性或减少药酶生成的药物为药酶抑制剂，较常见的有氯霉素、异烟肼等。

2. 影响药酶的其他因素　患者的生理因素如年龄、性别、遗传因素、病理因素和环境因素等都可影响药酶的活性，以而使药物的生物转化速度发生变化。

### （四）排泄

药物的排泄是指药物及其代谢产物经过机体的排泄器官或分泌器官排出体外的过程，肾是主要的排泄器官，某些药物也可经肺、胆道、肠道、唾液腺、乳腺和汗腺排泄。

1. 肾排泄　肾是最重要的排泄器官，机体内的绝大多数代谢产物是经过肾排出体外的。药物及其代谢产物经肾排泄的方式主要是肾小球滤过，其次是肾小管分泌。肾小管的重吸收是对已经进入尿中的药物回收再利用的过程。

2. 胆汁排泄　有些药物及其代谢产物以主动转运的方式从胆汁排入肠道，然后随粪便排出。有的药物在肝细胞中与葡糖醛酸等结合后排入胆汁中，随胆汁排泄到小肠，在肠道内又被水解为游离药物，在肠道又被重新吸收进入门静脉，形成肝肠循环，使药物的作用时间延长。此外，随胆汁排泄的抗菌药物如多西环素等，因在胆汁中的浓度较高，可用于治疗胆道感染。

3. 其他途径排泄　乳汁偏酸性，一些弱碱性药物如吗啡、阿托品等易自乳汁排出，可对婴儿产生影响，故哺乳期妇女应慎用。此外，少数药物也可经唾液腺、汗腺排出。

## 自 测 题

一、最佳选择题

1. 以下剂型，口服吸收最快的是（　　）
   A. 片剂　B. 溶液剂　C. 颗粒剂
   D. 混悬剂　E. 胶囊剂
2. 以下给药方法，最方便最安全的是（　　）
   A. 口服　B. 吸入　C. 静脉给药
   D. 肌内注射　E. 局部外用
3. 以下口服剂型，起效最快的是（　　）
   A. 胶囊　B. 控释片　C. 缓释片
   D. 糖衣片　E. 丸剂
4. 药物的生物转化是指（　　）
   A. 药物由肾小球滤过的过程
   B. 通过血脑屏障进入脑组织
   C. 药物从给药部位进入血液循环的过程
   D. 与血浆蛋白结合
   E. 药物在体内酶的作用下其化学结构发生的改变
5. 药物排泄的主要器官是（　　）
   A. 肝　B. 肾　C. 肠道
   D. 腺体　E. 呼吸道

二、配伍选择题

【6～9题共用选项】

A. 药物及其代谢产物经过机体的排泄器官或分泌器官排出体外的过程

B. 研究制剂剂型及生产的基本理论、工艺技术、生产设备和质量管理的学科
C. 药物在体内经过某些酶的作用，使其化学结构发生改变
D. 药物从给药部位进入血液循环的过程
E. 药物吸收后经过体循环到达机体组织器官的过程

上述概念分别属于

6. 吸收（　　）
7. 分布（　　）
8. 代谢（　　）
9. 排泄（　　）

三、多项选择题

10. 药物及剂型的体内过程是指（　　）
A. 吸收　　B. 渗透　　C. 分布
D. 代谢　　E. 排泄

11. 药物转运是指（　　）
A. 吸收　　B. 渗透　　C. 分布
D. 代谢　　E. 排泄

12. 药物消除是指（　　）
A. 吸收　　B. 渗透　　C. 分布
D. 代谢　　E. 排泄

13. 关于药物与血浆蛋白结合的叙述正确的是（　　）
A. 药物与血浆蛋白结合后，不易转运
B. 药物与血浆蛋白结合后，活性消失；药物与血浆蛋白结合后，作用增强
C. 药物与血浆蛋白结合后，不能代谢
D. 药物与血浆蛋白结合具有饱和现象
E. 药物与血浆蛋白结合无饱和现象

14. 硝酸甘油舌下给药的目的不在于（　　）
A. 避免刺激胃肠道　　B. 增加吸收
C. 避免首过效应　　D. 减慢药物代谢
E. 避免被胃肠道破坏

四、填空题

1. 药物生物转化的主要器官是________，排泄的主要器官是________。
2. 药物在体内经过________、________、________、________过程的动态变化。

五、简答题

1. 简述生物药剂学的研究工作主要涉及的内容。
2. 简述剂型对吸收的影响。
3. 简述肝药酶对药物代谢的影响。

（高雪梅）

# 参考文献


高宏. 2008. 药剂学. 2 版. 北京：人民卫生出版社.

国家药典委员会. 2015. 中华人民共和国药典：2015 年版. 北京：中国医药科技出版社.

解玉岭. 2015. 药物制剂技术. 北京：人民卫生出版社.

朱照静，贾雷. 2015. 药剂学. 2 版. 北京：科学出版社.

# 教学基本要求

## 一、课程性质与任务

本课程是中职和3+2学制药剂专业最基本、最重要的专业课程之一，其主要内容包括药物配制理论、生产技术、质量控制等药剂专业基本知识。本课程是学生学习医院药学概要、医药市场营销学和医药商品学的必备前期课程，为医院制剂等学科教学提供必要的基础知识和基本技能。该课程的任务是以培养药剂专业学生良好的职业道德和职业情感为核心，确立以药剂学为学习对象的整体就业观，进行药剂制备和生产实践，训练学生的制剂检测实践技能，学会相关药剂学基础知识，培养学生逻辑思维能力、形象思维能力、分析问题和解决问题的能力及创新意识等。通过本课程的学习，能将所学的知识和技能灵活地运用于药物制剂和检测实践中，能够初步胜任药剂员工作，达到《国家执业药师资格考试大纲》的要求。

## 二、课程教学目标

### （一）知识目标

1. 掌握常用药物制剂的基本概念、基本理论。
2. 熟悉常用药物制剂的生产制备流程，了解常用药物制剂的制备工艺。
3. 具备常用药物制剂的质量评定知识。
4. 了解药剂学的分支学科与新剂型等药剂学的发展前沿。

### （二）能力目标

1. 具备药物制剂的基本操作技能。
2. 具有常用药物制剂与常规药物制剂的制备能力。
3. 具有常用药物制剂的质量检测、评定能力。
4. 有一定的处方审核与处方调配能力。

### （三）情感目标

1. 具有严谨的科学态度和实事求是的工作作风。
2. 具有严格的法律、规范意识。
3. 具有良好的职业道德和以患者为中心的药学服务意识。

## 三、教学内容与要求

| 教学内容 | 教学要求 | | | 教学活动参考 |
|---|---|---|---|---|
| | 了解 | 理解 | 掌握 | |
| 第1章　绪论 | | | | 理论讲授 |
| 第1节　概述 | | | | 多媒体演示 |
| 一、药剂学的概念 | | | √ | 演示参观 |
| 二、常用术语 | | | √ | 讨论 |

续表

| 教学内容 | 教学要求 | | | 教学活动参考 |
|---|---|---|---|---|
| | 了解 | 理解 | 掌握 | |
| 三、剂型的作用和分类 | | | √ | |
| 第 2 节　药物制剂的发展与任务 | | | | |
| 一、药物制剂的发展 | √ | | | |
| 二、药剂学的任务 | | √ | | |
| 三、药剂学的分支 | | √ | | |
| 第 3 节　药品标准 | | | | |
| 一、《中华人民共和国药典》 | | | √ | |
| 二、其他的国家标准 | √ | | | |
| 三、国外药典 | | √ | | |
| 第 4 节　处方药与非处方药 | | | | |
| 一、处方概述 | | √ | | |
| 二、处方调剂 | | √ | | |
| 三、处方药和非处方药概述 | | | √ | |
| 第 5 节　药品生产质量管理规范 | | | | |
| 一、药品生产质量管理规范概述 | | | √ | |
| 二、我国 GMP 实施 | | √ | | |
| 第 2 章　散剂、颗粒剂和胶囊剂 | | | | 理论讲授 |
| 第 1 节　固体药物制剂基本操作 | | | | 多媒体演示 |
| 一、称量 | | √ | | 实践技能 |
| 二、粉碎 | | | √ | 案例示教 |
| 三、过筛 | | | √ | 讨论 |
| 四、混合 | | | √ | |
| 第 2 节　散剂 | | | | |
| 一、概述 | | | √ | |
| 二、散剂的制备 | | | √ | |
| 三、散剂的质量检查 | | | √ | |
| 四、散剂实例 | | √ | | |
| 五、散剂的储存 | √ | | | |
| 第 3 节　颗粒剂 | | | | |
| 一、概述 | | | √ | |
| 二、颗粒剂的制备 | | | √ | |
| 三、颗粒剂的质量检查 | | | √ | |
| 四、颗粒剂实例 | √ | | | |
| 五、颗粒剂储存 | √ | | | |
| 第 4 节　胶囊剂 | | | | |
| 一、概述 | | | √ | |

续表

| 教学内容 | 教学要求 | | | 教学活动参考 |
|---|---|---|---|---|
| | 了解 | 理解 | 掌握 | |
| 二、胶囊剂的制备 | | | √ | |
| 三、胶囊剂的质量检查 | | | √ | |
| 四、胶囊剂的实例 | | √ | | |
| 五、胶囊剂的储存 | √ | | | |
| 第3章　片剂 | | | | 理论讲授 |
| 第1节　概述 | | | | 多媒体演示 |
| 一、片剂的定义 | | | √ | 实践技能 |
| 二、片剂的特点 | | | √ | 案例示教 |
| 三、片剂的分类 | | √ | | 讨论 |
| 四、片剂的质量要求 | √ | | | |
| 第2节　片剂的辅料 | | | | |
| 一、片剂的辅料概述 | | √ | | |
| 二、辅料的分类和常见辅料 | | | √ | |
| 第3节　片剂的制备 | | | | |
| 一、湿法制粒压片法 | | | √ | |
| 二、干法制粒压片法 | | √ | | |
| 三、粉末直接压片法 | | √ | | |
| 四、空白颗粒压片法 | √ | | | |
| 五、片剂制备过程中的问题 | | | √ | |
| 第4节　片剂的包衣 | | | | |
| 一、概述 | | √ | | |
| 二、常用包衣方法 | | | √ | |
| 三、包衣的过程 | | √ | | |
| 四、包糖衣存在问题和解决方法 | √ | | | |
| 第5节　片剂的质量检查 | | | | |
| 一、外观 | | | √ | |
| 二、重量差异 | | | √ | |
| 三、硬度和脆碎度 | | | √ | |
| 四、崩解时限 | | | √ | |
| 五、溶出度 | | | √ | |
| 六、含量均匀度 | | | √ | |
| 七、释放度 | √ | | | |
| 八、微生物限度 | √ | | | |
| 九、其他 | √ | | | |
| 第6节　片剂的实例 | | | √ | |
| 第7节　片剂的包装和储存 | | | | |

续表

| 教学内容 | 教学要求 | | | 教学活动参考 |
|---|---|---|---|---|
| | 了解 | 理解 | 掌握 | |
| 一、片剂的包装 | √ | | | |
| 二、片剂的储存 | √ | | | |
| 第 4 章　表面活性剂 | | | | 理论讲授 |
| 第 1 节　表面现象与表面活性剂 | | | | 多媒体演示 |
| 一、表面现象 | √ | | | 案例示教 |
| 二、表面活性剂 | | | √ | 讨论 |
| 三、表面活性剂分类 | | | √ | 动画演示 |
| 第 2 节　表面活性剂的性质 | | | | |
| 一、胶束 | | | √ | |
| 二、亲水亲油平衡值 | | | √ | |
| 三、Krafft 点和昙点 | | | √ | |
| 四、表面活性剂的毒性 | | | √ | |
| 第 3 节　表面活性剂的应用 | | | | |
| 一、增溶 | | | √ | |
| 二、乳化 | | | √ | |
| 三、起泡和消泡 | | √ | | |
| 四、去污剂 | | √ | | |
| 五、消毒和杀菌 | | √ | | |
| 六、润湿 | | | √ | |
| 第 5 章　浸出制剂 | | | | 理论讲授 |
| 第 1 节　概述 | | | | 多媒体演示 |
| 一、浸出制剂概念 | | | √ | 实践技能 |
| 二、浸出制剂的特点 | √ | | | 案例示教 |
| 三、浸出制剂的分类 | | √ | | 讨论 |
| 第 2 节　浸出制剂的制备 | | | | 动画演示 |
| 一、原材料处理 | | √ | | |
| 二、浸出溶剂 | | | √ | |
| 三、常见的浸出方法 | | | √ | |
| 四、浸出液的浓缩与干燥 | | √ | | |
| 第 3 节　常用的浸出制剂 | | | | |
| 一、汤剂 | √ | | | |
| 二、中药合剂 | √ | | | |
| 三、酒剂 | | √ | | |
| 四、酊剂 | | √ | | |
| 五、流浸膏剂 | | √ | | |
| 六、浸膏剂 | | √ | | |

续表

| 教学内容 | 教学要求 | | | 教学活动参考 |
|---|---|---|---|---|
| | 了解 | 理解 | 掌握 | |
| 七、煎膏剂 | √ | | | |
| 第 4 节　浸出制剂的质量控制 | | | | |
| 一、药材的来源、品种与规格 | √ | | | |
| 二、制法规范 | √ | | | |
| 三、理化标准检测 | | √ | | |
| 四、卫生学标准 | √ | | | |
| 第 6 章　液体制剂 | | | | 理论讲授 |
| 第 1 节　概述 | | | | 多媒体演示 |
| 一、液体制剂的定义 | | | √ | 实践技能 |
| 二、液体制剂的特点 | | √ | | 案例示教 |
| 三、液体制剂的分类 | | √ | | 讨论 |
| 四、液体制剂的质量要求 | √ | | | |
| 第 2 节　液体制剂常用溶剂、附加剂及溶解度 | | | | |
| 一、常用溶剂 | | | √ | |
| 二、常用附加剂 | | √ | | |
| 三、溶解度 | | √ | | |
| 第 3 节　溶液剂 | | | | |
| 一、普通溶液剂 | | | √ | |
| 二、芳香水剂 | | √ | | |
| 三、糖浆剂 | | | √ | |
| 四、甘油剂 | √ | | | |
| 五、醑剂 | | √ | | |
| 第 4 节　高分子溶液剂 | | | | |
| 一、概述 | | √ | | |
| 二、高分子溶液剂性质 | | | √ | |
| 三、高分子溶液剂的制备 | √ | | | |
| 四、高分子溶液剂实例 | √ | | | |
| 第 5 节　溶胶剂 | | | | |
| 一、溶胶剂性质 | | √ | | |
| 二、溶胶剂的制备 | | √ | | |
| 第 6 节　混悬剂 | | | | |
| 一、概述 | | | √ | |
| 二、混悬剂稳定性 | | | √ | |
| 三、混悬剂的稳定剂 | | | √ | |
| 四、混悬剂的制备 | | | √ | |
| 五、混悬剂质量检查 | | | √ | |

续表

| 教学内容 | 教学要求 | | | 教学活动参考 |
|---|---|---|---|---|
| | 了解 | 理解 | 掌握 | |
| 六、混悬剂的实例 | √ | | | |
| 第7节　乳剂 | | | | |
| 一、概述 | | | √ | |
| 二、乳剂的形成条件 | | | √ | |
| 三、乳化剂 | | | √ | |
| 四、乳剂的制备 | | | √ | |
| 五、乳剂的稳定性 | | | √ | |
| 六、乳剂的质量检查 | | √ | | |
| 七、乳剂的实例 | | √ | | |
| 第8节　液体制剂的包装与储存 | | | | |
| 一、液体制剂的包装 | √ | | | |
| 二、液体制剂的储存 | √ | | | |
| 第7章　半固体制剂 | | | | 理论讲授 |
| 第1节　软膏剂 | | | | 多媒体演示 |
| 一、软膏剂的定义 | | | √ | 实践技能 |
| 二、软膏剂的分类 | | √ | | 案例示教 |
| 三、软膏剂的特点 | √ | | | 讨论 |
| 四、软膏剂的质量要求 | √ | | | |
| 五、软膏剂的基质 | | | √ | |
| 六、软膏剂的制备 | | | √ | |
| 七、软膏剂的实例 | √ | | | |
| 八、软膏剂的质量检查 | | √ | | |
| 九、软膏剂的包装与储存 | | √ | | |
| 第2节　眼膏剂 | | | | |
| 一、概述 | | √ | | |
| 二、眼膏剂的基质 | | √ | | |
| 三、眼膏剂的制备 | √ | | | |
| 四、眼膏剂的实例 | | √ | | |
| 五、眼膏剂的质量检查 | | √ | | |
| 六、眼膏剂的储存 | | √ | | |
| 第3节　凝胶剂 | | | | |
| 一、概述 | | √ | | |
| 二、水性凝胶基质 | | | √ | |
| 三、水性凝胶剂的制备 | √ | | | |
| 四、水性凝胶剂的实例 | √ | | | |
| 五、凝胶剂的质量检查 | √ | | | |

续表

| 教学内容 | 教学要求 | | | 教学活动参考 |
|---|---|---|---|---|
| | 了解 | 理解 | 掌握 | |
| 六、凝胶剂的包装与储存 | √ | | | |
| 第8章 无菌制剂 | | | | 理论讲授 |
| 第1节 热原与灭菌 | | | | 多媒体演示 |
| 一、热原 | | | √ | 实践技能 |
| 二、灭菌 | | | √ | 案例示教 |
| 第2节 注射剂 | | | | 讨论 |
| 一、注射剂概述 | | √ | | |
| 二、注射剂的溶剂 | | | √ | |
| 三、注射剂的附加剂 | | | √ | |
| 四、注射剂的制备 | | | √ | |
| 五、注射剂的质量检查 | | | √ | |
| 六、注射剂的印字与包装 | √ | | | |
| 七、注射剂的实例 | | √ | | |
| 第3节 输液剂 | | | | |
| 一、概述 | | √ | | |
| 二、输液剂的制备 | | √ | | |
| 三、输液剂的质量检查 | | √ | | |
| 四、输液剂的实例 | √ | | | |
| 第4节 注射用无菌粉末 | | | | |
| 一、概述 | | | | |
| 二、注射用无菌粉末的制备 | | | √ | |
| 三、注射用无菌粉末的实例 | | | √ | |
| 第5节 滴眼剂 | | | | |
| 一、概述 | | | √ | |
| 二、滴眼剂的附加剂 | | √ | | |
| 三、滴眼剂的制备 | √ | | | |
| 四、滴眼剂质量检查和储存 | √ | | | |
| 五、滴眼剂的实例 | | √ | | |
| 第9章 其他剂型 | | | | 理论讲授 |
| 第1节 栓剂 | | | | 多媒体演示 |
| 一、概述 | | | √ | 实践技能 |
| 二、栓剂的基质及附加剂 | | | √ | 案例示教 |
| 三、栓剂的制备 | | | √ | 讨论 |
| 四、栓剂的质量检查 | | √ | | |
| 五、栓剂的实例 | √ | | | |
| 六、栓剂的包装和储存 | | | √ | |

续表

| 教学内容 | 教学要求 | | | 教学活动参考 |
|---|---|---|---|---|
| | 了解 | 理解 | 掌握 | |
| 第 2 节　丸剂制备技术 | | | | |
| 一、概述 | | √ | | |
| 二、丸剂常用的辅料 | | √ | | |
| 三、丸剂的制备 | | | √ | |
| 四、丸剂的质量检查 | | | √ | |
| 五、丸剂的实例 | √ | | | |
| 六、丸剂的包装和储存 | √ | | | |
| 第 3 节　滴丸剂 | | | | |
| 一、概述 | | | √ | |
| 二、滴丸剂常用基质与冷凝液 | | | √ | |
| 三、滴丸剂的制备 | | √ | | |
| 四、滴丸剂的质量检查 | √ | | | |
| 五、滴丸剂的实例 | √ | | | |
| 第 4 节　膜剂 | | | | |
| 一、概述 | | √ | | |
| 二、膜剂的成膜材料 | | | √ | |
| 三、膜剂的制备 | | √ | | |
| 四、膜剂的质量要求 | √ | | | |
| 五、膜剂的实例 | √ | | | |
| 第 5 节　气雾剂、粉雾剂与喷雾剂 | | | | |
| 一、气雾剂 | | | √ | |
| 二、喷雾剂与粉雾剂 | | √ | | |
| 第 10 章　药物制剂稳定性 | | | | 理论讲授 |
| 第 1 节　概述 | | | | 多媒体演示 |
| 一、研究药物制剂稳定性的意义 | √ | | | 参观演示 |
| 二、药物制剂稳定性的研究范围 | √ | | | 案例示教 |
| 三、药物制剂稳定性的重点考察项目 | | √ | | 讨论 |
| 第 2 节　药物制剂稳定性影响因素 | | | | |
| 一、制剂中药物的化学降解途径 | | | √ | |
| 二、影响药物制剂稳定性的因素及稳定化方法 | | | √ | |
| 三、药物稳定性试验方法 | | | √ | |
| 第 3 节　药物制剂的配伍变化 | | | | |
| 一、药物配伍变化 | √ | | | |
| 二、配伍变化的处理 | | | √ | |
| 三、注射剂的配伍变化 | √ | | | |

续表

| 教学内容 | 教学要求 | | | 教学活动参考 |
|---|---|---|---|---|
| | 了解 | 理解 | 掌握 | |
| 第 11 章　药物制剂新技术 | | | | 理论讲授 |
| 第 1 节　药物制剂新技术 | | | | 多媒体演示 |
| 一、固体分散技术 | | √ | | 实践技能 |
| 二、包合技术 | | | √ | 案例示教 |
| 三、脂质体制备技术 | | | √ | 讨论 |
| 四、微囊和微球的制备技术 | | √ | | |
| 五、纳米囊和纳米球的制备技术 | | √ | | |
| 第 2 节　缓释、控释制剂及靶向制剂 | | | | |
| 一、缓释与控释制剂 | | | √ | |
| 二、靶向制剂 | | √ | | |
| 第 3 节　经皮吸收制剂 | | | | |
| 一、概念 | | | √ | |
| 二、经皮吸收制剂的特点 | | √ | | |
| 三、经皮吸收制剂的组成 | | √ | | |
| 四、经皮吸收制剂的分类 | | √ | | |
| 五、常用经皮吸收促进剂 | | √ | | |
| 六、经皮吸收制剂制备方法 | | √ | | |
| 第 4 节　生物技术药物制剂 | √ | | | |
| 第 12 章　生物药剂学简介 | | | | 理论讲授 |
| 一、概述 | √ | | | 多媒体演示 |
| 二、药物在体内的过程 | √ | | | 讨论 |

# 四、学时分配建议（128 学时）

| 序号 | 教学内容 | 学时数 | | |
|---|---|---|---|---|
| | | 理论 | 实践 | 合计 |
| 1 | 绪论 | 8 | 4 | 12 |
| 2 | 散剂、颗粒剂和胶囊剂 | 8 | 6 | 14 |
| 3 | 片剂 | 8 | 6 | 14 |
| 4 | 表面活性剂 | 6 | 2 | 8 |
| 5 | 浸出制剂 | 6 | 2 | 8 |
| 6 | 液体制剂 | 8 | 8 | 16 |
| 7 | 半固体制剂 | 6 | 4 | 10 |
| 8 | 无菌制剂 | 8 | 6 | 14 |
| 9 | 其他剂型 | 6 | 4 | 10 |
| 10 | 药物制剂稳定性 | 4 | 2 | 6 |
| 11 | 药物制剂新技术 | 6 | 4 | 10 |
| 12 | 生物药剂学简介 | 4 | 2 | 6 |
| | 合计 | 78 | 50 | 128 |

## 五、教学基本要求说明

### （一）适用对象与参考学时

本教学基本要求主要适用于中职和 3+2 学制药剂专业。本课程在专业人才培养方案中安排总学时为 128 学时，理论 78 学时，实践 50 学时。

### （二）教学要求

要求学生掌握药剂学的基本概念、具体药物剂型的特点、制备工艺等药剂学的基本知识。并培养学生制剂生产和临床应用的执业能力，为学生从事药剂相关工作岗位奠定坚实的综合职业能力。

理论知识部分分为掌握、理解、了解三个层次进行要求。掌握即要求学生能充分认知理论情况下，结合实际问题能够分析问题并解决问题；理解即指学生对该知识的专业知识基本认知，并可进行应用；了解即学生对该知识进行识记。

实际技能分为分析、学会、应用三个层次要求。如处方分析等，学生可以进行相应分析；学会即学生按照理论知识，可以进行简单操作；应用即熟悉、掌握，要求学生能正确按照理论知识独立完成相应操作。

### （三）教学建议

教学方法按照本课程标准要求，充分运用最新信息教学手段，为达到教学目的，建议采用以下教学方法，如讲授法、PBL（以问题为导向）教学法、项目教学法等教学方法

1. 讲授法。由于本课程中有大量的基础理论知识，在教学过程中首要任务是让学生充分理解相关基础理论知识，在此基础之上才能进行进一步的深入学习。

2. PBL 教学法。教师要以学生为本，积极启发诱导学生的主动性，注意培养学生的动手能力，注意“教”与“学”的互动，使学生通过典型的药物制剂学习和训练，在训练中探索模糊认识，牢固掌握重点知识。

3. 项目教学法。在教学过程中，要充分合理地利用课件、视频、网络技术等现代化教学手段，立足于学生实际动手能力的培养，以任务引领型项目带动学生进行训练，提高其学习兴趣，增强其学习的积极性和主动性。

# 自测题参考答案

## 第1章

一、最佳选择题

1. D　2. B　3. E　4. C　5. D　6. D　7. D　8. A　9. E　10. C　11. C

二、配伍选择题

12～16 DEABC　17～20 BDAC　21～24 ECDB

三、多项选择题

25. AB　26. ABCE

四、填空题

1. OTC　甲　乙

2. 医师　医师　药学　审核　调配　核对　医疗文书

五、名词解释

略

六、简答题

略

## 第2章

一、最佳选择题

1. B　2. A　3. D　4. E　5. A　6. C　7. B　8. B　9. E　10. D　11. C　12. E　13. D　14. B　15. D　16. C　17. A　18. C　19. B　20. A

二、配伍选择题

21～24 BDEC　25～29 EBCDA　30、31 AE

三、多项选择题

32. ABCDE　33. ABCD　34. ABCD　35. ACDE　36. ACDE　37. ACDE　38. AC　39. ABDE　40. CDE

四、填空题

1. 容量法　重量法

2. 挤压制粒法　高速搅拌切割制粒法　流化床制粒法　喷雾干燥制粒法

3. 滴制法　压制法　1：（0.4～0.6）：1

4. 有机酸　有机酸碱盐

五、名词解释

略

六、简答题

略

## 第3章

一、最佳选择题

1. C　2. D　3. B　4. A　5. C　6. C　7. C　8. E　9. B　10. A　11. C　12. C　13. C　14. B

15. E　16. D　17. C　18. C　19. D　20. B　21. B　22. B　23. D　24. A　25. C　26. D　27. A
28. D　29. D　30. C　31. B　32. A　33. A　34. B　35. B

二、配伍选择题

36～40 CEABD　41～44 ECDB　45～49 EBADC　50～53 CEAA　54、55 AD

三、多项选择题

56. ADE　57. ACD　58. BC　59. ABD　60. ABC　61. ABCDE　62. ABDE　63. ABD
64. ACDE　65. AB

四、填空题

1. 润滑　助流　抗黏
2. 微晶纤维素　MCC
3. MCC　MC　PVP　PEG　CMS-Na　L-HPC
4. 外加法　内外加法　内加法　内外加法　内加法　外加法
5. 湿法制粒压片法　干法制粒压片法　粉末直接压片法　空白颗粒压片法　滚压法　重压法

五、名词解释

略

六、简答题

略

## 第4章

一、最佳选择题

1. A　2. E　3. D　4. C　5. D　6. B　7. D　8. E　9. C　10. C　11. A　12. A　13. C　14. D
15. E　16. D　17. E　18. B　19. A　20. D

二、配伍选择题

21～24 BCAE　25～29 CBDAE　30～33 CDBA　34～38 BDCEA

三、多项选择题

39. ABCE　40. BCE　41. DE　42. ABCDE　43. ABCDE　44. ABDE　45. ABC

四、填空题

1. 阳离子型表面活性剂　阴离子型表面活性剂　两性离子型表面活性剂　非离子型表面活性剂
2. 亲水亲油平衡值　亲水性
3. 临界胶束浓度　胶束　增溶

五、名词解释

略

六、简答题

略

## 第5章

一、最佳选择题

1. C　2. D　3. C　4. C　5. D　6. E　7. E　8. D　9. E　10. B　11. D　12. B　13. D　14. D
15. B　16. C　17. D　18. A　19. C　20. A

二、配伍选择题

21～24 DCBA　25～27 CBA　28～30 BCA　31～33AEC　34～36ECB

三、多项选择题

37. ABCDE 38. ABCDE 39. BC 40. ABCDE 41. ACD 42. ABCDE 43. ABC 44. BE 45. ABCDE

四、填空题

1. 水性浸出制剂 醇性浸出制剂 含糖浸出制剂 精制浸出制剂
2. 煎煮法 浸出法 渗漉法
3. 有效成分含量低 毒性 贵重 高浓度浸出制剂
4. 浸渍法 渗漉法 溶解法 稀释法
5. 烊化 后下 先煎
6. 1 2～5

五、名词解释

略

六、简答题

略

## 第6章

一、最佳选择题

1. A 2. C 3. C 4. C 5. C 6. C 7. A 8. C 9. E 10. D 11. C 12. D 13. E 14. A 15. A 16. C 17. B 18. C 19. D 20. E 21. D 22. E 23. D 24. A 25. C 26. C 27. A 28. E 29. E 30. A

二、配伍选择题

31～34 AEAB 35～39 EBCAD 40～43 AEBC 44～48 DECBA 49～53 ACBED

三、多项选择题

54. ACD 55. BDE 56. BDE 57. BD 58. CD 59. ABE 60. ACD 61. ACE 62. BCD 63. ABCDE 64. CDE 65. ABC 66. ABCD

四、填空题

1. 助悬剂 润湿剂 絮凝剂和反絮凝剂
2. 絮凝剂 反絮凝剂
3. 分散介质黏度
4. 助悬剂
5. 降低两相的界面张力 加入适宜的乳化剂 形成牢固的乳化膜 有适宜的相比
6. 合并 酸败 分层 絮凝 转相

五、名词解释

略

六、简答题

略

## 第7章

一、最佳选择题

1. B 2. D 3. D 4. C 5. A 6. C 7. C 8. E 9. B 10. C 11. C 12. B 13. E 14. C 15. C 16. E 17. E 18. A 19. E 20. C 21. C 22. D 23. A 24. B 25. C 26. C 27. C 28. E

二、配伍选择题

29～33 CADBE　34～38 EDBAE　39～43 EABDC　44～46 BCA　47～50 ABCD　51～55 AEBDC

三、多项选择题

56. BD　57. ACD　58. ABDE　59. ABC　60. ABCE　61. ABCD　62. BCDE　63. ABCE　64. AC　65. ABCD

四、填空题

1. 油相　水相　乳化剂
2. 防腐剂　保湿剂
3. 黄凡士林　羊毛脂　液状石蜡　8 : 1 : 1　150　1～2
4. 溶液型　混悬型　乳剂型
5. 油脂性基质　水溶性基质　乳剂型基质
6. 研合法　熔合法　乳化法　乳化法　研合法

五、名词解释

略

六、简答题

略

## 第8章

一、最佳选择题

1. A　2. C　3. D　4. D　5. E　6. D　7. D　8. C　9. D　10. D　11. D　12. C　13. D　14. C　15. A　16. D　17. B　18. E　19. C　20. E　21. B　22. A　23. B　24. D　25. E　26. A　27. E　28. D　29. A　30. B　31. C　32. B　33. E　34. A　35. E　36. C　37. D　38. E　39. D　40. B　41. C　42. A　43. D　44. C　45. D

二、配伍选择题

46～50 CDEFG　51～53 BAD　54～57 BDEA　58～62 BCEAD　63～66 DABC
67～70 ECAD　71～74 EDDC

三、多项选择题

75. ACE　76. ABCD　77. BCD　78. ABCDE　79. ABCDE　80. ACDE　81. ABC　82. AE　83. ACE　84. ABCDE　85. ABE　86. BC　87. BCDE　88. ABCE　89. ABCD

四、填空题

1. 脂多糖　磷脂　蛋白质　内毒素
2. 物理灭菌法　化学灭菌法　无菌操作　辐射灭菌法　湿热灭菌法　干热灭菌法　紫外灯　G6 垂熔玻璃滤器　0.22μm 微孔滤膜器
3. 浓配法　稀配法
4. 家兔试验法　鲎试验法　家兔试验法　高温法　活性炭吸附　离子树脂交换吸附　强酸碱　3～15nm 超滤膜

五、名词解释

略

六、简答题

略

## 第9章

一、最佳选择题

1. B 2. B 3. D 4. D 5. B 6. A 7. A 8. A 9. A 10. C 11. D 12. A 13. D 14. C 15. A 16. C 17. D 18. E 19. E 20. A 21. C 22. A

二、配伍选择题

23～26 ABCC 27～31 CAEAA 32～34 CEB 35～38 BBDA 39～42 CBAD 43～46 AECD 47～49 ABE

三、多项选择题

50. BCDE 51. ABD 52. ABC 53. BD 54. ACE 55. ABDE 56. ACDE 57. ABCE

四、填空题

1. 脂溶性 β
2. 附加剂 抛射剂 耐药容器 阀门
3. 热熔法 冷压法
4. 泛制法 塑制法
5. 匀浆制模法 热塑制模法 复合制膜法

五、名词解释

略

六、简答题

略

## 第10章

一、最佳选择题

1. D 2. E 3. A 4. C 5. D 6. D 7. C 8. A 9. A 10. E

二、配伍选择题

11～13 ADB 14～18 EDABC

三、多项选择题

19. AE 20. ABD 21. AC 22. BCE 23. ABCD 24. BDE 25. ABCE

四、名词解释

略

五、简答题

略

## 第11章

一、最佳选择题

1. A 2. C 3. A 4. B 5. C 6. B 7. D 8. A 9. B 10. B 11. C 12. E 13. C 14. B 15. B 16. C 17. B 18. B 19. A 20. A

二、配伍选择题

21～23 DBD 24～26 DCE 27～30 CBAE 31～33 CBA

三、多项选择题

34. ADE 35. ABCDE 36. CDE 37. BCE 38. ABCD 39. ABDE

四、填空题

1. 磷脂 胆固醇 亲水基团 亲酯基团

2. β-环糊精　冷冻干燥法　喷雾干燥法　超声波法　研磨法
3. 物理化学靶向制剂　被动靶向制剂　主动靶向制剂
4. TDDs　真皮

五、名词解释

略

六、简答题

略

## 第 12 章

一、最佳选择题

1. B　2. A　3. A　4. E　5. B

二、配伍选择题

6～9 DECA

三、多项选择题

10. ACDE　11. AC　12. DE　13. ACD　14. ABDE

四、填空题

1. 肝脏　肾脏
2. 吸收　分布　代谢　排泄

五、简答题

略